政府采购管理（第二版）

Government Procurement Management

马海涛 姜爱华 主编

图书在版编目(CIP)数据

政府采购管理/马海涛，姜爱华主编. —2 版. —北京：北京大学出版社，2016.9
（21 世纪经济与管理规划教材·财政学系列）
ISBN 978-7-301-27393-7

Ⅰ. ①政… Ⅱ. ①马…②姜… Ⅲ. ①政府采购制度—高等学校—教材 Ⅳ. ①F810.2

中国版本图书馆 CIP 数据核字（2016）第 188431 号

书　　名	政府采购管理（第二版）
	ZHENGFU CAIGOU GUANLI
著作责任者	马海涛　姜爱华　主编
责 任 编 辑	贾米娜
标 准 书 号	ISBN 978-7-301-27393-7
出 版 发 行	北京大学出版社
地　　址	北京市海淀区成府路 205 号　100871
网　　址	http://www.pup.cn　新浪微博：@北京大学出版社
电 子 信 箱	em@pup.cn
电　　话	邮购部 62752015　发行部 62750672　编辑部 62750667
印 刷 者	三河市博文印刷有限公司
经 销 者	新华书店
	787 毫米×1092 毫米　16 开本　24.25 印张　546 千字
	2008 年 7 月第 1 版
	2016 年 9 月第 2 版　2023 年 5 月第 5 次印刷
定　　价	48.00 元

未经许可，不得以任何方式复制或抄袭本书之部分或全部内容。
版权所有，侵权必究
举报电话：010-62752024　电子信箱：fd@pup.pku.edu.cn
图书如有印装质量问题，请与出版部联系，电话：010-62756370

丛书出版说明

教材作为人才培养重要的一环,一直都是高等院校与大学出版社工作的重中之重。"21世纪经济与管理规划教材"是我社组织在经济与管理各领域颇具影响力的专家学者编写而成的,面向在校学生或有自学需求的社会读者;不仅涵盖经济与管理领域传统课程,还涵盖学科发展衍生的新兴课程;在吸收国内外同类最新教材优点的基础上,注重思想性、科学性、系统性,以及学生综合素质的培养,以帮助学生打下扎实的专业基础和掌握最新的学科前沿知识,满足高等院校培养高质量人才的需要。自出版以来,本系列教材被众多高等院校选用,得到了授课教师的广泛好评。

随着信息技术的飞速进步,在线学习、翻转课堂等新的教学/学习模式不断涌现并日渐流行,终身学习的理念深入人心;而在教材以外,学生们还能从各种渠道获取纷繁复杂的信息。如何引导他们树立正确的世界观、人生观、价值观,是新时代给高等教育带来的一个重大挑战。为了适应这些变化,我们特对"21世纪经济与管理规划教材"进行了改版升级。

首先,为深入贯彻落实习近平总书记关于教育的重要论述、全国教育大会精神以及中共中央办公厅、国务院办公厅《关于深化新时代学校思想政治理论课改革创新的若干意见》,我们按照国家教材委员会《全国大中小学教材建设规划(2019—2022年)》《习近平新时代中国特色社会主义思想进课程教材指南》《关于做好党的二十大精神进教材工作的通知》和教育部《普通高等学校教材管理办法》《高等学校课程思政建设指导纲要》等文件精神,将课程思政内容尤其是党的二十大精神融入教材,以坚持正确导向,强化价值引领,落实立德树人根本任务,立足中国实践,形成具有中国特色的教材体系。

其次,响应国家积极组织构建信息技术与教育教学深度融合、多种介质综合运用、表现力丰富的高质量数字化教材体系的要求,本系列教材在形式上将不再局限于传统纸质教材,而是会根据学科特点,添加讲解重点难点的视频音频、检测学习效果的在线测评、扩展学习内容的延伸阅读、展示运算过程及结果的软件应用等数字资源,以增强教材的表现力和吸引力,有效服务线上教学、混合式教学等新型教学模式。

为了使本系列教材具有持续的生命力，我们将积极与作者沟通，争取按学制周期对教材进行修订。您在使用本系列教材的过程中，如果发现任何问题或者有任何意见或建议，欢迎随时与我们联系（请发邮件至 em@pup.cn）。我们会将您的宝贵意见或建议及时反馈给作者，以便修订再版时进一步完善教材内容，更好地满足教师教学和学生学习的需要。

最后，感谢所有参与编写和为我们出谋划策提供帮助的专家学者，以及广大使用本系列教材的师生。希望本系列教材能够为我国高等院校经管专业教育贡献绵薄之力！

北京大学出版社
经济与管理图书事业部

21世纪经济与管理规划教材

财政学系列

前　言

政府采购是市场经济国家强化公共财政支出管理、增进国家治理的普遍做法。我国自1998年全面推行政府采购制度以来，政府采购制度不断健全，运作管理不断创新、规范，规模和范围持续扩大，政策功能日益显现，在实现经济社会发展目标、提供高效优质公共服务、提高政府治理能力等方面发挥了积极作用。特别是2015年颁布实施的《政府采购法实施条例》，将近几年实施的批量集中采购、政府购买服务、政府与社会资本合作改革等纳入其中，极大地拓展了政府采购的内涵和外延。与此同时，政府采购的国际规则近年来也在不断规范与调整。

为了便于关注政府采购管理的有关人员更好地了解和掌握政府采购管理的理论与政策，同时为了满足政府采购管理教学和科研工作的需要，我们组织编写了这部《政府采购管理》，力求全面、系统地反映最新的政府采购管理理论与政策。全书从政府采购管理的基础理论入手，详细介绍了政府采购的运作流程和规范管理，并对国外的政府采购管理经验进行了总结。本书对各章内容进行了精心设计，配有本章小结、思考题、案例分析和非常具体的课外阅读材料等。

本书由长期从事政府采购管理教学科研工作的马海涛和姜爱华担任主编，负责编写大纲、总纂定稿。各章具体分工为：第一章由马海涛、姜爱华执笔，第二章、第三章、第四章、第五章由姜爱华、刘燕、王威、王晨执笔，第六章、第七章、第八章由姜爱华、郭子珩执笔，第九章、第十章由姜爱华、张雨婷执笔，第十一章、第十二章、第十三章由姜爱华、王龙执笔，第十四章、第十五章由姜爱华、于京扬、李浩执笔。

本书框架清晰，内容深入浅出，语言通俗易懂，适合高等院校经济类、管理类本科生及研究生使用，也可以作为政府管理部门、财政部门和涉及政府采购业务的其他部门的理论和实务工作者的参考用书。我们衷心希望本书的出版对我国政府采购乃至公共财政改革具有一定的参考价值。

本书在编写过程中，参考并借鉴了国内外有关政府采购管理领域专家学者的论著、教材等研究成果，在此表示诚挚的谢意。本书的出版，仰仗北京大学出版社对中国财政改革与发展的重视、关心和支持，特别是贾米娜编辑，为本书付出了辛劳，在此深表感谢！

由于作者水平有限，书中难免存在诸多不足，恳请读者批评指正。

编　者

2016 年 3 月

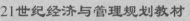

目 录

第一部分 政府采购基本理论

第一章 政府采购管理概论／3
第一节 政府采购的概念／4
第二节 政府采购制度／12
第三节 政府采购与财政改革／17

第二章 政府采购的发展与演变／22
第一节 政府采购的思想演变／23
第二节 国外政府采购的实践发展／29
第三节 我国政府采购制度的建立与发展／34

第三章 政府采购的原则与功能／43
第一节 政府采购的原则／44
第二节 政府采购的功能／48

第四章 政府采购的范围与当事人／62
第一节 政府采购的范围／63
第二节 政府采购的当事人／68

第二部分 政府采购运作流程

第五章 政府采购预算与政府采购计划／89
第一节 政府采购预算／90
第二节 政府采购计划／98

第六章 政府采购招标采购方式／110
第一节 公开招标／111
第二节 邀请招标／135

第七章 政府采购非招标采购方式／141
第一节 竞争性谈判／142
第二节 单一来源采购／146
第三节 询价／151
第四节 竞争性磋商／153

第八章 政府采购合同履行／160
第一节 政府采购合同／161
第二节 政府采购合同的订立及履行／167
第三节 政府采购项目验收／173
第四节 政府采购项目结算／176

第三部分 政府采购规范管理

第九章 政府采购市场准入管理／183
第一节 政府采购中介机构市场准入管理／184
第二节 政府采购供应商市场准入管理／192

第十章 政府采购信息管理／204
第一节 政府采购信息管理的意义／205
第二节 政府采购信息收集／206
第三节 政府采购信息公开发布／209
第四节 政府采购信息的记录与保存／215

第十一章 政府采购监督机制／219
第一节 政府采购监督的意义／220
第二节 政府采购监督机制的主要内容、环节及方式／222
第三节 政府采购的监督机构及监督对象／226
第四节 对政府采购过程的监督／228

第十二章 政府采购绩效评价／235
第一节 政府采购绩效评价的意义／236
第二节 政府采购绩效评价目标／239
第三节 政府采购绩效评价体系的构建／242

第十三章 政府采购救济机制／254
第一节 政府采购救济机制概述／255
第二节 我国政府采购救济制度的法律依据／256

第四部分 政府采购国际经验

第十四章 国际经济组织政府采购管理介绍/269
  第一节 世界贸易组织的《政府采购协议》/270
  第二节 联合国的《公共采购示范法》/279
  第三节 世界银行的《贷款采购指南》/288
  第四节 欧盟的公共指令/294
  第五节 亚太经济合作组织的《政府采购非约束性原则》/307
  第六节 《跨太平洋伙伴关系协定》框架下的政府采购/311

第十五章 外国政府采购制度介绍/318
  第一节 美国的政府采购制度及其对我国的借鉴意义/319
  第二节 新加坡的政府采购制度及其对我国的借鉴意义/323

附 录

附录1 中华人民共和国政府采购法/333

附录2 中华人民共和国招标投标法/343

附录3 中华人民共和国政府采购法实施条例/351

附录4 中华人民共和国招标投标法实施条例/362

主要参考文献/374

第一部分

政府采购基本理论

第一章　政府采购管理概论
第二章　政府采购的发展与演变
第三章　政府采购的原则与功能
第四章　政府采购的范围与当事人

第一章 政府采购管理概论

本章重点

1. 政府采购的含义
2. 政府采购的模式与方式
3. 政府采购制度的概念和特征
4. 政府采购在财政改革中的地位

导语

长期以来，我国财政理论界和实践部门往往只重视收入管理，不重视支出管理。然而，财政收入和财政支出就如同财政这个"蓄水池"的"进水阀"和"出水阀"，两者都不可偏废。从1998年开始我国逐步推行财政支出方面的改革，政府采购制度的推行是其中重要的一环。

随着我国经济的发展和财政改革的推进，"政府采购"这个名词受到越来越多人的关注。2002年6月29日，第九届全国人民代表大会常务委员会第二十八次会议通过了《中华人民共和国政府采购法》，并于2003年1月1日起实施，使得政府采购有法可依。2015年3月1日起实施的《中华人民共和国政府采购法实施条例》更是将我国的政府采购改革进一步推向深入。

掌握政府采购、政府采购制度等基本概念是研究政府采购问题的前提，本章在阐述基本概念的基础上，进一步分析了现代政府采购产生的原因以及政府采购在财政改革中的作用和地位。

关键词

政府采购　政府采购制度　政府购买　公共财政　国家治理

第一节 政府采购的概念

一、采购的含义

"采"字在《现代汉语词典》(第6版)中的释义为:①摘,如采莲、采茶;②开采,如采煤、采矿;③搜集,如采风、采矿样;④选取、取,如采购、采取。购的释义即购买。"采购"的释义就是:①选择购买(多指为机关或企业),如采购建筑材料;②担任采购工作的人,如采购员。"政府采购"中的"采购"所指的是释义①,即"选择购买"。

目前,学界对采购的定义有着各种不同的看法,有的学者将采购视为一种购买行为,有的学者将其视为一种过程甚至技能。从不同的认识角度出发,政府采购的含义大致有以下几个层次:一是采购直接表现为一种购买行为,即在现代市场经济商品极大丰富的条件下,对商品的选择性购买;二是采购是现代工商管理中一门专门的学问和功能;三是从经济效率的角度,将采购看成一种以最低的总成本在一定的时间、空间条件下获得适当数量与品质的物资和技术;四是从系统管理的角度,认为采购的概念范围大于交易行为本身,包括采购前的计划、供应和管理的整个过程。美国学者亨瑞芝在《采购原理与应用》一书中认为"采购者,不仅为取得需要的原料与物资之行为及应负职责,而且包括有关物资及其供应来源、计划、安排,以及研究与选择,确保正确交货之追查,以及于接受前之数量与品质检查"[①];五是认为采购是一个过程:"组织采购是这样一个过程,即组织确定它们对货物与服务的需要,确认和比较现有的供应商和供应品,同供应商进行谈判或以其他方式同其达成一致的交易条件,签订合同并发出订单,最后接受货物或服务并支付货款。"[②]

《中华人民共和国政府采购法》(以下简称《政府采购法》)对采购的定义是"以合同方式有偿取得货物、工程和服务的行为,包括购买、租赁、委托、雇用等"。这里的采购指的是一种交易行为。

二、政府采购的含义

根据采购主体的不同,采购可以分为私人采购和公共采购。由于政府是最重要和最典型的公共部门,因此公共采购一般又称为政府采购,但是公共部门比政府部门涵盖的范围要广,在理解政府采购的概念时,要认识到二者的区别,知道政府采购不仅是指政府部门的采购。

如何定义政府采购,学界也有不同的观点。《政府采购法》的定义是:"政府采购,是指各级国家机关、事业单位和团体组织,使用财政性资金采购依法制定的集中采购目录以内的或者采购限额标准以上的货物、工程和服务的行为。"有的学者认为政府采购等

---

① Stuart F.Heinrits, *Parchasing, Principles and Applications*, Prentice Hall, 1986, p.4.
② Stuart F.Heinrits, *Parchasing, Principles and Applications*, Prentice Hall, 1986, p.4.

同于政府的购买性支出，认为"政府采购是各级国家机关和实行预算管理的政党组织、社会团体、事业单位，使用财政性资金获取货物、工程或服务的行为"[①]。还有学者将政府采购定义为受政府采购制度约束的政府购买行为，认为"政府采购，也称公共采购，是指各级政府及其所属机构为了开展日常政务活动或为公众提供公共服务的需要，在财政的监督下，以法定的形式、方法和程序，对货物、工程或服务的购买"[②]。

从以上各种定义可以看出，理论界对于政府采购主体的界定是比较一致的，认为政府采购的主体是公共机构，具体包括"各级国家机关、事业单位""团体组织""各级政府及其所属机构"；对政府采购的资金来源也没有太大的分歧，尽管有些定义没有指明，但都认为政府采购资金的来源具有公共性，主要是"财政性资金"；并且，这些观点都认为政府采购是一种行为。

除此之外，以上对政府采购的定义也各有侧重，有的将政府采购对象严格限定在"制定的集中采购目录以内或者采购限额标准以上"，这是一种严格的法律条文规定；有的强调了政府采购的资金来源，认为政府采购是使用财政性资金并以公共部门为主体的购买行为；有的突出了政府采购的制度性特征，强调政府采购活动要依照"法定的形式、方式和程序"。

政府采购到底是什么？我们认为，要理解政府采购的实质不仅要从政府采购的主体、采购对象和采购所遵循的具体程序及规则来考虑，还要从"采购"的定义出发，认清"政府采购"与"政府购买""政府采购制度"的区别，认识政府采购产生的背景和条件。

（一）政府采购与政府购买

不管是封建专制国家，还是现代民主制国家，政府的存在都必须建立在占有一定物质资料的基础上。它们的区别只在于政府获得物质资料所采取的手段有所不同，主要有以下四种：

一是用暴力方式进行掠夺。在奴隶制社会和封建社会时期，由于私有产权制度缺失，私有财产得不到保护，私有产权服从于皇权。统治者为了满足自身需要，往往利用国家暴力机器，从私人手中无偿获得物质资料或者服务，如中国古代的征用、徭役制度。

二是政府自行生产。中国古代就有很多官营工厂，都是政府出资设立的，其目的就是为统治者供应产品，或者为统治机构提供物质资料。直到今天，还有许多政府出资设立的工厂和企业进行公共生产或者私人生产，但其性质已经与封建社会为了满足统治者需要设立的官营工厂有所不同。

三是政府用自有的物品与私人物品进行交换，如白居易《卖炭翁》中的"二两红绫三尺素，系向牛头充炭直"就生动地描述了统治者代表用政府所有的产品与私人产品进行交换的场面。这是在统治阶级与民众之间地位不平等的情况下出现的不平等交易。

四是商品和货币制度产生之后，政府运用自身掌握的货币购买物品。其直接的表现形式是商品和货币的交换，是一种交易行为，这就是政府购买。

---

① 边俊杰：《"政府采购"新论》，《财政与税务》，2001年第1期。
② 杨灿明、李景友编：《政府采购问题研究》，经济科学出版社2004年版，第26页。

采购活动是随着市场经济活动的产生而产生的,由前面关于采购的释义可以看出,采购活动的基础是采购者有了选择的可能,在商品经济不发达、没有形成至少是一国范围内的统一大市场的前提下,就无法针对其所需购买的商品进行充分的比较和选择,谈不上"采购"。随着商品经济的发展,特别是在形成全国甚至世界统一大市场的情况下,政府就可以根据商品的价值和品质,在市场上选择符合条件的商品。因此,政府采购是和市场经济的发展联系在一起的,市场的建立是其基础性条件。

政府采购与政府购买都是政府获得物质资料或服务的一种方式,政府采购突出了"选择购买"的特点,是在商品经济高度发达、物质产品极大丰富、公平竞争的市场经济体制建立之后形成的,它比政府购买的历史短,是一种特殊的政府购买形式。

(二)政府采购与政府采购制度

政府采购制度是为规范政府采购行为而制定的一系列法律、规章和办法的总称。简单地讲,政府采购制度就是规范和约束政府采购行为的一系列制度安排。

政府采购过程需要相应制度的规范和约束,但并不意味着"有了政府采购制度就有好的政府采购"。政府采购制度只能说是将政府采购纳入到一定的规范框架之内,包括采购范围、采购方式、采购程序等多项规定,但是衡量政府采购的好坏、认识政府采购的性质,并不能仅看是否制定了政府采购制度,还要看政府采购制度的内容和实施情况。中国古代官府的"采办""购置"制度,以及计划经济时期政府的"调配"等都属于政府获得所需物质资料的制度安排,但在该制度下运行的政府获得物质资料的行为却不是理想的政府采购。

综上,我们认为,政府采购的一般定义可表述为:政府采购(Government Procurement),是指各级政府及其所属机构为了开展日常政务活动或为了满足社会公共需要,以法定的方式和程序,利用财政性资金在国内外市场上购买货物、工程或服务的行为。当然,不同国家或地区因为体制、改革路径等方面的不同,在采购主体的设定、方式的确定、财政性资金的界定以及具体购买对象的选择上会有所不同。

(三)政府采购与政府采购管理

政府采购管理是指特定的政府采购管理机构,为规范政府采购行为,依据法律法规,按照一定的政府采购模式,形成的一整套政府采购管理制度和管理行为,是施行政府采购制度的关键。

我们可以从多个角度理解政府采购:从微观经济学的角度,大宗商品的政府采购与分散采购相比,具有更高的规模经济效益;现代制度经济学中的交易理论也认为,规范的政府采购制度能够大大节省交易成本;从公共选择理论的角度看,政府采购的目的是满足公众的利益,政府采购制度可以约束政府的经济行为,在具体采购制度设计上要以是否满足公众利益为衡量标准;社会契约理论认为,政府和公众之间关系的基础是一系列契约,政府采购从实质上来说,是一种委托代理关系,由于激励不相容、信息不对称和契约不完备等问题,政府采购制度的具体设计必须重在约束政府行为。尽管有上述特点,政府采购的直接表象归根到底是一种购买行为,在政府采购模式和机制设计上,必须体现市场经济规律对社会资源配置的基础性作用。

三、政府采购的特征

（一）政府采购的公共性

政府采购是以政府为代表的公共机构为主体进行的购买活动。政府采购的公共性可以从两个方面具体分析：一是政府采购资金来源的公共性，政府采购资金主要是以税收为主的财政性资金；二是政府采购的目标具有公共性，我们看到政府采购中有相当部分的物品是由政府部门或机构直接使用和消费的，因此，政府采购的公共性受到了质疑，但实际上政府使用这些物品是为了履行其职能，间接为公共利益服务。现在越来越多的公共产品采用私人生产、公共提供的方式，今后将有更多的政府采购直接为公众提供公共产品和服务。

（二）政府采购的经济主体性

政府采购直接表现为一种对商品物资的购买活动。政府在市场上与其他经济主体的地位相同，不存在等级贵贱之分，都要遵循市场经济自愿平等的市场交易规则。从这个意义上来说，政府采购是政府作为经济主体进行市场交易的经济行为。

（三）政府采购的经济性

政府采购的经济性和经济主体性既有区别又有联系。政府采购的经济主体性是指政府采购主体在采购过程中，不会由于政府属于特殊部门就在采购市场上享受特殊待遇，而是与其他经济主体一样，遵循市场行为规则。政府采购的经济性是指政府采购追求效益最大化目标，这是由政府采购的经济主体性所决定的。

一般的商品采购是为了满足私人需求，政府采购则是为了满足公众的需求，尽管服务的对象不同，但经济性是二者共同追求的目标。这里的经济性指的是收益最大化，私人采购要注重资金使用效益的最大化，政府采购注重的是财政资金使用效益的最大化，追求质优价廉的产品和服务，通俗地讲就是"少花钱，多办事，办好事"。

（四）政府采购的非营利性

政府采购的非营利性是指政府采购活动本身并不以营利作为目标，这是由政府采购的公共性决定的。政府采购的目的与一般的商业性采购不同，一般的商业性采购是为卖而买，其目的是追求商业利润最大化，商品的购买者并不是商品的最终使用者。虽然有些政府采购活动中，政府不是商品的最终使用者（如政府向灾区人民提供食品和药品），但是由于政府采购资金来源具有公共性，采购本身是为了履行政府职能，为纳税人提供公共品或服务，因此，政府采购本身具有非营利性。

四、政府采购的模式与方式

（一）政府采购模式

政府采购主要有集中采购和分散采购两种模式。

1. 集中采购

集中采购是指由政府设立的职能机构统一为其他政府机构提供采购服务的一种采购组织实施形式。一个部门统一组织本部门、本系统的采购活动，也称为集中采购。实行集中采购有利有弊。其有利之处是，能够集中采购要求，取得规模效益；减少重复采购，降低采购成本；统一策划，统一采购，统一配置标准，便于维修和管理；容易培养一支专业化采购队伍，保证采购质量；方便管理和监督；推动政府采购有关政策取向的贯彻落实。其弊端主要是，不易适应紧急情况采购；使用单位没有采购自主性；难以满足用户多样性的需求；采购程序复杂；采购周期较长；等等。

2. 分散采购

分散采购是指由各预算单位自行开展采购活动的一种采购组织实施形式。分散采购不是随意采购，必须按照政府采购程序实施。与集中采购相反，分散采购的有利之处主要是，增强了采购人的自主权，易于沟通，能够满足采购对及时性和多样性的需求，手续简单。不利之处主要是，失去了规模效益，加大了采购成本，不便于监督管理等。

实际上，没有100%的集中采购或分散采购。大多数采购都是混合形式的采购，一个组织究竟在多大程度上实现集中采购和分散采购没有标准模式。采购实体的目标、文化、资源和管理需求都会对采购组织的集中化与分散化产生作用。

从采购模式的历史来看，很多国家的采购模式都经历了从集中采购模式到半集中半分散模式的转化过程，如新加坡在1995年以前一直实行集中采购，由财政部中央采购处统一购买政府各部门所需的物品和服务，1995年中央采购处关闭，除了少数物品考虑到经济效益依旧采取集中采购外，其他的则由各部门自行采购。随着电子贸易的普及，政府采购模式可能又将会走向集中，因为所有的采购信息均可由一个部门输入互联网，合同商可按要求将物品直接交付给采购实体。

在我国的实践中，为进一步发挥集中采购的规模优势，我国于2011年开始推行"批量集中采购"模式，即对一些通用性强、技术规格统一、便于归集的政府采购品目，由采购人按规定标准归集采购需求后交由政府集中采购机构统一组织实施的一种采购模式。批量集中采购使得主流品牌参与的积极性大大提高，供应商之间的竞争更加激烈；投标均价持续走低，中标价格比较优惠。

（二）政府采购方式

无论是商业采购还是政府采购，其采购的目的都是以经济有效的方式采购到所需物品。但是，由于公共资金的花费需要承担管理责任，所以在政府采购和商业采购实践中形成了截然不同的采购方式或程序。目前，国际上通用的采购方式很多，按照不同的标准，可分为五大类17种方式，如招标采购、询价采购、单一来源采购、谈判采购等。一般来说，一个国家对国内使用的采购方式及适用条件都有明确的规定，但这些规定都是相对而言的，因为每个项目的情况都不一样。具体采用何种方式的总原则是：该方式要有助于推动公开、有效竞争和物有所值目标的实现。

1．按是否具备招标性质，可将采购方式分为招标性采购方式和非招标性采购方式

采购金额是确定招标性采购与非招标性采购的重要标准之一。一般来说，达到一定金额以上的采购项目，采用招标性采购方式；不足一定金额的采购项目，采用非招标性采购方式。

（1）招标性采购方式

招标性采购是指通过招标的方式，邀请所有的或一定范围的潜在供应商参加投标，采购实体通过某种事先确定并公布的标准，从所有投标中评选出中标供应商，并与之签订合同的一种采购方式。招标性采购方式作为一种公平民主的采购方式，在政府采购中广泛使用，原则上只要是采购人需要的、数额较大的产品或项目都可以通过该方式进行。这种方式按其公开性的程序可分为竞争性招标采购（亦称公开招标采购）和有限招标采购两大类；按招标所经历的阶段，可分为单阶段招标采购和两阶段招标采购。

竞争性招标采购是指通过公开程序，邀请所有有兴趣的供应商参加招标的方式。竞争性招标采购方式具有通过广告进行竞争邀请、投标一次性、按事先规定的选择标准将合同授予最佳投标商及不准同投标商进行谈判等特点，被普遍地认为最能体现现代民主竞争精神，能最有效地促进竞争、节约费用和实现高效率及其他采购目标。因此，各国在采购立法中都将竞争性招标采购方式包括在其政府采购制度中，并将其作为优先采用的采购方式。但是采购环境的非单一性，采购客体的非确定性，技术的复杂性、独特性或标准特性，采购客体价值较小，采购情势急迫等情况都会使竞争性招标采购方式的使用受到限制，从而无法获得最佳的经济效益和实现政府采购的目标。这时就需要针对不同的采购环境和采购物品的性质等来选择使用竞争性招标采购以外的采购方式。这些方式的采用应遵循以下原则：每种方式的采用必须符合其适用的采购环境；每种方式的采用都要经过主管部门的审批；采购机构需作出书面报告，对使用某种采购方式的理由作出详细说明。

在我国的竞争性招标采购实践中，为节约政府采购执行成本、最大化提高政府采购效率，还探索了协议供货采购、定点采购两种政府采购的实现形式。其中，协议供货采购是指事先通过公开招标采购方式，统一确定中标供应商及其所供产品的品牌、价格、供货期限、服务承诺等内容，用协议的形式加以明确，各采购人在协议范围内进行采购。实行协议采购的项目，一般为规格或标准相对统一，产品品牌较多且市场货源充足的大宗通用类产品。定点采购是指采购机构通过招投标等方式，综合考虑产品质量、价格和售后服务等因素，择优确定一家或几家定点供应商，同定点供应商签署定点采购协议，由定点供应商根据协议在定点期限内提供有关产品。在通用设备采购和服务采购上，定点采购的方式应用非常广泛。定点采购期限基本上是一年。

有限招标采购是指采购机构选定若干家供应商，邀请其前来报价投标，向符合规格且价格最低的提供者授予合同。有限招标采购又包括选择性招标采购和限制性招标采购两种形式。选择性招标采购是指通过公开程序，邀请供应商提供资格文件，只有通过资格审查的供应商才能参加后续招标；或者通过公开程序，确定特定采购项目在一定期限内的候选供应商，作为后续采购活动的邀请对象。采用选择性招标方式来确定有资格的供应商时，应平等对待所有的供应商，并尽可能邀请更多的供应商参加投标。采用选择性招标方式的原因，其一是受到供应商数量不多的客观限制；其二是考虑到采购的经济有效性目标，一般将其运用于技术复杂或专门性的货物、工程或服务及采购价值较低的货物、工程或服务。限制性招标采购是指不通过预先刊登公告的程序，而是直接邀请一家或两家以上的供应商参加投标。实行限制性招标采购方式必须具备相应的条件，这些条件包括：竞争性招标或选择性招标后没有供应商参加投标或无合格标；供应商只有一家，无其他替代选择；出现了无法预见的紧急情况；向原供应商采购替换零配件；因扩充原有采购项目需要考虑到配套要求；属于研究用的试验品、试验性服务；追加工程，必须由原供应商办理，且金额未超过原合同金额的 50%；与原工程类似的后续工程，并在第一次招标文件中已作规定的采购等。

单阶段招标采购就是通过一次性招标，让投标商提交价格标的的采购方式。两阶段招标采购是一种特殊的招标采购方式，即对同一采购项目要进行两次招标。第一次招标是采购实体要求供应商提交不含价格的技术标，目的是征求各家供应商对拟采购项目在技术、质量或其他方面的建议。第二次招标是采购实体根据第一阶段征求的建议修改招标文件，要求供应商按照修改后的招标文件提交最终的技术标和价格标。两阶段招标很少采用，只适用于大型、复杂或技术升级换代快的货物（如大型计算机和通信系统等），特殊性质的土建工程（因为事先准备好完整、准确的技术规格有困难或不易实现），以及有关研究、实验、调查或开发等的服务采购。

两阶段招标采购的特点在于：在第一阶段，给予了采购机关相当大的灵活性，使其可通过谈判与服务提供者达成有关拟采购服务的规范和规格；在第二阶段，采购机关可充分利用招标程序的高度客观性和竞争性选定合适的中标者。两阶段招标采购的特点在国际采购规则中都有具体规定，如联合国的《采购示范法》将两阶段招标采购和竞争性谈判并列为可以选择采用的采购方式，世界银行的《采购指南》也规定有两阶段招标采购。世界贸易组织的《政府采购协议》和欧盟的《政府采购指令》规定有谈判程序却无两阶段招标。

总之，各国政府采购法为不同的采购环境设计了一揽子备选程序，对于在具体情况下采用何种采购方式也都有明确的规定。通常的选择标准是，采购方式的选择要最大限度地满足政府采购的基本目标和一般原则。国际政府采购规则中对于各种采购方式的规定如表 1-1 所示。

表 1-1 国际政府采购规则采用的采购方法

	世界贸易组织的《政府采购协议》	欧盟的《政府采购指令》	联合国的《采购示范法》	世界银行的《采购指南》
招标采购	公开招标、选择性招标、限制性招标	公开程序、限制程序	公开招标、两阶段招标、限制性招标	国际竞争性招标、国内竞争性招标、有限国际性招标

续表

	世界贸易组织的《政府采购协议》	欧盟的《政府采购指令》	联合国的《采购示范法》	世界银行的《采购指南》
非招标采购	谈判采购	谈判程序	竞争性谈判、询价、单一来源采购、征求建议书、电子逆向拍卖、框架协议	询价、直接签订合同

（2）非招标性采购方式

非招标性采购是指除招标采购方式以外的采购方式。达到一定金额以上的采购项目一般要求采用招标采购方式，但在有些情况下，如需要紧急采购或者采购来源单一等，招标方式并不是最经济的，需要采用招标方式以外的采购方式。另外，在招标限额以下的大量的采购活动也需要明确的采购方式。非招标性采购方式很多，通常采用的主要有：竞争性谈判采购、单一来源采购、询价采购等。

竞争性谈判采购是指采购实体通过与多家供应商进行谈判，最后从中确定中标供应商的一种采购方式。这种方式适用于紧急情况下的采购或涉及高科技应用产品和服务的采购。谈判采购首先是私营领域主要的采购方式，在公共领域中，谈判采购在国防和服务采购中是主要的采购方式，但由于谈判方式在竞争性、透明度以及评判程序主观性等方面存在缺陷，常常存在着很高的贿赂和利诱的风险，因此，政府采购规则都对它的采用进行严格管理。

单一来源采购即没有竞争的采购，是指达到了竞争性招标采购的金额标准，但所购商品的来源渠道单一，或属专利、首次制造、合同追加、原有项目的后续扩充等特殊情况，只能由一家供应商供货。单一来源采购也称直接采购，从竞争态势上看，采购方式处于不利地位，所以对于这种采购方式的采用，各规则都规定了严格的适用条件，一般而言多为紧急采购时效性的需要或者只能从唯一的供应商或承包商那里取得货物、工程或服务的客观性的需要。有些规则中的直接签订合同的采购方式其实就是单一来源采购。联合国的《采购示范法》规定的是单一来源采购；世界银行的《采购指南》规定的是直接签订合同；世界贸易组织的《政府采购协议》规定的有限招标实际上相当于单一来源采购；欧盟的《政府采购指令》中规定的没有竞争的谈判方式本质上也是单一来源采购。

询价采购，也称货比三家，是指采购单位向国内外有关供应商（通常不少于三家）发出询价单，让其报价，然后在报价的基础上进行比较并确定中标供应商的一种采购方式。适用询价采购方式的项目，主要是对现货或标准规格的商品的采购，或投标文件的审查需较长时间才能完成、供应商准备投标文件需要高额的费用，以及供应商的资格审查条件过于复杂的采购。询价采购可分为报价采购、订购、议价采购等。

2．按采购规模，可将采购方式分为小额采购方式、批量采购方式和大额采购方式

小额采购是指对单价不高、数量不大的零散物品的采购。具体的采购方式可以是询价采购，也可以是直接到商店或工厂采购。

批量采购，即小额采购物品的集中采购，其适用条件为：在招标限额以下的单一物品由个别单位购买，而且数量不大，但本级政府各单位经常需要；或单一物品的价格不

高,但数量较大。具体的采购方式可以是询价采购、招标采购或谈判采购等。

大额采购是单项采购金额达到招标采购标准的采购。适用的具体采购方式有招标采购、谈判采购等。

3. 按运用的手段,可将采购方式分为传统采购方式和现代化采购方式,两者只是在形式上依据的媒介不同

传统采购方式是指依靠人力来完成整个采购过程的一种采购方式,如通过报纸杂志来发布采购信息,采购实体和供应商直接参与采购各个环节的具体活动等。

现代化采购方式是指主要依靠现代科学技术的成果来完成采购过程的一种采购方式,如采购卡采购方式和电子贸易采购方式。采购卡类似于信用卡,与信用卡的不同之处在于,采购卡由财政部门统一发放给采购实体,采购实体的采购官员在完成采购后付款时,只需划卡就行。划卡记录包括付款时间、付款项目、付款单价和总价等信息,这些信息将报送财政部门备案审查。采购卡一般适用于小额采购,由于这种采购方式不需要签订合同,因此对于每年数以万次的小额采购来说,能够节约大量的纸张费用。电子贸易是指运用电子技术进行业务交易,包括电子邮件、电子信息、国际网络技术以及电子信息交换等。通过电子贸易来发布采购信息并完成采购交易,解决了传统采购方式下难以克服的时间和空间问题,使采购活动更加方便、快捷,大幅度降低了采购成本,提高了采购效率,成为我国政府采购方式发展的一大趋势。

第二节 政府采购制度

一、政府采购制度

(一) 政府采购制度的内容

政府采购制度是为规范政府采购行为而制定的一系列规则、法律、规章和办法的总称。从政府采购产生起,各国就制定了相应的政府采购制度对它进行规范和约束。随着政府采购实践的发展,政府采购制度的内容变得越来越丰富和全面。一般来说,政府采购制度的基本内容包括[①]:

第一,政府采购法规,主要表现为各国分别制定的适合本国国情的政府采购法。该项法规主要包括总则、招标、决议、异议及申诉、履约管理、验收、处罚等内容。

第二,政府采购政策,即有关政府采购的目的,采购权限的划分,采购调控目标的确立,政府采购的范围、程序、原则、方式方法、信息披露等方面的规定。

第三,政府采购程序,即有关购买商品或服务的政府单位采购计划拟订、审批,采购合同签订,价款确定,履约时间、地点、方式,违约责任等方面的规定。

第四,政府采购管理,即有关政府采购管理的原则、方式、管理机构、审查机构与

---

① "我国政府采购制度研究"课题组:《我国政府采购制度研究》,载刘尚希主编,《政府采购制度研究文集》,经济科学出版社 2000 年版,第 61—78 页。

仲裁机构的设置，争议与纠纷的协调与解决等方面的规定。

（二）现代政府采购制度的确立

为了使政府采购工作更合理、高效地开展，世界各国往往制定专门的法律或者法规要求政府采购采用一种公开竞争的方式，按照一种特定程序来进行。同时，各国还建立了一系列的审查、管理和监督机制以确保政府采购能够按章实行。由此形成了现代意义上的政府采购制度。现代政府采购制度的建立有它深刻的经济、社会、法律背景、理论基础以及政府采购自身对效率要求的考虑因素。

1. 现代政府采购制度的运行基础

现代政府采购制度得以运行的基础主要有以下四个方面：

（1）以现代民主制度的发展为基础，促成现代政府采购制度的建立

在封建社会，皇权至高无上，国家预算约束软化，政府自身并没有约束自身采购行为的机制。进入资本主义公民社会之后，新的产权制度确立，公民的私有财产权神圣不可侵犯，政府的特权受到约束。在政治形式上，民主选举制度确立，公民与政府达成一系列契约，政府是受公民委托管理社会的机构。为了约束政府行为，加强对其支出的监督，政府采购制度应运而生。在现代民主制度下，公民与政府之间是一种委托代理关系。在委托代理关系下，都会产生激励不相容、信息不对称和契约不完备等问题。从公民的角度看，政府官员都是"经济人"，有自身的利益，在政府采购过程中，为了防止政府在行使代理权时损害公民的利益，就必须有程序上的详细规定，防止政府及其官员为谋求自身利益而随意决定购买的产品、购买的方式和交易的对象，这就促成了政府预算和政府采购制度的建立。从政府的角度看，在民主选举制度下，各党派能否在选举中获胜是由公民投票决定的。为了获得更多选民的信任，获取更多的选票支持，政治家必须约束自身的行为，从而也存在建立政府采购制度的要求。

（2）以市场为基础，保持政府与企业平等的商业地位，维系政府采购制度的运行

政府采购制度建立在市场经济基础上，其制度规定与市场经济的内在要求和原则相一致。首先，政府采购的制度规定以企业之间的公平竞争为基础，政府在市场上进行采购活动，通过企业之间的公平竞争机制实现商品、工程和服务的最优价格-质量比。其次，政府所需的商品和服务通过市场由企业提供，政府（采购实体及其代理机构）与企业（供应商）之间保持对等的商业主体地位和平等的商业关系。政府在采购所需商品和服务的过程中，并没有凌驾于企业之上的特权，企业根据成本状况和自身实力，提出最具竞争力的投标，参与采购竞争；政府根据所需商品、工程和服务的性能、技术等要求，选择中标供应商。如果企业发现采购过程中，采购机构或参与采购的企业有欺诈、腐败等不正当行为，可以向采购实体提出质疑，也可向财政部门、法院或其他专门机构投诉，申请仲裁。在这种情况下，采购实体或采购机构与企业（供应商）合谋易于发现、查处，所以采购实体或采购机构与供应商很难合谋成功。以博弈论的观点来看，这时为非合作博弈，即采购实体或采购机构与供应商各自为取得最大收益而采取不合作策略，有利于减少和杜绝寻租现象，从而提高财政资金的使用效益。

（3）以政府与纳税人之间的契约关系，规范政府采购制度的运行

在政府采购活动中，税收是基本的收入来源。税收由纳税人缴纳，政府受纳税人之托为社会提供公共产品，运用税款进行各种开支也要对纳税人负责，做到物有所值。因此，为纳税人创造最高价值是各国政府采购制度的共同宗旨。同时，政府采购活动要公开、透明，便于社会公众监督。反过来，纳税人还要求享有平等参与政府采购活动的商业机会。政府采购制度作为政府采购活动的制度规定，体现了政府与纳税人之间的这一重要关系。虽然我们不能直接把国家和制度理解为契约，但政府和纳税人之间确实应体现这样一种关系：纳税人有纳税的义务，但同时具有监督税款使用的权利；政府具有依法征税的权力，但同时负有合理、有效使用税款的责任；纳税人与政府都是权利和义务的对等统一体。如果政府享有凌驾于纳税人和企业的特权，就必然存在大量的寻租现象。

（4）以法律为基础，保障政府采购制度的良性运行

从各国的情况来看，政府采购制度是通过政府采购法来体现的，实行政府采购制度的国家都有一套由政府采购相关法规构成的完整的法律体系。如瑞士的《公共采购法》、新加坡的《政府采购法案》等，我国也有《政府采购法》。通过政府采购法及与之相关的法律法规对政府与企业的关系以及政府采购活动进行全面系统的规定，为政府采购制度提供了法律保证，体现了市场经济法制化的重要特征。

2. 现代政府采购制度产生的经济学理论分析

现代政府采购制度是在传统的政府采购制度的基础上逐渐演变而来的。该制度之所以能够逐步建立并完善，主要缘于以下几个方面：

（1）现代政府采购制度是公共财政支出管理追求效率的结果

政府采购制度构建的基本逻辑是，政府使用的是纳税人的钱，必须在纳税人的监督之下以最经济的方式进行，并且该方式所产生的商业机会必须由纳税人在机会均等的条件下进行竞争。这就要求公共支出必须追求有效性和竞争性，它们也成为政府采购制度得以建立的生命之源。

经济机制的目标是配置经济中的稀缺资源以用于生产实物产品和服务来满足社会全体的需要。而自亚当·斯密时代起，人们就已经认识到竞争性市场体制对经济资源配置的作用。事实上，在自由市场中，个人和厂商被"看不见的手"引导，都通过在竞争性市场进行自愿交易而获益，同时也使社会资源的产出价值达到最大化。关于政府活动应实行竞争机制的观点，斯蒂格利茨在其《政府为什么干预经济》一书中指出，在政府所从事的许多经济活动中，竞争都是可以实现的，而且许多政府所提供的服务可以以更具竞争性的方式予以提供。① 在政府活动中贯彻竞争性原则的一个明显结果是可以显著提高政府效率。现代政府采购制度就是以竞争性采购为主，通过招标广告或竞争邀请的方式，吸引众多供应商前来竞标，形成一种有利于政府的买方市场，使政府获得比较价格利益和更优质的产品或服务，从而提高公共财政支出的效率。

---

① 〔美〕斯蒂格利茨著：《政府为什么干预经济：政府在市场经济中的角色》，何全胜译，中国物资出版社1998年版，第88—89页。

（2）现代政府采购制度是市场经济运作的必然产物

建立政府采购制度是市场经济条件下，建立公共财政框架体系的基本要求，是加强公共财政支出管理的一项重要手段。市场经济体制对建立现代政府采购制度的推动作用主要表现在：一是自由竞争的市场体系为政府采购活动的招投标这一主要形式提供了大量的竞标者，从而为提高政府采购效率、降低采购成本提供了市场环境；二是自由市场经济条件下对廉洁政府的追求，推动政府通过向市场公开招标来节省开支，提高公共财政支出的效率；三是与市场经济体制相关的法制建设、社会舆论监督以及信息技术的发展等，都有力地促进了现代政府采购制度的产生与完善。

（3）凯恩斯的政府干预理论是现代政府采购制度的主要理论来源之一

现代政府采购制度渊源于政府合同，起源于自由市场，而完善于现代市场经济。政府采购制度最早形成于18世纪末和19世纪初的西方自由资本主义国家。但是，在自由资本主义时期，政府基本上不干预经济，政府采购市场不完善，采购的规模小、范围窄。在现代市场经济条件下，特别是20世纪30年代的大规模经济危机以及随后诞生的凯恩斯经济理论，使各国政府普遍认识到市场不是万能的，市场自身还存在许多缺陷。凯恩斯在1936年出版的巨著《就业、利息和货币通论》中指出，形成资本主义经济萧条的根源是由于消费需求和投资需求所构成的总需求不足以实现充分就业。为解决有效需求不足的问题，必须发挥政府作用，用财政政策和货币政策来实现充分就业。

因此，各国政府后来都逐渐通过经济手段和法律手段加大了对经济的干预力度，主要表现在政府通过大幅度增加开支来刺激社会总需求，使经济尽快摆脱衰退的状况。除了转移支付外，大部分的政府支出都用在公共工程建设和采购物品上，政府采购规模随之迅速扩大，促进了政府采购的迅速发展。政府采购规模的扩大会对社会经济产生巨大的影响，为了加强对这部分大额资金使用的管理，也就要求建立相应的立法对其进行约束与规范，政府采购制度也就逐步在各国建立起来。而我们现在所说的政府采购制度即现代政府采购制度，实际上就是指在这一时期建立和完善起来的一项重要制度。

（4）布坎南的寻租理论是现代政府采购制度的重要理论来源之一

在布坎南等人看来，租金是指在支付给生产要素所有者的报酬中，超过要素在任何可替代用途上所能得到的那一部分收益，也就是超过机会成本的那部分收入；寻租则是指用较低的贿赂成本获取较高的收益或超额利润。而寻租活动也就是指人类社会中非生产性的追求经济利益的活动，或是指那些为维护既得经济利益或是对既得利益进行再分配的非生产性活动。

寻租理论认为，寻租活动存在的前提条件是政府权力对市场交易活动的介入。租金和寻租的产生是由于政府实行了市场进入限制而造成了有租可寻的稀缺机会。稀缺机会的分配实际上是有弹性的，而若不实行某种平等的分配制度，这种弹性就使人们有可能以低于潜在租金的代价去获得这种稀缺机会。也就是说，租金的产生既在于政府控制而造成的利益差别，也在于政府控制的分配弹性。因此，为消除寻租现象，就应允许全体社会成员和生产单位平等地获得由政府干预市场所造成的稀缺价值的平均份额或机会，并使之制度化。而消除寻租的一个主要途径便是实施现代政府采购制度,由于它具有公开性、透明性、公平性和竞争性等主要特征,因此它的建立就在政府购买性支出领域中构筑了一个消除寻租的有效机制,它能有力地消除财政支出中的各类寻租活动,极大地降低人力、物力、财力等公共资源的浪费,提高公共财政的效益,从而推动各国政府为加强财政支出的管理而纷纷建立起现代政府采购制度。

二、政府采购制度的特征

传统的政府采购制度由采购人(一般是政府部门)自行、分散地向商品和劳务的供应商购买,直接满足政府采购部门对物资的需要。采购过程没有中介,不存在购买过程中的委托代理关系;除了采购主体不同,政府采购与一般的商品采购没有太大的区别;政府采购市场也是一般的商品和服务市场,与私人采购市场没有本质上的区别;政府采购分散进行,资金分散支付。

现代政府采购制度最早产生于英国。英国政府在1782年建立政府采购制度,最早设立了正规的政府采购机构——皇家文具公用局,采用公开招标的形式采购政府办公用品,开始对政府采购管理进行立法。目前,政府采购制度日臻完善,由于它所具有的规范性、集中性、计划性和透明性的特征,有利于规范采购行为,节约财政资金,适应现代政府预算的要求,同时方便公众的监督,因此,现代政府采购制度已经被大部分发达国家运用于公共支出管理中。

现代政府采购制度的特征主要体现在以下几个方面:

一是规范性。现代政府采购制度通过一系列法律、规章和办法规范政府采购行为,有相应的专门管理政府采购工作的部门,在政府采购的主体、代理人、资金供给方等政府采购的当事人之间形成制约关系。

二是集中性。传统的政府采购大多是分散进行的,现代政府采购则以集中采购为主。集中的政府采购更能体现效益优势,节省交易成本,便于监督。同时,出于采购效益方面的考虑,现代采购制度也允许一些适宜分散采购的物资继续进行分散采购。

三是计划性。政府采购物品的范围和数量受预算制度的约束,一般来讲,政府采购清单要严格按照每年的政府预算开列。

四是透明性。现代政府采购制度往往对政府采购的透明性作出严格规定。政府采购过程要公开,受相关部门和公众的监督。一些大宗的、关键的政府采购项目,通常要求采用公平竞争的招标方式公开进行,除了政府采购的当事人互相监督之外,公众还可以对政府采购的整个过程进行监督。

不管是传统的政府采购制度,还是现代政府采购制度,只要是对政府采购活动的约束性规定,都属于政府采购制度的范畴。关键的问题不在于是否建立了政府采购制度,而在于建立了何种政府采购制度,以及先进的政府采购制度能否被严格执行。现代政府采购制度的精神就在于使政府采购遵循一定的程序,增强政府采购的透明度,便于政府采购的管理和监督,追求财政资金使用的最大效益。

第三节 政府采购与财政改革

一、财政是国家治理的基础和重要支柱

作为一个世界性的趋势性变化,"治理"已经成为 21 世纪世界主要国家改革的重要特征。有别于传统的"统治",治理并非单一向度的管理,而是一个上下互动的管理过程,其实质是建立在市场规则、公共利益和广泛认同基础之上的合作。因此,它所涉及的要素、领域空前复杂和宽广,既需要凝聚包括政府、企业、社会组织和居民自治组织等尽可能多的社会主体的意志,又需要协调多元利益主体特别是公共利益与个体利益之间的冲突,还需要覆盖经济、政治、文化、社会、生态文明等多个角度和领域。

在所有国家治理活动所涉及的政府职能中,由于所有政府活动均要以财政资金的及时、足额、到位为前提条件,所以,只有财政职能可以覆盖所有政府职能,并由此影响经济、政治、文化、社会、生态文明等所有领域。由此可见,财政是一项最具综合性的基本政府职能。在所有国家治理体系所涉及的制度安排中,由于国家治理体系格局的任何变化均要伴之以财税体制的同步变化,所以,只有财税体制的触角可以伸展至国家治理体系的方方面面。由此可见,财政是一项最具基础性的基本制度安排。在所有国家治理事务所涉及的利益关系中,由于所有公共事务最终均要落实到政府与市场、政府与社会、中央与地方等关系的调整上,通过财政收入的缴纳、财政支出的拨付以及财政资金的调动所形成的财政关系实际上构成了这些利益关系的基本方面,所以,只有财政关系可以承载并牵动公共事务线索上的各方面关系。

现代国家治理体系与治理能力与财政的基础性和支撑性作用是相辅相成、密不可分的。伴随着人类社会向着现代国家治理阶段前行,财政必然要作为国家治理的基础和重要支柱而存在及运转。当前,我国改革发展已经进入以国家治理现代化为目标定位的阶段。站在现代国家治理的高度,无论从哪个方面看,财政都是国家治理体系一个不可或缺的重要组成部分。

二、政府采购在财政改革中的地位

党的十八届三中全会所勾画的"完善和发展中国特色社会主义制度,推进国家治理体系和治理能力现代化"蓝图,正是在深刻认识世界发展潮流的基础上,立足我国国情所作出的事关我国改革和发展前行方向及前途命运的战略抉择。

在我国构建国家治理体系和推进国家治理能力现代化的背景下,政府采购制度作为建设现代财政制度的重要内容,是构建国家治理体系的重要支脉,是提升国家治理能力现代化的重要一环。

三、建立政府采购制度的意义

(一)政府采购制度的建立有利于完善社会主义市场经济体制

公共财政体制是和完善的市场经济体制相配套的,我国社会主义市场经济体制已经

初步建立，建立政府采购制度有利于进一步完善社会主义市场经济体制。公平竞争是市场经济的精神和要义，公开、公平、公正是政府采购的原则，两者是统一的。公开是指采购行为公开，是对政府采购的所有潜在供应商开放市场，这与市场经济的开放性、竞争性是统一的；公平原则是采购方作为交易主体，与供应商地位平等，遵守市场交易的权利义务规则进行平等交易；公正原则是指采购方作为交易行为的一方，必须对所有的供应商一视同仁，不能根据关系的亲疏进行选择性交易。

目前，各国政府在公共产品供给过程中，出于专业分工和生产效益的考虑，采用私人生产、公共购买的方式提供的公共产品越来越多，这一方面为企业提供了新的发展机遇，另一方面也增强了政府购买对市场的影响力。近年来，我国政府采购的规模不断扩大，2014年，全国政府采购规模已达到17 305.3亿元，约占当年财政支出的11.4%。如此大规模的政府采购按照市场经济的规则运行，将大大加快我国完善社会主义市场经济体制的步伐。

（二）政府采购制度是公共财政制度的重要组成部分

在公共财政制度框架下，政府的一项重要职能就是提供公共物品和服务。政府提供公共产品的方式主要有两种：一是公共生产，公共提供；二是私人生产，公共提供。由于在市场经济体制下市场对社会资源起基础性配置作用，大部分产品都由私人生产，政府通过市场采购为公众提供产品和服务，所以，政府采购是为政府提供公共物品的重要手段，是公共财政制度的重要组成部分。

（三）政府采购有利于在市场经济体制下强化政府的宏观经济调控职能

社会主义市场经济的健康运行要求市场在资源配置中起基础性作用，但由于市场经济又有其不稳定的特点，这就要求政府必须通过宏观调控来稳定经济的运行。政府进行宏观调控运用的主要政策工具是财政政策和货币政策，其中，政府采购制度是财政政策的重要方面。由于政府采购规模大，因此政府采购的数量、时间和频率会对宏观经济运行及开放条件下的国际贸易产生很大的影响，通过制定政府采购政策，政府可以调节经济运行周期，平缓经济波动，达到政府调节经济的目的。

同时，利用政府采购政策还可以促进产业的发展，例如通过政府采购供应商准入制度，限制国外供应商进入本国政府采购市场，通过带有政策倾向的政府购买支持民族产业的发展等。

（四）建立政府采购制度是实现公共资源优化配置的关键

公众对公共物品的需求和国家实行宏观经济政策的需要都促使政府支出规模的扩大，政府支出除转移支付之外，大部分是购买性支出，这其中主要以政府采购的方式进行。经验表明，在公共资源的配置过程中，道德自律和互相监督并不能有效杜绝小集团与政府官员之间的合谋，如此大规模的以政府为主体的公共资源配置必须用政府采购制度进行约束。

政府采购的一大特点是竞争择优和透明度高，在这种条件下，政府采购供应商、政府部门官员以及政府采购管理机构进行合谋的揭发风险和查处风险会增大，合谋成本上升。严格遵循政府采购制度，对哪些商品列入政府采购清单、政府采购遵循什么样的程序，有一个合理的约束机制。这事实上是一个多赢的过程，对政府采购单位来说，能够通过竞争择优，获得性价比高的优质货物、产品和服务；对政府采购供应商来说，能够促使其改进技术、提高效益、适应市场需求，提高竞争实力，为政府采购提供优质产品；对政府采购资金管理部门来说，有利于提高资金分配和资金使用的透明度，提高财政性资金的使用效率，强化预算约束；对公众来说，会最终成为最大的受益者。

（五）建立政府采购制度是加强财政支出管理的关键

政府采购制度是政府对公共资源从以预算为主的资金管理到实物管理的延伸，加强财政支出不仅要重视对资金进行分配的预算编制和监督环节，也要重视如何对财政资金进行高效运用、为公众提供最大福利的实践过程。政府采购制度恰恰是对政府采购清单确定、财政性资金进入市场、资金运用合理高效、为政府部门和公众提供最优产品和服务的整个过程进行制度管理，有效控制和约束了政府的购买行为，有利于构建提高财政资金分配与使用效率的机制。

 本章小结

1. 在《政府采购法》中，政府采购的定义是："政府采购，是指各级国家机关、事业单位和团体组织，使用财政性资金采购依法制定的集中采购目录以内的或者采购限额标准以上的货物、工程和服务的行为。"

2. 政府采购与政府购买都是政府获得物质资料或服务的一种方式，政府采购突出了"选择购买"的特点，是在商品经济高度发达、物质产品极大丰富、公平竞争的市场经济体制建立之后形成的，要比政府购买的历史短，是一种特殊的政府购买形式。

3. 社会契约理论认为，政府和公众之间关系的基础是一系列契约，政府采购从实质上来说，是一种委托代理关系，由于激励不相容、信息不对称和契约不完备等问题，政府采购制度的具体设计必须重在约束政府行为。

4. 政府采购具有四个特征：政府采购的公共性，政府采购的经济主体性，政府采购的经济性，政府采购的非营利性。

5. 政府采购制度是为规范政府采购行为而制定的一系列规则、法律、规章和办法的总称。

6. 政府采购模式主要有集中采购和分散采购这两种模式。集中采购是指由政府设立的职能机构统一为其他政府机构提供采购服务的一种采购组织实施形式。一个部门统一组织本部门、本系统的采购活动，也称为集中采购。分散采购是指由各预算单位自行开展采购活动的一种采购组织实施形式。

7. 按是否具备招标性质，可将采购方式分为招标性采购方式和非招标性采购方式；按采购规模，可将采购方式分为小额采购方式、批量采购方式和大额采购方式；按运用的手段，可将采购方式分为传统采购方式和现代化采购方式，两者只是在形式上依据的媒介不同。

8. 现代政府采购制度得以运行的基础主要有四个方面：以现代民主制度的发展为基础，促成现代政府采购制度的建立；以市场为基础，保持政府与企业平等的商业地位，维系政府采购制度的运行；以政府与纳税人之间的契约关系，规范政府采购制度的运行；以法律为基础，保障政府采购制度的良性运行。

9. 现代政府采购制度之所以得以逐步建立与完善，是公共财政支出管理追求效率、市场经济运作、凯恩斯的政府干预理论以及布坎南的寻租理论等综合作用的结果。

10. 现代政府采购制度的特征主要体现在这四个方面：规范性、集中性、计划性、透明性。

11. 在我国构建国家治理体系和推进国家治理能力现代化的背景下，政府采购制度作为建设现代财政制度的重要内容，是构建国家治理体系的重要支脉，是提升国家治理能力现代化的重要一环。

12. 政府采购制度的建立有利于完善社会主义市场经济体制；政府采购制度是公共财政制度的重要组成部分；政府采购有利于在市场经济体制下强化政府的宏观经济调控职能；建立政府采购制度是实现公共资源优化配置的关键；建立政府采购制度是加强财政支出管理的关键。

案例分析

2004年12月8日，联想集团以12.5亿美元并购IBM的PC业务，由12个美国政府部门组成的外国投资委员会对联想并购案进行了全面调查，其焦点集中在美国政府如何采购联想产品的问题上。经过长达70天的艰苦谈判，并购案在联想与美国司法部、国土安全部签订《国家安全协定》以后，最终获得了美国政府的批准。

2006年3月中旬，联想通过激烈竞争，以出色的产品质量和优异的性价比，获得美国国务院电脑采购订单。根据协议，联想集团将向美国国务院提供1.6万多台各种型号的电脑，订单总金额超过1 300万美元。

2006年5月，美国政府以国家安全为由，宣布将不会在机密领域使用联想PC，其理由是，联想是中国企业，并且是由有政府背景的中国科学院控股的企业。

因此，美国外国投资委员会对联想有可能进行所谓"工业间谍活动"，从而威胁美国国家安全进行了特别严格的审查，并对联想参与美国政府的计算机采购有着严格的限制：

一是联想不得以任何形式索取、接受、维护、鉴别有关美国政府定购电脑产品的个人用户信息，以及任何有关美国政府部门可能会采购电脑产品的具体信息。为此，联想不得直接向美国政府销售，而必须通过第三方代理销售。

二是不准美国政府用户的信息流出美国本土，为此，联想必须接受美国安全部门对其信息系统使用情况的检查。

三是联想必须通过美国政府认可的本国公司提供产品售后服务，而不能直接进行产品售后服务。

阅读案例并思考：政府采购制度的内容应包括哪些？

思考题

1. 为什么说市场经济条件下政府采购制度是约束和规范政府行为的有效手段？
2. 如何区分政府采购与政府购买？
3. 为什么说政府采购与财政改革是紧密相连的？

课外阅读材料

1. 〔美〕哈维·S. 罗森著：《财政学》（第四版），平新乔校译，中国人民大学出版社 2000 年版，第 65 页。
2. 〔美〕詹姆斯·M. 布坎南、〔美〕理查德·A. 马斯格雷夫著：《公共财政与公共选择——两种截然不同的国家观》，类承曜译，中国财政经济出版社 2001 年版，第 80—116 页。
3. 〔冰岛〕思拉恩·埃格特森著：《经济行为与制度》，吴经邦译，商务印书馆 2004 年版，第 16—20 页。
4. 〔英〕亚当·斯密：《国富论》，杨敬年译，陕西人民出版社 2001 年版，第 884 页。
5. 〔法〕萨伊：《政治经济学概论》，陈福生译，商务印书馆 1982 年版，第 467 页。
6. 〔美〕斯蒂格利茨著：《政府为什么干预经济：政府在市场经济中的角色》，中国物资出版社 1998 年版，第 88—89 页。
7. 边俊杰："政府采购"新论，《财政与税务》，2001 年第 1 期。
8. 杨灿明、李景友编：《政府采购问题研究》，经济科学出版社 2004 年版，第 26 页。
9. "我国政府采购制度研究"课题组：《我国政府采购制度研究》，载刘尚希主编，《政府采购制度研究文集》，经济科学出版社 2000 年版，第 61—78 页。
10. Stuart F. Heinrits, *Purchasing, Principles and Applications,* Prentice Hall, 1986, p.4.

第二章 政府采购的发展与演变

本章重点

1. 政府采购思想的演变与经济理论发展的关系
2. 政府采购思想的演变
3. 我国政府采购发展的方向

导语

在我国封建社会中，政府购买的目的主要是调控经济，稳定物价，同时也带有一定的消费性。和籴和买、均输平准、五均六管、均输市易制度都是封建政府干预或控制商品流通、平抑物价、节省财政资金、增加政府财政收入的措施，这些制度被视为我国政府采购制度的萌芽。西方政府采购思想的发展和成熟经历了一个很长的过程，最初亚当·斯密及其后的萨伊对公共部门经济的分析中包含着政府采购思想的萌芽，认为政府采购公共物品也要遵循市场经济的原则。从20世纪20年代开始，一些财政学家或经济学家纷纷从不同的关注角度出发，提出了自己的政府采购思想，使政府采购理论及其与经济发展之间的关系、政府采购的功能定位和政府采购制度设计等方面得到了发展；凯恩斯主义兴起以后，政府采购作为财政政策的一个重要手段在西方国家得到广泛而成功的运用；紧随其后的公共选择理论又提出通过宪政手段改革政府采购决策机制，提高政府采购效率；20世纪中后期，政府采购实践逐渐摆脱了区域的限制走向国际化，政府采购理论从深度和广度上都得到了前所未有的发展。

关键词

政府采购思想　和籴和买制度　均输平准制度　五均六管制度　均输市易制度
古典经济　边际革命　凯恩斯主义　公共选择学派　制度经济学派　政府采购协议

第一节　政府采购的思想演变

一、我国古代政府购买思想的萌芽和发展

我国古代社会的政府实物性财政支出需要，主要通过贡纳和赋税来满足，但仍有一部分支出所需的物资，是通过政府在市场上采购来满足的。这可以说是我国政府采购的原始形态，但它还没有形成一个较为完整的体系。

在奴隶社会中，政府购买的主要目的是用于调控经济，其特征是调控性采购。在西周时期的二百多年间，我国工商业发展已达到一定规模，政府为了稳定经济，在市场上收购一些多余的物资，既可以用于财政支出，又可以用于调节物价。《周礼》有载："凡珍异之有滞者，（廛人）敛而入于膳府。""敛"指管理市场的官员大量低价收购积压的珍禽异兽，集中到膳府，这样既解决了商品积压的问题，又降低了膳食成本。另据《周礼·地官·泉府》载："泉府，掌以市之征布（币），敛市之不售、货之滞于民用者，以其贾买之，物而书之，以待不时而买者，买者各从其抵"[①]，主要意思是，管理市场税收的泉府把市场上滞销的货物买下，以等待有买主时再卖出去。这也是通过政府购买而促进流通的办法。

在封建社会中，政府购买的目的主要是调控经济、稳定物价，同时也带有一定的消费性，其主要特征是以调控性采购为主，消费性采购开始出现。和籴和买、均输平准、五均六管、交易法制度都是封建政府干预或控制商品流通，平抑物价，节省财政资金，增加政府财政收入的措施。因此，从这个角度而言，这些制度被视为我国政府采购制度的萌芽。尽管由于当时封建社会生产力的落后以及阶级矛盾的激化，它们未能得到有效执行，但其追求财政资金效用最大化和物有所值的原则，已与现代政府采购的原则十分接近。

（一）和籴和买制度

春秋战国时期，政府购买行为已开始日益影响到社会的方方面面。战国初年卫国所实行的和籴和买制度就是很好的体现。和籴是指政府为保证国家粮食需求或粮食储备而平价购买民众粮食的一项征购政策。和籴制度最初建立在买卖双方自愿的基础之上。《太平御览》记载："秦始皇四年七月，立太平仓，丰则籴，欠则粜，以利民也。"[②] 但从中唐开始，价格公平、买卖自愿这一原则被完全破坏，政府常常强行和籴。到了宋朝时期，和籴仍被广泛采用，名目也不断增多。元朝政府为保证军需或赈济灾荒，也常常"官为和籴"，但这时大多是强制性的。到明清时期，随着商品经济的发展，和籴的强制性逐渐减弱，但官吏克扣、给价不足等弊端仍无法根除。和买（又称和市）则是指粮食以外其他物资的购买。和买的物资非常广泛，诸如牲畜、丝织品、建筑材料、柴草菜蔬等均列

---

① 《宋会要辑稿》（第六册），上海古籍出版社 2014 年版，第 5 455 页。
② （汉）恒宽撰，王利器校注：《盐铁论校注》，古典文学出版社 1958 年版，第 4 页。

在和买之列。北宋初年的和买主要是预买丝麻制品，到了北宋后期，由于国家财力日益匮乏，和买逐渐成为定额税赋。元代的和买，依然十分普遍，凡是税赋不能满足政府需要的物资，大都通过和买来获取。总体来讲，因多数情况下和籴和买是只买不卖，故其属于政府消费行为，而并非商业行为。

（二）均输平准制度

虽然政府购买行为早在春秋战国时期就已经出现，但真正的政府大量购买则始于汉武帝时期的均输平准制度。均输平准是封建制度下国家政权为增加财政收入、保证中央物资供应而运用行政力量平衡物价、调剂运输的政策手段。在传统贡纳制度中，各地官府纷纷抢购货物，一些富商巨贾趁机囤积居奇，从而导致物价昂贵，各郡国向中央输送的贡物，或物劣质差，或因长途运输导致售价不抵运费。均输平准制度实行以后，各地均输官将本郡国所征租赋贡物加以区别，或上交中央政府，或在高价地区出售贡物，再在低价地区购入，继而运往京城。而运至京城的物资，均由平准官掌握，除存留官府所必需外，其余均根据"贱买贵卖"原则予以处置。

（三）五均六管制度

五均六管制度始于王莽新朝时期。所谓五均，是指在都城长安及其他几大城市设立五均官，负责均平物价。五均官根据各类商品质量定出其标准价格，称为"市平"。如果市场价格高于市平，则政府以平价出售库存物资，以利市价回落；相反，如果市场价格低于市平，则任其自由交易。六管是指政府对盐、铁、酒实行专卖，对国家铸钱、对山泽产品收税以及对五均赊贷。五均六管实际上是汉武帝时代均输平准政策的延续，但后汉时，均输平准的对象已由粮食扩大到所有货物，购买的时间、对象相当复杂。《后汉书》记载："开委府于京师，以笼货物，贱则买，贵则卖，是以县官不失实，商贾无所利，故曰平准。"① 还设立"常平仓"进行实物周转。

（四）均输市易制度

均输市易制度是北宋王安石变法时期广泛推行的两项重要变法内容。均输制度是指政府尽量在距京师较近的低价产区征收、调运物资，而在较远的非产区或高价区，则仅征税款而不征实物。市易制度则是指中央政府（汴京）专设"都市易司"，在重要城镇设"市易司（务）"，受理商贩赊购货物，并收购滞销货物。各商贩可以产业为抵押，由五人以上联保向市易司（务）赊购货物，半年或一年后加 10%—20%的利息向市易司（务）归还贷款。逾期不还，将加收罚息。市易司（务）还平价收购百姓的滞销货物，议价收购外地商人难以脱手的货物，待市场需要时再平价售出。

民国时期，我国政府购买行为有了新的发展，出现了现代政府采购的萌芽，消费性购买逐步增多，但由于当时经济发展的局限性，政府购买仍局限在大城市。虽然当时购买的商品种类增多，但仍以军用品为主要采购对象，仍然不是现代意义上的市场经济的政府采购制度。

---

① （明）董说撰：《七国考·秦食货》，中华书局1956年版，第89页。

二、西方政府采购思想的萌芽与发展

（一）古典经济时期的政府采购思想

事实上，对政府部门经济行为研究的历史和经济学发展的历史一样久远，随着政府在经济生活中所扮演的角色不断发生变化，也相应出现不同的理论、按照不同的分析范式对政府行为的变化作出解释。政府采购理论也同样经历了这个过程，从1776年到20世纪20年代以前是西方经济学的传统时期，也是政府采购理论发展的萌芽时期。

亚当·斯密在《国富论》中主张自由放任，反对国家干预，认为通过"看不见的手"引导人们的行为便能够达到资源配置的最优化。当时的西方国家正处于资产阶级限制封建专制权力和工商业迅速发展的时期，这一思想成为那个时代的主流经济思想。在这一思想的指导下，当时的政府支出规模并不大，对政府经济行为的研究也只是整个经济学研究的一个特殊部分。在古典经济学家的著述中，对政府作为一个消费者参与市场活动也作出了一些讨论，从中可以提炼出经济学家们最初关于政府采购的一些原则与看法。

1776年，亚当·斯密的《国富论》出版，这不仅标志着经济学作为一门学科的产生，也为研究政府部门的经济行为构建了框架（后来的公共选择理论关于政治"经济人"的讨论就与斯密的经济思想有深刻的渊源）。斯密在他的著作中积极倡导自由竞争的市场经济，他的经济理论和财政理论都是以市场经济的发展为核心的。一方面，政府对经济的态度应该是"不干预"，政府行为应该"最小化"，政府充当"守夜人"，保卫财产安全，更深刻地说，维持司法制度、保护产权的政府就是好政府；另一方面，政府对经济的态度应该是"不影响"，斯密认为，政府活动本身不创造价值，是非生产性的，不仅如此，维持政府活动还必须征税，财政支出扩大必然要增加税负，税负的加重会削弱经济发展的能力，不利于经济的扩大再生产。

可以看出，斯密并不主张大规模的政府支出，大量的政府消费或政府采购在他看来是不合时宜的。同时，他也对有限的政府支出的购买方式进行了讨论，他指出，公共部门的购买行为和私人的购买行为在市场经济条件下是平等的，都需要遵循公平的市场经济原则，由此才能够达到资源配置的"效率"目标。

萨伊将"公共消费"看作政府支出或政府采购的基本形式，并提出政府是公共财富的托管人的思想。具体来说，政府采购可以看作现代政府与纳税人之间的一种委托代理关系。在政府采购中，纳税人是委托人，委托政府在管理公共事务中用纳税人缴纳的税收采购所需要的公共物品；政府是受托方，政府在市场中购买货物、工程和服务的行为受到纳税人的委托。正是由于政府采购的主体——政府履行托管人的职能，政府采购就必然要接受纳税人的监督，受到法规、条例、司法或行政决定的约束，以及政策、程序的限制和控制。这种思想为政府采购的制度建设和机构建设提供了理论前提。

萨伊还继续指出，私人可以供应公共消费品，这就发展了斯密关于公共部门可以参与竞争的思想，萨伊把这些供应公共消费品的私人称为"对公共消费有实际贡献的人"，这一思想为政府向私人采购公共产品提供了理论依据。

萨伊还认为，公共土木工程可以刺激私人生产。他指出："政府虽然没有可能成为成功的生产者，无论如何他却可通过计划周详、办理妥善和维修得当的公共土木工程，特别是公路、运河、港口等强有力地刺激私人生产力。"[①]

萨伊的这种"公共土木工程"可以刺激私人生产的思想可以说是凯恩斯财政政策的理论根源。

（二）边际革命时期的政府采购思想

边际革命发生后，人们逐渐将追求经济效率的领域从私人部门拓展到公共部门，开始运用经济学的核心原理来分析和说明政府的财政行为。边际效用价值论的引入，使得市场交换原则也适用于政府公共服务的成本和费用分析。这对斯密关于政府活动是低效率的，从而应该倡导政府行为最小化的思想是一种突破。政府采购理论得以进一步体系化、科学化。

（三）凯恩斯主义时期的政府采购思想

19世纪30年代的资本主义国家经济大危机后，凯恩斯主义的国家干预思想为资本主义各国所采纳，各国政府开始广泛运用经济手段和法律手段干预国民经济，以弥补市场的缺陷。重要手段之一就是政府通过财政收入和财政支出兴办公用事业，为经济的发展创造条件。政府采购作为财政支出的重要组成部分，成为宏观调控的重要手段，政府采购制度迅速地发展起来，其影响力不断扩大，各项有关政府采购的法律法规也因此应运而生。

政府通过政府采购来调整经济结构、增加就业、带动企业和国民经济的发展。比如，当经济萧条时，政府应实行赤字预算与适度的通货膨胀政策，通过政府采购与政府投资，来拉动全社会的投资，增加全社会的就业。同时，国际金融组织的产生既为政府采购提供并增加了资金来源，也强化了政府的投资主体作用，使得政府采购在国民经济中的地位逐步上升。

政府采购制度在内涵上体现出凯恩斯主义经济学思想。凯恩斯主义的宏观管理理论自建立之初便将政府对总需求的控制——财政政策放在重要位置。显然，政府采购制度是政府通过"国家购物"的方式，扩大政府支出，直接影响、拉动生产进而拉动经济增长。从这个意义上讲，政府采购制度的大发展是建立在凯恩斯主义的宏观管理理论基础上的。

（四）公共选择学派的政府采购思想

公共选择理论反对国家干预经济，提倡新自由主义。其代表人物詹姆斯·布坎南认为，政府公务员不仅是"政治人"，而且也是"经济人"，其行为也遵循私人利益最大化原则，不可避免地会产生大量寻租行为，并导致政府失灵。

根据布坎南的定义，寻租是投票人，尤其是其中的利益集团，通过各种合法或非法的努力，如游说和行贿等，促使政府帮助自己建立垄断地位，以获取高额的垄断利润。

[①]〔法〕让·巴斯蒂特·萨伊著：《政治经济学概论：财富的生产、分配和消费》，陈福生、陈振骅译，商务印书馆1997年版，第495页。

寻租者所得到的利润并非是生产的结果，而是对现有生产成果的一种再分配，寻租行为具有非生产性特征。同时，寻租的前提是政府权力对市场交易活动的介入，政府权力的介入导致资源的无效配置和分配格局的扭曲，产生大量的社会成本，这些成本包括：寻租活动中浪费的资源，经济寻租引起政治寻租所浪费的资源，寻租成功后损失的社会效率。

公共选择理论认为，在市场经济条件下，最常见的寻租行为有四种：一是政府定价；二是政府的特许权；三是政府的关税和进口配额；四是政府订货。政府订货行为存在于政府采购之中，也就是说政府采购中存在寻租的可能性。

随着政府采购规模和范围的日益扩大、采购任务越来越繁重，政府单独采购难以保证采购的质量、服务和效率，于是，关于政府采购制度规范的研究也逐渐得到经济学界的重视。在公共选择理论中，偏重研究制宪与修宪理论的，称为宪制经济理论，它主要研究如何实现对政府的财政权力、货币权力与管制权力的约束。

公共选择理论对于政府采购思想的贡献在于：让人们意识到政府采购人员是具有"经济人"特征的比较利益人；政府采购的模式应是委托代理的公私伙伴关系；完善政府采购制度的路径选择要以建立、健全政府采购法律体系为重心；对政府开支项目进行损益分析，杜绝过去政府项目不计成本的做法；引进利润分享机制，允许官僚机构对节约成本所形成的财政节余拥有一定的自主处理权；加强对官僚机构的监督，等等。

公共选择理论认为政府应转变职能，改革政府的经济管理方式，从一些不必要的经济活动中退出来，把更多的事情交给"看不见的手"——市场来调节。

（五）制度经济学派的政府采购思想

政府采购中的政府作为一个经济实体和政府行为中的"经济人"假设是两个不同的概念。市场经济理论表明，政府在市场中作为产品的购买方，需要遵循市场经济中的公平交易原则。这就决定了政府采购活动中必须坚持公开、公平和公正性原则。公平性原则是指交易双方的权利与责任关系，政府采购的买卖双方必须在自愿平等的原则上进行交易，分别履行买卖双方在商品交易中的义务，不能因为政府掌握公共权力就凌驾于其他市场行为者之上，进行不公平交易；同样，其他市场行为人也不能因为交易对方是公共部门，就可以任意提价或者提供价高质次的产品。

1937年，科斯在他的论文《论企业的性质》中指出："利用价格机制是有成本的。通过价格机制组织生产的最明显的成本就是所有发现相对价格的工作。……市场上发生的每一笔交易的谈判和签约的费用都要考虑在内。"[1]科斯还使用交易成本这一工具分析了企业的性质和规模问题，这里的谈判签约的费用可以看作总交易成本的一种概括。继科斯在1937年提出"交易成本"之后，他在1960年发表的论文《社会成本问题》中对交易成本的内容作出了进一步的界定，即"为了进行市场交易，有必要发现谁希望进行交易，有必要告诉人们交易的愿望和方式，以及通过讨价还价的谈判缔结契约，督促契约条款的严格履行等"[2]。这也是对交易成本的一个总的概述。

---

[1] 〔美〕R. 科斯著：《论生产的制度结构》，盛洪、陈郁译校，上海三联书店1994年版，第10页。
[2] 〔美〕R. 科斯等著：《财产权利与制度变迁——产权学派与新制度经济学派译文集》，刘守英译，上海三联书店、上海人民出版社1994年版，第20页。

施蒂格勒沿着科斯开创的研究思路，考察了"搜寻成本"，即买卖双方寻找对自己最有利的价格所要耗费的资源。从交易、契约及与交易费用的孪生性出发，达尔曼认为，交易双方欲达成协议，必须相互了解，将可能提供的机会告诉对方，这种信息的获得和传递需要耗费时间及资源；如果交易的一方有多个经济代理人，在决定交易条件时，还会产生某些决策的成本；相互同意的条件确定后，还有执行所签订协议的成本以及控制和监督他方以确定是否按照所签订协议条款履行其责任的成本。威廉姆森将交易费用分成事前和事后两部分，事前费用包括起草、谈判和维护等费用，其中的"维护费用"尤其复杂，它与一般的所有权、可信承诺与诚实、契约争端的法律裁决有关；事后费用包括交易偏离一致性后所产生的不适应成本、双方矫正事后不一致所产生的讨价还价成本、与规制结构有关的设立与运行成本以及实现可信承诺的保证费用。

科斯认为，市场交易的本质就是价格机制。在市场经济条件下，价格机制在生产要素竞争和促进资源配置效率最大化方面确实发挥着积极的作用，但是由于交易成本的存在，遵循这种价格机制本身也是有成本的，很多情况下通过价格机制进行市场交易，"市场上发生的每一笔交易的谈判和签约的费用都要考虑在内"。按照科斯的想法，企业正是为了降低越来越高的交易费用才产生的。在企业内部，市场被取消，某一个生产要素（或他的所有者）不必与企业内的其他一些合作的生产要素所有者签订一系列契约，这一系列契约为一个内部契约（如企业的组织形式和规章制度）所替代。因此，企业产生的原因是，利用价格机制是有成本的，企业可以节约交易成本，是对价格机制的一种替代。

政府采购的交易成本，是指公共部门作为政府采购的主体，为完成市场交易所发生的搜寻成本、谈判成本、决策成本、缔约成本、实施成本、监督成本、控制成本和矫正成本。

政府所需要的货物、工程和服务的购买方式，是各单位使用预算资金到市场上进行自发的、分散的采购，同一交易过程被各单位反复进行，同一交易成本被反复支出，造成了大量的浪费。为降低采购中不必要的交易成本支出，建立政府采购制度成为一种新的替代方法。在政府采购制度下，通过集中采购，同一交易行为的反复进行可被一次性交易替代，反复签订的同一类契约可被一个契约替代，可以大大降低采购中的交易成本。

科斯在分析企业规模时指出，企业通过减少契约的数量节省了交易成本，但并没有取消契约和企业内的交易。

所以，政府采购有利于节省采购中的交易成本，并不意味着政府采购的范围越广、规模越大、集中程度越高就越好。随着企业规模的扩大，企业内部组织追加交易的成本可能会上升，即在组织的交易增加时，或许企业家不能成功地将生产要素用在其价值最大的地方，不能导致生产要素的最佳使用，因此，企业规模受它所节约的外部交易成本和随着规模扩大而增加的内部交易成本的制约，其规模决定于这样一点——在企业内部组织一笔额外交易的成本等于在公开市场上完成这笔交易的成本。

同样，政府采购范围、规模和集中程度的扩大，会增加组织协调的内部成本，使政府采购在交易成本方面变得不经济。最佳的交易成本取决于合适的政府采购范围、规模和集中程度，政府采购实施的范围过窄、规模过小、集中程度过低，就达不到节省外部交易成本的目的，反之，就会增加内部交易成本，其临界点在于——通过政府采购实施的最后一项采购的交易成本等于原分散采购下完成这笔采购的成本。

建立政府采购制度的目标之一是节约采购成本，限制政府采购的范围、规模和集中程度也是为了节省采购成本，有些产品到底是实施政府采购，还是继续沿用以前的分散采购，一个重要的参考指标就是看哪种采购方式更有利于节省交易成本。

第二节　国外政府采购的实践发展

一、政府采购的起源

政府采购的起源可以从国家和政府的产生以及商品经济的产生这两个不同的历史演变来分析。

国家产生之后，统治者为了履行统治职能和社会管理职能，需要具备一定的物质条件。在商品经济产生之前，这种物质条件的满足只能依靠掠夺和产品交换。统治者的掠夺行为是单向的，即统治者利用暴力无偿地从公众手中获得产品；随着生产力的发展，统治者也可以生产一定的供自己消费的产品；随着商品经济的发展，统治者还可以将自己生产的产品与私人的产品进行交换。这几种方式都可以满足政府对物质条件的需要和需求，但它们仍不是现代意义上的政府采购。

政府采购是一种交易行为，只能在商品和私有制产生之后才可能实现。原始社会末期，随着生产力的发展，整个社会中出现了一些过剩的产品可以用于交换，于是出现了各种形式的采购活动。采购活动的主体包括个人、家庭和部落，有了商品经济的发展，国家作为一个物质需求单位，也参与到采购活动中来。

最早的一张政府采购单可以追溯到公元前2800年至公元前2400年的叙利亚，它写在红色的陶制板上，"用600升谷子换取50瓶润滑油"。公元前3世纪的雅典也有政府采购的记录，人们还发现了恺撒军团的采购订单。政府采购古已有之，只不过当时的政府采购是为了满足统治者骄奢淫逸的生活，大部分都是生活用品；为了满足统治者向外扩张的野心，也有很多军需用品；即使有一部分是关乎民众、生产生活的政府采购或政府的公共工程，其目的也并非是为了满足民众的需求，而是统治者发展生产、增强国力的需要，或者是用于维持政治统治的抚民措施。

现代意义上的政府采购最早形成于18世纪末19世纪初的自由资本主义时期。当时（即1782年）英国设立了政府文具公用局，作为采购政府部门所需办公用品的机构，其后发展为物资供应部，专门采购政府各部门所需的物资。值得一提的是，英国的文具公用局在设立之初，就以公开招标投标作为政府采购的主要方式，此举起到了极好的示范作用，成为之后各国政府选择采购方式的标尺，也为政府采购的公开透明、公平以及公正原则铺垫了坚实的基础，从而为以后各国政府采购制度的发展提供了很好的蓝本。而美国是世界上最早对政府采购进行立法的国家，早在1761年就颁布了《联邦采购法》，对世界政府采购立法产生了深远的影响。联邦政府民用部门的采购历史可以追溯到1792

年，当时通过了有关政府采购的第一部法律，将为联邦政府采购供应品的责任赋予美国首任财政部长亚历山大·汉密尔顿。此后，西方各国都成立了专门的机构或通过了相关的法律，以确定政府采购管理的重要地位。随着社会经济的发展，政府采购的适用范围逐步扩大，当今西方发达国家政府采购的含义已经同过去大不相同了，可以说，真正完整意义上的政府采购，是现代市场经济发展的产物。

二、政府采购制度的发展

在近代市场经济（自由市场经济）阶段，市场是配置资源的主要方式。市场经济国家信奉"看不见的手"，政府基本上不参与、不干预国民经济活动，政府直接承担的公共工程和物资采购也十分有限。因此，政府采购市场并不发达，也远不完善。

到了现代资本主义市场经济时期，特别是在19世纪30年代的资本主义国家经济大危机后，市场经济国家普遍认识到，市场经济并不是万能的，它也存在着失灵的领域。于是，凯恩斯主义的国家干预思想被广大资本主义国家采纳。为了弥补市场的缺陷，政府开始广泛使用经济手段和法律手段干预国民经济。其中，最重要的手段之一就是政府通过扩大财政支出兴办公用事业，为经济的发展创造条件。由于政府采购是财政支出的重要组成部分，因此随着它的规模的不断扩大，其对社会经济产生的影响也逐渐受到人们的重视。为了兴利除弊，各项有关政府采购的法律法规就应运而生了。

美国的政府采购法律体系涉及面较广，覆盖面较宽，内容较丰富。美国政府采购制度有两级政府采购法律体系：联邦政府采购法律体系和州政府采购法律体系。联邦政府和州政府的采购权利，有着不同的法律渊源。1861年，美国制定的一项法案要求每一项政府采购至少要有三个投标人。1868年，美国国会又通过立法确定公共开标和公共授予合同的程序。1947年，美国国会通过《武装部队采购法》确立了国防采购的方法和程序，并将军事采购的责任赋予国防部的后勤局，在军事国防领域实现了政府集中采购。1949年，国会又通过了《联邦财产和行政服务法》（Federal Property and Administrative Service Act），该法为联邦服务总署（General Service Administrative，GSA）提供了统一的采购政策和方法，并确立了GSA为联邦政府的绝大多数民用部门组织集中采购的权利。由此，美国确立了集中采购的管理体制。直到今天，GSA仍然保留着为联邦政府的民用部门集中采购的责任。1962年通过了《合同竞争法案》，特别强调公开竞争对于政府采购制度的重要意义。1974年颁布《联邦采购局政策法案》，1984年颁布《联邦采购条例》（Federal Acquisition Regulation），联邦政府的所有行政机构都必须按照法律规定实施采购。州政府的采购权利来自州宪法，并由州立法机关制定的其他法律予以补充。绝大多数州都授予本州的县、市、镇等地方政府设立采购机构的权力。

德国是联邦制国家，各州在立法、财政方面具有较大的自治权。德国政府采购方面的法律，除联邦法律之外，还包括州和地方等不同层次的法律法规。联邦层次的法律法规主要包括《反对限制竞争法》《公共采购条例》《公共合同定价条例》《产品和服务合同条款标准准则》《自由服务合同标准准则》等。1999年1月1日生效的《德国政府采购修正法》，标志着德国政府采购制度发展的新阶段。近些年来，德国政府采购规模比较平稳，大约占国内生产总值（GDP）的 10%—12%，其中还包括国防采购。《德国政府采购修正法》的出发点，是在政府采购中引入市场竞争机制，增加政府采购的公开透明度。在政府采购中实行最大限度的充分竞争，是《采购修正法》的核心，也是政府采购制度和观念的最大转变。

1973 年，英国加入欧洲经济共同体以后，逐步形成了一套较为完善的政府采购体系和运作规则。目前英国的政府采购法律，主要有 1991 年制定的《英国公共工程合同规则》、1993 年制定的《英国公共设施供应的公用事业工程合同规则》、1994 年制定的《英国公共服务合约法规》等，主要包括一般合同与商业法律，也有政府采购的专门法律，涵盖了政府采购的各个方面。英国是判例法国家，判例的不断涌现在很大程度上促进了政府采购法律制度的完善。

韩国为了提高政府采购的效率，在 1949 年 1 月建立了第一个统一采购机构——对外援助临时供应办公室，该办公室同时还负责利用政府外汇基金向外购买政府所需的物品。1955 年 1 月，韩国对政府采购制度进行了一次重大改革，将采购和供应集中到一个机构，即对外供应办公室，采购资金来源包括政府外汇基金、外国援助基金和政府贷款。1966 年，韩国成立了供应办公室，统一负责对外采购和国内采购、重点工程采购、对企业需要的重要原材料贮存采购以及供应事务。后来，随着时间的推移，政府采购管理工作不断拓宽。到 1998 年，仅中央一级政府采购金额就达 11.2 兆韩元，占当年 GDP 的 2.5%，占当年财政支出的 8.8%。1999 年政府采购资金达 15.9 兆韩元，占当年 GDP 的 3.3%，占当年财政支出的 11.2%。

韩国的政府采购法规也经过了多次改革，以前有关政府采购的法规是分散的，主要是在《预算会计法》《公共预算和账户法》等法规中作出相应的规定。1995 年，财政经济院国库局先后制定了《政府合同法》《政府合同法实施准则》《政府合同法实施细则》《政府合同法实施准则特别条例》《政府合同法特殊采购特别实施条例》等法规。此后，又制定了一些与政府采购活动有关的法律，如《电子交易基本法》、《电子签名法》等。

1994 年，韩国在世界贸易组织《政府采购协议》上签字，1997 年，该协议在韩国生效。为了与国际接轨，1997 年 1 月，韩国将供应办公室改为采购厅。之后，韩国计划进一步完善政府采购管理体制和运行机制，如建立信息网络等，提高政府采购的透明性、公开性、竞争性，进一步提高政府采购的效率。

日本的政府采购模式以分散采购为主，规范中央采购的法律法规主要有《会计法》《预算、决算及会计令》《国家物品等特定采购程序的特别政令》；规范地方采购的法律法规有《地方自治法》《地方自治法实施令》。1995 年，根据世界贸易组织的《政府采购协议》要求，确定了适用《政府采购协议》的政府采购实体和范围。此外，为满足世界贸易组织《政府采购协议》对质疑机制的要求，日本内阁于 1995 年 12 月 1 日建立了两个机构：政府采购审查办公室（Office of Government Procurement Review）和政府采购审查局（Government Procurement Review Board）。随后，政府采购审查办公室于 1995 年 12 月 14 日公布了质疑审查程序。

有的国家的政府采购法律体系较为单一。例如，阿根廷只有一部《政府采购法》，是政府采购活动的唯一依据，操作起来也比较简单。

由此可见，现代资本主义市场经济时期，政府采购获得了很大的发展，而且在逐渐走向成熟。因此，尽管政府采购制度起源于资本主义自由经济时期，但真正意义上的政府采购制度却是现代市场经济发展的产物，是与市场经济国家中政府干预政策的产生和发展密切地联系在一起的。

三、政府采购制度的国际化

政府采购制度本身是财政管理制度的一部分，其管理对象是公共支出，由于支出是一种消费行为，于是，就出现了由谁来提供消费品的问题。正是由于支出与消费存在非常密切的关系，政府采购制度在加强支出管理的同时，客观上也需要处理好内外贸易的关系。1947年由各国共同制定《关税与贸易总协定》时，规模巨大的政府采购市场被刻意排除在外，主要是考虑到避免与当时各缔约国普遍采购国内产品、保护本国产业的政策相冲突。直到1979年以前，政府采购与贸易的关系很好协调，因为各国政府都是购买国内产品，政府采购是封闭的，不对外开放。

随着国际贸易的发展，一方面，一些发达国家期望为本国产品开拓国外市场，还有一部分国家则希望通过打破贸易壁垒来解决本国贸易失衡问题，国际贸易自由化的呼声越来越高。另一方面，政府采购的规模越来越大，每年政府采购的金额达数千亿美元，占国际贸易总额的10%以上，政府采购的巨大市场在国际贸易领域日益受到各国的重视。同时，在政府采购中的歧视性做法也越来越明显，歧视性政府采购已成为国际贸易的一个严重障碍。于是，一些欧美国家纷纷提出应将政府采购纳入国际协议，并在1976年利用关税与贸易总协定东京回合谈判的机会，成立了专门小组，讨论国际政府采购问题。1979年东京多边贸易谈判在日内瓦签订了《政府采购协议》（Government Procurement Agreement，GPA），但其性质是非强制性的，由各缔约国在自愿的基础上签署，通过相互谈判确定政府采购的开放程度。当时有美国、加拿大、欧洲经济共同体及其15个缔约方、中国香港特别行政区、以色列、日本、韩国、列支敦士登、荷属阿鲁巴、挪威、新加坡、瑞士等国家或地区签署了该协议，成为协议的一员。《政府采购协议》的形成，标志着国际政府采购制度的初步形成。

《政府采购协议》于1981年开始生效。它仅适用于门槛价在15万特别提款权以上的中央政府采购项目，1988年门槛价降为13万特别提款权。尽管如此，《政府采购协议》涵盖的政府采购市场仅是各国政府采购总额的一小部分，其在国际贸易中发挥的作用还是非常有限的。

在关税与贸易总协定乌拉圭回合谈判期间，各成员方曾对《政府采购协议》的内容进行了修订。新的《政府采购协议》规定，采购实体不仅包括中央政府，还包括地方政府以及公用事业单位，并相应规定了中央政府、地方政府、公用事业单位货物、工程和服务采购的门槛价，新的《政府采购协议》于1996年1月1日正式生效实施。《政府采购协议》仅对签字成员方有约束力。许多发达国家先后签署了《政府采购协议》。《政府采购协议》成员方希望有更多的国家加盟，并采取一些强制性措施迫使想加入世界贸易组织的国家签署《政府采购协议》。2006年12月，世界贸易组织采购委员会通过了对世界贸易组织《政府采购协议》的全面修订。虽然此次修订大多只是对框架进行调整，但这是自1981年实施关税与贸易总协定《政府采购协议》（世界贸易组织《政府采购协议》的前身）以来，首次对该协议作出修改。一致认为应考虑发展中国家，尤其是最不发达国家的发展、财政及贸易需求；鼓励非缔约方政府接受并加入该协议。2012年修订版的《政府采购协议》，认识到应当考虑发展中国家特别是最不发达国家在发展、财政和贸易方面的需要，期待尚不是该协议参加方的世界贸易组织成员接受并加入该协议。

在关税与贸易总协定（1995年更名为世界贸易组织——WTO）开始就政府采购市场的开放问题进行多边谈判的同时，许多区域性组织也将政府采购纳入到地区贸易自由化的内容中。如亚太经济合作组织根据1995年12月的APEC部长级会议和领导级非正式会议通过的《大阪行动议程》，将政府采购列为APEC贸易投资自由化与便利化的15个具体领域之一。

欧洲经济共同体在其区域内建立国际政府采购制度的努力比关税与贸易总协定通过《政府采购协议》要早13年。为了实现在欧洲经济共同体范围内消除贸易壁垒，促进货物、资本和人员的自由流动这一欧洲经济共同体条约目标，欧洲经济共同体早在1966年就在《欧洲经济共同体条约》中对政府采购作出了专门规定。后来欧盟在该条约的指导下，相继颁布了关于公共采购各领域的"委员会指令"，构成了独具特色的公共采购法律体系。在这个体系中，有四部指令是关于政府采购的实体性法律，有两部是程序性法律。前四部分别是1992年颁布的《关于协调授予公共服务合同的程序的指令》、1993年颁布的《关于协调公共供应品合同的程序的指令》《关于协调授予公共工程合同的程序的指令》和《关于协调水、能源、交通运输和电信部门采购程序的指令》；后两部分别是1989年颁布的《关于协调有关对公共供应品合同和公共工程授予审查程序的法律规则和行政条款的指令》和1992年颁布的《关于协调有关水、能源、交通运输和电信部门采购程序执行共同体规则的法律、规则和行政条款的指令》。这六部指令是适用于欧洲经济共同体范围内的公共采购的主要规则，欧洲经济共同体通过这六部指令建立了其范围内的国际政府采购制度。历经多年冗长的立法过程，欧盟对之前的六部指令进行了整合修订。2004年3月，欧洲议会与欧洲理事会公布第2004/18/EC号指令，即公共合同指令，该指令用于规范公共工程合同、货物公共采购和服务公共采购合同，并同时公布了第2004/17/EC号指令，即公用事业指令，规范水资源、能源、运输及邮政服务产业营运机构的采购协调程序。2014年3月，欧盟官方公报（OJEU）公布了三部新版欧盟公共采购指令，包括替代原先两部指令的公共部门指令（2014/24/EU）与公用事业部门指令（2014/25/EU），以及首次引入的有关特许经营的指令（2014/23/EU）。新指令于2014年4月17日步入正式实施阶段，欧盟各成员国必须在24个月内将新指令引入国家层面实施。欧盟新指令的诞生，代表了一种进化与演变，无疑会为缔约机构带来更多的灵活性，提供更明确、更顺应政府采购发展的规则指导。

世界银行为了保证其贷款资金的有效利用和监督借款国的政府采购行为，于1985

年颁布了《国际复兴开发银行贷款和国际开发协会贷款采购指南》（以下简称世界银行的《采购指南》），并且采取了一系列监管措施，在世界银行成员国范围内大大促进了政府采购的实践工作，使越来越多的人逐渐认识到完善的政府采购制度对促进公共资金的有效利用、对一国经济的发展以及对树立廉洁和公正的政府形象具有重要的意义。

联合国国际贸易法委员会自1966年成立以来，一直致力于通过制定国际协定或示范法等基本法律的形式促进国际贸易法律的规范化和统一化。由于采购法律涉及各国的民事、刑事法律规定、文化传统以及国家的对外贸易政策，使其很难在成员国中达成一致，因此，为了促进各国政府采购立法的统一和帮助正在进行政府采购立法的国家建立一个经济、有效的政府采购法律和运行制度，1994年，在该委员会第27届年会上通过了《贸易法委员会货物、工程和服务采购示范法》（以下简称联合国的《采购示范法》）。

目前，世界贸易组织的《政府采购协议》、欧盟的《政府采购指令》、世界银行的《采购指南》和联合国的《采购示范法》这四部国际政府采购规则基本代表了国际政府采购制度的标准规范。

在世界贸易一体化的趋势下，我国已于2001年11月11日正式签署了加入世界贸易组织的协议，并于同年12月11日正式开始承担世界贸易组织的权利和义务。2007年年底，我国向世界贸易组织提交了第一份加入《政府采购协议》的出价清单，之后又逐步扩大了出价范围，至2014年年底已经递交了六份出价清单，出价范围与参加方一般出价水平大体相当。尽管我国目前还没有承诺加入《政府采购协议》，但从国际政府采购制度的发展趋势看，随着我国经济实力的不断提高，我国在未来必然会逐渐加入《政府采购协议》。也就是说，我国政府采购市场的适当开放是大势所趋。事实上，尽管我国没有声明对外开放政府采购市场，但我国在某些领域已对外开放了。比如，当我国接受世界银行的某些贷款时，世界银行会向我国提出一些限制性条件，要求我国采取国际性招标的方式进行采购，等等。

第三节　我国政府采购制度的建立与发展

实践表明，政府采购制度是市场经济条件下财政制度的重要组成部分，国际上大多数政府采购制度比较完善的国家都将其作为加强支出管理、约束政府采购行为的重要制度安排。我国的市场经济体系已经初步建立，随着经济向市场经济接轨，政府的职能范围和发挥职能的手段也在发生变化，建立规范、完善的政府采购制度是非常必要的。

近年来，我国各级、各地政府采购部门为了加强财政支出管理和强化政府采购职能，普遍实行了政府采购试点，并取得了一定的成效。辽宁、上海、深圳等二十多个省市都制定了政府采购的地方性法规。

一、我国政府采购制度的建立和发展

我国政府采购制度的发展经历了研究探索、试点及全面推行三个阶段。

(1) 研究探索阶段（1995 年至 1998 年 7 月）

这一时期主要是政府采购理论上的探索阶段，1995 年，财政部开始结合财政支出改革对政府采购进行理论上的研究。1996 年，上海、河北、深圳等地启动了政府采购的试点工作。1996 年 10 月，财政部编写了第一份政府采购简报；同年，上海市政府采购试点工作取得了一定的进展。1997 年，财政部向国务院法制办报送了制定《政府采购条例》的立法请示。当年，国务院法制办就《中华人民共和国招标投标法》（以下简称《招标投标法》）和《政府采购法》的立法思路进行了协调。

(2) 试点阶段（1998 年 7 月至 2003 年 1 月）

这一阶段主要是政府采购的试点阶段。1998 年 7 月财政部指定《中国财经报》作为政府采购的宣传媒体；同年，国务院进行机构改革，在国务院核定财政部的"三定方案"的基础上赋予了财政部负责拟定和执行政府采购政策的职能，从而确立了我国政府采购的主管部门。1999 年，财政部颁布了《政府采购管理暂行办法》，这是我国第一部关于政府采购管理的全国性的部门规范性文件。2000 年 6 月，财政部在国库司专门设立了政府采购管理机构。2002 年 6 月 29 日，《政府采购法》颁布。

(3) 全面推行阶段（2003 年 1 月至今）

2003 年 1 月 1 日，《政府采购法》正式实施，标志着我国的政府采购制度由试点进入全面推行阶段。自此之后，我国政府采购的规范化程度得到不断提升，政府采购管理工作得到加强，如批量集中采购的推广、政府采购预算管理的加强、政府向社会力量购买服务的拓展等。政府采购的政策功能得到不断发挥，支持环保产业发展、支持中小企业发展等方面的政策功能得到不断发挥。比如，2006 年 11 月，首份"绿色清单"公布，并发布《环保标志产品政府采购实施意见》，标志着政府绿色采购制度的开始。再如，2009 年 9 月，国务院《关于进一步促进中小企业发展的若干意见》出台，明确提出完善政府采购支持中小企业的有关制度。这一时期，政府采购市场开放的步伐加快。2007 年 12 月底，我国向世界贸易组织提交了加入《政府采购协议》申请书和初步出价清单，正式启动了加入谈判。2008 年 9 月，我国向世界贸易组织提交了《中国政府采购国情报告》，请《政府采购协议》参加方对我国政府采购法律和管理体制进行审议。截至 2014 年 12 月，我国已经向世界贸易组织提交了加入《政府采购协议》的六份出价清单。2015 年 1 月 30 日，酝酿已久的《政府采购法实施条例》终于公布，并于同年 3 月 1 日起实施。

二、我国政府采购制度改革取得的成效

（一）政府采购规模和范围不断扩大

全国政府采购规模由 1998 年的 31 亿元扩大到 2014 年的 1.7 万亿元之多。政府采购范围由原来的主要局限在货物，逐步扩大到了服务以及工程。货物类采购从通用类货物向专用类延伸；服务类采购从传统的专业服务快速扩展到公共服务、服务外包等新型服务领域；工程类采购开始逐步纳入政府采购管理范围。政府采购资金构成从财政性资金逐步向单位自筹资金、银行贷款、建设经营转让项目市场融资等方面扩展。采购活动逐

步涵盖一些公益性强、关系民生的支出项目,农机具购置、中小学免费教材、医疗器械及药品、安居工程、文化下乡等民生采购项目日益增多。

（二）政府采购规范化程度不断提升

《政府采购法》颁布和实施后,财政部先后制定了配套规章和规范性制度30多个,初步建立了以《政府采购法》为统领、以《实施条例》为支撑、以规章办法为补充的较为完善的政府采购法律制度体系。集中采购所占比重逐渐增加,公开招标的比重也逐渐增加。为适应服务采购的需要,新增"竞争性磋商"采购方式。此外,评审专家管理更趋完善,信息公开力度不断加大,电子化政府采购系统建设步伐加快。

（三）政府采购的功能逐步得到发挥

在节约财政资金方面,实施政府采购以来,平均节约率为11%左右。"十一五"规划纲要首次把政府采购作为宏观经济调控手段,与财税、金融手段并列提出。近年来,政府有关部门逐渐重视制定与完善相关倾斜性政策,政府采购在支持自主创新企业、促进中小企业发展、推进节能环保、维护国家安全等方面显现出较好的政策功能,从单纯的财政支出管理手段上升为国家实现宏观经济和社会目标的公共政策工具。

（四）政府采购监督管理体制逐步理顺

中央和地方各级政府根据法律法规的要求,相继建立了专门的政府采购管理机构和操作机构,管理职能与操作职能相分离,政府采购"管""采"分离的格局基本形成。同时,随着机构的调整到位,政府采购组织模式逐步规范,集中采购机构的主导地位得到确立,政府采购信息公开化、电子化程度也在不断提高,协议供货、定点采购、网上竞价和批量集中采购等采购形式渐趋完善。

（五）政府采购对外开放和国际交流不断深化

财政部在政府采购制度改革历程中,非常重视政府采购的国际化,不断拓宽国际交流合作领域,妥善把握市场开放进程。1996年开始参加亚太经济合作组织政府采购专家组活动,参与政府采购非约束性原则的制定,并积极参与政府采购磋商和交流。2005年以来,财政部先后在政府采购领域与欧盟建立了对话机制,与美国建立了技术性磋商机制。与此同时,财政部还参加了世界贸易组织政府采购委员会会议、联合国贸易法委员会专家组会议,以及世界银行、亚洲开发银行等国际组织有关政府采购的一系列培训、研讨等活动。2007年,我国启动了加入世界贸易组织《政府采购协议》的谈判,履行了加入世界贸易组织时的相关承诺,截至2014年年底已提交了六份载明政府采购市场开放范围的出价清单,并提交了《政府采购国情报告》,请参加方对我国政府采购法律制度进行审议。在开展加入《政府采购协议》谈判的同时,财政部统筹政府采购市场开放谈判,稳妥做好在中美战略与经济对话、中美商贸联委会等双边高层机制下的政府采购议题谈判,认真开展自由贸易投资区框架下的政府采购议题磋商工作。

三、我国政府采购制度改革面临的新任务

我国的政府采购改革已经进入了一个新的发展时期,同时也面临着新的形势和任务,突出表现在以下几个方面:

一是政府采购改革要承担起为其他改革服务的任务。政府采购改革要为我国的经济建设服务,为我国的和谐社会建设服务,为实现我国的相关经济和社会政策服务,这就对我国政府采购制度改革工作提出了更高的要求。

二是政府采购制度自身要改革和进一步完善。随着政府采购制度改革的不断深化,政府采购改革中的某些问题日益凸现出来,不仅仅是政府采购本身的操作不够规范、制度不够健全、采购效率不够高等问题,还有更深层的困难和问题,社会各界对政府采购的期望也越来越高,对此,应该有相应的措施和办法予以应对,切实把政府采购制度的优越性体现出来。

三是履行加入世界贸易组织《政府采购协议》的承诺。2001年我国政府作出承诺,尽快启动加入世界贸易组织的《政府采购协议》的谈判。自2007年至今我国已经向世界贸易组织官方提交了六份加入《政府采购协议》的出价清单。加入《政府采购协议》,向协议成员方对等开放政府采购市场,是我国目前面临的重大任务之一。

四、进一步加强我国政府采购工作的相关建议

未来推进政府采购制度改革,需要考虑如下几点:

1. 政府采购功能的落实要有优先排序

首先,我国政府采购功能的发挥仍应以节约财政支出、提高资金使用效率为主,这与国外政府采购制度产生的初衷是一致的,同时这种功能的发挥要以"物有所值"为原则,不能单纯地强调价格的降低而忽视质量的保证。

其次,当前政府采购政策功能的发挥要有优先排序,避免"小马拉大车"现象。这其中,保护民族产业事关国家利益,应放在第一层面。特别是在我国还未加入《政府采购协议》的阶段,更应该考虑利用政策手段保护我们的民族产业,美国作为科技大国,至今仍在发挥《购买美国产品法》的功效,就是很好的例证;鼓励自主创新、节能环保则事关国家未来的可持续发展,这是国家全局性的政策安排,应放在第二层面。待政府采购规模扩大到一定程度,则再考虑实施政府采购扶持中小企业和不发达地区、弱势群体等均衡局部发展的策略。2011年,为了应对金融危机,我国虽然发布了《政府采购促进中小企业发展暂行办法》,但也应优先支持科技型中小企业。

2. 继续完善政府采购法律体系

政府采购制度建设中,制度规范应当放在首位,要从法律层面进一步完善政府采购法律体系。应选择适当的时机,进一步修订和完善《政府采购法》。修订后的《政府采购法》,应按照"应采尽采"的原则,从法律层面进一步明确规范政府采购的主体范围、资金来源范围等。

3．做好政府采购与部门预算改革的衔接

财政部门要按照《中华人民共和国预算法》（以下简称《预算法》）、《政府采购法》的规定，结合政府采购实践，做好政府采购与部门预算改革的衔接。

一是细化政府采购预算编制。要将部门预算逐步细化到工程、货物和服务分类，并落实到具体的采购项目，做到应编尽编，对于各预算单位公用和项目支出中用于购置设备、会务、修缮、工程等专项资金，要严格按资金管理和资产管理及预算编制要求在部门预算中单独列示，并详细编报到具体单位和对应的政府采购品目。

二是建立以财政精细化要求为目标的政府采购定价体系。确定预算的价值基础，确定主要品目的定价基础、定价原则，可以先以目前的政府采购目录内产品或项目做试点，逐步扩大，使预算编制的价值更为合理，更能正确反映政府采购的规模和节约率。

三是增强政府采购预算的计划性。要根据全年业务工作发展计划和目标，确定政府采购规模和项目采购实施方案，减少零星采购和无计划采购，避免重复采购现象发生，以全面、严谨、细致的政府采购预算管理来进一步提升政府采购工作及业务工作的效率。

四是全面编制政府采购预算。对于纳入财政管理、资金来源为预算内资金、预算外资金、政府性基金、非税收入的采购项目支出，全部纳入政府采购管理。

4．强化对政府采购的监督

首先要强化"管""采"分离机制建设。财政部门、采购中心、采购人等各方面要按照"采管分离"的原则，切实做到采购的监督管理与采购实施机构分离，各职能部门合理分工，相互制衡，形成合理、合法的制约机制。

其次，建立多渠道、多层次的政府采购监督体系。积极探索综合监督检查与纪律监督管理相结合的监管模式，相互制约而不是相互掣肘，要充分发挥人大、媒体和社会公众对政府采购的监督作用，将政府采购监督贯穿于政府采购的全过程之中。

最后，政府采购监督作用的发挥有赖于政府采购的公开透明。当前应充分利用政府网站、媒体等各种手段公开政府采购信息，同时完善信息系统建设、推动政府采购电子化建设，为采购监督创造条件。美国联邦政府和各州政府都高度重视采购信息系统的建设，不仅出版专门的杂志刊登各种采购信息，而且充分利用互联网强大的信息功能，发布和收集有关政府采购的信息。

5．扩大政府采购的范围

政府采购功能的发挥有赖于政府采购规模和范围的扩大，当前除按《政府采购法》的规定实现"应采尽采"外，还需从制度设计上思考政府采购范围的扩大。要研究国有企业采购是否要纳入政府采购范围，以及工程类采购与政府采购相衔接的问题，特别是服务类采购范围应随政府职能的转变而逐步扩大。

6．继续探索扩大政府购买公共服务

从长远来看，政府购买公共服务不仅是拓展服务类采购范围、扩大政府采购规模的重要手段，而且可以达到节约财政资金、提高财政资金使用效率，降低政府行政成本、提高行政效率的效果。此外，通过公开招标程序，也能够显著提高政府提供公共服务过程中的透明度，使之便于社会监督，以进一步推动廉政建设。

当前推进政府购买公共服务，可从以下几方面入手：

一是结合公共财政改革方向，不断推进公共服务采购的广度。适应政府预算体系改革和财政支出结构调整的新变化，强化服务类项目的政府采购预算管理力度，做到"应编尽编，应采尽采"。适应服务业发展的新特点和发展中出现的新变化，结合基本公共物品和服务提供方式改革，逐步将高技术服务、合同能源管理、"云计算"、商务服务、社会工作服务等专业服务和公共服务项目纳入政府采购管理范围。

二是推进公共服务采购操作执行的规范化、标准化。加强研究公共服务的分类标准体系，开展对公共服务项目的采购需求描述、评标标准、质量评价、履约验收等标准化建设工作。同时，强化采购人、采购监管部门、采购代理机构、采购服务对象的衔接配合，研究建立公共服务采购效果评价体系，不断提高公共服务的质量和效果。

三是为公共服务采购提供制度保障。随着政府购买服务的类别增多、范围扩大和深度加强，要求我们根据服务的不同特点，进一步研究适合政府购买服务的程序、方式和政策目标，在未来的政府采购实施细则中予以说明。

四是创造条件促进社会组织发展。政府购买社会公共服务后，一方面是政府从大量公共服务中的"抽身"，另一方面是社会组织对大量公共服务的"接手"，这要求政府需为社会组织从事公共服务活动创造更加宽松的环境，例如，放宽社会组织的登记注册条件、给予适当的税收优惠措施等。

7. 积极稳妥地推进政府采购市场开放谈判，全面深化国际交流合作

党的十八届三中全会提出，要坚持世界贸易体制规则，加快政府采购议题谈判，这为我国政府采购市场开放谈判指明了方向。目前，我国在多个贸易领域开展政府采购市场开放谈判，其中最主要的是加入《政府采购协议》谈判。下一步，我们要重点做好三项工作：

一是深入推进《政府采购协议》谈判和国内改革工作。按照世界贸易组织加入《政府采购协议》的程序和工作安排，积极与参加方谈判，稳妥提高出价，争取对我国有利的谈判结果。同时，按照以开放促改革的要求，加强改革研究，围绕履行《政府采购协议》义务和在开放格局下维护国家利益，周密部署，有序推进相关配套改革。

二是统筹做好其他多双边机制下政府采购议题的谈判工作。妥善应对中美战略与经济对话、中美商贸联委会等双边高层机制下的外方要价，继续做好中韩、中日韩等自由贸易投资区框架下的议题磋商，积极参与中美投资协定等机制谈判。

三是加强政府采购国际合作。采取"走出去"和"引进来"相结合的方式，一方面主动参加世界贸易组织、亚太经济合作组织、经济合作与发展组织（OECD）、亚洲开发银行等国际组织研讨活动，利用国际舞台展示我国政府采购改革的成效，另一方面加强与国际组织和欧美等国家的合作，请外国专家介绍国际先进做法，为我国加入《政府采购协议》和深化政府采购改革提供借鉴。

本章小结

1. 在封建社会中，政府购买的目的主要是调控经济、稳定物价，同时也带有一定的消费性，其主要特征是以调控性采购为主，消费性采购开始出现。和籴和买、均输平准、五均六管、均输市易制度都是封建政府干预或控制商品流通、平抑物价、节省财政资金、增加政府财政收入的措施。

2. 亚当·斯密并不主张大规模的政府支出，大量的政府消费或政府采购在他看来是不合时宜的。

3. 萨伊将"公共消费"看作政府支出或政府采购的基本形式，并提出政府是公共财富的托管人的思想。具体来说，政府采购可以看作现代政府与纳税人之间的一种委托代理关系。

4. 凯恩斯主义的国家干预思想为广大资本主义国家所采纳，各国政府开始广泛运用经济手段和法律手段干预国民经济，以弥补市场的缺陷。重要手段之一就是政府通过财政收入和财政支出兴办公用事业，为经济的发展创造条件。而政府采购作为财政支出的重要组成部分，成为宏观调控的重要手段。

5. 公共选择理论认为，政府应转变职能，改革政府的经济管理方式，从一些不必要的经济活动中退出来，把更多的事情交给"看不见的手"——市场来调节。

6. 根据科斯的交易成本理论，建立政府采购制度的目标之一是节约采购成本，限制政府采购的范围、规模和集中程度也是为了节省采购成本，有些产品到底是实施政府采购，还是继续沿用以前的分散采购，一个重要的参考指标就是看哪种采购方式更有利于节省交易成本。

7. 现代意义上的政府采购最早形成于18世纪末19世纪初的自由资本主义时期。当时（即1782年）英国设立了政府文具公用局，作为采购政府部门所需办公用品的机构，其后发展为物资供应部，专门采购政府各部门所需的物资。而美国是世界上最早对政府采购进行立法的国家，早在1761年就颁布了《联邦采购法》，对世界政府采购立法产生了深远的影响。

8. 我国政府采购制度发展经历了研究探索、试点及全面推行三个阶段。具体为：研究探索阶段（1995年至1998年7月）；试点阶段（1998年7月至2003年1月）；全面推行阶段（2003年1月至今）。

9. 我国政府采购制度改革取得的成效有：政府采购规模和范围不断扩大；政府采购规范化程度不断提升；政府采购的功能逐步得到发挥；政府采购监督管理体制逐步理顺；政府采购对外开放和国际交流不断深化。

10. 我国政府采购制度改革面临的新任务是：政府采购改革要承担起为其他改革服务的任务；政府采购制度自身要改革和进一步完善；履行加入世界贸易组织的《政府采购协议》的承诺。

11. 进一步加强我国政府采购工作的相关建议有：对政府采购功能的落实要进行优先排序；继续完善政府采购法律体系；做好政府采购与部门预算改革的衔接；强化对政

府采购的监督；扩大政府采购的范围；继续探索扩大政府购买公共服务；积极稳妥地推进政府采购市场开放谈判，全面深化国际交流合作。

案例分析

兼顾双方权益　采购中心遭遇"无奈"

某省政府采购中心受当地体育彩票管理中心（以下简称"体彩中心"）的委托，采购500台"全热线"电脑体育彩票销售终端机。根据国家体育总局提供的全热线销售终端机的入围企业名单，一共有五家企业，本次采购活动采取了竞争性谈判的采购方式。

按照《政府采购法》的要求，"谈判小组从符合相应资格条件的供应商名单中确定不少于三家的供应商参加谈判，并向其提供谈判文件"。出人意料的是，这五家企业中只有两家购买了谈判文件。不到三家，怎么办？

就在这时，一家能提供兼容半热线产品的供应商来买谈判文件，并出示了国家体育总局体彩中心的一份文件，证明兼容型的机型也能满足采购人的需求。在这种情况下，政府采购中心就该兼容型产品能否满足采购人需求，到底卖不卖给该供应商谈判文件的问题，与采购人商议，并且召开了共六人参加的商讨会。政府采购中心还作了会议记录。

现场商议无果。采购单位的三个会议代表表示要回去和领导商量之后再做决定。在与领导商量之后，采购人代表电话通知政府采购中心，表示同意将谈判文件卖给兼容半热线的供应商。政府采购中心于是就放心地把谈判文件卖给了该供应商。

竞争性谈判就这样在仓促之中开始了。在评审结果出来之后，最后补充进来的兼容机型供应商竟排名第一。

采购人对这种情况很不满，提供了一份国家体育总局体彩中心出台的文件，证明兼容半热线机型与全热线机型是有区别的，说明兼容机型供应商不能满足采购人的需求，而且还对政府采购中心表现出了强烈的不满：兼容机型供应商根本就不在全热线机型供应商入围名单里，政府采购中心为何要将谈判文件卖给该供应商？不仅如此，采购人还到处说是政府采购中心在违规操作，却丝毫不提采购中心就此事与自己进行的商议，也不承认自己曾经电话通知采购中心同意将谈判文件卖给兼容机型供应商的事实。

无奈之下，政府采购中心将排序第二的供应商确定为预成交供应商。

采购人执意要选择排名第二的全热线供应商，本来排名第一的兼容机型供应商却被采购人"抛弃"。此举引起了排名第一的兼容机型供应商的强烈不满，于是就向有关部门投诉，当地政府采购中心和采购人均成了被投诉人。

当地政府采购办公室受理投诉后，遂对投诉人、被投诉人以及相关供应商提交的文字说明、证据和其他有关材料进行审查、核实，并依据《政府采购供应商投诉处理办法》规定，作出"采购过程影响了成交结果，责令重新组织谈判活动"的处理决定。

这一处理决定让当地政府采购中心陷入深深的反思之中：自己为采购人着想，费尽心思想办法让采购项目顺利进行，没想到最后采购人出尔反尔翻脸不认人，使采购中心陷入"不义"的境地！评标结果是评审专家评出来的，专家难道不懂全热线机型和兼容半热线机型到底能不能满足采购人的需求吗？采购人的合理需求到底应该怎样定义？采购中心到底该如何在完成工作的时候保护自己的合法利益呢？

阅读案例并思考：本案例中所称的采购是否为政府采购？相关当事人的做法是否存在不妥之处？

思考题

1. 简述我国古代政府购买思想。
2. 简述国外政府采购思想的发展。
3. 简述《政府采购协议》的内容。
4. 简述我国政府采购制度的发展历程。
5. 简述我国政府采购制度改革取得的成效。
6. 简述我国政府采购制度改革面临的新任务。
7. 简述进一步加强我国政府采购工作的相关建议。

课外阅读材料

1. 〔法〕让·巴斯蒂特·萨伊著：《政治经济学概论：财富的生产、分配和消费》，陈福生、陈振骅译，商务印书馆1997年版，第495页。
2. 〔美〕R. 科斯著：《论生产的制度结构》，盛洪、陈郁译校，上海三联书店1994年版，第10页。
3. 〔美〕R. 科斯等著：《财产权利与制度变迁——产权学派与新制度经济学派译文集》，刘守英译，上海三联书店、上海人民出版社1994年版，第20页。
4. 曹富国、何景成编著：《政府采购管理国际规范与实务》，企业管理出版社1998年版，第15页。
5. 马海涛、陈福超、李学考主编：《政府采购手册》，民主与建设出版社2002年版，第28—31页。
6. 傅殷才主编：《制度经济学派》，武汉出版社1995年版，第160—180页。
7. 段文斌、陈国富等主编：《制度经济学》，南开大学出版社2003年版，第165—241页。
8. 马海涛、姜爱华著：《我国政府采购制度研究》，北京大学出版社2007年版，第170—173、178—183、206—210页。
9. 马海涛、马金华：《我国古代政府购买的历史变迁及对当今改革的借鉴》，《中国政府采购》，2010年第5期，第74—78页。
10. 《宋会要辑稿》（第六册），上海古籍出版社2014年版，第5 455页。
11. （汉）恒宽撰，王利器校注：《盐铁论校注》，古典文学出版社1958年版，第4页。
12. （明）董说撰：《七国考·秦食货》，中华书局1956年版，第89页。

第三章 政府采购的原则与功能

本章重点

1. 政府采购的原则
2. 政府采购各项原则的含义
3. 政府采购的功能
4. 政府采购各个功能之间的关系

导语

"没有规矩，不成方圆"，私人个体活动尚且需要原则，代表公共利益的政府在其活动中更需要遵循一定的原则。作为政府活动重要组成部分的政府采购，同样需要在一定的原则之下进行。基于一定原则的政府采购活动，其开展是具有重要的宏观和微观功能的。本章将对政府采购的原则及其基本功能进行介绍，力图使政府采购各项原则的含义以及政府采购各项功能发挥作用的机理在读者脑海中形成清晰的线条，以便于读者对以后各章的理解。

关键词

政府采购原则 政府采购功能 政府采购功能间的关系

第一节 政府采购的原则

政府采购的原则是政府采购制度的重要组成部分,是贯穿于《政府采购法》的根本规则,对政府采购的立法、司法以及政府采购活动的进行具有重要的指导意义。政府采购的原则是指在建立政府采购制度、颁布政府采购法律法规、实施政府采购活动以及管理政府采购事务中所遵循的基本指导思想。综观各国的政府采购实践,结合现阶段我国的基本国情,政府采购应该遵循的基本原则主要有以下几方面:公开透明原则、公平竞争原则、公正原则和诚实信用原则。这也是《政府采购法》第三条明文规定的内容。

一、公开透明原则

公开透明原则,有时也称公开原则,是指有关采购的法律、政策、程序和采购活动对社会公开,所有相关信息都必须公之于众。在政府采购中贯彻这一原则使政府采购体制透明化,有助于提高政府采购的效率,减少和消除"暗箱操作"给国家及公民利益带来的损害,使得政府公共支出渠道更加通畅透明。因此,这项原则在各国采购规范中都得到了体现,比如世界贸易组织的《政府采购协议》中除规定透明度原则之外,还在其有限的条款中专门以第十七条规定了透明度问题;世界银行的《采购指南》中规定,采购过程要有高度的透明度;欧盟的《公共指令》也将在共同体范围内增加采购程序和活动的透明度作为促进的一个目标,通过在共同体内的合同广告来实现采购的透明度。当然,我国也毫不例外地将公开透明原则写入了 2002 年颁布的《政府采购法》中。

在政府采购制度中,公开透明原则贯穿于整个采购程序中。在具体的实践中,我国政府采购的公开原则主要从三个方面得以体现:一是公开的内容;二是公开的标准;三是公开的途径。

(一)公开的内容

从公开的内容来看,在政府采购活动事项中,应该就以下信息加以公开,以体现公开透明原则:

第一,公开政府采购的法律法规、行政规章和政策,使得潜在的政府采购投标人、供应商及政府采购相关主体明悉政府采购制度的基本内容,在了解"游戏规则"的前提下,供应商和社会公众才能更好地参与到政府采购中来。

第二,公开政府采购的项目,以便投标商提前做好准备,参加公平竞争。这些项目应包括采购物品的名称、种类、数量、规格和技术要求等,这些项目内容应该基本上满足潜在供应商决定是否参加的需要,同时应确保大部分潜在供应商能获知该信息。

第三,公开政府采购的条件。根据事先公布的诸如合同的要求、投标商资格审查标准、投标的评价标准等,供应商才能有针对性地进行投标,评委才有明确的尺度进行评标,仲裁机构才可以准确地进行仲裁,社会各方也才能对政府采购进行客观评判和监督。

第四，公开政府采购的过程。只有过程公开透明，社会才能对政府采购过程中是否存在违规行为进行监督。当然，对于一些采购，由于采购物品的特殊性质，采购过程不能公开，即使如此，采购机构也必须对此作出说明和记录，并须经严格审批和授权，确保程序和条件的规范化。

第五，公开政府采购的开标结果。政府采购的开标必须公开，以便相关利益主体获得信息以确保其能够及时寻求合法途径保障自身的利益，同时也让社会公众对采购结果有所掌握。

第六，接受投标人的质疑和投诉。

（二）公开的标准

从公开的标准来看，政府采购公开的信息应该符合以下标准才能真正体现公开透明原则：

全面，即除了依法应当予以保密的信息外，其他与政府采购相关的信息都应当予以公开发布。

真实，即公开发布的信息必须是真实的、准确的，不得弄虚作假或者带有误导性的陈述。

时效，即采购机构发布的信息必须及时更新，保证其所披露的信息是最新的，能够及时反映出政府采购活动的变化情况和现状。

容易理解，即公开的资料和文件的内容应当完整清晰，语言平实易懂。

容易获得，即应该确保潜在供应商能够通过便捷的途径获得相关信息，如果需要为此支付费用，费用也应以发布成本费用为限。

合法，即采购单位或者采购代理机构在履行其应尽的信息公开义务时，应当严格按照法律法规规定的内容、格式和期限发布相关信息。[①]

（三）公开的途径

政府采购信息的公开公布主要有以下几种方式：通过报纸、杂志、广播、电视、互联网等媒介公开；将有关资料、文件放于采购中心或某些特定地点，以供潜在供应商和社会公众索取；由采购机构直接向供应商交付有关资料、文件等。以上这些方式可以选择其一，也可以多种方式并行来公布政府采购信息，不过由于第一种方式的公开程度最为广泛，所以应以第一种方式为主。在我国，财政部规定了发布政府采购信息的三个官方途径——《中国财经报》《中国政府采购》杂志和中国政府采购网。

总之，由于政府采购的实质是社会的公共采购，是采购单位使用公共资金进行采购，因此它必须对社会公众负责，接受社会公众的监督。采购过程的公开透明，是接受社会公众监督的基本前提；透明度高的采购法和采购程序具有可预测性，使投标商可以预测出他们参加采购活动的代价和风险，从而提出具有竞争力的价格；公开性原则还有助于防止采购机构及其代理机构作出随意的或不正当的行为或决定，从而提高潜在的投标商参与采购的积极性。

---

① 刘俊海：《政府采购立法若干原则研究》，《中国政府采购》，2001年第4期。

二、公平竞争原则

对于公平竞争原则，我们可以从竞争性原则和公平性原则两方面分别进行考察。

（一）竞争性原则

政府采购的目标之一就是提高政府采购的效率，在市场经济条件下，实现这种目标的重要途径就是引入竞争机制，即最大限度地利用供应商之间的激烈竞争。供应商之间为争夺政府采购的订单而展开激烈的竞争，一方面可提高产品的质量，另一方面也能够降低产品的价格。国际政府采购规则都将竞争性原则作为政府采购的一条重要原则，比如，欧盟的《公共指令》将改善公共供应和服务合同有效竞争的条件作为其目标之一，并通过在欧洲经济共同体范围内授予合同的竞争来实现政府采购的经济有效目标；世界银行认为，为了实现其目标，最好的办法是实行国际竞争性招标，其愿为所有成员国的投标商提供竞争合同的机会。当一国采购主体在其国家范围内进行采购时，引入竞争有利于打破地方市场的垄断，有利于市场在更大范围内配置资源。但同时，各国也应该谨慎对待国际竞争性招标，因为一国国内采购市场的开放，有可能会给本国民族产业带来毁灭性的后果，甚至让外国产品垄断本国的关键性领域，这会危及国家的政治经济安全。

政府采购竞争的主要方式是招标投标，由于这种方式充分体现了现代竞争规范——平等、信誉、正当、合法，因此，被誉为有组织的、公开的、规范化的高级竞争形式。政府采购中的竞争原则主要是通过招标广告或竞争邀请来实现的。广告能吸引投标商参与竞争，广告的有效性对竞争程度有直接的影响，因此，在各国政府采购制度及国际政府采购规则中，都对广告的发布形式作出了相应的规定。同时，为了确保投标商有足够的时间决定是否参与竞争并为参与投标竞争做好准备，各国都对从发出招标广告到投标的时间作出限制性规定，以避免因投标商没有足够的时间准备而失去竞争机会，从而保证政府采购市场能够达到最大限度的竞争。另外，各国还安排了其他程序以保证竞争和防止限制竞争的情况出现，比如对招标文件收取的费用应只限于制作成本。这项规定具有重要的意义，因为在实践中，有的采购机构在实行政府采购之初对招标标书收取过高的费用，这使得一些供应商由于参与成本过高而被排除在竞争范围之外。此外，即使是采用招标以外的采购方式，也要求进行充分的竞争，并经过详细的说明和审批。

政府采购与其他市场采购的一个重要区别就在于它不具有商业性，它的一个重要假设前提是，竞争价格是一种合理价格。政府采购的利益需要通过供应商、承包商和服务提供者之间最大限度的竞争来实现。竞争可以促使政府采购形成对买方有利的竞争局面，从而使政府采购主体采购到质优价廉的商品和服务，实现政府采购的目标。因此，竞争性原则是政府采购的一条重要原则。

（二）公平性原则

政府采购的公平性原则主要有两方面的内容：一是机会均等，二是待遇平等。机会均等是指，政府采购应允许所有有兴趣参加投标的供应商、承包商、服务提供者参与竞争，这是其依法享有的权利，政府采购主体不能无故将希望参加政府采购的承包商和供应商排斥在外。待遇平等是指，政府采购应对所有的参加者一视同仁，给予其同等的待遇，比如资格预审和投标评价对所有的投标人都采用同一标准；采购机构向所有投标人提供的信息都应一致；不应对国内或国外投标人进行歧视等。

公平性原则是实现采购目标的重要保证。竞争只有建立在公平的基础上才能发挥其最大的作用，因为只有在公平的基础上进行竞争，才能真正体现竞争给政府采购市场带来的活力，确保有实力和能力提供质优价廉的产品或服务的投标商最终赢得标的，从而促进政府采购经济有效目标的实现。公平性的另一个重要表现是，合同的授予要兼顾政府采购社会目标的实现。由于在政府采购的竞争中，小企业、少数民族企业、困难企业等弱势实体处于相对不利的地位，如果按实力，它们很难赢得政府采购合同，因此，在政府采购制度中，还应体现政府采购的国家政策，制定出一些规则并采取一些措施，使弱势经济实体也能通过竞争获得一部分政府采购合同，从而促进社会经济的协调发展。

公平性原则是国际政府采购规则中的一个重要原则。世界贸易组织的《政府采购协议》和欧盟的《政府采购指令》都规定非歧视性原则是政府采购适用的重要原则。联合国的《采购示范法》也规定应给予所有供应商、承包商以公正和平等的待遇。世界银行的《采购指南》规定，所有世界银行成员国的投标商都可参加由世界银行资助项目的投标活动并应被给予平等待遇。不过，由于政府采购的贸易保护性，政府采购对本国采购和国外采购、对本国产品的采购和进口产品的采购还不能实行统一标准，在世界政府采购实践中也是如此，在《政府采购协议》尚未列入世界贸易组织一揽子协议以及政府采购规则还未统一的情况下，这些做法是允许的。

三、公正原则

公正原则主要是指采购人、采购机构及其代理人相对于作为投标人、潜在投标人的多个供应商而言，政府采购主管部门相对于作为被监督人的多个当事人而言，应站在中立、公允、超然的立场上，对于每位相对人都要一碗水端平，不偏不倚，平等对待，一视同仁，而不得厚此薄彼，因其身份不同而施行差别待遇。公正原则有别于公平原则之处在于，公平原则是调整政府采购双方当事人之间的权利和义务关系，公正原则是调整一方当事人与其余多方当事人之间的权利和义务关系，强调一方当事人与其余多方当事人之间保持等边距离。从以上论述可以看出，公正原则主要指采购人应按照事先公布的原则对待所有的供应商，不偏袒和歧视任何供应商，不得滥用手中的权力。

从某种意义上来讲，"三公"原则是一个有机整体。公正原则是建立在公开和公平原则基础上的，只有保证公开和公平原则的实现，才能使政府采购得到一个公正的结果。公正原则又是平等竞争的保证，公正原则主要是由政府采购管理机关、采购单位和政府采购代理机构来执行的，作为政府采购的管理机关，除制定统一的政策、法规和制度外，还必须坚持这些规则在执行中不偏不倚、一视同仁。因为政策、法规和制度都只是一些文字性的说明，很大一部分只是原则性的规定，没有很具体、详细的解释。因此，不同管理者，在不同时间，对不同的对象，有可能出现不同的理解，在执法的掌握尺度上就会有所不同。为了避免这种差异可能导致的不公正性，管理机关应尽可能统一思想和认识，统一执法的尺度，做到公正合理。作为采购单位，要达到公正原则，首先必须对各供应商提出相同的供货标准和采购需求信息，对物品的验收要实事求是、客观公正、严格执行合同的标准，不得对供应商提出合同以外苛刻的要求或不现实的条件。政府采购代理机构，主要是参与采购中的开标和评价，因此贯彻公正原则必须体现在开标和评标的过程中。在评标时，对各供应商提供的标书进行客观、科学的评价，既要看到各种标的的优点，也要指出其缺陷和不足，尽可能采用评分的方法进行评价，用分数的高低来评出优劣及等次，为决标提供有说服力的依据，尽量使各供应商满意，得到真正的公正结果。

四、诚实信用原则

市场经济既是法制经济也是信用经济，需要以当事人的诚实信用形成良好的社会风气，保障市场秩序的有序运行。在政府采购中坚持诚信原则，从政府的角度来讲，可以减少交易费用，减少腐败行为的发生，提高政府采购的效率；对于政府采购的供应商来说，可以给企业以必要的约束。

诚实信用原则约束的是政府采购活动中的各方当事人，一方面，要求采购主体在项目发标、信息公布、评标审标过程中要真实，不得有所隐瞒；另一方面，需要供应商在提供物品、服务时达到投标时所作出的承诺，对采购活动要有负责的意识。因此，还要建立起相关的惩罚机制和过错登记制度，将供应商履行政府采购的情况记录在案，将违规行为在资格证书上进行记载，并视其情况轻重采取吊销资格、规定年限限制进入政府采购市场等处罚措施。同时，实行质量反馈登记制，对连续良好执行政府采购合同的供应商，在以后的政府采购中优先考虑。

第二节　政府采购的功能

政府采购是财政支出的一项重要内容，它理所当然具有重要的财政意义；政府采购又是政府的一种经济行为，会对一国的经济和政治产生一定的影响；政府采购还在跨国的经济交往中发挥着重要作用。归纳起来，政府采购的功能如下：从财政角度来看，政府采购具有节约财政支出的功能；从政府角度看，政府采购具有强化宏观调控的功能；从经济角度看，政府采购具有活跃市场经济的功能；从政治角度看，政府采购具有推进反腐倡廉的功能；从国际贸易角度看，政府采购具有保护民族产业的功能。

一、节约财政支出

推行政府采购的初衷就是为了加强财政支出管理，因此，节约财政支出是政府采购的基本功能，它源自其制度本身固有的利益激励约束机制。节约财政支出主要表现在两个方面：一是从投入的财政资金的量上看，政府采购可以适当节约财政资金；二是从采购到的对象上看，政府采购可以提高财政资金的使用效益。

（一）政府采购可以适当节约财政资金

在过去的分散采购体制下，政府的采购支出分散在各个政府职能部门，难以形成有规模的采购，对市场价格的影响不大。政府部门仅仅是市场价格的接受者，只能被动地接受市场价格，难以在价格和质量要求上对卖方产生一定的影响。并且，在分散采购中还会产生一些额外费用影响采购的效率，比如，在商品和服务的采购中为了寻找合适的商品、合理的价格需要花费的时间成本，供应商延迟交货而造成的机会成本，等等。实行统一集中的政府采购后，政府采购主体在市场中的地位发生了变化，由一个普通的市场购买者转变为一个对市场价格拥有一定主导权的垄断购买者，这是因为，统一的政府集中采购使采购规模得到扩大，其在市场中所占的份额足以对市场价格产生影响。政府采购买方市场的形成，使得政府采购机构能以较低廉的价格购买到高质量的产品、服务和工程。

实行政府采购之后，财政部门通过政府采购中心直接将采购资金支付给供应商，这大大简化了财政预决算工作，减少了支出决策上报下达的时间，降低了资金层层下拨可能带来的"资金流失"的可能性。此外，政府采购所形成的规模效应也大大降低了采购成本。

总之，竞争机制的引入、操作过程的透明、流转环节的简化、规模效应的发挥是实现财政资金节约的主要因素。较发达的市场经济国家的实践表明，政府采购的确可以大幅节约财政资金。一般情况下，一国的政府采购支出占财政支出的 30%以上，占 GDP 的比重一般在 10%左右，节资率约为 10%。

（二）政府采购可以提高财政资金的使用效益

政府采购不仅可以节约财政资金，还可以提高财政资金的使用效益。这主要是指在花同样多的钱或少花钱的情况下，政府采购提高了采购商品、服务或工程的质量，优化了性能价格比。比如，在采购原则上，政府采购引入竞争机制和信息披露制度，使更多的供应商有机会参与竞争，从而使政府掌握了选取质优产品的主动权。再如，政府采购多采用竞争性招标采购的方式，在评标的过程中遵循公开、公平、公正、科学、择优的原则，即在政府采购过程中，政府只认"货"，不认"人"，只有那些质量过关的产品，才可能得到政府的"青睐"，从而可以避免以前各单位分散采购中的"暗箱操作"、贪污腐败等问题。另外，政府还可以建立和完善供应商的市场准入机制，对供应商的履约情况进行定期评估，以降低采购风险，确保获得质优价廉的产品、工程或服务，诸如此类措施的采用都会提高特定财政资金的使用效益。

（三）政府采购的节约财政支出功能源自制度设定

任何一项制度，若其本身蕴含着一种激励约束的利益机制，那么它的监督成本将会大大减少。增值税制度就是一个很好的例证，其中的销项税额减进项税额抵扣制度实际上就是为买卖双方自动建立了一种监督机制，无须税务机关亲临交易现场监督增值税专用发票的开具，因为不管税款多开还是少开，都会损害其中一方而不是税务机关的利益。

政府采购蕴含着一种利益的激励和约束机制，通过多家供应商的参与，以及高度透明化的制度设计，尤其是招标投标制度的引入，能很好地实现节约财政支出的功效。政府采购实际上是政府与供应商之间的交易，能够达到多赢的结果。第一，政府能够以低廉的价格买到合适的产品，节约了财政资金；第二，为了获得政府采购订单，供应商必须不断提高商品的质量、降低产品的成本，从而促进整个社会生产力的提高；第三，对于赢得政府采购订单的供应商来说，意味着其可以在一定时期内获得稳定的发展环境。应该说，交易的主动权掌握在政府的手中，政府是全社会最大的消费者，任何一个政府采购项目都会对市场产生较大的影响。更重要的是，政府采购以国家信用作担保，一般不会出现信用危机。正是政府采购的低风险特征保证了众多供应商愿意参与到竞争中，于是，政府可以"坐山观虎斗""坐收渔翁之利"。因此，具有低风险特征的政府采购为供应商建立起了一个利益的激励和约束机制，有利于达到节约财政支出的效果。

当然，激励和约束机制作用的充分发挥有赖于完善的制度设计，假如制度本身是不完善的，那么这种内在的激励约束机制就很难发挥作用。例如，如果政府采购制度不透明，存在"暗箱操作"的可能性，就会对供应商的参与热情造成非常不利的影响，从而降低政府采购的效益。

二、强化宏观调控

财政政策和货币政策是政府实现宏观调控的两大传统政策工具。财政政策寓于财政收支之中，相应地，财政政策也分为财政收入政策和财政支出政策。政府采购是财政支出的重要组成部分，是实现财政支出政策的重要工具。政府在政府采购市场中处于有利地位，可以通过调整采购规模、采购时间、采购项目、采购规则等方式来实现特定的宏观调控目标。

政府是市场中的最大消费者，它的某项消费行为足以对整个国民经济产生举足轻重的影响。政府可以通过调整采购总量来实现对经济的总量调控；通过选择采购对象对国民经济各产业进行调控；通过对采购地区的选择以实现支持某些特殊地区发展的目的。因此，政府采购能否科学、有效地开展，不仅影响采购成本，还会影响到政府各项方针、政策的落实情况。政府采购的数量、品种和频率，直接影响着财政支出的总量和结构，反映出一定时期的财政政策取向。

（一）对社会总供需进行调控

一定时期内，如果社会总供给远远大于社会总需求，会导致物价下跌、失业率提高、投资锐减、经济萎靡不振等一系列不良后果；如果社会总供给远远小于社会总需求，则会导致物价大幅上涨、投资过旺，从而引发泡沫经济，泡沫一旦破灭将会带来严重的金融危机甚至社会危机。凯恩斯革命后，各国政府几乎都将调节社会总供求以及促进经济稳定发展作为其最重要的宏观调控职能之一。

实现社会总供给和社会总需求的平衡是政府宏观调控的重要目标。我们知道，社会总需求（D）由消费性需求（C）、投资性需求（I）、政府购买（G）和出口（X）四部分组成，政府的购买性支出是社会总需求的重要组成部分。从我国目前的情况看，需求结构不平衡是影响经济健康发展的隐忧。①消费需求不足。长期以来，我国居民储蓄居高不下，消费需求不足，特别是占人口一半以上的农村人口的消费需求始终处于较低水平。②投资结构畸形。固定资产投资过剩，农村基础设施建设投资严重不足，投资效率低，整体投资需求不是很旺盛。③贸易严重不平衡。我国已连续几年出现国际贸易双顺差，即产品净流出和资本净流入共存，由此出现了一系列国际贸易摩擦，甚至引来"中国威胁论"，影响了中国外交事业以及对外贸易活动的正常开展。在这种宏观形势下，作为社会总需求重要组成部分的政府采购应发挥其应有的作用。

通过调整政府采购的总量可以调节社会总需求，进而促进全社会总供给和总需求的平衡。当社会总供给大于社会总需求、经济处于萧条阶段时，应实施扩张性财政政策，包括扩大政府采购的规模，以增加居民的消费和促进企业扩大投资，提高社会总需求的水平。反之，如果需要对增长过快的经济进行降温，政府则可以采取紧缩性财政政策，缩减政府采购的规模。政府采购作为一项相机抉择的财政措施，具有收效大、时滞短的特点。由于政府支出具有乘数效应，政府采购发生任何变化，都会引起社会生产、分配在总量和结构方面相当大的反应，从而起到调节社会供需总量平衡的作用。

（二）对产业和产品结构进行调整

政府是国内市场最大的消费者，政府采购的数量、品种和频率的改变，不仅能够对社会的总供需施加一定的影响，而且还能够影响到国民经济的产业结构和产品结构。国际经验表明，经济发展的不同阶段需要有不同的产业结构与之相适应。所以，当国民经济各产业的比例阻碍了经济发展的时候，就需要政府有所作为，采取某些措施鼓励或限制某些产业的发展。对需要鼓励的产业，比如绿色环保产业，可以采取扩大相对购买量等方式增加对该产业的支持力度；对一些需要限制的产业，则采取不购买或少量购买的策略。具体到产品结构也是一样，可以通过是否购买某一些产品、调整购买量的大小及提前或推迟政府采购的时间来达到鼓励或限制这些产品生产的目的。比如，对于那些政府根据合理的产业政策和技术政策认为需要给予一定扶持的新兴产业或技术项目，可以考虑在政府采购招标方案安排中多包含这样的产品，从而鼓励和刺激它们的发展。

但需要注意的是，政府采购本身是一种制度安排，它把政府置身于市场之中。政府的运作必须遵守市场的游戏规则，即政府也应是一个"理性的人"，在进行采购时应以"物美价廉"作为交易准则。因此，政府在通过政府购买来实施产业政策时，也必须按照严格的标准来选择供应商，而不能随意购买，否则政府采购就失去了它原有的意义。

（三）平衡地区间的经济发展

地区间经济发展的不平衡是各国经济中普遍存在的问题，对于我国这样一个地域广阔、民族众多的国家来说，这个问题更不能忽视。地区间经济发展的不平衡不但影响整个国民经济的发展，还易引发社会的动荡不安，因此，各国在经济发展的过程中都非常重视这一问题。事实上，政府采购制度的推行也可以比较有效地缓解这一矛盾。例如，当某地区的经济严重落后于其他地区的发展时，政府可以有意识地增加对该地区的政府采购量，以刺激该地区生产的扩大，并以此带动该地区经济的整体发展。

然而，实现平衡地区经济发展的功能在实际操作过程中会碰到诸多困难。因为政府在进行采购时，需要综合考虑所购货物、服务或工程的质量、价格及售后服务水平，然而，相对于发达地区来说，落后地区的企业通常在这些方面都处于劣势地位。所以，作为一种把政府行为推向市场的制度，政府采购一定要把握好"度"的标准；否则，政府采购的宏观调控功能就会与其节约财政支出功能发生矛盾，进而扭曲其原有的功能。

从政府的角度看，政府采购具有强化宏观调控的功能，此时，政府是"掌舵者而非划船者"。

三、活跃市场经济

相对于计划经济体制来说，市场经济最大的特点无疑是引进了竞争机制。由于竞争机制的存在，整个市场经济才更具活力。

政府采购必须遵循公开、公平、公正的原则，在竞标过程中执行严密、透明的"优胜劣汰"机制，所有这些都会调动供应商参与政府采购的积极性，并能够促使供应商不断提高产品质量、降低生产成本或改善售后服务，以使自己能够赢得政府的订单。由于供应商（厂商）是市场中最活跃的因素，所以，供应商竞争能力的提高又能够带动整个国内市场经济的繁荣。从国际竞争的角度看，政府采购有助于供应商（厂商）迈出国门、走向国际市场，提高我国产品在国际市场上的竞争能力，并早日进入国际政府采购市场。总之，政府采购制度的引入，使得整个市场经济更加活跃起来，产生了较好的"鲶鱼效应"。

（一）提高供应商的竞争能力

政府采购的方式很多，有公开招标、邀请招标、竞争性谈判、单一来源采购、询价等多种方式，其中公开招标是运用得最广泛的一种方式。不论采取哪种方式，在政府采购的过程中都要遵循竞争性的原则。也就是说，政府采购完全处于市场竞争的环境之中，遵循择优选取的原则。在这里，厂商之间的竞争完全是实力的竞争，而不是"人情关系"的较量，原来在分散采购模式下与政府有着千丝万缕关系的"关系户"，在推行了政府采购制度之后也不再有任何"人情"优势了。

通过公开招标采购，政府可以邀请到数量众多的供应商、承包商或劳务供应者前来竞标，形成一种有利于政府的买方市场，通过激烈的卖方竞争，使政府能够获得比较价格利益和更优质的产品或服务。当然，供应商为了能争取到政府这个最大的客户，会千方百计地寻求增加产品或服务技术含量的方法，以提高产品或服务的质量，并会最大限度地降低和节约生产成本，从而使产品在质量和价格上都能脱颖而出，取得采购竞争的胜利。

此外，实行政府采购制度的国家还普遍实行了政府采购定点单位的招标活动，即政府从前来竞标的供应商中选出一家或几家作为某一阶段政府采购的固定客户。这对供应商来说无疑有着更大的诱惑力，如果供应商能够争取到这块"招牌"，就意味着它在未来一段时间内将持续拥有最大的市场客户——政府，可以为产品或劳务打开销路。同时，定点单位选取的过程也是各供应商实力竞争的过程，各供应商必须不断地提高自身的竞争能力，争取在众多的供应商中崭露头角，才能被政府"相中"。

当然，在政府采购的过程中，政府一定要把好"质量关"，只有这样才能真正提高供应商的竞争能力；否则，如果政府只满足于低廉的价格，而忽视了对产品质量的要求，势必会导致假冒伪劣产品的泛滥，这也会严重打击正版厂商参与竞标的积极性。2001年8月29日，国家版权局、发展计划委员会、财政部和信息产业部共同发布了《关于政府部门应带头使用正版软件的通知》，强调各级政府部门应带头使用取得软件著作权人授权的正版软件，不得使用盗版软件。这一通知的颁布，一方面督促了政府部门把好政府采购"质量关"；另一方面也向市场传递了政府打击盗版决心的信息，进而促进了正版软件业的发展。

（二）调动了供应商的参与热情

供应商（厂商）是市场中最活跃的因素，但"活跃"的前提是政府要创造一个良好的竞争环境。政府采购的"三公"原则是维护供应商利益的保证，这能够极大地调动供应商的参与热情，为社会主义市场经济注入新的活力，并带动整个市场经济的繁荣。

首先，政府采购遵循公平原则。这是市场经济公平竞争的内在要求，具体来说，这里的公平包括三个方面：一是竞争主体准入的公平性，即允许所有有兴趣的供应商参加投标；二是竞争规则的公平性，即资格预审和评标的标准要一致；三是供应商获取信息的公平性，即所有参与投标的供应商都应平等地从政府那里获得完全信息。公平性保证了政府采购有根有据，避免了随意性和主观性，让供应商吃了一颗"定心丸"。

其次，政府采购遵循公开原则。公开原则是指政府采购必须在公开透明的环境下运作，这一原则主要是通过严密的政府采购法律法规来体现的。由于政府采购的批量大，对经济的影响也大，所以采购活动的程序、过程一定要体现透明、公平的原则。公开的采购程序一方面具有可预测性，使投标供应商可以计算出他们参加采购活动的代价和风险，从而提出最有利的竞争价格；另一方面可以最大限度地避免"内部交易"或"暗箱操作"，从而增强潜在供应商的投标信心。

最后，政府采购遵循公正原则。公正原则是指评标时要按事先公布的标准对待所有的供应商，其核心是"标准的统一"。该原则要求采购部门给予所有的供应商相同的待遇，而不应该存在歧视现象，它是提高供应商广泛参与政府采购活动的有效保证。

总之，政府采购所遵循的"三公"原则极大地调动了供应商参与竞标的积极性，对市场经济的繁荣起到了不可忽视的推动作用。

（三）国内产品走向国际市场的助推器

这一点可以从两个方面进行解释：一是由于国内政府采购市场的不断完善，调动了国内供应商的参与积极性，并促进其竞争能力的提高，这种竞争能力的提高有助于其逐渐走向国际市场；二是从政府采购市场开放的对等性来看，我们可以充分利用双边或多边条约的优惠待遇参与国际竞争，使供应商能够在国际市场上得到更多锤炼的机会，提高国际竞争实力。

从长远的角度看，经济全球化、一体化的趋势不可阻挡，政府采购市场的开放也是必然趋势。虽然我国没有正式声明开放政府采购市场，但事实上，国外供应商早已通过各种途径进入了我国的政府采购市场，政府机关采购商品或服务的领域也早已延伸到国外。

政府采购市场的开放是对等的，我国在对外开放政府采购市场的同时，也取得了进入国际政府采购市场的机会。尽管目前我国企业的竞争力在国际政府采购市场上还无法与外国企业相匹敌，但随着经济全球化步伐的加快，国际化已成为我国经济的必然选择，在良好和充分的竞争环境下，我国企业也必然会在这个过程中不断成长。因此，加入世界贸易组织后我国企业要充分享受其赋予的国民待遇和最惠国待遇等优惠所带来的利益，同时还必须参与跨国经营，发挥规模优势，争取早日进入国际政府采购市场。比如，我们可以按照比较优势的理论，大力发展我国目前在国际市场竞争中处于有利地位的行业，不断提高其国际竞争力，为其打开走向国际政府采购市场的通道。

四、推进反腐倡廉

政府采购作为一项制度安排可以从两方面推进政府的反腐倡廉工作。首先，政府采购内在的监督约束机制，可以促进反腐倡廉；其次，在实践过程中，实行政府采购制度的国家都建立了一整套外在的监督机制，最大限度地提高了政府采购的透明度，做到尽可能避免腐败现象的发生。推行政府采购能够提高财政支出效率，其中，政府采购内外监督机制运行起到了重要的作用。因此，政府采购在发挥其节约财政支出功能的同时，还具有推进反腐倡廉的功能，这两项功能之间有着内在的联系。

（一）制度本身内在的监督约束机制

经济学研究结果表明，在经济活动中，各行为主体之间内在的利益监督约束机制要比外在的监督措施强有力得多，同时还能够节约监督成本。在市场经济中，各个主体（包括政府）都以追求利益最大化作为行动目标，当一个主体利益的增加是以损害另一个主体的利益为代价时，后者必定会出来制止，因此，利益相关者会自动地形成监督约束机制。政府采购制度中也同样存在这样的内在监督机制。

在政府采购活动中，行为主体主要包括三个方面：采购单位、采购代理机构和供应商。这里的采购单位主要是指使用财政性资金采购货物、工程或服务的各级国家机关、事业单位和团体组织；采购代理机构包括政府采购机构和招标代理机构；供应商是指所有具备条件参与政府采购的厂商。这三者之间由于各自的利益不同，在内在利益的驱动下，形成了互相监督的机制。

采购单位的利益是以尽可能少的财政资金获得质量高且数量多的货物、工程或服务，即提高财政资金的使用效率。为达到这一目的，它们首先要对采购代理机构的行为进行监督，监督其是否按照所有规定的程序进行招标投标，监督其是否按照"质优价廉"的原则择优选取供应商，等等。其次，采购单位还要对供应商与采购代理机构有无相互串通行为进行监督，对其所提供的产品质量进行监督，对其履约情况进行监督，对其售后服务进行监督。

采购代理机构的利益是通过组织采购活动取得丰厚的收费和佣金，其利益实现的关键在于，以最少的耗费促成最大量的采购交易。因此，它们比较重视采购单位的主管部门有关采购预算的编制和批复，以及采购授权和委托是否合法。更重要的是，它们要监督和检查供应商履行合同的资格和条件。

供应商的利益在于，通过参加政府采购活动，最大限度地获得商业利润，其利益实现的关键就在于他们能否中标，能否取得采购合同。为此，他们特别强调采购活动的公开、公平和公正性，防止营私舞弊、行贿受贿等破坏公平竞争行为的发生，这就促使他们自发地对采购代理机构的行为进行监督。另外，供应商也会对采购单位的某些行为进行监督，比如采购单位是否与采购代理机构之间有合谋行为，采购单位提出的要求是否符合合同规定等。

由上可见，政府采购的三方面主体能够自觉地形成一种监督约束机制，这种内在的监督机制有利于防治腐败。

但是，并不是说有了这种内在的监督机制就可以高枕无忧了。原因有三个，其一，这种内在监督机制的约束范围还比较窄，这妨碍了其监督作用的有效发挥。比如，增值税专用发票的设计就内含着一种监督约束机制，但是增值税真的可以避免腐败问题吗？恰恰相反，增值税专用发票是最令税务机关头疼的问题，这也是精明的美国人到现在还没有推行增值税的原因。其二，内在监督机制作用的发挥还要依赖于非常完善的、理想化的制度，然而，我国目前的政府采购制度的建设还处于初级阶段，远未完善。其三，即使再完善的制度也是由人来操作的，一旦有人来参与就不可避免地会带有一定的主观性。因此，各国在推行政府采购时，还设立了一系列的外在监督机制，以促进政府采购反腐败功能的充分发挥。

（二）外在的监督约束机制

外在监督包括：法律监督，政府采购主管部门的监督，各级纪检、监察、审计等部门的监督，新闻媒体的监督，纳税人的监督等。这其中，最主要的是法律监督，即要实行政府采购的法制化。最广泛、最有力的社会监督就是纳税人的监督，因为政府采购所花的资金主要是纳税人所交的税款，政府采购所需要的资金量直接关系到纳税人的税负水平。

政府采购，特别是公开招标方式，可以依托于法制来提高政府采购过程的透明度和严密性，减少"权钱交易"等腐败行为。在不够成熟、不够完善的市场经济中，法制的不严密、交易过程的不透明，最容易引起"寻租"行为的发生。统一、透明的政府采购制度之所以能够提高资金使用效率，一方面是因为它可促成供给方的"薄利多销"，另一方面则是因为它可减少消费方工作人员暗中"吃回扣"等不法行为。加强廉政建设、防治腐败，除了思想教育之外，关键是要加强法规制度建设，依靠制度的力量强化预算约束和规范工作人员的行为。积极建立和健全政府采购制度，对于政府采购的健康发展具有深远的意义。

归根结底，反腐倡廉的重点应放到"防腐败"上。我国公民在观念上缺乏契约国家的概念，政府是纳税人的公共资金托管人的地位并没有明确，纳税人也缺乏参与监督管理公共资金的意识。但随着政府采购的深入开展，纳税人的认识水平必将提高，监督意识、监督的积极性也会随之提高,这种最广泛的外在监督力量必定使得政府采购更有助于反腐。

（三）透明度是推进反腐倡廉的保证

要想充分发挥内、外监督机制的作用,首先必须保证政府采购是透明的,只有透明化的政府采购才能让大家参与监督。如果采购过程不透明,就会为"暗箱操作"提供条件,容易滋生腐败。规范化的政府采购本身应该是透明的,美国一位采购学者曾将招标程序的透明性形象地比喻为"如在金鱼缸中"（in a goldfish bowl）,人人都可以洞察一切。有了透明性的保证,才可以谈政府采购的内在监督和外在监督,才可以谈政府采购的反腐倡廉功能。

一般来说,政府采购的透明性原则主要体现在三个方面：一是信息披露的透明,主要体现在以法律为依据的采购信息的公开制度；二是采购过程和仲裁制度的透明；三是使用法规的透明,主要体现在政府采购的相关法规应力求要素完备、表述严谨,并易于工作者和公众理解、掌握。可见,透明性原则为政府采购的开展洒满了阳光,使政府采购的反腐倡廉功能得到真正体现。

五、保护民族产业

当今世界是一个开放的世界,各国的发展都不可能置身于国际经济之外。但同时,各国又都有其特色的民族产业,这些民族产业的发展需要政府给予一定的扶持,如果完全实行贸易自由化,民族产业必然会受到冲击。

随着世界经济一体化进程的加快,曾经作为各国保护本国民族产业的有效手段——关税贸易壁垒的作用逐渐减小；相反,非关税贸易壁垒的作用日渐加强,如许可证、进口配额、绿色环保标志等。在众多的非关税贸易壁垒中,政府采购是世界各国为保护民族产业所普遍采用的有效手段。《关税与贸易总协定》形成时,各国刻意把政府排除在投资贸易自由化领域之外,其目的就是不违背当时各国均在利用政府采购保护国内产业这一事实。

（一）国货优先的原则

在市场经济条件下,政府与企业的连接点应该在市场,政府对企业的限制与支持应通过市场来实现。政府采购制度在引入竞争机制的同时,实行"国货优先"的原则,可以有效保护、扶持民族产业。政府通过购买国内企业产品或重点购买国有企业的产品来保护民族产业、支持国有企业,从整体上提高民族产业和民族经济在国际市场上的竞争力,从而起到培植财源、壮大国家经济实力的作用。

实质上,"国货优先"的原则也与目前我国提出的"供给侧结构性改革"的宏观调控目标不谋而合。政府采购作为支持企业创新活动、引导经济发展方向、保护和扶持国内工业、实施宏观经济调控的重要手段,主要有两种功能,一是通过集中采购为公众提供优质的公共服务,降低采购成本,防止腐败；二是支持和促进企业的技术创新活动,通过企业竞争力的提升来增强国家的竞争优势。长期以来,我国政府采购的政策取向主要侧重于节约资金、预防腐败等方面，没有体现通过政府采购强化对创新活动支持的政策取向，政府采购对创新活动的支持和拉动作用十分有限，在一定程度上可以说"国货优先"原则并未很好地落实。探索建立符合国际规则的创新促进型政府采购，是我国落实"国货优先"与"供给侧结构性改革"战略的一项重要课题。

（二）政府采购对保护民族产业功不可没

世界贸易组织的一项根本性原则是非歧视性原则，即实行国民待遇原则（national treatment）。但是，世界贸易组织成员方在没有签署《政府采购协议》之前，政府采购领域是个例外，也就是说这一领域可以不实行国民待遇。于是，成员方就可以利用政府采购这块挡箭牌对民族产业进行保护。如果一国签署了该协议，那么，其政府采购市场就必须对其他的签署国同等开放，此时，政府采购保护民族产业的功能将会随之减弱。

中国自2001年12月11日正式成为世界贸易组织成员之后，也成为《政府采购协议》的观察员，并且中国政府在入世的法律文件中已经作出中国有意签署《政府采购协议》的承诺。另外，中国政府向亚太经济合作组织提交的单边行动计划中，也明确了最迟于2020年与该组织成员方对等开放政府采购市场。因此，我们应抓紧时间健全政府采购制度，争取在短时间内充分发挥政府采购保护民族产业的功能。

将来开放了政府采购市场，是不是说政府采购保护民族产业的这项功能就退出历史舞台了呢？当然不是，一来并不是所有的国家都签署了《政府采购协议》；二来即使是签署了该协议的国家也还有一部分产品是排除在开放名单之外的。

总之，各国经验表明，在签署《政府采购协议》之前，政府采购对保护民族产业功不可没。

（三）保护的前提是发展

应该强调的是，我们保护民族产业，并不是保护落后。"保护"是有前提的，民族产业自身应不断寻求发展之道，在"保护"中发展，在发展中实行"保护"，而不是停滞不前。实践表明，只有在民族产业自身力量壮大的基础上，"保护"才是有效的。特别是在我国加入世界贸易组织之后到签署《政府采购协议》之前的这段时间内，民族产业更应该不断积蓄力量，努力争取在离开政府这把"保护伞"后也能立于不败之地。

六、政府采购五大功能之间的关系

如前所述，政府采购具有五大功能：节约财政支出、强化宏观调控、活跃市场经济、推进反腐倡廉、保护民族产业。那么，这五大功能之间又有何种联系呢？是相互独立？相互促进？还是相互矛盾？我们可以联系私人采购以及传统的分散采购来分析政府采购五大功能之间的关系。

如果用一句话来概括它们之间关系的话，那就是在矛盾中寻求平衡。

节约财政支出是政府采购的初衷，是政府采购首要的、基本的功能。在执行政府采购的过程中，我们最直接看到的效果就是财政资金的节省，尤其是招标投标方式的引入，能够使政府以最少量的资金获得最多、最优的产品。当然，要使这一功能充分地发挥出来，政府必须依照市场规则行事，即按照质优价廉的原则选择供应商。而这一功能却是传统的分散采购所不具有的。

如果把政府看成市场中最大的消费者，那么政府采购的节约功能似乎与同样采用招标投标方式的私人采购并无多大差别。但实际上，两者还是存在着本质上的区别，这集中体现在政府采购的宏观调控功能上。政府不同于私人部门，它是市场的宏观调控者，当市场出现失灵时要求政府能够弥补市场的缺陷。由此带来的问题是，强化宏观调控的功能可能与节约财政支出的功能产生矛盾。例如，政府鼓励厂商生产绿色环保产品，在实行政府采购时可能会优先考虑这种产品，这是出于宏观调控的考虑，但绿色环保产品的价格相对于普通产品往往更高，这有悖于节约财政支出的功能。传统的分散采购也在一定程度上具有宏观调控的功能，但由于分散采购的数量不大，因此它的调控力度远不如集中的政府采购。

活跃市场经济是政府采购反作用于市场经济的功能。应该说，政府采购是市场经济的必然产物，市场经济的内在机理要求政府也应按照市场的某些规则办事以提高效率，政府采购正是在这种环境下产生的。反过来，大规模的政府采购能够给其他市场主体带来示范效应，给市场经济注入一股新的活力，使市场经济更具竞争性。因此，市场经济给政府采购节约财政支出，政府采购给市场经济活力。私人采购也是市场中的活跃因素，但其影响力要逊于政府采购。传统的分散采购是与计划经济相联系的，几乎没有这一功能。

推进反腐倡廉功能是与节约财政支出的功能直接联系在一起的，是节约财政支出这一经济功能在政治上的升华。政府采购遵循公开、公平、公正、透明的原则，能够节约财政支出，能够有效避免"暗箱操作"和"吃回扣"等腐败现象的发生，从而提高财政资金的使用效率。私人采购若采用招标的方式，也可以杜绝单位采购人员的腐败行为，但不论从深度、广度、还是从影响力来看，都弱于政府采购。传统的分散采购则更是缺乏这一功能。

保护民族产业是政府采购最独特的功能。从某种程度上说，保护民族产业也属于强化宏观调控的范畴。例如，当一国内需不足时，政府会扩大政府采购的购买量，这是强化宏观调控功能的具体表现，但与此同时，政府又会优先选择购买国内产品，这又体现了政府采购保护民族产业的功能。但两种功能还是有区别的，它们发挥作用的领域不同，如果说政府采购的宏观调控功能仅限于国内市场的话，那么它保护民族产业的功能则是在国际市场上发挥着作用。保护民族产业主要体现在政府采购的国货优先原则上，但这一原则有可能会与节约财政支出功能相违背。比如，当国外产品比国内同类产品质优价廉时，如果按照节约财政支出的原则，政府应该选择外国产品；如果按照国货优先原则，政府则应选择国内产品。私人采购不必遵循国货优先原则，因此不具有这一功能。传统的分散采购方式下，政府也可以根据实际情况直接采购国内产品，也能起到保护民族产业的作用。

综上所述，政府采购的五大功能有内在的联系，它们都蕴含在政府采购行为之中。

市场经济给政府采购节约财政支出，政府采购给市场经济活力；推进反腐倡廉功能是节约财政支出这一经济功能在政治上的升华；保护民族产业的功能从某个角度看也可视为强化宏观调控功能的一个表现。但也应该看到，五大功能之间也存在一定的矛盾，强化宏观调控、保护民族产业与节约财政支出之间有时难以做到协调一致。当出现上述矛盾时，理论上，应该可以找到一个平衡点，节约财政支出与宏观调控所产生的社会效用总和通常最大，但实践中却很难把握这一点。对此，我们只能在矛盾中寻求平衡，争取使政府采购的五大功能发挥到最佳水平。

本章小结

1. 政府采购的原则是指在建立政府采购制度，颁布政府采购法律法规，实施政府采购活动以及管理政府采购事务中所遵循的基本指导思想。它是政府采购制度的重要组成部分，是贯穿于政府采购法的根本规则，对于政府采购的立法、司法以及政府采购活动的进行具有重要的指导意义。

2. 政府采购应该遵循的基本原则主要有：公开透明原则、公平竞争原则、公正原则和诚实信用原则。

3. 公开透明原则，有时也称公开原则，是指有关采购的法律、政策、程序和采购活动对社会公开，所有相关信息都必须公之于众。在政府采购制度中，透明原则贯穿于整个采购程序中，在具体的实践中，我国政府采购的公开原则主要从三个方面得以体现：一是公开的内容；二是公开的标准；三是公开的途径。

4. 对于公平竞争原则，我们可以从竞争性原则和公平性原则两方面分别进行考察。竞争原则是政府采购的重要原则，竞争可以促使政府采购形成对买方有利的竞争局面，从而使政府采购主体采购到质优价廉的商品和服务，实现政府采购的目标。政府采购公平性原则主要有两方面的内容：一是机会均等，二是待遇平等。

5. 公正原则主要指采购人应按照事先公布的原则（如法律法规等）对待所有的供应商，不偏袒和歧视任何供应商，不得滥用手中的权力。"三公"原则是一个有机整体。公正平等原则是建立在公开和公平的基础上的，只有公开和公平，才能使政府采购得到一个公正的结果。公正平等原则主要由政府采购管理机关、采购单位和政府采购代理机构来执行。

6. 诚实信用原则约束的是政府采购活动中的各方当事人，一方面，要求采购主体在项目发标、信息公布、评标审标过程中要真实，不得有所隐瞒；另一方面，要求供应商在提供所采购物品、服务时要达到投标时所作出的承诺，对采购活动要有负责的意识。

7. 政府采购的功能如下：从财政的角度来看，政府采购具有节约财政支出的功能；从政府的角度看，政府采购具有强化宏观调控的功能；从经济的角度看，政府采购具有活跃市场经济的功能；从政治的角度看，政府采购具有推进反腐倡廉的功能；从国际的角度看，政府采购具有保护民族产业的功能。

8. 节约财政支出是政府采购首要的、基本的功能。主要表现在两个方面：一是从投入的财政资金的量上看，政府采购可以适当节约资金；二是从采购到的对象上看，政府采购可以提高财政资金的使用效益。

9. 政府采购强化宏观调控的功能主要体现在：通过调整政府采购的总量可以调整社会总需求，进而促进全社会总供给和总需求的平衡；政府是国内最大的单一消费者，政府采购的数量、品种和频率的改变能够影响国民经济的产业结构和产品结构；政府采购制度的推行可以比较有效地缓解地区间经济发展的不平衡。

10. 政府采购具有反腐倡廉功能。因为，政府采购作为一项制度安排，不仅其内在的监督约束机制可以促进反腐倡廉，而且但凡实行政府采购制度的国家都建立了一整套外在的监督机制，从而最大限度地提高政府采购的透明度，避免了腐败行为的发生。

11. 政府采购是世界各国普遍采取的保护国内产业的有效手段。政府采购制度在引入竞争机制的同时，实行"国货优先"的原则，可以有效保护、扶持民族产业。

12. 政府采购的五大功能有内在的联系：市场经济给政府采购节约财政支出，政府采购给市场经济活力；推进反腐倡廉功能是节约财政支出这一经济功能在政治上的升华；保护民族产业的功能从某种程度上也可以看成是强化宏观调控功能的一个分支。但也应该看到，五大功能之间也存在一定的矛盾，强化宏观调控、保护民族产业与节约财政支出之间有时难以做到协调一致。对此，我们只能在矛盾中寻求平衡，争取使政府采购的五大功能发挥到最佳水平。

案例分析

【案例 1】

某省政府采购中心对 95 台计算机进行招标采购，并确定中标商。但中标后，该中标供应商的一位副总多次主动与采购人联系，要求将招标文件规定的配置 Intel 的 CPU 换成 AMD 的 CPU，并先后三次给采购人发邮件，表达更换之意。随后，供应商与采购人签订货物买卖合同和补充协议，将招标文件规定的配置 Intel 的 CPU 换成了 AMD 的 CPU。当时，网上价格显示，配备 AMD 的 CPU 主机较 Intel 的 CPU 主机每台低 115.87 元。

阅读案例并思考：您认为这种做法可行吗？如果不可行，违背了政府采购的哪些原则？

【案例 2】

某医院举行医疗仪器政府采购招标会，为了增大对政府采购的监督力度，这次招标除了邀请区检察院的检察官外，还首次邀请医院工会主席和员工代表现场监督。在评标过程中，其中一台深度麻醉监护仪引发了一场"争议"：共有三个品牌的三家供应商参加竞争，通过综合因素分析，很快淘汰了一个品牌，但对剩下的两个品牌却举棋不定了。两个品牌的报价分别为 12.5 万元、19 万元，如果仅从价格和医院利益角度考虑，应该毫不犹豫取前者。但是，由于由病人负担的、应用时必须消耗的电极片，前者只能使用每只 250 元的同一品牌高档电极片，后者可以使用每只仅二三元的普通电极片，如医院购买前者，虽然节约了 6.5 万元，但是极大地加重了病人的负担，因此，专家认为，应要为广大病人着想，宁可医院多负担一些，也要尽量减轻病人负担，最后一致同意采购 19 万元的由瑞士席勒公司生产的深度麻醉监护仪，这成了松江区实施政府采购制度四年多来第一例舍"贱"求"贵"的采购案例。

阅读案例并思考：如何理解政府采购节约财政支出的功能？

 思考题

1. 什么是政府采购原则？它主要包括哪几项原则？
2. 试论述政府采购基本原则的主要内容。
3. 政府采购的功能主要有哪些？这些功能是如何发挥其作用的？
4. 试论述政府采购各项功能间的关系。

课外阅读材料

1. 马海涛主编：《政府采购手册》，民主与建设出版社 2002 年版，第 42—47、59—62 页。
2. 苏明主编：《政府采购》，中国财政经济出版社 2003 年版，第 40—46 页。
3. 杨灿明、李景友编：《政府采购问题研究》，经济科学出版社 2004 年版，第 32—49 页。
4. 王亚星著：《政府采购制度创新》，中国时代经济出版社 2002 年版，第 22—37 页。

第四章　政府采购的范围与当事人

本章重点

1. 政府采购的范围
2. 政府采购当事人的权利、义务及责任

导语

我国的政府采购制度建设,需要围绕政府采购行为的规范化来解决一系列重要问题。其中确立政府采购制度规范的范围和对象,建立良好的运行体系和模式,规范政府采购各方当事人的权利、义务和责任是一项重要内容,本章将主要围绕这些问题进行学习和讨论。

关键词

政府采购的范围　集中采购　供应商　政府采购代理机构　政府采购主管机构

第一节 政府采购的范围

政府采购制度规范的范围，是指政府采购法律发挥效力的范围，范围的界定是政府采购制度的重要组成部分。《政府采购法》规定的政府采购限于中华人民共和国境内各级国家机关、事业单位和团体组织，使用财政性资金采购依法制定的集中采购目录以内的或者采购限额标准以上的货物、工程和服务的行为。各国因国情的不同，在采购范围上也存在较大差异。但总的来说，政府采购的范围可从主体范围、资金范围、对象范围、集中程度范围、财政支出范围、空间范围等角度来考虑。

一、政府采购的主体范围

政府采购的主体范围，是指政府采购法律应规范哪些社会主体的采购活动。我国是社会主义国家，生产资料以公有制形式为主。从理论上讲，凡是公共资金和财产的使用、消费都应由政府统一进行监督管理。政府采购作为公共资金和财产监督的一种形式，其实施范围应有所选择，即哪些公有性单位可以实行，哪些不能实行，应有划分标准。目前比较一致的认识是凡是吃"皇粮"的单位都应纳入政府采购之列。在我国，《政府采购法》规定，政府采购的主体主要指国家机关、事业单位、社会团体。国家机关是指各级党务机关、政府机关、人大机关、政协机关等；事业单位指依法设立的履行公共事业发展职能的机构和单位，如学校、医院、科研机构等；社会团体是指依法设立的由财政供养的从事公共社会活动的团体组织，如企业联合会、有关行业协会、民主党派等。《招标投标法》规范的主体则无限制，招标人是依照该法规定提出招标项目、进行招标的法人或者其他组织，包括政府部门、私人企业以及其他非法人组织等。

对政府机关而言，将其采购活动纳入政府采购管理是理所当然的。但是对于事业单位、社会团体及国有企业等是否应该纳入政府采购规范的范围，人们存在着不同的认识。

首先，我国公共事业单位的运作方式和预算管理方式存在较大的差别，有些事业单位主要依靠国家财政拨款的方式供应资金，有些事业单位既依靠财政拨款供应，也有自己的事业收入，还有一些事业单位是所谓的"自收自支"单位，长期实行企业化管理。因此，同样是事业单位，由于管理方式不同，在政府采购管理中是否应该区别对待，我国 2002 年 6 月颁布的《政府采购法》对此并没有明确说明，所以在政府采购实际操作中，各地处理这一问题的方式、方法也存在着较大的差异。

其次，就社会团体组织而言，世界上大多数国家的社会团体属于非政府性的团体，其经费一般由团体成员筹集，或者由企业或社团赞助。我国实行以公有制为基础的社会主义制度，国家的国体和政体有别于其他国家。我国的社会团体组织大多数是为社会公众服务的，由政府财政供应其活动经费，所以这些社会团体组织的采购普遍被纳入政府采购管理的范围。但是，对于一些非社会公共性的但又合法存在的其他团体，如同乡会、俱乐部等，其采购则可以不纳入政府采购管理的范围。

最后,世界上的某些国家和地区,还将公营企业,主要是一些带有公益性、垄断性的国有独资企业,如自来水公司、国家管理的电力公司等,纳入政府采购规范的范围之内。其理由在于,公营企业的资产是政府投资形成的,且又带有公益性和垄断性,政府有责任促进其提高服务质量,降低社会公共服务的成本。但目前在我国,由于多方面的原因,在政府采购制度建设中,并没有将国有企业的采购纳入政府采购制度的约束范围之内。

目前分歧较大的集中在国有企业方面,在《政府采购法》颁布的时候,国有企业,不管是公共福利性质的,还是赢利导向性质的,都被排除在政府采购之外了。但问题是,国有企业有一部分采购是政府财政拨款的,还有一些采购是使用外国政府贷款和金融组织贷款的,在后一种情况下,企业需要政府担保还款,但这些项目都没有纳入政府采购管理的范围之内。国有企业按其经营性质划分为两大类:一类是非营利性的公共性企业,另一类是以营利为目的的经营性企业。前一类企业的发展靠国家财政投入来维持,所提供的物品和服务是为了满足社会的公共需要,这类企业应纳入政府采购制度规范的范围之内。后一类企业不能依靠行政手段和行政配置来实现,只有依靠市场法则办事,以追求赢利最大化为目标,依靠市场信号配置资源,方能保障其健康发展,为此就必须将经营性国有企业全面纳入市场轨道,使其成为独立经济体。实现这一改革目标的前提条件是要实行政企分开的改革,消除政府的直接行政干预,因此它们不应被纳入政府采购的范围。

二、政府采购的资金范围

采购资金的性质是确定采购行为是否属于政府采购制度规范的范围的重要依据。我国过去颁布的相关制度和政策中,一般将政府采购资金的性质界定为财政预算内资金和预算外资金,在正式颁布的《政府采购法》中明确规定,政府采购资金为"财政性资金"。政府采购法律的这种规定,既体现了我国政府采购制度的特点,也反映了我国公共资金管理的特点。

为了有效地开展政府采购活动,建立规范的政府采购制度,必须准确地界定什么是"财政性资金"。按照财政部的现行规定,财政性资金是指预算内资金、预算外资金,以及与财政资金相配套的单位自筹资金的总和。按照2001年2月28日财政部和中国人民银行制定发布的《政府采购资金财政直接拨付管理暂行办法》第二条的规定:"政府采购资金是指采购机关获取货物、工程和服务时支付的资金,包括财政性资金(预算资金和预算外资金)和与财政性资金相配套的单位自筹资金。预算资金是指财政预算安排的资金,包括预算执行中追加的资金;预算外资金是指按规定缴入财政专户和经财政部门批准留用的未纳入财政预算收入管理的财政性资金;单位自筹资金是指采购机关按照政府采购拼盘项目要求,按规定由单位自有资金安排的资金。"《政府采购法实施条例》规定财政性资金是纳入预算管理的资金。而2014年颁布的《中华人民共和国预算法》(以下简称"新《预算法》")指出,预算包括一般公共预算、政府性基金预算、国有资本经营预算、社会保险基金预算。也就是说,凡是使用这"四本"预算资金的采购均属于财政性资金,应纳入政府采购的范畴。并且,《政府采购法实施条例》还规定了两种"视同财政性资金"的情况:一是以财政性资金作为还款来源的借贷资金,视同财政性资金。二是国家机关、事业单位和团体组织的采购项目既使用财政性资金又使用非财政性资金的,使用财政性资金采购的部分,适用政府采购;财政性资金与非财政性资金无法分割采购的,统一视同财政性资金,适用政府采购。

三、政府采购的对象范围

为了满足实现社会公共职能的需要,政府及其相关部门需要进行各种各样的采购。政府采购所涉及的对象包罗万象,既有有形的也有无形的,既有物品、工程也有技术,非常庞杂。为了便于管理和统计,国际上通行的做法是按其性质将采购内容分为三大类:货物、工程和服务。

货物是政府为发挥职能所采购的最常见的对象。在我国,《政府采购法》对货物的定义是:货物,是指各种形态和种类的物品,包括原材料、燃料、设备、产品等。这一规定与联合国的《采购示范法》的定义大体一致。《采购示范法》除了提到货物指各种各样的物品,包括原料、产品、设备外,还提到了固态、液态或者气态的物体和电力,以及货物供应的附带服务,条件是附带服务的价值不超过货物本身的价值。

工程是指建设工程,包括建筑物和构筑物的新建、扩建、改建、修建、拆除、修缮等内容。工程采购是政府采购的又一重要内容,世界各国都普遍把工程采购视为政府采购的重点对象。联合国的《采购示范法》对工程的定义更为具体:工程是指与楼房和建筑物的建造、改建、拆除、修缮或翻新有关的一切工作,如土地平整、挖掘、架设、建造、设备或者材料安装、装饰和最后的整修。此外还包括根据采购合同随工程附带的服务,例如钻挖、绘图、卫星摄影、地震调查和其他类似服务,条件是这些服务的价值不超过工程本身的价值。由于我国《招标投标法》规定必须进行招标的"工程建设项目"包括项目的勘察、设计、施工、监理以及与工程建设有关的重要设备、材料等的采购,与《政府采购法》存在交叉,因此,《政府采购法实施条例》对此作了衔接,指出政府采购工程以及与工程建设有关的货物、服务,采用招标方式采购的,适用《招标投标法》及其实施条例;采用其他方式采购的,适用《政府采购法》及《政府采购实施条例》。

服务则是指工程和货物以外的其他采购对象。我国《政府采购法》对服务的定义是,服务是指货物和工程以外的其他政府采购对象,显然,这个定义是一种概括性的表达。实际上,服务包括了极为广泛的内容,如各种交通、信息、医疗保健、社会保险、专利技术、会议、劳务等。一般来说,随着社会的进步和发展,政府用于服务方面的采购在整个采购中的比例将会逐步增加。《政府采购法实施条例》规定《政府采购法》所称服务,包括政府自身需要的服务和政府向社会公众提供的公共服务。随着近几年我国政府购买服务改革的推行,政府采购服务将成为政府采购领域新的增长点。

四、政府采购的集中程度范围

一般实行政府采购制度的国家都采取集中采购和分散采购相结合的模式,并且会规定政府集中采购的条件,这也决定了政府采购的集中程度范围。对于政府采购集中和分

散范围的处理,各国通常有两种方式:

一是实行集中采购目录制,即由政府采购管理部门来确定政府各部门、事业单位和社会团体采购的相关品目,如汽车、电脑、传真设备等,凡是被纳入该项目的品目,不管采购的金额有多大,都必须实行集中统一采购,并由政府采购监督管理部门统一组织、协调。

二是实行政府采购限额标准制度,即规定政府各相关单位的一次性采购金额超过多少数额以上的,必须实行统一集中采购。这种制度被不少国家和组织采用,如美国规定,凡采购金额在 2 500 美元以下的,属于小额采购;2 500 美元到 25 000 美元之间的,实行询价采购;25 000 美元以上的,实行公开竞争采购。

我国《政府采购法》明确规定,政府采购实行集中采购与分散采购相结合,即对一些政府认为必须集中采购的产品和服务以及一次性采购数额较大的采购,实行集中采购。对于未列入采购目录、一次性采购数额在限额标准以下的采购,采取分散采购的方式。集中采购的范围由省级以上人民政府公布的集中采购目录确定。属于中央预算的政府采购项目,其集中采购目录由国务院确定并公布;属于地方预算的政府采购项目,其集中采购目录由省、自治区、直辖市人民政府或者其授权的机构确定并公布。纳入集中采购目录的政府采购项目,应当实行集中采购。政府采购限额标准,属于中央预算的政府采购项目,由国务院确定并公布;属于地方预算的政府采购项目,由省、自治区、直辖市人民政府或者其授权的机构确定并公布。《招标投标法》规定实行分散采购的模式,包括分散委托和自行组织。

五、政府采购的财政支出范围

财政支出从其性质上讲,可划分为购买性支出和转移性支出两大类。购买性支出,不管具体用途如何,都有一个共同点:政府一手支付资金,一手相应获得货物、工程和服务,即在这一支出活动中政府像其他经济主体一样从事等价交换活动。这时,政府也是一个理性的、虚拟的"经济人",依据"物美价廉"的原则购买所需货物、工程或服务。一旦政府部门使用了这些资源,就排除了私人部门再使用的可能性。因此,购买性支出一般都应纳入政府采购的范围。转移性支出是政府间、政府与私人间财政资金的转移,政府对该项资金没有消费和使用权,因此,在拨付时不进行政府采购。

在政府购买性支出中,从办公设备、学校、公园等公共建筑到飞机、导弹等投资品的购买,甚至公务人员的工资,都属于政府采购的范围。

(一)政府消费品的购买

政府消费品主要是指党政机关的日常公共用品和劳务服务,既包括除低值易耗品外的一般办公用品、公共办公设备,也包括各种公共服务和劳务,如公用汽车及维修、会议接待和招待等。

(二)政府投资品的购买

政府采购的范围除了政府消费品外,还应包括政府投资品的购买,即凡应由政府提供的公共工程、公共基础设施，如水资源的开发和利用，能源、通信、交通等公共设施的提供，环境保护，安居工程等，都应以政府采购的方式完成。

（三）政府向社会提供的公共服务

社会公共服务是指为满足社会的共同需要而必须由政府提供的服务，包括教育、医疗卫生、社会保障以及环境保护等领域。政府使用财政性资金向社会提供这些公共服务时，符合政府采购条件的应履行政府采购程序。

（四）公务员工资的发放

传统上，在统计政府采购时都不把公务员的工资纳入其范围之中。然而，政府雇用公务人员实际上也属政府采购的一种。从理论上看，在政府采购中有一项很重要的内容就是劳动力的采购，工资则是劳动力价值的表现。从实践上看，政府在聘用公务员时是按照竞争上岗的原则来确定的，这也符合政府采购的竞争性原则，在支付工资时也是以劳动力的价值为依据的。

六、政府采购的空间范围

政府采购制度规范的空间效力，只限于在中华人民共和国境内发生的政府采购行为。一般来说，发生在我国境内的政府采购，都必须遵守我国政府所颁布的采购法律法规，政府采购的范围也限于我国境内。集中性招标采购必须在全国指定的媒体上发布采购消息，国内任何一个具有法定资格的供应商，都拥有平等地获得采购信息、参与采购竞争的权利。需要注意的是，《政府采购法》规定，政府采购或其他政府采购人，在我国境外进行的采购活动及其与供应商发生的关系，不在我国政府采购法律法规约束的范围之内。此外，在我国境内发生的政府采购行为，如果资金来源于国际组织，当这些部门对政府采购有特殊要求时，政府采购必须优先遵从其规定。《招标投标法》规定使用国际组织或者外国政府贷款、援助资金的项目进行招标，贷款方、资金提供方对招标投标的具体条件和程序有不同规定的，可以适用其规定，但违背中华人民共和国的社会公共利益的除外。

我国政府采购法律还规定，政府采购供应商的范围也主要在我国境内。虽然我国已加入世界贸易组织，但还没有签署世界贸易组织的《政府采购协议》。因此，按照我国《政府采购法》的规定，政府采购除非在我国相关法律的各种特殊规定以外，否则必须采购本国的产品和服务。

七、例外范围规定

为了维护国家利益、社会公共利益或者遇到一些特殊情况，实行政府采购的国家或地区一般会有政府采购例外范围的规定。比如，我国《政府采购法》在附则的第八十四至八十六条规定了例外事项，主要内容包括：一是军事采购，附则中规定，军事采购法规由中央军事委员会另行制定。二是采购人使用国际组织和外国政府贷款进行的政府采购，贷款方、资金提供方与中方达成的协议对采购的具体条件另有规定的，可以适用其规定。三是对因严重自然灾害和其他不可抗力事件所实施的紧急采购和涉及国家安全和秘密的采购，不适用本法。四是我国香港和澳门两个特别行政区的政府采购不适用本法。由于我国的香港和澳门特别行政区实行的是"一国两制"，根据《香港特别行政区基本法》第十八条、《澳门特别行政区基本法》第十八条的规定，全国性法律除列入基本法附件三者外，不在特别行政区实施。《招标投标法》也对例外范围作了规定，即凡涉及国家安全、国家秘密、抢险救灾或者属于利用扶贫资金实行以工代赈、需要使用农民工等特殊情况，不适宜进行招标的项目，按照国家有关规定可以不进行招标。

第二节 政府采购的当事人

一、政府采购当事人的含义

政府采购活动是一个复杂的过程，涉及多种社会主体和当事人的行为及利益关系。政府采购当事人是指在政府采购活动中享有权利和承担义务的各类主体，包括采购人、供应商和采购代理机构等。从我国政府采购的实践看，政府采购的主体包括：采购人、供应商、政府采购管理机关、政府采购代理机构、其他社会中介机构等。

采购人，又称采购单位，是政府采购中货物、工程和服务等的直接需求者。主要包括各级国家机关和实行预算管理的政党组织、社会团体、事业单位。

供应商是指在中国境内外注册的企业、公司及其他提供货物、工程、服务的自然人、法人。采购人的任何采购都必须从合格的供应商处获得。

政府采购管理机关是指在财政部门内部设立的，制定政府采购政策、法规和制度，规范和监督政府采购行为的行政管理机构，不参与和干涉政府采购中的具体商业活动。

政府采购代理机构是具体执行政府采购政策、组织实施政府采购活动的执行机构。采购代理机构分为集中采购代理机构和非集中采购代理机构。狭义的采购代理机构即集中采购代理机构，也就是政府采购中心，其性质通常属于非营利性事业法人，隶属于各级政府，接受财政部门的业务指导与监督。非集中采购代理机构则是指具有政府采购代理资格的社会中介机构。

其他社会中介机构包括与政府采购业务相关的咨询机构、会计师事务所、审计师事务所、律师事务所、仲裁机构等。

二、采购人及其权利、义务与责任

采购人有狭义和广义之分。狭义上的采购人主要是指政府机关，广义上的采购人是指所有使用财政性资金的公共部门。《政府采购法》对采购人的定义是取广义，指使用财政性资金，对在政府采购法律所规定的集中采购目录以内或者集中采购限额标准以上的工程、货物和服务进行采购的单位。《政府采购法》第十五条指出，采购人是指依法进行政府采购的国家机关、事业单位、团体组织。《中华人民共和国宪法》规定，国家机关包括国家权力机关、国家行政机关、国家审判机关、国家监察机关、军事机关等。事业单位是指政府为实现特定目的而批准设立的事业法人。团体组织是指各党派及政府批准的社会团体。《政府采购法》确定的采购人的采购资金主要来源于财政性资金,采购目的不带商业性色彩,在资金和目的上都比较单纯,实行政府采购操作性强,也便于实施监督管理。

(一)政府采购的采购人的特征

作为政府采购的采购人,一般具有以下重要特征:

第一,采购人是依法进行政府采购的国家机关、事业单位和团体组织,因此,采购人必须具有《中华人民共和国民法通则》规定的民事行为能力,是独立享有民事权利和承担民事责任的法人组织,而且其不需要办理法人登记,从成立之日起便具有法人资格。政府采购的采购人法人不同于一般的企业法人,更不同于自然人。

第二,采购人具有行政权力能力。政府采购的采购人代表着国家利益和社会公共利益,在采购意愿发出到实施采购的过程中,处处体现着国家意志和社会公共意志。因此,采购人在实施政府采购行为时具备相当的行政权力,其决策往往能够影响一个国家的产业发展甚至经济发展。

第三,采购人的决策具有政策性。由于采购人的政府采购行为是为了实现政府或社会公众的某些特定目标,是为国家和社会公共利益服务的,因此要求采购人的决策不能由某个人或者某个小群体说了算,必须经过集体决策,需要经过一系列的论证和一套完整的程序才能完成,这就决定了采购人的决策具有集中性和政策性。因此,采购人的政府采购行为必须兼顾各方面的利益,从全局出发,这同时也有利于体现政府采购活动的有效性和公平性,实现采购资源利用的最优化。

第四,采购人的政府采购行为从筹划、决策到实施,都必须在有关法律法规的规范内进行。采购人在实施政府采购计划的过程中,无论是决策的制定、方案的实施还是资金的拨付、合同的验收等一系列活动,都必须遵从相关的法律规定。

(二)政府采购的采购人的权利

政府采购制度必须以法律形式明确采购人的正当、合法权益,这种权益是对采购人合法利益的保证,也是对社会公共利益的保障。从我国颁布的《政府采购法》来看,在政府集中采购方面,采购人主要拥有以下各种权利:

第一,采购人有权自己选择采购代理机构。采购人是否应该享有自己选择采购代理机构权利的问题,在我国政府采购实践中,社会各方面一直有不同的看法。一种意见认为,采购人的采购被纳入政府采购预算以后,应该由采购监督管理机构确定采购的种类、批量,并由采购监督管理机构委托非营利性的集中采购机构统一组织、实施采购。只有这样,才能扩大采购批量,有利于统一监督与控制。但是,也有些人认为,如果由采购监督管理机构统一指定采购代理机构,或者只由一个固定的采购机构统一进行采购,极易产生采购监督管理机构或固定的集中采购机构以权谋私行为,特别是当某地区或某部门的政府采购只集中在一家时,由于缺乏采购机构之间的有效竞争,必将出现地区或行业采购垄断的现象,最终会导致采购低效率,产生集中采购领域里的腐败。

第二，采购人有权要求采购代理机构遵守委托约定。采购人将采购业务委托给集中采购机构，其中有可能产生一些违背采购人利益和社会公众利益的问题。例如，采购代理机构采购的货物和服务不符合采购人的要求，或者不符合实际需要，或者质量差、成本高，甚至采购代理人与供应商恶意串通获得了不正当利益，并损害了采购人的合法权益。因此，采购人在委托采购代理机构进行采购时，双方应该明确权利、义务和责任，其中，采购人有权要求采购代理机构遵守委托约定，按照采购人的要求办好采购事宜。当采购代理机构在采购过程中出现违约行为时，采购人有权重新要求集中采购机构必须遵守双方的委托协议，对于违背协议的行为，有权依法予以追究。

第三，采购人有权审查政府采购供应商的资格。在我国近几年的政府采购实践中，对于供应商资格的审查，各地存在很大的差别，主要体现在审查内容、审查程序和审查方式等方面，而在由谁对供应商资格进行审查方面，更存在较大差异。有的地方由政府采购管理监督部门审查，有的地方由政府采购机构审查。一般来说，由采购人亲自审查的做法并不多见。但是，在我国政府采购立法过程中，考虑到供应商的资格与提供货物和服务的能力将直接关系到采购人的采购质量及效率，因此，在《政府采购法》中，对于采购人参与供应商资格审查的权利专门作出了规定：采购人可以要求参加政府采购的供应商提供有关的资质证明文件和业绩情况，并根据法律规定的供应商条件和采购项目对供应商的特定要求，对供应商的资格进行审查。

第四，采购人有权依法确定中标供应商。采购人根据采购性质和数额的不同，可以采取多种采购方式，包括公开招标采购、竞争性谈判采购、单一来源采购、邀请招标和询价采购。在政府采购过程中，采购人可以依据预先制定的采购标准，确定符合采购要求的优秀供应商中标。在我国的《政府采购法》中，每一种采购方式都有关于选择采购人和确定成交供应商的规定。值得注意的是，在政府采购实际操作中，如果采购人与采购代理机构同时存在，更多的可能是由集中采购机构来确定成交供应商，而不是直接由采购人来确定。因为如果都要由采购人来确定成交供应商的话，那么，当集中采购机构一次采购涉及多个采购人的产品和服务时，究竟应该由哪一个采购人来确定，必然是个难以解决的问题。

第五，采购人有权签订采购合同。按照我国政府采购法律的规定，政府采购合同适用《中华人民共和国合同法》（以下简称《合同法》）。也就是说，政府采购合同同样是一种民事合同。因为政府作为采购者在市场上出现时，并不是以社会领导者和管理者的身份出现的，而是与其他社会主体一样，仅仅是市场买卖双方中的买方。因此，以民事合同的方式来处理相关问题将更符合政府采购当事人之间的自愿、平等关系。《政府采购法》规定：采购人可以直接与供应商签订政府采购合同。而且，采购人与供应商之间的权利和义务，必须在平等、自愿的原则下订立。此外，采购人也可以委托采购代理机构来代表其与供应商签订政府采购合同，采购人委托采购代理机构来签订采购合同的，需要提交采购人的授权委托书。

第六，采购人在特殊情况下有权提出特殊要求。采购人需要的工程、产品和服务可能有成千上万种，有些项目的采购对采购的实施人员有一些特殊的要求，必须以特殊方式进行采购；有些项目的采购，可能对供应商有特殊要求。因此，在我国的《政府采购法》中，对于一些特殊情况进行了相应规定：属于本部门、本系统有特殊要求的项目，应当实行部门采购；属于本单位有特殊要求的项目，经省级以上人民政府批准，可以自行采购。在对供应商的要求方面，《政府采购法》规定：采购人可以根据采购项目的特殊要求，规定供应商的特定条件。但是，为了防止由此引起对其他供应商的歧视行为，《政府采购法》又规定：采购人在提出特殊要求时，"不得以不合理的条件对供应商实行差别待遇或者歧视待遇"。

（三）政府采购的采购人的义务与责任

政府采购的采购人是以实现社会公共利益为己任的单位和实体，采购目的就是高质量、高效率地提供社会公共服务。因此，采购人的行为必须受到政府采购法律法规的约束。政府采购法律法规必须明确采购人的义务和责任，作为采购人，则必须按照政府采购方面的法律法规及政策要求办事，遵循国家关于政府采购的各项规定。具体而言，采购人必须履行的义务和承担的责任包括以下若干方面：

第一，采购人在政府采购活动中应当维护国家利益和社会公共利益，公正廉洁，诚实守信，执行政府采购政策，建立政府采购内部管理制度，厉行节约，科学合理地确定采购需求。

第二，按照我国相关法律法规的规定，对《政府采购法》规定的集中采购目录以内的和集中采购限额标准以上的工程、货物和服务的采购，必须由政府采购集中采购机构统一采购，并订立书面委托合同，采购人不得自行采购，否则必须承担相应的责任。同时，采购人不得将应该公开采购的货物和服务化整为零或者以其他方式规避公开招标采购。采购人对于需要实施集中统一采购的部分，必须编制政府采购计划和预算。在实施部门预算的单位，要按部门预算的要求编制政府采购预算，并与政府财政部门配合，准备应该由自己支付的资金。

第三，采购人在采购过程中，必须尊重供应商的正当、合法权益。在参与供应商资格审查时，必须平等对待不同地区、不同规模的供应商，不得以不合理的要求影响供应商获得采购竞争的资格。在采购实施过程中，采购人有义务回答供应商的正当疑问。在各种方式的采购中，采购人都可能遇到供应商对采购人的采购要求、评标标准、交货期限与方式等方面提出的一些疑问。供应商为了更好地编制投标文件，增加中标机会，通常还十分关心这些疑问的答复。在这种情况下，只要不属于应该遵守的机密，采购人就必须认真作出回答。《政府采购法实施条例》规定，采购人不得向供应商索要或者接受其给予的赠品、回扣或者与采购无关的其他商品、服务。

第四，在供应商投标、中标或被确定为成交供应商以后，采购人必须在规定的时间内与供应商签订政府采购合同。《政府采购法》规定，在中标、成交通知发出之日起30天内，必须按照采购文件确定的事项签订政府采购合同。如果中标、成交通知书发出后，采购人改变中标、成交结果的，应当依法承担法律责任。

第五，为了增强透明度，采购人有义务将政府采购结果向社会公布，以便接受社会各界的监督。采购人还必须对政府采购过程作详细的记录，包括采购活动、采购预算、招标文件、投标文件、评标标准、评委人员、评估报告、定标文件、合同文本、验收证明、质疑答复等。按照我国现行颁布的法律，这些记录至少要保存15年，以便相关各方能够根据需要进行查阅和审核。

第六，政府采购的采购人必须接受政府采购管理监督部门的管理。按照国家法律规定，各级政府财政部门是政府采购的监督管理部门，采购人在实施采购方面要对政府采购监督管理部门负责，同时还要接受国家审计部门、监察部门的监督，有责任积极支持和配合政府采购管理、监督部门的工作。

总之，采购人的行为是政府采购过程中极为重要的组成部分。在政府采购制度建设和政府采购实际操作中，采购人扮演着十分重要的角色。由于采购机制和采购方式的改变，凡是对政府采购效果负责的采购人，都要积极转变观念，支持和配合政府采购制度改革。在政府采购制度建设过程中，必须让采购人深刻认识到政府采购制度化的重要意义和必然趋势，自觉遵守和维护政府采购制度的实施与完善。同时，政府采购管理监督部门也必须加大政府采购的管理力度，增强采购人的高度责任感，促进采购人规范采购行为，真正提高政府采购的质量和效率。

三、政府采购供应商及其权利、义务和责任

供应商是政府采购的另一重要当事人，是政府采购的贸易伙伴，承担着向采购人提供采购对象的重要责任。供应商向采购人提供的采购对象具体包括货物、工程、服务等项目。可以说，没有供应商，也就没有政府采购。《政府采购法》对政府采购供应商的定义是："供应商是指向采购人提供货物、工程或者服务的法人、其他组织或者自然人。"

（一）《政府采购法》规定，供应商参加政府采购活动应当具备下列条件：

一是具有独立承担民事责任的能力；

二是具有良好的商业信誉和健全的财务会计制度；

三是具有履行合同所必需的设备和专业技术能力；

四是具有依法缴纳税收和社会保障资金的良好记录；

五是参加政府采购活动前三年内，在经营活动中没有重大违法记录；

六是法律、行政法规规定的其他条件。

（二）《政府采购法实施条例》规定参加政府采购活动的供应商应当具备《政府采购法》规定的条件，提供下列材料：

一是法人或者其他组织的营业执照等证明文件，自然人的身份证明；

二是财务状况报告，依法缴纳税收和社会保障资金的相关材料；

三是具备履行合同所必需的设备和专业技术能力的证明材料；

四是参加政府采购活动前三年内在经营活动中没有重大违法记录的书面声明；

五是具备法律、行政法规规定的其他条件的证明材料。

采购项目有特殊要求的，供应商还应当提供其符合特殊要求的证明材料或者情况说明。

《政府采购实施条例》进一步指出，重大违法记录是指供应商因违法经营受到刑事处

罚或者责令停产停业、吊销许可证或者执照、较大数额罚款等行政处罚。供应商在参加政府采购活动前三年内因违法经营被禁止在一定期限内参加政府采购活动；期限届满的，可以参加政府采购活动。

（三）政府采购供应商的分类

政府采购供应商可以由不同属性的行为主体担任，既可以来自境内，也可以来自境外，还可以以不同的组成形式出现，这就涉及一个如何对其加以分类的问题。按照不同的标准，可以对政府采购供应商进行不同的分类。

1. 法人供应商、其他组织供应商和自然人供应商

根据供应商的基本属性，可以将其划分为法人供应商、其他组织供应商和自然人供应商。

《中华人民共和国民法通则》规定，法人是指具有民事权利能力和民事行为能力，承担民事义务和责任的组织，包括企业法人、机关法人、事业单位法人和社会团体法人。法人是依法设立的一种社会组织，拥有自己的财产、组织机构，能够独立地享有民事权利并承担民事责任。

其他组织是指不具备法人条件的组织，主要包括：法人的分支机构、企业之间或者企业与事业单位之间的联营组织等。

自然人供应商是一种特殊的供应商群体。自然人是个人主体及居民的总称，包括本国公民和外籍人士。《中华人民共和国民法通则》规定，个体工商户、农村承包经营户、个人合伙人都属于自然人。自然人参加政府采购的相关活动，必须具有完全的民事行为能力，能够行使民事权利，履行民事义务，特别是要能承担民事责任。自然人作为社会的基本主体，同样具有提供采购人所需产品和服务的能力，因而也理所应当是政府采购的供应商。

2. 潜在供应商、投标供应商和成交供应商

在政府公开的采购活动中，根据供应商参加投标与否、中标与否，可将供应商分为潜在供应商、投标供应商、成交供应商。在政府采购中，采购人发布招标公告并发出投标邀请书后，所有对招标公告和投标邀请书感兴趣并有可能参加投标的供应商，都被称为潜在供应商；响应采购人招标公告、购买招标文件、参加投标的供应商，被称为投标供应商；经过开标、评标中标的供应商，则被称为成交供应商，也可以称为中标供应商。

3. 国内供应商和国际供应商

根据供应商的国籍不同，可以将其分为国内供应商和国际供应商。与采购人同属一国的，是国内供应商；与采购人分属不同国籍的，称为国际供应商。《政府采购法》规定，政府采购支持采购国内产品，只有在一些特定情况下才能采购国外产品。因此，我国的政府采购将更多地面向国内供应商。

4. 单一供应商和联合体供应商

根据供应商参加政府采购的形式不同，可将其分为单一供应商和联合体供应商。单

一供应商是指以自己的名义单独参加政府采购的供应商，联合体供应商则是指两个以上的供应商以联合体的形式参加政府采购。《政府采购法》明确规定，两个或两个以上的法人、自然人可以组成供应商联合体，以一个供应商的身份一起参与政府采购活动。

（四）政府采购供应商的权利

政府采购供应商应该享有一系列正当、合法的权利，这些权利在参与政府采购的过程中必须得到充分的尊重和保障。供应商的权利主要包括：

平等地取得政府采购供应商资格的权利。就我国目前的情况来看，任何具有合法经营资格的商家，只要符合《政府采购法》规定的政府采购供应商资格要求，就可以成为政府采购的潜在供应商，有权参与政府采购竞争。通常情况下，为了保证政府采购的质量，政府采购管理机构或集中采购机构在政府采购活动开始前，要对供应商的资格进行审查。只有审查合格的供应商，才能参与政府采购竞争。需要指出的是，政府在进行供应商资格审查时，必须平等地对待供应商，不能设置特定的、歧视性的条件阻止供应商平等地取得合格供应商的资格。

平等地获得政府采购信息。政府采购作为社会公共采购，供应商有权平等地获得政府采购的商业机会，而获得这种机会的前提是平等地获得政府采购信息。按照《政府采购法》的要求，采购人进行公开招标采购，必须在国务院政府采购管理监督部门指定的全国媒体上公开发布政府采购信息，以使供应商能够及时、便利地掌握相关消息。

自主、平等地参加政府采购的竞争。政府采购供应商，只要拥有合法的资格，便有权自主决定是否参与政府采购项目的竞争，任何单位或个人都不得干扰和阻止，不得通过与国家法律法规相违背的地方保护性条款和行政干预的方式，歧视和排挤供应商参与投标竞争。供应商有权根据采购人的要求，自主地决定投标报价和编制投标书，政府部门和其他社会组织及个人都无权干涉或阻挠。

如果是招标采购，供应商应有权在正式投标前，就招标文件的有关问题提出询问和质疑，特别是有权就招标文件中一些有歧视性或模棱两可、出现误导的内容提出问题，采购人或集中采购机构应该及时作出答复。招标文件发出后，如果内容有修改，供应商有权要求采购人或集中采购机构及时将修改后的内容予以通知。

自主、平等地签订政府采购合同。供应商中标以后，有权根据招标文件的要求，自主地签订政府采购合同，并要求采购人或政府采购代理机构遵守承诺，严格履行合同。在采购人或政府采购代理机构变更或修改合同时，供应商有权要求就合同变更和修改进行协商，以维护自身正当的权益。同时，供应商在签订政府采购合同时，与采购人是平等的民事法律关系，而不是领导与被领导、管理与被管理的关系。采购人或者集中采购机构不得以管理者的身份凌驾于供应商之上，并以此侵犯供应商的正当、合法权益。

供应商有权要求采购人或集中采购机构保守其商业机密。首先，供应商参与政府采购的市场竞争过程，需要接受采购人或集中采购机构的资格审查，投标过程中需要对一些内容作特殊说明，可能有一些内容涉及供应商的商业秘密，如果是采购方必须了解的内容，供应商有义务按照规定提供，但作为采购方，应该遵循供应商的正当要求，保守供应商的商业机密。其次，在谈判采购中，采购方是针对不同的供应商在进行谈判。在这个过程中，采购方对于供应商的谈判内容、谈判条件等，同样负有保密的义务和责任。

有权监督政府采购依法公开、公正地进行。供应商是政府采购工作最有力的监督者，在政府采购监督方面，只有供应商积极参与了，政府采购的公开性、公正性和透明度才能得到真正的保障。供应商应该有权了解采购的方式、程序和步骤，有权了解招标、评标的内容、方法和过程，有权知道中标单位的名称、中标条件和签约内容，有权查阅政府采购的记录，有权关注中标企业的合同履约情况，有权检查和核实政府采购的采购工作是否符合国家或地方政府采购的法规政策的要求。

其他应享有的合法权益。除了上述权利以外，供应商还可以依法享有其他的一些权利，如可以拒绝采购人或者集中采购机构的各种乱收费行为，可以拒绝各种不当利益要求，等等。

（五）政府采购供应商的义务

政府采购供应商在参与政府采购活动的过程中，必须承担法律规定的义务。供应商的义务主要体现在以下各个方面：供应商必须遵守政府采购的各项法律法规，包括《政府采购法》以及国家及相关行业、各个地区的政府采购规章制度；按规定接受政府采购供应商资格审查，并在资格审查中客观真实地反映自身情况；在政府采购活动中，满足采购人或者集中采购机构的正当要求，如遵守采购程序，按要求填写投标文件并保证投标文件的内容真实可靠，遵守评标纪律，按招标人的要求对投标文件进行答疑；投标中标后，供应商应该按规定的程序与政府采购机构或采购人签订政府采购合同并严格履行，等等。

（六）供应商在政府采购活动中的常见问题及其相关责任

政府采购对供应商管理的重点，除必须维护供应商的正当、合法利益以外，就是要加强对供应商参与政府采购活动的监督与管理。供应商作为政府采购工程、货物和服务的提供者，其资格是否符合要求，其供应行为和所提供的功能与服务是否符合政府采购的要求，对这些问题的审查和监管，在实现政府采购科学化的过程中具有非常重要的意义。为了便于对供应商参与政府采购的不良行为进行预防和监控，这里特对供应商在政府采购活动中可能出现的问题进行列举和归类：

虚假资格材料。在供应商资格审查中，虚报自身的技术、经济实力，提供虚假财务报告，误导资格审查人员和评委等。

为达到不正当目的相互恶意串通。这种恶意串通包括：供应商与采购人或集中采购机构串通，由采购人或集中采购机构提出有利于特定供应商中标的要求；供应商之间相互串通，以不正当的手段排挤其他供应商。

向采购人、集中采购机构及评委等相关人员行贿，以获取不正当利益。行贿行为最容易引发政府采购的不公正问题，导致采购低质量与低效率等严重问题。

采取不正当手段妨碍、排挤其他供应商投标、中标。有些供应商为了达到不正当目的，或者利用领导权威，或者利用地缘优势，干扰其他供应商投标。

投标截止期过后，中途无故撤销投标。供应商在递交投标文件以后，由于各种原因，如投标后发现如果中标可能会出现亏损等，决定中途撤销投标，这样做势必影响正常的投标秩序，因此，也是一种不正常行为。

不遵守招标投标相关纪律。有些供应商，在政府采购活动中不遵守招标投标纪律，典型的如在评标现场无理取闹，破坏招标投标秩序等。

中标后无故放弃合同。有些供应商虽然参加投标并最后中标，但中标以后，可能会因一些特殊原因，例如担心此种条件签订合同会亏损，或者担心履行合同有困难，以及中标后与中标前自身情况发生了变化，因而拒绝签订合同。

擅自中止、终止合同。供应商在签订合同以后，由于主观或客观上的原因不认真履行合同，或者中途中止合同，甚至彻底终止合同。

擅自降低标的功能标准或改变功能结构。供应商在提供工程、货物和服务时，擅自降低原来规定的功能标准，改变功能结构，使政府采购原有的功能要求得不到保证。这种情况更多地发生在工程采购和较为复杂的货物采购方面。

运用法定标准以下的材料。运用法定标准以下的材料，是采购领域最经常发生的问题之一。一种情况是运用合同规定标准以下的材料；另一种更糟糕的情况是，运用假冒伪劣材料，导致采购质量严重下降，甚至可能导致国家和人民财产的重大损失。我国近几年出现的一些较为严重的"豆腐渣工程"，大部分都与使用伪劣材料有关。

提供虚假的进度报告。政府对工程复杂或大型的货物采购项目，需要进行不断的跟踪监控，要求供应商定期、如实报告项目的进展情况，其中包括项目的质量、造价、与预计工期的比较等内容。如果供应商由于某些特殊原因或者出于某些特殊目的，作出不负责任的虚假报告，可能会给政府采购工作带来严重损失。

拒绝有关部门的监督检查。对于在政府采购活动中供应商方面可能出现的违纪、违规问题，应该按照相关要求和标准进行处罚，并要重点加强管理与防范。目前《政府采购法》对于供应商的违纪、违规行为的处罚措施主要包括：取消投标资格、扣除保证金、罚款、没收非法所得、经济赔偿、纳入供应商"黑名单"、禁止参加政府采购活动、吊销营业执照等，对构成犯罪的行为，还要依法追究刑事责任。

四、政府采购代理机构及其权利、义务和责任

政府采购代理机构，是指具备一定条件，经政府有关部门批准而依法拥有政府采购代理资格的社会中介机构。我国《政府采购法》所称采购代理机构，包括集中采购机构和集中采购机构以外的采购代理机构。《政府采购法实施条例》所称集中采购机构，是设区的市级以上人民政府依法设立的非营利事业法人，是代理集中采购项目的执行机构。集中采购机构应当根据采购人委托制订集中采购项目的实施方案，明确采购规程，组织政府采购活动，不得将集中采购项目转委托。集中采购机构以外的采购代理机构，是从事采购代理业务的社会中介机构。《政府采购法》规定，纳入政府采购目录和政府采购限额标准以上的采购，应该由采购代理机构实施。

(一)政府采购代理机构的资格要求

采购代理机构肩负着政府巨额财政资金的采购任务,其工作状况和业绩如何,直接关系到财政资金的使用效果和社会公众的实际利益,并最终关系到政府采购制度建设的成败。因此,对于政府采购代理机构的监督管理就显得十分重要。具体说来,对政府采购代理机构的监督管理主要包括:把握政府采购代理机构的审批权;明确代理机构的职责和权限;确定采购代理机构的义务和责任。

按照我国目前的有关规定,取得政府采购代理资格,必须具备以下基本条件:

依法成立,具有法人资格。根据《中华人民共和国民法通则》的规定,法人必须依法成立,即成立必须具有合法性,企业单位等法人必须依法登记,政府部门、事业单位和社会团体可以不进行法人登记,从其成立之日起,便自动具有法人资格。法人必须是能够独立享有民事权利、承担民事责任的实体。由于政府采购代理机构有很多的事情要做,而且所承担的责任也十分重大,因此,政府采购代理机构首要的资格条件就是其必须是一个法人实体。

采购代理机构的人员必须具备采购理论和实践知识,熟悉采购业务,熟悉国家有关政府采购方面的法律法规、政策。我国政府采购法律法规还规定:在政府采购人员中,具有高级技术职称的专业技术人员必须达到一定的比例;接受过省级以上有关部门业务采购培训的人员也必须达到相应的比例,等等。

采购代理机构应当建立完善的内部监督管理制度,具备开展政府采购业务所需的评审条件和设施。采购代理机构应当确定采购需求,编制招标文件、谈判文件、询价通知书,提高拟订合同文本和优化采购程序的专业化服务水平,根据采购人委托在规定的时间内及时组织采购人与中标或者成交供应商签订政府采购合同,及时协助采购人对采购项目进行验收。

具有采用现代科学手段完成政府采购代理工作的能力和条件。随着科学技术的迅速发展,现代采购不仅要依赖于采购知识和制度,还需要有相应的"硬"性条件,包括先进的电子信息处理能力、市场调查能力等。

(二)政府采购代理机构的权利

在我国,政府采购代理机构的权利主要表现在:

接受采购人的政府采购委托,承办政府采购项目的采购事宜。

建立政府采购信息网络,收集和整理供应商、产品和服务信息,调查市场供求状况,为提高政府采购质量和效率奠定基础。同时,记录政府采购过程,不断总结采购经验。

组织采购的各项具体工作,包括制订采购计划,按照国家法律规定选择采购方式,编制招标文件或谈判采购的文件,发布政府采购信息,组织开标、评标和定标。如果采取谈判方式进行采购,则应该负责组织谈判工作的具体实施。

在特定情况下,可以接受采购人的委托,与供应商签订采购合同并监督合同的履行,代理采购人对采购结果进行验收。

代理采购过程结束后,以法定的形式向社会公开采购结果,接受社会监督。同时,有责任及时将采购过程中的招标文件、采购过程记录、采购中标通知书、采购合同副本等以书面的形式上报政府采购管理监督机构。

政府采购代理机构有权拒绝和防范任何单位和个人对采购过程的非法干预,有权向采购人收取法定的代理费用(如果是非营利性事业单位,以不营利为标准。如果是纯粹的社会中介机构,情况则有所差别)。

对于采购人可以自行采购但想委托采购代理机构进行采购的项目,采购代理机构同样可以接受委托。如果法律没有明确禁止,采购代理机构有权为其他社会主体如企业、自然人等代理采购事宜。

(三)采购代理机构的义务与责任

政府采购代理机构作为一种特殊的利益主体,必须对采购人的委托负责,对自身的行为负责,最终表现为对社会公众负责。因此,实行科学的政府采购管理,必须明确政府采购代理机构的义务与责任,并严格按照各种规定认真予以执行。

从总体上看,政府采购代理机构的义务和责任,就是要遵守国家有关政府采购的各项法律法规,严格按照政府采购的法律和政策办事。就具体操作过程而言,其义务与责任表现为以下几个方面:

凡是由政府出资设立的政府采购代理机构,都有义务接受政府采购人的委托代理采购事宜。不过,这里也存在一个特殊问题,因为《政府采购法》规定,采购人有权选择任何具有代理采购资格的采购机构,并规定任何单位和个人不得干预。此外,我国法律还规定,政府采购代理机构是非营利性的事业法人。

采购代理机构应当与采购人一起根据政府采购政策、采购预算、采购需求编制采购文件。采购需求应当符合法律法规以及政府采购政策规定的技术、服务、安全等要求。政府向社会公众提供的公共服务项目,应当就确定采购需求征求社会公众的意见。除因技术复杂或者性质特殊,不能确定详细规格或者具体要求外,采购需求应当完整、明确。必要时,应当就确定采购需求征求相关供应商、专家的意见。

政府采购代理机构在接受采购人的委托后,对于应该公开采购的项目,有义务在国家指定的统一媒体上公开发布采购信息,即便不是公开招标采购,如果供应商有兴趣了解采购项目,政府采购代理机构同样有义务将实际情况告知这些供应商。在供应商对采购程序、采购方式、招标文件的内容、评标标准情况等提出问题时,采购机构有义务在规定的权限内及时作出答复。

按照《政府采购法》的规定,政府采购代理机构在进行政府采购活动时,应当遵守采购价低于市场平均价、采购效率更高、采购质量优良和服务优良的要求。

采购代理机构不得以不正当手段获取政府采购代理业务,不得与采购人、供应商恶意串通操纵政府采购活动。采购代理机构工作人员不得接受采购人或者供应商组织的宴请、旅游或其他娱乐安排,不得收受礼品、现金、有价证券等,不得向采购人或者供应商报销应当由个人承担的费用。

采购代理机构的活动必须接受社会各方面的监督。首先,采购机构必须接受政府采购监督管理部门的监管。所有具有政府采购代理资格的单位和机构,都需要接受政府采购监督管理部门的审查、监督和管理。政府采购监督管理部门有权对采购代理机构的业务进行培训和指导，对政府采购代理机构在采购过程中出现的问题进行调查、处罚和追究。其次，采购代理机构还应该接受国家审计部门、监察部门的监督、审查。此外，任何单位和个人都有权对采购代理机构的采购代理活动进行监督。

五、政府采购主管机构

根据《政府采购法》的规定，我国政府采购的主管机构是财政部，其负责全国政府采购的管理和监督工作。

（一）政府采购主管机构的设置

从整个政府采购的过程来看，第一，用于政府采购的资金来源于国库资金，属于国家的财政收入；第二，财政支出的过程必然涉及国家预算的安排，并应具体到每个部门自身的部门预算；第三，通过政府采购买到的产品必然形成国家的财产，因而对它们的管理又涉及国有资产管理问题；第四，形成需求的部门对其自身采购需求的管理必然与行政事业单位财务、支出管理政策有着密切的联系。因此，从整体上看，只有财政部门才能对整个采购过程所涉及的各个部门、各个流程和各种事务进行全面、有效的管理。所以，从目前世界各国的情况来看，民用产品政府采购的主管机构是各级财政部门。

各国在政府采购机构设置上一般实行一定程度的分级管理，即中央政府的采购工作由财政部进行管理，地方政府的采购工作由财政厅（局）管理。国防部是军用产品采购或国防采购的主管机构。

（二）政府采购主管机构的主要职责

中央以下各级地方政府采购工作的主管机构是各级财政部门，主要负责本地区政府采购的管理和监督工作。中央政府采购主管部门与地方政府采购主管部门的关系是一种业务上的指导性关系。财政部门的职责是制定政府采购政策并对政府采购行为实施管理和监督，但不得参与和干涉政府采购中的具体商业活动，具体采购决策是采购单位的职责。

政府采购主管机构的主要职责有：

拟订政府采购法律法规草案，制定政府采购政策和规章。在一个完整的政府采购活动过程中，不仅涉及各个政府部门，包括产生采购需求的部门、执行采购行为的部门和支付采购货款的部门，而且还会影响到市场中的相应供应商，以及很多为政府采购提供服务的社会中介机构。因此，在市场经济下，每一项政府采购活动必然会影响到这些相关主体各自的利益分配格局，这就需要出台相应的法律法规来规范政府采购行为，使由政府采购带来的利益分配格局更加合理。目前，实行政府采购制度的国家和地区，为了规范政府采购行为，健全政府采购运行机制，都制定了一系列有关政府采购的法规体系，如美国国会颁布的影响政府采购的法律法规就有数十个之多，包括《1996年克林格尔科亨法案》《1994年联邦采购合理化法案》《联邦采购条例》《联邦采购政策办公室法案》《小额采购业务法案》以及《美国产品购买法》等，美国的军事采购管理法规主要是《武装部队采购法》和《武装部队采购条例》。

研究确定政府采购的中长期规划，最大限度地提高政府采购的宏观效益。一国的采购体系不是固定不变的，它是随着本国经济、政治、国际经济环境等因素的变化而不断发展的。目前适用的某种政府采购模式在将来不一定会继续适用，甚至有可能对经济发展起到反作用。因此，政府采购主管机构的第二个重要职责就是从客观上研究确定政府采购的中长期规划。这就要求主管机构不断根据本国国情以及国际形势的发展，对本国政府采购制度的发展有计划地作出安排，使其能够适用于已经变化了的宏观环境，从而使本国的政府采购体系发挥更大的作用。

对政府采购活动进行管理和监督。当前，我国的政府采购过程中存在很大的问题。其一，政府采购计划的编制和执行存在相当大的随意性；其二，政府采购制度在执行中被打了折扣，即存在执行不完全、覆盖面过小的问题；其三，"长官意志"干扰了采购规则，行政干预过多过滥；其四，采购物品的质量难以得到保证。政府采购主管机构应当担负起管理和监督的职责，对采购在实践中遇到的问题及时作出处理，负责政府采购政策在基层采购机构的落实与执行。

组织政府采购人员的培训。采购主管机构应灵活采用各种方式加强对政府采购人员的培训，这种培训可以分为两个部分：首先是对精通政府采购理论的高级人才的培养，这种人才培养的目标是获得大量能够从整体上把握政府采购制度建设规划、设计适用于本国政府采购模式的高级人才，这些高级人才是政府采购建设成败的关键；其次是采购工作实际操作人员的业务培训，如定期对采购人员进行主题讲座，也可以让一部分政府工作人员参加企业的招标投标活动，以加深他们的感受和体会等。

确定并调整集中采购目录和公开招标采购范围的限额标准。确定一个集中采购目录，规定一个集中采购的"门槛价"，在这个价格之上的所需物品才纳入集中采购的清单中，由专门的采购机构进行统一采购，其他零散的、价值较低的物品则由各单位分别自行采购。具体来说，主要有两条：第一，政府根据政治、经济、社会情况，认为有必要集中采购的货物、工程和服务也可通过政府集中采购目录的方式进行确定。目前各国的采购目录一般包括：公务用车、大件办公设备、财产保险、车辆维修、会议接待、公共工程等。除了确定集中采购目录以外，政府采购主管机构还要确定公开招标采购范围的限额标准。第二，凡达到政府采购门槛价的货物、工程和服务，必须进行集中采购。政府采购的门槛价是指达到采购规模规定的金额。目前美国的门槛价是2.5万美元，新加坡是3万新元，我国目前还没有明确规定，各地在试点中确定的门槛价也各不相同。

在社会范围内宣传政府采购知识，加强对供应商素质的培养。对于已经熟悉了旧的采购方式的供应商来说，适应新的采购方式需要一个过程，这同时也需要采购主管机构通过各种方式加强对供应商有关政府采购知识的培训，缩短供应商适应新制度的过程。比如，有些供应商不知道在参加投标前先要经过供应商资格预审程序，以至于到开标时才知道自己没有资格参加投标；有的供应商不了解招标过程中的密封投标法的规矩，不知道密封投标只有一次报价机会，仍以为还有协商价格的余地，从而盲目报出偏高的价格，结果导致了投标的失败。

建立供应商准入制度，审批进入政府采购市场的供应商资格。供应商准入制度，是企业参加政府采购活动时所必须具备的条件。建立供应商准入制度，可以对参加政府采购活动的企业提出一定的要求，如必须具有法人资格、注册资金达到一定要求、具备生产产品的能力等。

编制年度政府采购预算。编制政府采购预算是政府采购运行体系中的重要组成部分，它主要包括经常性预算中专项资金安排的货物、服务类项目和建设性预算中安排的工程类项目。编制政府采购预算，有利于加强财政部门对专项资金的管理力度，提高采购资金的使用效益，健全财政职能，细化支出管理。因此，政府采购预算的编制工作也是采购主管部门的一项重要职责。

建立政府采购质疑和申诉机制。供应商质疑和申诉是采购活动中经常遇到的问题，如果这些问题得不到妥善的解决，不仅会影响采购活动的正常开展，还会影响政府的信誉，影响政府与供应商之间的关系。目前各国的做法差异很大。有的国家将这类机构设在财政部门，如新加坡、韩国等；有的国家由法院负责，如英国等；有的国家或地区另设独立机构，如澳大利亚的联邦政府调查委员会、日本的政府采购审查委员会、中国香港特别行政区的申诉管理委员会；有的国家由负责管理贸易申诉的行政法庭来负责，如加拿大国际贸易仲裁法庭设有一个秘书处，专门处理政府采购的调查申诉。

六、其他政府采购当事人

（一）政府采购仲裁机构

仲裁又称公断，是指双方当事人将其争议交付第三方居中评判是非并作出裁决，该裁决对双方当事人均具有拘束力的一种解决纠纷的方式。

实行政府采购后，在各方之间可能会产生某些纠纷，如采购机构与供应商、社会中介机构之间，供应商与采购主管机关、社会中介机构之间等。产生了矛盾和纠纷，除了选择复议、诉讼外，有的还可以申请仲裁。

政府采购仲裁机构的任务有：

1. 维护公民、法人和其他组织的合法权益

政府采购仲裁机构通过行使仲裁权，查明事实、分清是非，正确使用法律，及时、公正地解决政府采购活动中的经济纠纷，维护广大公民和组织的合法权益。

2. 促进社会主义市场经济的健康发展

市场经济作为一种法制经济，就是要通过法律手段来规范市场机制，规范市场主体的一切行为，赋予市场主体一种保护自己合法权益的权利。及时、正确解决政府采购活动中的经济纠纷，可以保证社会经济秩序的稳定和国家职能的正常运转，促进社会主义市场经济的健康发展。

3. 确保政府的信誉

政府采购仲裁机构的设立与运作，与监察、司法、社会中介组织共同参与采购活动，形成直接监督、行政监督、司法监督、仲裁监督的全方位监督体系，能够较好地

保证政府采购公开、公平、公正的原则和要求，有利于提高采购活动的透明度，维护政府的信誉。

（二）律师事务所

律师事务所是司法行政机关依法核准设立的律师职业机构。律师事务所的根本任务是依法维护当事人的合法权益，维护国家法律的正确实施，促进国家的经济建设，维护社会的安定。律师事务所的组织形式有国家出资设立的律师事务所，即司法行政机关根据国家需要设立的，以其全部资产承担法律责任的律师事务所；合作律师事务所，即由律师自愿组合，共同参与，财产由合作人共有的律师事务所；合伙律师事务所，即律师依照法律和合伙协议的规定共同出资设立的，财产归合伙人律师所有，责任由合伙人律师承担的律师事务所。

律师事务所是从事律师业务的组织，是我国法律服务业的执业主体之一。与其他法律服务机构如公证处、法律咨询机构等相比，律师事务所是律师的工作机构。律师事务所作为政府采购的中介机构，在政府采购中所发挥的作用主要是通过律师在政府采购招标投标中所发挥的作用来实现的。当然，律师事务所在由政府采购事务争议引起的诉讼、仲裁等事项中也起着重要的作用。

（三）公证机关

公证制度是国家为保证法律的正确实施，稳定社会经济、民事流转秩序，预防纠纷，制止违法行为，减少诉讼，保护公民、法人和非法人组织的合法权益而设立的一种预防性的司法证明制度。我国的司法制度从各个不同的角度来保护公民、法人的合法权益，维护社会主义民主与法制。其主要方法有两种：一种是诉讼，另一种是非诉讼。公证制度的宗旨是通过公证机构的司法证明活动，预防纠纷，制止违法行为，减少诉讼，为社会提供法律服务、法律监督和法律保障。通过公证活动可以消除纠纷隐患，平衡当事人之间的利害冲突，防患于未然，保障国家法律的正确实施，对于稳定社会经济秩序，促进社会安定团结，维护社会主义民主与法制，息讼止纷，保护公民、法人的合法权益，推动社会主义市场经济的发展具有重要作用。

公证是指国家专门设立的公证机构根据法律的规定和当事人的申请，按照法定的程序证明法律行为、有法律意义的事实和文书的真实性、合法性的非诉讼活动。《中华人民共和国公证暂行条例》规定："公证是国家公证机关根据当事人的申请，依法证明法律行为、有法律意义的文书和事实的真实性、合法性，以保护公民身份上、财产上的权利和合法利益。"

（四）会计师事务所

会计师事务所作为政府采购的中介机构，在政府采购中所发挥的作用主要是通过注册会计师审计来实现的。

在政府采购活动中，对政府部门的经济活动有时须采用政府审计，然而政府审计与注册会计师审计二者之间不能相互替代。虽然相对于审计客体而言，政府审计和注册会计师审计均是外部审计，都具有较强的独立性，但二者在许多方面存在区别。注册会计师审计又称独立审计或民间审计，它是随着商品经济的发展，由于经营权与所有权的分离及资本市场的形成应运而生的，是商品经济发展到一定阶段的产物，是商品经济条件下社会经济监督机制的主要表现形式。最初的政府审计是随着国家管理事务中经济责任关系的形成，为了促使经济责任的严格履行而产生的。现代意义上的政府审计是指各级政府机构和官员在受托管理属于全民所有的公共资金和资源的同时，还要受到严格的经济责任制度的约束。这种约束方式就表现为政府审计机关对受托管理者的经济责任进行监督。

从法律上讲，政府审计机关和注册会计师审计组织在各自的法定职责范围内开展工作。政府审计机关依照审计法规定的职责对各级政府及其部门的财政收支，国有金融机构及企事业单位的财务收支，以及国家建设项目、外国援助贷款项目和各种社会保障基金进行审计监督；注册会计师审计组织依照《中华人民共和国注册会计师法》和其他法律及行政法规的规定来承办审计事项。

 本章小结

1．政府采购制度规范的范围，是指政府采购法律发挥效力的范围。包括主体范围、资金范围、对象范围、集中程度范围、财政支出范围和空间范围等。

2．政府采购的主体范围，是指政府采购法律应规范哪些社会主体的采购活动。《政府采购法》规定，政府采购的主体主要指国家机关、事业单位、社会团体。国家机关是指各级党务机关、政府机关、人大机关、政协机关等；事业单位是指依法设立的履行公共事业发展职能的机构和单位；社会团体是指依法设立的财政供养的从事公共社会活动的团体组织。《招标投标法》规范的主体则无限制，招标人是依照本法规定提出招标项目、进行招标的法人或者其他组织，包括政府部门、私人企业以及其他非法人组织等。

3．政府采购资金是指采购单位获取货物、工程和服务时支付的资金，包括财政性资金（预算资金和预算外资金）和与财政性资金相配套的单位自筹资金。预算资金是指财政预算安排的资金；预算外资金是指按规定缴入财政专户和经财政部门批准留用的未纳入财政预算收入管理的财政性资金；单位自筹资金是指采购单位按照政府采购拼盘项目要求，按规定用单位自有资金安排的资金。

4．《政府采购法实施条例》规定财政性资金是指纳入预算管理的资金。而根据2014年颁布的新《预算法》，预算包括一般公共预算、政府性基金预算、国有资本经营预算、社会保险基金预算。也就是说，凡是使用这"四本"预算资金的采购属于财政性资金，应纳入政府采购的范畴。并且，《政府采购法实施条例》还规定了"视同财政性资金"的两种情况：一是以财政性资金作为还款来源的借贷资金，视同财政性资金。二是国家机关、事业单位和团体组织的采购项目既使用财政性资金又使用非财政性资金的，使用财政性资金采购的部分，适用政府采购；财政性资金与非财政性资金无法分割采购的，统一视同财政性资金，适用政府采购。

5．为了便于管理和统计，国际上通行的做法是按其性质将采购内容分为三大类：货物、工程和服务。

6. 一般实行政府采购制度的国家都采取集中采购和分散采购相结合的模式，并且会规定政府集中采购的条件，这也决定了政府采购的集中程度范围。对于政府采购集中和分散范围的处理，各国通常有两种方式：一是实行集中采购目录制，二是实行政府采购限额标准制度。

7. 财政支出可划分为购买性支出和转移性支出两大类。购买性支出一般都应纳入政府采购的范围。转移性支出是政府间财政资金的转移，该项资金本级政府没有消费和使用权，在拨付时不进行政府采购。

8. 政府采购制度规范的空间效力，只限于在中华人民共和国境内进行的政府采购行为。《政府采购法》规定，政府采购机构或其他政府采购人，在我国境外进行的采购活动，不在我国政府采购法律规范约束的范围之内；在我国境内发生的资金来源于国际组织的政府采购行为，当部门有特殊要求时，政府采购必须优先遵从其规定。《招标投标法》规定使用国际组织或者外国政府贷款、援助资金的项目进行招标，贷款方、资金提供方对招标投标的具体条件和程序有不同规定的，可以适用其规定，但违背中华人民共和国的社会公共利益的除外。

9. 政府采购当事人是指在政府采购活动中享有权利和承担义务的各类主体，包括采购人、供应商和采购代理机构等。从我国政府采购的实践看，政府采购的主体包括：采购人、政府采购代理机构、其他社会中介机构、供应商、政府采购管理机关和资金管理部门等。

10. 政府采购当事人中的采购人，是指使用财政性资金，对在政府采购法律所规定的集中采购目录以内或者集中采购限额标准以上的工程、货物、服务进行采购的单位。主要包括各级国家机关和实行预算管理的政党组织、社会团体、事业单位及政策性的国有企业。

11. 供应商是政府采购的另一重要当事人，是政府采购的贸易伙伴，承担着向采购人提供采购对象的重要责任。供应商向采购人提供的采购对象具体包括货物、工程、服务等项目。《政府采购法》规定，供应商是指向采购人提供货物、工程或者服务的法人、其他组织或者自然人。

12. 政府采购代理机构，是指具备一定条件，经政府有关部门批准而依法拥有政府采购代理资格的社会中介机构。我国《政府采购法》所称采购代理机构，包括集中采购机构和集中采购机构以外的采购代理机构。《政府采购法实施条例》所称集中采购机构，是指设区的市级以上人民政府依法设立的非营利事业法人，是代理集中采购项目的执行机构。集中采购机构应当根据采购人委托制订集中采购项目的实施方案，明确采购规程，组织政府采购活动，不得将集中采购项目转委托。集中采购机构以外的采购代理机构，是从事采购代理业务的社会中介机构。《政府采购法》规定，纳入政府采购目录和政府采购限额标准以上的采购，应该由采购代理机构实施。

13. 根据《政府采购法》的规定，我国政府采购的主管机构是财政部，其负责全国政府采购的管理和监督工作。中央以下各级地方政府采购工作的主管机构是各级财政部门，主要负责本地区政府采购的管理和监督工作。

案例分析

疾控中心采购"酵母型"乙肝疫苗惹质疑

某疾病控制中心采购一批用于新生儿接种的乙肝疫苗。根据生产工艺的不同,乙肝疫苗分为"酵母型"和"细胞型"两种。采购人提出要"酵母型"乙肝疫苗,不要"细胞型"的,理由是前者安全、无毒副反应,能够保证新生儿的安全。

招标公告正式发布前,根据采购人的委托,采购代理机构在网站上发布信息,公开征集具备供货能力的供应商,希望所有潜在的供应商都能参与该项目竞标。某生产"细胞型"乙肝疫苗的供应商看到后提出质疑,认为招标文件指定只采购"酵母型"乙肝疫苗属于限制性条款,违反了《政府采购法》的相关规定,对其他供应商有失公平。但采购人坚持要"酵母型"的而不要"细胞型"的,提出乙肝疫苗是用于新生儿接种的,疫苗的安全关系到子孙后代,党委和政府高度关注,万一产生毒副反应,有关部门都不好交代。经组织专家论证,专家出具了书面意见,认为"酵母型"乙肝疫苗安全、无毒副反应,同意采购人的要求。

阅读案例并思考:采购活动尚未开始,在征集供应商过程中,潜在供应商是否可以提出质疑?案例中采购需求的确定是否合适?

 思考题

1. 何谓政府采购制度规范的范围?包括哪些内容?各自具有哪些含义?
2. 何谓政府采购的采购人?具有哪些特征?享有哪些权利?承担哪些义务和责任?
3. 何谓政府采购的供应商?如何加以分类?享有哪些权利?承担哪些义务和责任?在政府采购活动中会经常出现哪些问题?
4. 何谓政府采购代理机构?如何对其进行定位?享有哪些权利?承担哪些义务和责任?
5. 何谓政府采购主管机构?具有哪些职责?
6. 政府采购其他当事人还包括哪些方面?

 课外阅读材料

1. 马海涛、徐焕东、李燕、崔军编著:《政府采购管理》,经济科学出版社 2003 年版,第三章。
2. 马海涛、陈福超、李学考主编:《政府采购手册》,民主与建设出版社 2002 年版,第 1.5、4.2、4.3、4.4 节。
3. 苏明主编:《政府采购》,中国财政经济出版社 2003 年版,第二章第二节。
4. 孟春主编:《政府采购理论与实践》,经济科学出版社 2001 年版,第一章。

第二部分

21世纪经济与管理规划教材
财政学系列

政府采购运作流程

第五章　政府采购预算与政府采购计划
第六章　政府采购招标采购方式
第七章　政府采购非招标采购方式
第八章　政府采购合同履行

第五章 政府采购预算与政府采购计划

本章重点

1. 政府采购预算的内涵
2. 编制政府采购预算的原则、内容、流程
3. 政府采购计划的概念
4. 编制政府采购计划的意义
5. 政府采购计划编制的流程和内容

导语

政府采购预算是建立新型政府采购制度的产物，在传统的财政管理与政府资金采购的体制下，只有财政的资金预算，基本不涉及政府采购预算。正因为如此，政府财政资金用于货物、工程和服务的采购时，大都是临时确定资金额度，随时进行采购。新型的政府采购制度建立以后，产生了一个极为重要的管理程序，即政府采购预算管理。包括政府采购预算的编制、审批、批复、调整和执行等环节。将政府采购纳入预算管理的范围，在财政资金管理方面无疑是一个重大的进步，它使政府采购纳入了计划管理的轨道，包括采购的项目、数量、资金数额及其来源渠道，采购的时间与进度，应该确定的主要采购方式等。通过政府采购预算计划的编制与审批，可以全面反映政府采购的状况，促进政府采购管理与运作科学化的实现。同时，通过编制政府采购决算，可以明确地反映政府采购预算的执行情况，进行绩效评价和监督控制。政府采购预算是采购单位根据事业发展计划和行政任务编制，并经过规定程序批准的年度政府采购计划。政府采购预算是事业行政单位财务预算的一个组成部分，与之对应的政府采购预算管理就是国家依据法律法规对政府采购预算资金的筹集、分配、使用所进行的计划、领导、组织、控制、协调、监督活动。政府采购预算集中反映了预算年度内各级政府用于政府采购的支出计划，在一定程度上反映了事业行政单位的资金收支规模、业务活动范围和方向。进行政府采购预算管理，不仅对保证采购单位事业计划和行政任务的完成，而且对财政预算的顺利执行及政府采购事业的发展都有十分重要的意义。政府采购计划是财政部门对政府采购预算执行实施管理的一种方式。政府采购计划对列入政府采购预算中的采购项目，在采购组织实施形式、采购方式、政府采购资金实行财政直接拨付范围、政府采购预算的补报及政府采购项目的调整程序等方面作出具体规定，其目的是指导政府采购预算的执行。编制政府采购预算和制定政府采购计划，增强了采购活动的计划性和监督管理的针对性。

关键词

政府采购预算 政府采购计划

第一节 政府采购预算

一、政府采购预算的内涵

政府采购预算是指采购单位根据事业发展计划和行政任务编制并经过规定程序批准的年度政府采购计划。政府采购预算是行政事业单位财务预算的重要组成部分,它一般包括采购项目、采购资金来源、数量、型号、单价、采购项目截止时间等。与之对应的政府采购预算管理就是国家依据法律法规对政府采购预算资金的筹集、分配、使用所进行的计划、领导、组织、控制协调、监督等活动。政府采购预算集中反映了预算年度内各级政府用于政府采购的支出计划,在一定程度上反映了行政事业单位的资金收支规模、业务活动范围和方向。

政府采购预算又是财政支出总预算的有机组成部分,政府采购资金的来源为财政预算内资金和单位预算外资金。政府采购预算主要包括:经常性预算中专项资金安排的货物和服务项目以及建设性预算支出中的工程类项目。在财政支出中具体表现为采购支出。

我国在 2001 年预算编制的过程中,财政部要求中央部门试编部门政府采购预算。中央部门依据财政部公布的采购品目和实施政府采购的条件对符合条件要求的支出项目编制部门政府采购预算,并在预算执行过程中,根据部门采购计划进行采购工作。编制部门预算的单位,按照有关要求正式编制政府采购预算,并随部门预算一并批复。2002 年所有行政事业单位和社会团体正式编制和批复政府采购预算。

二、政府采购预算的编制

(一)政府采购预算编制的意义

编制政府采购预算,加强了对专项资金的管理,细化了支出管理,消除了分散采购中的一些弊端,促进了廉政建设。其意义主要表现在以下几个方面:

加强了财政部门对专项资金的管理力度。以前,财政部门只偏重于经费的测算和分配,编制政府采购预算后,对资金的具体使用全过程可以进行跟踪监督。

提高了采购资金的使用效率。长期以来,我国对财政支出使用的监管不够,经常发生采购单位截留、挪用采购资金的行为,无预算采购、重复采购、盲目采购、超标准采购等现象也时有发生,导致政府确定的目标难以实现,采购质量得不到保证,采购资金的使用效率低下,还容易滋生腐败。通过实行政府采购预算管理,进行预算硬约束,在规定金额内根据预算内容采购,确保了采购项目按规定用途使用,提高了财政资金的使用效率。

健全了财政职能,细化了支出管理。过去财政部门重视专项资金的分配环节,而对消费环节的监督检查不够。通过编制政府采购预算，细化预算，强化约束，财政不再层层下拨经费到预算单位，而是直接拨付到供货商和收费部门，使财政支出管理向消费延伸，财政对支出全过程的管理成为现实。

（二）政府采购预算编制的原则

法制性原则。部门预算中编制的政府采购预算项目要符合《预算法》《政府采购法》及相关的国家法律法规，充分体现国家的有关方针、政策，在法律赋予部门的职能范围内所编制的政府采购项目要符合财政宏观调控的目标，遵守现行的各项财务、规章制度，要符合本部门的事业发展计划、职责和任务，预算年度购买支出增减要充分体现与国民经济和社会发展的一致性，要与经济增长速度相匹配。单位在编制政府采购预算时，要按照国家统一设置的预算表格、统一的口径、统一的程序以及统一的计算方法填列有关数字指标。

真实性原则。政府购买规模的测算必须运用科学、合理的方法，力求数据的真实、准确，购买支出要按规定的标准，结合近几年的实际购买情况进行测算，不能随意虚增支出。各项购买支出要符合部门的实际情况，测算时要有真实、可靠的依据，不能凭主观印象或人为提高购买标准。单位在安排政府采购预算项目时，要精打细算，不要盲目追求"超前"，贪大求洋，应在满足工作需要的前提下，适当超前，也要避免因不考虑发展而导致项目刚投入使用时即落后，造成浪费。单位在编制政府采购预算时，必须将单位取得的财政拨款和其他各项收入以及各项支出形成的政府采购，完整、全面地反映在单位预算中，不得在预算之外另留收支项目。

稳妥性原则。政府采购预算的编制要做到稳妥、可靠、量入为出、收支平衡。要先保证基本工资、离退休费和日常办公经费等基本支出，再考虑福利、改善办公条件等更高层次的支出。单位的政府采购预算和单位的财务预算一样，一经批准，便要严格执行，一般不能调整。因此，单位在编制政府采购预算时，既要把根据事业发展需要应该采购的项目考虑好，还应该注意政府采购资金的来源是否可靠、有无保证，不能预留缺口。

政策性原则。各项事业发展计划和行政任务是国民经济和社会发展总体规划的重要组成部分，因此，作为行政事业单位财务管理的重要内容之一，政府采购预算的编制必须体现国家有关方针、政策。单位在编制政府采购预算过程中，应当以国家有关方针、政策和各项财务制度为依据，根据完成事业发展计划和行政工作任务的需要，正确处理需要与可能的矛盾，保证重点、兼顾一般，实事求是地编制预算。

作为补充，还应不断提高政府采购目录的编制水平，促进政府采购目录在预算编制中的应用。目前我国政府采购目录的编制不够细化且执行过程中贯彻不到位，不利于编制独立、统一的政府采购预算，也不利于对预算的监督。我们要以编制政府采购预算为契机，进一步做好政府采购目录的编制工作，科学界定目录范围，增强目录的可操作性。当今社会新产品、新技术、新的服务形式层出不穷，采购目录要及时更新，及时收入新的采购项目，跟上时代进步和科技发展的步伐，做到政府采购目录的编制同社会进步相协调。同时，在政府采购预算中要采取各种严格措施，督促政府采购目录贯彻到实处。

（三）政府采购预算编制的内容

政府采购预算一般包括采购项目、采购资金来源、数量、型号、单价、采购项目截止时间等。

1. 需求确定

政府机关、事业单位、团体组织编制政府采购预算的一个重要内容，就是根据各单位履行职责的需要、准确确定单位采购的功能需求，具体包括单位的职能、任务定位，为完成这些任务所需的货物、工程或服务，所需要商品的种类、数量、技术规格、需要的时间等。在确定需求的过程中，要求各部门准确确定必要功能，保障履行职能的需要，同时尽可能地剔除不必要功能，减少不必要的开支并避免浪费。

2. 采购项目

政府采购项目按当年财政部门公布的政府采购目录进行编制。政府采购目录是政府采购中需要重点管理的货物、工程和服务的归集，是预算单位编制年度政府采购计划的依据。具体分类如下：

货物类。一般包括计算机、复印机等办公机具，科研、教学、医疗用仪器设备，公检法等执法监督部门配备的通用设备和统一制装，办公家具，交通工具，锅炉用煤等。

服务类。一般包括会议、公务接待、车辆维修、加油、大宗印刷、机票订购等项目。服务类项目一般实行统一定点采购。

工程类。一般包括基建工程、修缮项目、财政投资工程项目中由建设单位负责采购的大宗材料，如钢材、铝材、木材、水泥等，以及主要设备，如空调、电梯、消防、电控设备等。

3. 采购估价

所谓采购估价，就是对所需的货物、工程或服务进行的价格估计。采购估价需要处理好定价依据问题，一是以现时市场零售价格为基准进行估价，使产品价格保持在社会零售价格的平均水平上，这种估价方法会显示出较大的节约成果，但不利于对采购人在采购中形成降低成本的压力。二是以产品批发价格为估价依据，这主要是出于委托采购有较大批量的考虑，这种价格估价能使预计的采购价格更容易接近实际发生的采购价格。同时，在估价中，要努力做到不要过高，也不要过低，要做好市场调查，尽可能切合实际，面对瞬息万变的市场价格要尽可能有所预计，建立和完善应对价格变化可以调整的预算机制。

4. 数量、型号

指各采购项目的计划采购量和配置标准。

5. 资金来源

指单位用于政府采购项目的支出计划。一般包括：财政拨款，财政预算拨款中用于政府采购项目的支出；财政专户拨入资金，单位用存入财政专户的收入安排政府采购项目的支出；单位留用收入，单位用经批准直接留用的收入安排政府采购项目的支出；其他收入，单位用上述资金来源以外的资金安排政府采购项目的支出，包括自筹资金、国家财政转贷资金、银行贷款、国际金融组织贷款等。从实际工作来看，单位的支出一般分为三大类：人员经费、正常经费和专项经费。政府采购的项目是货物、工程和服务，因此其资金来源主要限定在各项收入安排的公用经费和专项经费部分。按照我国部门预算编制要求，各政府机关、事业单位、团体组织的预算内资金和预算外资金统一安排使用，体现在政府采购预算中，同一项目的采购，无论是预算内资金还是预算外资金，它们各占多少比例都应该是十分明确的，最终纳入统一的政府采购预算，并且，要把政府采购中的资金落到实处，不能列出没有资金保障的欠账和空头采购标的。

6. 投入使用或开工时间

政府采购的基本方式是公开招标，投入使用或开工时间是政府采购项目通过招标或其他方式获取货物、接受服务和工程的开工时间。

（四）政府采购预算编制的流程

政府采购预算的编制依托部门预算实行"二上二下"的基本流程。

1. 中央部门政府采购预算总流程

中央部门政府采购预算总流程如图 5-1 所示。

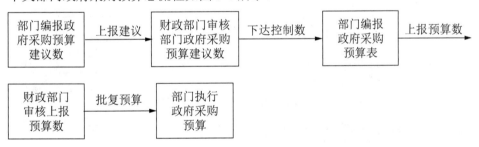

图 5-1　中央部门政府采购预算总流程图

2. 部门编报政府采购预算流程

部门编报政府采购预算流程如图 5-2 所示。

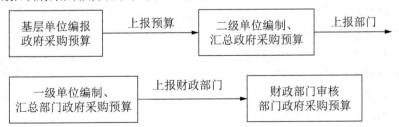

图 5-2　部门编报政府采购预算流程图

3. 财政部审核上报政府采购预算流程

财政部审核上报政府采购预算的流程如图 5-3 所示。

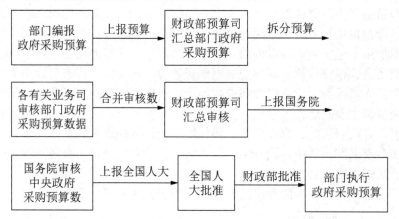

图 5-3　财政部审核上报政府采购预算流程图

4. 财政部批复预算程序

财政部批复预算的程序如图 5-4 所示。

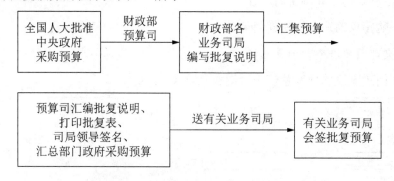

图 5-4　财政部批复预算的流程图

（五）政府采购预算编制的方法借鉴

我国在政府采购预算的编制工作中，要充分借鉴和参考一些国外已经比较成熟并广泛运用的预算编制方法，提高政府采购预算编制水平。

1. 绩效预算

绩效预算是这样一种预算，它阐述了请求拨款是为了达到什么目标，为实现这些目标而拟订的计划需要花多少钱，以及用量化的数据衡量在实施每项计划的过程中取得的成绩和完成的工作情况。绩效预算是一种根据花钱买效率，而不是买过程的思想来设计的，是一种以效果为导向的预算。其原理可概括为：政府向公共部门提供款项是为了购买其服务。为保证拨款使用的效果，制度设计中要做到以下几点：一是建立相应的效果指标，这些指标针对不同的情况应当有所不同；二是要建立成本核算机制，使得部门提供的这些支出是有据可查的；三是要建立一个公开、公平、公正的指标考核体系，使得表现部门效果好坏的指标考核是有事实依据的。

2. 零基预算

如果简单从字面来理解，零基预算就是在编制预算时，一切从零开始。严格来说，就是编制预算时，对每个部门的工作任务全面审核，然后再确定各部门支出预算，每个部门的负责人再根据零基预算的指导思想，对未来预算年度中将做的事情进行验证，而不仅仅是修改上年预算或检验新增部分。每个部门的负责人都必须重新验证每项工作计划，并测定不同层次服务所需的资金。因此，所有的工作计划，无论是新的还是旧的，无论服务层次如何，都应当在编制公共预算时重新考虑。因此，零基预算的一个主要特点是编制预算时，不仅对年内新增任务进行评审，而且还要对以前年度形成的基数进行评审。

3. 设计规划预算

设计规划预算是在一个预算系统中将长期的和短期的政策规划、预定年度预算成绩和费用的计划或进度计划以及年度预算三者结合。将它们纳入一个全面的系统可以对政府需求提供明确分析，从而便于选择可使用的手段和成本。这种编制方法包含了一系列分析，如系统分析、成本效益分析等。依靠这些分析，这种编制方法可望在资金分配上更加合理，同时效率更高。

4. 滚动预算

目前编制的预算大多为单年度预算，按照市场经济发达国家的经验，编制单位年度预算往往难以满足现代预算管理的需要，一般来说需要编制 3—5 年的滚动预算。滚动预算也称多年度预算，是编制部门预算的重要方式之一。最初编制时，向前作 3—5 年的预算安排，之后每次编制时都往前滚动 1 年，并调整原预算中所剩 2—4 年的预算安排和内容。编制滚动预算有利于体现前后衔接、综合平衡的要求，提高预算管理水平。

三、政府采购预算的配套改革

（一）大力推进和完善部门预算，促进政府采购预算的规范化

1994 年我国实行分税制改革后，初步理顺了中央和地方的分配关系，增强了中央财政的宏观调控能力，但在财政支出管理方面，原有体系所造成的预算体系不够统一和规范、预算约束不力、监管不严、财政支出效益不高等问题却日益突出。为此，我国从 2000 年开始逐步建立和完善部门预算，这对于规范预算管理、加强财政监督、实现依法理财有重大意义。我国的政府采购制度实践稍早于部门预算部门改革，二者的开展基本是同步的。政府采购预算管理工作要抓住部门预算改革的机遇，充分利用部门预算改革的成果，来促进政府采购事业的规范、健康发展。部门预算改革也要把政府采购预算管理列为一项重要内容，为政府采购的发展提供条件。具体操作上，目前情况下可以依托部门预算编制独立的政府采购预算。部门预算是公共预算编制的主要体系，也是市场经济国家普遍采用的预算编制方法，由各部门编制，经财政部门审核后报立法机关审议通过。实行部门预算可以有力地推进政府采购预算的规范化进程。

首先，部门预算扩大了政府采购的预算范围，有利于提高政府采购预算的综合性。

以往一个部门的各种资金来源于不同的渠道，由不同的部门负责管理，各项经费有不同的既定用途，需要向各自的来源单位报账。并且，预算单位只考虑预算内的收支情况，基本上不考虑预算外资金和政府性资金，这种采购预算是割裂的，结果是没有一个部门掌握其完整的实际采购情况。实行部门预算之后，预算编制不仅按功能分类，还按部门分类，有利于体现预算的综合性和完整性，有利于对政府采购资金的全面监控。

其次，部门预算提前了预算的编制时间。国务院下达预算的指示提前到9月初，比原先提前了大约 2 个月，同时，下达预算控制的时间改在每年的全国人民代表大会之前，比原先提前了大约 3 个月，财政部在《预算法》规定的时间内批复预算，提前了 3—5 个月。这样就给政府采购预算留出了比较充裕的时间进行论证和组织，有利于提高政府采购预算的科学性和可行性。

最后，部门预算可以克服代编预算方式的弊病，提高预算的准确性。原先的预算编制方式是由主管部门代下属单位按资金性质不同进行代编，部门预算则从基层单位逐级编制、逐级汇总，克服了代编的盲目性，使政府采购预算更加科学合理，也提高了预算管理水平。

（二）完善国库集中支付制度，对政府采购预算的执行进行全过程监督

国库集中支付制度是以国库单一账户体系为基础，以健全的财政支付信息系统和银行间实时清算系统为依托，政府将财政性资金集中在国库或国库指定的代理行开设账户，同时，所有的财政支付均通过这一账户进行拨付的制度。在国库集中支付制度下，从预算分配到资金拨付、资金使用、银行清算，直至资金到商品供应商和劳务提供者账户实施全过程监控。由财政部在中央银行设立一个统一的账户，各预算单位资金统一在该账户下集中管理，预算资金不再拨付给预算单位分散保存，各预算单位可以根据自身履行职能的需要，由主管部门选择合适的采购方式进行政府采购，但支付款项要由财政部门执行。这会对政府采购预算的执行进行全方位、全过程的监督，为政府采购成为真正的"阳光工程"保驾护航。目前，国库集中支付制度服务于政府采购要做好以下工作：

设立单一账户。政府采购资金收支都由设在国库或国库指定代理银行的账户反映，各单位和部门的政府采购资金支付都在这个单一账户下单独运作，政府采购支出一旦发生，采购资金由国库单一账户直接拨付给供应商，不存在层层转拨、多个环节转账的问题。

实行两个分离。一是政府采购资金与业务经费分离，预算单位人员工资由财政直达个人账户，由国库集中支付；二是预算编制与预算执行分离，预算部门只负责编制政府采购预算，不参与政府采购预算执行，政府采购代理机构负责具体货物、工程和服务的采购。

强化三个控制。一是强化预算控制，在政府采购预算执行中，严格按政府采购审查批准的预算实施，无特殊情况，不得变更采购项目；二是强化资金使用控制，采购项目按规定程序规范运作，对采购资金的拨付、使用、清算进行全过程监控；三是强化项目控制，严格控制采购项目的支付进度，在采购项目决算未经财政部门审计确认前，付款

进度不得超过合同额的一定比例。

在国库集中支付制度下，政府采购资金的支付模式有两种：一是财政直接支付。由预算单位通过主管部门向财政部门提出部门预算申请和采购计划，财政部门批复部门预算和采购计划，并通知预算单位和财政部门向执行机构支付。预算单位执行机构根据批复的预算和用款计划及相关要求对支付申请审核无误后向代理银行发出支付令，通过代理银行进入全国银行清算系统实时清算，财政资金从国库单一账户划拨到收款人的银行账户。二是财政授权支付程序。预算单位依照批准的部门预算和资金使用计划，向财政支付执行机构申请月度用款限额，财政支付执行机构将批准后的限额通知代理银行和预算单位，预算单位在月度限额内，自行开具支付令，通过代理银行向收款人付款，并与国库单一账户清算。

（三）依托政府财政管理信息系统，提高政府采购预算管理水平

政府采购预算的编制、执行、审计直至最后的决算，需要处理的数据量非常大，各种项目也非常繁杂，如果没有一个以强大的计算机为基础的信息系统支持，就不会有高水平的政府采购预算，政府采购预算管理的高水平也无从说起。目前，信息科学技术的发展日新月异，各国政府也都在加强信息基础设施建设工作，我国的政府采购预算管理也要依托于整个政府预算乃至财政改革中的信息化建设，提高政府采购预算管理的水平。

（四）推进权责发生制的预算会计改革，改善政府经济政策的持续能力

收付实现制预算在收到和付出现金的同时记录收入与开支，不考虑政府行为何时实现收入、耗费资源或增加负债。权责发生制预算在政府行为实现收入、耗费资源和增加负债的期间记录交易，不考虑与之相关的现金是否已收到或已付出。收付实现制政府会计和预算曾经是世界各国的传统做法，自20世纪90年代以来，采用权责发生制政府会计和预算已经成为许多国家正在进行的公共财政管理改革的重要内容之一。这一改革对加强政府财务和预算信息的全面性及透明度，提高公共部门的运行效率，改善政府经济政策的持续能力都有重要的促进作用。尤其是在实行政府采购和国库集中支付制度以后，出现采购环节和拨款环节相分离，由于政府采购货物的验收、项目的实施与货款的支付需要经过较长时间的工程保修结束后才能支付，如果按照收付实现制会计处理，在采购和支付跨年度时，对预算单位来说，会出现比较严重的账实不符，不能真实反映预算单位的经济业务，对财政部门来说会出现预算支出信息不能如实、完整地反映政府实际支出活动的问题。所以，为配合包括政府采购制度改革在内的财政改革，政府预算会计的改革也要配套进行，要对现行的预算会计进行必要的改进，调整现有会计制度。要根据当前部门预算编制、国库集中支付制度、政府采购制度改革的需要，相应调整会计核算流程、会计账务处理方法以及有关规定，及时制定与国库集中支付制度、政府采购制度改革相适应的会计账务处理方法，在部分事项中采用权责发生制等，保证当前会计工作和预算管理改革协调一致，顺畅进行。

第二节　政府采购计划

一、政府采购计划的含义

政府采购计划是财政部门对政府采购预算的执行实施管理的一种方式。政府采购计划对列入政府采购预算中的采购项目，在采购组织实施形式、采购方式、政府采购资金实行财政直接拨付范围、政府采购预算的补报及政府采购项目的调整程序等方面作出具体规定，目的是指导政府采购预算的执行。政府采购计划下发各部门执行，同时抄送监察、审计等有关对政府采购活动负有监督管理职责的部门。编制政府采购预算和制订政府采购计划，增强了采购活动的计划性和监督管理的针对性。

二、政府采购计划编制的意义

政府采购计划是实施政府采购的依据之一，对加强政府采购管理、规范公共部门政府采购行为、保证政府采购顺利实施具有重要意义。

（一）编制政府采购计划是实现政府采购目标的要求

政府采购要围绕着一定的目标和任务进行，政府采购计划是政府采购目标和任务的具体化。由于政府采购所涉及的范围广、内容多，通过编制政府采购计划，不仅规定了一定时期政府采购实施的范围和规模，也给各政府采购主体制订具体的工作计划提供了量化指标，提高了政府采购过程的透明度，为最大限度地实现政府采购目标提供了保障。

（二）政府采购计划为政府采购规范化、科学化管理奠定了基础

政府采购计划是根据一定时期政府采购的方针、政策，结合本地实际情况制订的，是实事求是、按客观规律办事的计划。计划一经制订，必须严格按计划办事，不得随意更改。编制和执行政府采购计划是实施政府采购管理的一个重要手段，有利于规范政府采购各利益主体的行为，克服采购的随意性和盲目性。

（三）编制、执行政府采购计划是实施政府采购的中心环节

在实施政府采购的过程中，政府采购信息的收集、供应商和社会中介机构的资格审查、政府采购方式的确定以及政府采购的检查监督等，都要围绕着计划的正确编制和执行来进行。实施政府采购，实际上就是通过科学地制订政府采购计划，把政府采购的目标和任务具体落实到计划上；通过组织、控制、监督、检查等手段保证计划的实现。所以，政府采购只有抓住计划这个中心环节，才能高屋建瓴，收到良好的效果。

（四）政府采购计划是细化财政预算管理的基础

目前，财政工作正由计划经济体制向市场经济体制转变，由粗放型管理方式向集约

型管理方式转变，要求进一步细化预算编制，加强支出管理。细化预算编制需要定员、定额的标准和工程、商品、服务的单价，编制政府采购计划则有助于这些工作的完成，是细化预算的基础。

三、政府采购计划的编制程序和内容

（一）政府采购计划的编制程序

政府采购计划的编制程序，一般采取自上而下和自下而上相结合的方式汇编。

首先，由政府采购管理机关编制本地区年度的政府采购目录，并根据政府采购目录制定统一的政府采购计划表下发给各政府采购单位的主管部门，再由主管部门根据行业特点及实际情况，提出实施政府采购的年度方案及具体要求，由各政府采购单位填报年度购置计划上报主管部门。

其次，由主管部门将各政府采购单位的购置计划进行审核汇总上报本地区政府采购管理机关。

最后，由政府采购管理机关根据本级财政部门下达的政府采购预算及本地区的实际情况，汇总编制本地区的政府采购计划草案，并按规定编写计划编制的文字说明材料。计划草案要报财政部门审查，并与财政部门的预算草案送同级人民代表大会审查和批准。

（二）政府采购计划的内容

政府采购计划的内容包括年度实施政府采购的项目、资金来源、资金预算等。

1. 政府采购计划的组成

按采购计划的方式，政府采购计划由集中政府采购计划和分散政府采购计划两部分组成。

集中政府采购计划是指货物、工程或服务的政府采购项目单位价值或当年累计价值达到规定限额标准以上的，应当由政府采购经办机构实施集中政府采购的政府采购计划部分。限额标准的制定一般按财权和事权相统一的原则由同级人民政府制定。其中，批量集中采购是指对一些通用性强、技术规格统一、便于归集的政府采购品目，由采购人按规定标准归集采购需求后交由政府集中采购机构统一组织实施。中央预算单位应当加强对批量集中采购工作的计划安排，协调处理好采购周期、采购数量与品目配备时限的关系。应当认真组织填报批量集中采购计划，保证品目名称、配置标准、采购数量、配送地点和最终用户联系方式等内容的准确完整。各主管预算单位应于当月10日前向财政部报送本部门批量集中采购汇总计划，并明确当期采购工作的部门联系人。图5-5显示了中央预算单位批量集中采购计划编制和实施流程图。

分散政府采购计划是指货物、工程或服务的政府采购项目单位价值或当年累计价值未达到规定限额标准的，应当由各公共部门自行实施政府采购的政府采购计划部分。低于集中政府采购限额标准的政府采购项目，均应纳入分散政府采购计划之中。

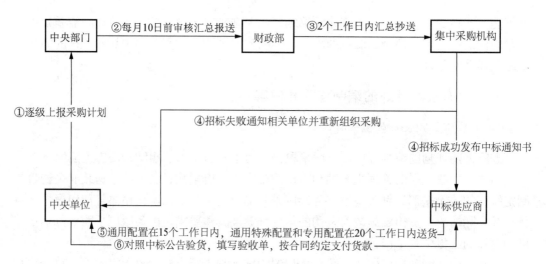

图 5-5 中央预算单位批量集中采购工作基本流程

2．政府采购计划的编制

政府采购计划的编制一般通过填制政府采购计划表及填报说明来表现。政府采购计划表是各采购项目和采购资金的具体表现形式，一般包括总表和明细表两种。

政府采购资金总表，反映各采购单位年度内用于政府采购的预算内资金、预算外资金及其他资金情况的报表。

政府采购明细表，用来反映年度单位采购资金具体采购项目的报表。包括工程建设、设备购置、车辆购置、投保、维修、日常办公用品、其他商品等。

要把采购单位的各项采购要求及采购资金预算客观、实际、系统地编入各种政府采购计划表格之中。首先，要熟悉各种表格的填列依据，只有按照统一的表格要求编制的购置计划，才能使各级政府采购管理机构统一汇总；其次，要编写详细的填表说明。

四、政府采购计划的审查和批准

（一）政府采购计划的审查

计划的审查，是为了保证计划的质量，提高计划的水平，保障政府采购的顺利实施。因此，政府采购计划草案编制完成后，财政部门要组织对口支出管理处进行认真审核。其主要内容有：

项目审核。根据经济发展的方针政策及政府采购单位的工作任务，参照有关配套标准，确定政府采购项目是否需要及必要，也就是审核每项商品的政府采购依据。

资金来源审核。对用于政府采购的预算内资金、预算外资金及其他资金的可靠性、合法性进行审核。

资金预算审核。对计划进行政府采购的每一项项目预算按现行市场价进行审核，审核政府采购预算的准确度及合理性。

（二）政府采购计划的批准

政府采购计划草案批准的程序是：

第一，由财政部门代表本级政府向本级人民代表大会报告本级财政预算草案时一并报告政府采购计划草案的内容。

第二，由本级人民代表大会在负责审查本级财政预算草案时一并审查本级政府采购计划草案，并作出审查报告。

第三，经本级人民代表大会讨论通过本级政府采购计划草案审查报告，作出批准本级政府采购计划的决议，同时将批准后的政府采购计划上报上级政府及财政部门备案。

第四，政府采购计划经过本级人民代表大会通过后，财政部门应及时向本级政府采购管理机关批复执行。

五、政府采购计划的执行

政府采购计划经过批准后，就进入了计划的执行阶段。政府采购计划的编制，仅是整个政府采购活动的开端，政府采购计划的实现，主要取决于政府采购单位正确组织执行政府采购计划。可见，政府采购计划的执行是把政府采购计划从可能性变为现实性的关键。只有做好政府采购计划的执行工作，才能顺利组织实施政府采购。

（一）政府采购计划的执行主体及主要任务

政府采购计划的执行，是一项经常性、艰巨性、复杂性和细致性的工作，涉及政府采购的各个方面。参与执行的单位很多，主要包括政府采购机关、财政部门、政府采购单位、供应商、社会中介组织机构等。各部门的主要任务是：政府采购机关主要负责组织实施政府采购计划的执行；财政部门主要负责对政府采购资金预算执行进行审核、拨付、检查与监督；政府采购单位主要负责提供具体的政府采购需求以及对供应商提供的货物、工程和服务进行验收；供应商主要负责提供符合政府采购单位要求的货物、工程和服务；社会中介机构接受政府采购机关的委托，以公正的身份按照政府采购的原则和要求组织实施政府采购活动。

（二）政府采购计划的执行程序

政府采购机关按政府采购原则具体组织实施政府采购计划。

第一，制订政府采购执行方案。根据政府采购机关的政府采购申请，对政府采购项目进行分类汇总，确定政府采购的方式及具体的实施办法，同时，编制政府采购费用预算，报有关领导审批。

第二，对供应商进行资格预审。政府采购机关在实施政府采购之前，对要参加政府采购项目的未通过资格预审的供应商进行资格预审。

第三，委托中介机构实施。政府采购机关可以委托集中采购代理机构或其他采购代理机构承办政府采购具体事务。

第四，合同的签订。通过政府采购确定供应商后，在政府采购代理机构的管理下，由政府采购单位或者由采购单位授权采购代理机构与供应商签订政府采购合同。

第五,政府采购的验收。由政府采购单位组织有关人员,对供应商按政府采购合同规定应履行的义务和责任进行验收。

第六,资金支付。由政府采购单位委托政府采购管理机关统一支付。

(三)政府采购计划的调整

政府采购计划在执行中,经常会因国民经济和公共部门工作任务的变化而引起政府采购政策的变化,从而使政府采购计划的某些部分与客观实际要求不一致,这就需要进行调整。另外,根据政府采购资金的安排落实情况,也需要对政府采购计划进行适当调整。

(四)政府采购计划执行情况的检查分析

为了更好地制订和执行政府采购计划,充分发挥政府采购的职能和作用,必须对政府采购计划的执行情况进行经常性的检查分析。通过检查分析,可以及时掌握政府采购政策的贯彻执行情况,研究政府采购计划执行中存在的问题,分析计划与现实存在的差距,总结经验,提出建议,采取积极措施,保证政府采购计划的顺利实施。检查分析的内容主要有:

政府采购计划的完成情况。主要是检查分析政府采购是否按计划正确、及时地组织实施,检查分析政府采购资金预算的执行情况并进行原因分析。

贯彻执行政府采购方针政策情况。主要是检查政府采购各利益主体在实施政府采购过程中是否有违规现象。

政府采购组织管理情况。主要是检查分析政府采购代理机构实施政府采购的工作效率,提出进一步改进工作的有效措施。

 本章小结

1. 编制政府采购预算,是政府采购行为规范化的一个重要组成部分,也是目前推行的部门预算的重要内容。政府采购预算的编制要把握以下原则:一是政府采购预算应以目前推行的部门预算为基础。对于采购中庞杂的内容,如采购的项目、数量、质量等,应进行科学的分类以利于预算的审批和监督。同时,又可减少预算的编制成本,为预算的执行奠定一个良好的基础。二是在财政性资金一定的情况下,采购中的资金应优先保证政府急需项目。在采购诸多的项目中,要分清主次,对于季节性强、急需采购的项目应优先考虑。三是各级预算单位与监督机关要严格规范政府采购专户。对涉及的相关会计科目和具体所选择的会计处理方法要事先明确规定并进行严格监督,以有利于采购资金的高效使用,避免腐败滋生。

2. 在具体编制政府采购预算时,要突出以下内容:

(1)需求确定。需求确定即要明确各单位采购的功能需求,确定各单位的职能任务定位以及为完成任务所必需的工程、产品与服务等，同时要剔除各单位不必要的功能以减少开支。

（2）采购项目。政府采购项目按当年财政部门公布的政府采购目录进行编制。政府采购目录是政府采购中需要重点管理的货物、工程和服务的归集，是预算单位编制年度政府采购计划的依据。

（3）采购估价。采购估价是指对所采购的对象进行价格估计，是预算编制中的重要内容。一般来说，进行估价应从以下方面考虑：一是以现时市场零售价格作为基准进行估价，使产品价格保持在社会零售价格的平均水平上；二是以产品的批发价格作为估价依据，政府作为采购主体，要进行大批量的采购，因此，这种估价使预计的采购价格更接近于实际可能发生的采购价格。事实上，预算的编制仅仅是一个事先的估计，随着市场价格的不断变化，估价与实价之间必然会出现偏离问题。因此，政府采购预算估价必须做好市场调查，尽可能与实际相符。

（4）数量、型号。指各采购项目的计划采购量和配置标准。

（5）资金来源。政府采购本质上是政府的一种购买性支出，理应遵循市场等价交换原则，采购单位在采购货物、工程和服务时要支付给供应商对等的酬金或价格。一般而言，政府采购所需资金主要来自财政预算资金。就我国而言，资金来源主要包括以下三个部分：一是预算内资金，即财政预算安排使用的资金；二是预算外资金，即按规定缴入财政专户和经财政部门批准留用的未纳入财政预算内管理的财政性资金；三是来自采购单位的自筹资金。

（6）投入使用或开工时间。政府采购的基本方式是公开招标，投入使用或开工时间是政府采购项目通过招标或其他方式获取货物、接受服务和工程的开工时间。

3．政府采购计划是财政部门对政府采购预算执行实施管理的一种方式。政府采购计划对列入政府采购预算中的采购项目，在采购组织实施形式、采购方式、政府采购资金实行财政直接拨付范围、政府采购预算的补报及政府采购项目的调整程序等方面作出具体规定，目的是指导政府采购预算的执行。政府采购计划的编制程序，一般采取自上而下和自下而上相结合的方式汇编。政府采购计划的内容包括政府采购的项目、资金来源、资金预算等。

思考题

1．政府采购预算的内涵是什么？
2．政府采购预算的编制内容包括哪些？编制政府采购预算应遵循哪些原则？
3．如何编制政府采购预算？
4．试填制某年度某省政府采购预算表。
5．何谓政府采购计划？政府采购计划的具体内容是什么？
6．政府采购计划与政府采购预算的关系如何？
7．怎样做好政府采购计划？
8．试填制某年度某行政事业单位政府采购计划表。

课外阅读材料

1. 马海涛等主编：《政府采购手册》，民主与建设出版社 2002 年版，第 69—77 页。
2. 刘汉屏、李安泽编著：《政府采购理论与政策研究》，中国财政经济出版社 2004 年版，第 49、93—94、165—166、297—298 页。
3. 苏明主编：《政府采购》，中国财政经济出版社 2003 年版，第 163—168 页。
4. 李进编著：《政府采购实务》，江苏科学技术出版社 2006 年版，第 19—22、43—44、77 页。
5. 杨灿明、李景友编：《政府采购问题研究》，经济科学出版社 2004 年版，第 129—164、253—264 页。
6. 于国安主编：《政府预算管理与改革》，经济科学出版社 2006 年版，第 241—341 页。
7. 王雍君著：《部门预算与预算改革》，山西教育出版社 2001 年版，第 22、24、44、49—53、132、149、223—232、265、283、301—302 页。
8. 贾康、苏明主持：《部门预算编制问题研究》，经济科学出版社 2004 年版，第 29—54、232—244 页。
9. 《政府采购工作文件选编》，中国税务出版社 2005 年版，第 92—96、97—100、105—108 页。
10. 中国政府采购年鉴编辑委员会编：《中国政府采购年鉴 2004》，中国财政经济出版社 2005 年版，第 19—29、32—34、42—45、288—305 页。
11. 李鸣等著：《公共采办研究》，经济科学出版社 2005 年版，第 185—202 页。
12. 李炳鉴主编：《政府预算管理学》，经济科学出版社 2003 年版，第 253—262 页。
13. 安秀梅编著：《政府公共支出管理》，对外经济贸易大学出版社 2005 年版，第 195—239 页。

附录 5.1　政府采购预算表

政府采购预算表反映政府采购项目的支出预算情况，结构与格式如下所示：

政府采购预算表

填报单位：　　　　　　　　　　　　　　　　　　　　　　　　　　单位：万元

科目编码			科目名称（项目）	项目单位	计量单位	采购数量	本年预算				投入使用或开工时间
类	款	项					小计	财政拨款	预算外资金	其他资金	
			一、100 万元以上的专项采购项目								

续表

科目编码			科目名称（项目）	项目单位	计量单位	采购数量	本年预算				投入使用或开工时间
类	款	项					小计	财政拨款	预算外资金	其他资金	
			二、500万元以上的新开工项目								
			三、经常性商品购置项目								
			（一）小汽车								
			（二）电梯								
			（三）计算机								
			（四）锅炉								
			（五）复印机								
			合计								

该表中，"科目编码"比照支出预算表"科目编码"填列方法填列；"项目单位"填写采购项目的预算单位，"计量单位"填写部、台、辆、平方米、立方米等量词，"采购数量"按支出预算数填列某年各采购项目（品目）的具体数量，"财政拨款"按财政预算内资金采购项目（品目）的资金数填列，"预算外资金"按预算外资金采购项目（品目）的资金数填列，"其他资金"按除预算内财政资金和预算外资金以外的其他资金采购项目（品目）的资金数填列，"使用时间或开工时间"填列某年采购物品最迟必须使用或工程项目最迟必须动工的日期。

该表的"科目名称"（品目）分为100万元以上的专项采购项目、500万元以上的新开工工程项目、经常性商品购置项目三种类型。其中，"100万元以上的专项采购项目"指为完成特定行政任务和事业发展目标，且项目资金超过100万元的专项，如网络工程、设备购置、办公家具等，不包括会议支出项目。基本建设支出中超过100万元的货物或服务专项，也应归入此类。"500万元以上的新开工工程项目"指列入某年部门预算安排的项目且预算在500万元以上的新开工工程。"经常性商品购置项目"指各预算单位为满足日常工作需要，用公用经费采购的常用商品，各品目中不包括已列入100万元以上专项采购项目及500万元以上新开工项目中的同类商品。某年必须填报的经常性商品购置项目的品目有：电梯、锅炉、计算机、复印机和小汽车。

以上类别或品目中，凡涉及国家机密的，不应在政府采购预算表中编报。

对于每个采购项目，该表有：本年预算小计=财政拨款+预算外资金+其他资金。

附录 5.2　某省省级 2015 年集中采购目录及限额标准

一、政府集中采购目录

类别	品目	集中采购数额标准	编码	备注
货物类	PC 服务器	预算 100 万元及以上集中采购	A0202020301	预算 100 万元以下协议供货（定点采购）
	小型机	预算 50 万元及以上	A0201020302	
	台式计算机	批量集中采购	A02010104	
	便携式计算机	批量集中采购	A02010205	
	路由器	预算 50 万元及以上	A02010201	
	交换设备	预算 50 万元及以上	A02010202	
	防火墙	预算 100 万元及以上集中采购	A02010301	预算 100 万元以下协议供货（定点采购）
	入侵检测设备	预算 100 万元及以上集中采购	A02010302	预算 100 万元以下协议供货（定点采购）
	打印设备	批量集中采购	A02010601	含带有打印功能的多功能一体机
	计算机软件	采购预算 50 万元及以上	A020108	
	复印机	采购预算 50 万元及以上	A020201	
	载货汽车	预算 100 万元及以上集中采购	A020301	预算 100 万元以下协议供货（定点采购）
	轿车	预算 100 万元及以上集中采购	A02030501	预算 100 万元以下协议供货（定点采购）
	越野车	预算 100 万元及以上集中采购	A02030502	预算 100 万元以下协议供货（定点采购）
	商务车	预算 100 万元及以上集中采购	A02030503	预算 100 万元以下协议供货（定点采购）
		预算 100 万元及以上集中采购	A020306	预算 100 万元以下协议供货（定点采购）
		采购预算 50 万元及以上	A020307	
	固定架、密集架	采购预算 50 万元及以上	A02040101	
	客车	预算 50 万元及以上	A02051228	

续表

类别	品目	集中采购数额标准	编码	备注
货物类	专用车辆	预算50万元及以上批量集中采购	A0206180103	
	雷达、无线电和卫星导航设备	采购预算50万元及以上	A0207	
	视频会议系统设备	采购预算50万元及以上	A020808	
	广播、电视、电影设备	采购预算50万元及以上	A0209	
	仪器仪表	采购预算50万元及以上	A0210	
	农业和林业机械	采购预算50万元及以上	A0310	
	造纸和印刷机械	采购预算50万元及以上	A0318	
	医疗设备	采购预算50万元及以上	A0320	
	安全生产设备	采购预算50万元及以上	A0322	
	环境污染防治设备	采购预算50万元及以上	A0324	
	政法、检测专用设备	采购预算50万元及以上	A0325	
	水工机械	采购预算50万元及以上	A0326	
	直升机	采购预算50万元及以上	A033202	含单发、双发型
	专用仪器仪表	采购预算50万元及以上	A0334	
	文艺设备	采购预算50万元及以上	A0335	
	图书和档案	采购预算50万元及以上	A05	
	家具用具	预算100万元及以上集中采购	A06	预算100万元以下协议供货（定点采购）
	复印纸	预算100万元及以上集中采购	A090101	预算100万元以下协议供货（定点采购）
	兽用药品	采购预算50万元及以上	A1105	
	化学肥料	采购预算50万元及以上	A170104	
	有机肥料及微生物肥料	采购预算50万元及以上	A170105	
	化学农药	采购预算50万元及以上	A170106	
工程	工程	单项合同预算100万元（不含）以下为协议供货	B	100万元（含）以上为分散采购
服务类	科学研究和试验开发	采购预算100万元及以上	C01	
	信息技术服务	采购预算100万元及以上	C02	
	电信和其他信息传输服务	采购预算100万元及以上	C03	
	租赁服务（不带操作员）	采购预算100万元及以上	C04	
	维修和保养服务	采购预算100万元及以上	C05	
	其中：车辆维修和保养服务	预算100万元及以上集中采购	C0503	预算100万元以下协议供货（定点采购）

续表

类别	品　目	集中采购数额标准	编码	备注
服务类	会议和展览服务	采购预算100万元及以上	C06	
	其中：会议服务	协议供货（定点采购）	C0601	
	住宿和餐饮服务	采购预算100万元及以上	C07	
	商务服务	采购预算100万元及以上	C08	
	其中：会计服务	预算100万元及以上集中采购	C0802	预算100万元以下协议供货（定点采购）
	其中：审计服务	预算100万元及以上集中采购	C0803	预算100万元以下协议供货（定点采购）
	其中：印刷服务	预算100万元及以上集中采购	C081401	预算100万元以下协议供货（定点采购）
	其中：票务代理服务	预算100万元及以上集中采购	C0816	预算100万元以下协议供货（定点采购）
	专业技术服务	采购预算100万元及以上	C09	
	工程咨询管理服务	采购预算100万元及以上	C10	
	水利管理服务	采购预算100万元及以上	C11	
	房地产服务	采购预算100万元及以上	C12	
	其中：物业管理服务	预算100万元及以上集中采购	C1204	预算100万元以下协议供货（定点采购）
	公共设施管理服务	采购预算100万元及以上	C13	
	能源的生产和分配服务	采购预算100万元及以上	C14	
	金融服务	采购预算100万元及以上	C15	
	其中：机动车保险服务	预算100万元及以上集中采购	C15040201	预算100万元以下协议供货（定点采购）
	环境服务	采购预算100万元及以上	C16	
	交通运输和仓储服务	采购预算100万元及以上	C17	
	教育服务	采购预算100万元及以上	C18	
	医疗卫生和社会服务	采购预算100万元及以上	C19	
	医疗卫生服务	采购预算100万元及以上	C1901	
	社会服务	采购预算100万元及以上	C1902	
	文化、体育、娱乐服务	采购预算100万元及以上	C20	
	农林牧副渔服务	采购预算100万元及以上	C21	
	采矿业和制造业服务	采购预算100万元及以上	C22	
	批发和零售服务	采购预算100万元及以上	C23	
	其他服务	采购预算100万元及以上	C99	

说明：本集中采购目录的品目名称、编码和说明执行财政部《政府采购品目分类目录》。

二、部门集中采购目录

部　　门	品　　目	编　　码
省消防总队	消防车	A02030707
	消防装备及器材	A032501
省公安厅	技术侦察设备	A032506
	警戒设备	A032507
	防护防暴设备	A032509
	网络监管设备	A032511
省教育厅	网络设备（教学用、集中采购目录之外）	A020102
	图书（财政补贴资金）	A0501
	教育服务（集中采购目录之外）	C18
省卫生厅	医疗设备和器械（集中采购目录之外）	A0320
	医用耗材	A032024
省残疾人联合会	轮椅车	A020311
	假肢装置及材料	A032021
	助残器具	A032028
	特殊教育服务	C1807
省质量技术监督局	仪器仪表	A0210
	计量检测	A0212
	专用设备	A03
省体育局	体育设备、器材	A0336
	全民健身器材	A033626
	体育彩票专用器材	A033705
	运动服装	A0703
	体育服务（集中采购目录之外）	C2004

三、采购限额标准（分散采购）

项　目	限　额　标　准
货物类	单项或同批预算10万元（含）以上，50万元（不含）以下，有规定除外
服务类	单项或同批预算10万元（含）以上，100万元（不含）以下，有规定除外
工程类	施工单项合同预算在100万元（含）以上

四、公开招标数额标准：100万元（含）以上货物、工程和服务类项目实行公开招标，因特殊情况需要采用公开招标以外采购方式，应在采购活动前，获财政监督管理部门批准

第六章　政府采购招标采购方式

本章重点

1. 公开招标的概念、特点、适用条件与程序
2. 邀请招标的概念、特点、适用条件与程序

导语

为达成政府采购的各项目的，政府采购程序需要实现公开透明、公平竞争、公正平等原则；而招标采购方式以其很强的公开性和竞争性等特点能够很好地达到这些原则要求，因而成为政府采购方式的最佳选择。招标采购方式有着完整、统一的采购程序，包括招标、投标、开标、评标、定标与合同授予等。本章主要介绍政府采购招标采购方式的两种形式，即公开招标采购和邀请招标采购。

关键词

公开招标　邀请招标

第一节 公 开 招 标

一、公开招标的概念

招标是商品交易活动的一种运作方式。它是伴随着社会经济的发展而产生并不断发展起来的高级的、有组织的、规范化的交易运作行为。在充分强调竞争与效率的世界经济活动中，招标已越来越多地受到重视并被广泛采用。联合国及世界贸易组织等国际机构和组织，已将招标作为在国际间进行经济贸易活动的一项通行的重要准则。常用的国际政府采购规则都对公开招标采购方式作了详细阐述，欧盟的《政府采购指令》在公共领域鼓励使用公开程序（open procedure），邀请所有感兴趣的供应商、承包商或服务提供者进行投标。世界贸易组织的《政府采购协议》规定政府采购应使用公开招标（open tending），只有在《政府采购协议》规定的特定情况下才允许使用其他采购方法。我国曾经最早于1902年采用招标比价方式承包工程，当时张之洞创办湖北皮革厂，有五家营造商参加招标、比价。但是，由于我国特殊的封建和半封建社会形态，招标在我国近代并未像资本主义社会那样以一种法律制度的形式得到确定和发展。1980年10月17日，国务院在《关于开展和保护社会主义竞争的暂行规定》中首次提出，为了改革现行经济管理体制，进一步开展社会主义竞争，"对于一些适于承包的生产建设项目和经营项目，可以试行招标的办法"。1981年，吉林省吉林市和深圳特区率先试行工程招标，并取得了良好的效果。这个尝试在全国起到示范作用，并揭开了我国招标的新篇章。此后，随着改革开放形势的发展和市场机制的不断完善，我国在基本建设项目、机械成套设备、机电设备、项目融资、土地承包、城镇土地使用权出让、政府采购等许多政府投资及公共采购领域，都逐步推行了招标制度。根据《政府采购法》的规定，除有特殊规定之外，达到财政部及省级人民政府规定的限额标准以上的单项或批量采购项目，均应实行招标采购方式。

政府采购中的公开招标采购是指，采购方根据确定的采购需求，提出项目采购条件，邀请所有有兴趣的供应商参加投标，通过对各投标人所提出的价格、质量、交货期限和技术水平、财务状况等因素进行综合比较，确定最佳投标人为中标人，并与之签订合同的采购方式。

二、公开招标采购的特点

（一）招标程序的组织性

招标投标是一种有组织的交易方式，具有组织性特征。这主要表现在如下几个方面：

1. 招标代理机构介入的组织性与决策的群体性

在公开招标采购中，招标采购单位可以是采购人自身，也可以是招标代理机构（在我国，采购代理机构包括集中采购代理机构和其他采购代理机构，招标代理机构可以是集中采购代理机构，也可以是其他采购代理机构），而且，考虑到社会分工的专业化，目前委托招标代理机构进行采购是较多采用的形式。招标代理机构的主要职责包括：执行政府采购法规、政策，依法组织实施政府集中采购活动，规范政府采购市场各采购主体的行为。目前，国际机构及世界各国政府的招标在一般情况下，均委托招标代理机构作为代理，进行招标全过程的组织与运作，直至招标结束。招标代理机构代理采购人进行招标活动要有三大步骤：首先，从买方代理的角度对工程项目或货物采购项目进行分析，提出招标的运作和组织方法，对项目及采购的质量、技术标准、规格规范等提出详细的要求，并对招标活动过程中所涉及的法律法规等问题进行研究，最后，确定最终方案并加以实施。其次，招标代理机构须对投标方响应招标、进行报价以及提供满足中标的技术经济条件的投标行为作出反应。最后通过精确细致的评估、评价，择优选出优胜者。因此，招标代理机构与投标人在招标进程中的交易活动通常并不采取个体决策的形式，而是由招标代理机构依据采购人的意志及投标人的报价与其他综合因素，经过工程技术人员组成的专家支持系统进行科学的技术评估与经济评价而群体决策。招标代理机构介入的组织性与决策的群体性是招标组织性的首要表现。

2．固定的程序与条件

国际通用并已为各国确认的招标程序为：招标—投标—评标—定标—签订合同。这一过程中，由采购人和招标代理机构确定标的，发出邀请；由若干个投标人依据其发布的公告及所提出的交易条件，如技术、质量、供货或建设工期等标准进行投标；在竞争中，根据相对固定的评审程序来确认中标者，最后达成合同。按照目前各国的做法及国际惯例，招标程序和条件由招标代理机构事先拟定，是对招标、投标双方具有法律效力的规则，一般不能随意改变。当事人双方必须严格按照既定的程序和条件进行招标活动，招标程序由固定的招标代理机构组织实施。招标过程有效的交易条件一般由招标代理机构事先拟定，投标人须按有关条件进行报价投标，违背条件的投标则被视为无效。

3．固定的场所和时间

招标一般在招标代理机构所在地或招标代理机构规定的场所进行，世界上的许多国家和国际组织委托进行国际招标一般均无例外。招标过程中各阶段进行的地点，如开标地点、投标地点、技术咨询也一般设在招标代理机构所在地或其规定场所。招标的时间是相对固定的，招标开始的时间与结束的时间、各阶段招标活动开始的时间与结束的时间，除极特殊情况外均按照招标预定的日程按期举行。

（二）招标程序的竞争性

招标就是一种竞争的采购程序，其竞争性充分体现了现代竞争的平等、信誉、正当和合法等基本原则。招标作为一种规范的、有约束的竞争，有一套严格的程序和实施办法。招标采购单位通过招标程序，可以最大限度地促进供应商之间的竞争，从而使采购人有可能以更低的价格采购到所需要的货物，更充分地获得市场利益，有利于政府采购经济效益目标的实现。

（三）招标程序的公开性、透明性

招标程序的公开性或透明性是指整个采购程序都在公开情况下进行。招标的目的是在尽可能大的范围内寻找合乎要求的中标者，一般情况下，邀请供应商是无限制的。为此，招标采购单位一般要做到：在指定或选定的媒体上公开刊登招标通告，邀请所有潜在的投标人参加投标；提供给供应商的招标文件必须对拟采购的货物作出详细的说明，使供应商有共同的依据来编写投标文件；投标商资格审查标准和最佳投标商评选标准要事先公布；在投标文件的最后截止日公开地开标；严格禁止招标采购单位与投标商就投标文件的实质内容单独谈判；采购法律公开。这样，招标活动完全置于公开的社会监督之下，可以防止不正当的交易行为。招标采购的公开性是对投标商最具吸引力的特点。这一点在进行国际范围内的公开招标采购中表现得尤为明显，由于在竞争性招标中信息是公开的，没有秘密可言，这就意味着对国内外企业一律平等，没有歧视，所以更有利于采购人从整个国际范围内获得价廉物美的产品。

（四）招标程序的公平性、公正性

公平性是招标程序的首要条件，具体有如下表现：

一是对待各投标商一视同仁，遵守无歧视原则并维护其各自的权益；

二是在追求效益最大化原则下，以群体性、科学性为前提进行择优选定，择优选定并非只追求单一目标，而在于实现多目标的统一；

三是招标的组织性与公开性以及程序固定且规范，也是公平竞争的重要保证。

招标的公正性原则，充分体现于招标的全过程。按照国际惯例，在世界推行的招标准则中，对公正性的要求主要有如下几个方面：

一是招标过程实行公开公证方式，开标过程必须保证公证人在场，并由公证人对密封投标文件核查验定，保证公开公正。

二是招标采购单位参与组织开标活动的所有人员必须各司其职，并保证有主持人、评标委员会负责人、公证员、法律顾问、拆封人、唱标人及投标人到场。

三是保密原则及评标科学是保证评标过程公正的重要因素。

四是招标采购单位一般聘有法律顾问，保证招标过程依法执行，从而使采购人与投标人的权益得到法律上的保证并确保招标的公正性。

（五）招标采购的一次性

招标采购的交易过程既不同于一般交易，也不同于询价采购与谈判采购。招标采购禁止交易双方面对面谈判，没有讨价还价的过程。招标采购单位确定标的后，对投标商进行邀请，须向投标商提供技术要求与资料，并设定优惠条件，促使投标商在报价的基础上进行综合的竞争。采购主动权掌握在招标采购单位手中，投标商只能应邀进行一次性秘密报价，并以合理的价格定标。

三、公开招标采购的优点和缺点

（一）优点

公开招标采购具有规范的组织性、公平、公开等特点，被认为能引起最大范围的竞争，最能体现现代民主竞争精神。具体来说，它具有以下优点：

第一，有效地实现物有所值的目标。通过广泛的竞争，使采购人能够得到价廉物美的商品、工程和服务。

第二，促进公平竞争，使所有符合资格的潜在供应商都有机会参与竞争。

第三，促进供应商进行技术改造、提高管理水平，以降低成本，提高产品、工程和服务的质量。

第四，公开履行各种采购程序，防止徇私舞弊的产生，有利于加强公众监督，减少腐败现象。

由于公开招标采购具有以上特点和优点，因而成为政府采购及其他公共采购的主要方式。

（二）缺点

公开招标虽有上述优点，但也有一些不足的方面。主要有：

第一，程序和手续较为复杂，耗费时间。从发布招标公告到最后签署合同有时需要长达几个月的时间，因此，对一些紧急需要的货物比较难以适用。

第二，采购需要的文件非常烦琐，而且很难考虑周全。一旦采购人或供应商有考虑不周全之处，均会处于非常被动的境地，有时采购人不得不在已耗时做了大量工作后宣布废标。

第三，采购缺乏弹性，有时签订的合同并不一定是采购人的最佳选择。公开招标采购的最大特点就是其具有不可更改性，一旦有了最低评标价的投标，采购人往往按评标程序确定其为中标者，并不得向中标供应商提出招标文件中已作明确规定以外的任何要求。这种价格起主导作用的评审方法可能制约着采购人不能采购到价格相对较低但质量更优的货物、工程或服务。

第四，可能出现中标的供应商靠降低产品质量来降低价格的情况。结果是，提供高质量产品或服务的生产厂商因没有价格竞争力而被逐出市场，采购方因此而采购了劣质产品。

四、公开招标采购的适用范围

公开招标最大的特点，是能向所有供应商提供公平的机会，引起最大范围内的供应商间的竞争，即最突出的特点为竞争性。因此，若采购产品的性质不具有竞争性，这时，竞争性招标就不是政府采购的最佳方法。总的来说，不适合公开招标采购的情况可以分为如下三类：

第一，采购的商品不存在竞争的情况或者要求采购的商品是独家产品。由于自然或技术等原因，某些商品会出现垄断现象，市场上缺乏竞争，只有一两家垄断供应商，这时若采用竞争性招标，因为缺乏广泛竞争的存在条件，就失去了竞争性招标的意义，体现不出竞争性招标的优点。同时，由于仅存在一两家垄断供应商，还可能出现高价围标和低价抢标的问题，因此，这时应采用其他的采购方式。

第二，不适合用竞争进行采购的情况。比如，采购物资价值太低，采用竞争性招标会增加成本；紧急采购的情况，用竞争性招标会耗时太久；出于安全方面的考虑，有些物资不宜公开采购。

第三，排除竞争的情况。如研究和开发、工程扩建、采用计划价格的产品等。

我国规定，公开招标是政府采购的主要采购方式。一般地，项目采购金额达到一定标准以上的，都要采用公开招标方式采购。采购人采购货物或者服务应当采用公开招标方式的，其具体数额标准，属于中央预算的政府采购项目，由国务院规定；属于地方预算的政府采购项目，由省、自治区、直辖市人民政府规定。因特殊情况需要采用公开招标以外的采购方式的，应当在采购活动开始前获得设区的市级以上人民政府财政部门批准。

此外，我国《政府采购法》中规定，采购人不得将应当以公开招标方式采购的货物或者服务化整为零或者以其他任何方式规避公开招标采购。《政府采购法实施条例》进一步明确，所谓化整为零规避公开招标，是指在一个财政年度内，采购人将一个预算项目下的同一品目或者类别的货物、服务采用公开招标以外的方式多次采购，累计资金数额超过公开招标数额标准的行为，但项目预算调整或者经批准采用公开招标以外方式采购的除外。

五、公开招标采购的程序

公开招标采购的程序包括招标、投标、开标、评标、定标、合同授予等。

（一）招标前的准备

采购单位在进行招标采购之前，应当做一些前期准备工作，以保证招标采购的顺利进行。首先，各个采购单位要将本年度纳入政府采购范围的项目计划报政府采购管理机关，由政府采购管理机关核定后在预算中作出相应安排，并根据采购项目的金额大小、数量多少来确定合适的采购方式。一般来说，当采购项目单项或批量采购达到一定金额以上并且没有什么特别限制的采购时，要实行公开招标采购的方式。其次，采购人要根据采购项目是否符合国家集中采购的要求，以确定由集中采购机构代理招标还是自行委托社会代理机构招标。若采购人选择自行委托社会代理机构代理招标，则需要认真寻找招标代理机构，了解招标代理机构的资信、能力，决定评标人员的组成，并最终与其签订代理招标合同，由招标代理机构全面负责招标采购的具体操作。

（二）招标

1. 资格预审

资格预审是指在招投标活动中，招标采购单位在发放招标文件前，对报名参加投标的申请人的承包能力、业绩、资格和资质、历史工程情况、财务状况和信誉等进行审查，并确定合格的投标人名单的过程。资格预审是公开招标采购的可选程序；已进行资格预审的采购项目，在评审阶段可以不再对供应商资格进行审查。

（1）资格预审的程序

资格预审一般包括编制资格预审文件、发出资格预审通告或资格预审邀请书、出售资格预审文件、评审及确定供应商等工作。

第一，编制资格预审文件。进行资格预审，首先要编制资格预审文件。一个国家或组织通常会对资格预审文件的格式和内容进行统一规定，制定标准的资格预审文件范本。资格预审文件可以由采购人编写，也可以由采购人委托的招标代理机构等协助编写。资格预审文件应提供采购人及采购项目的全部信息。以工程项目为例，资格预审文件一般应包括以下内容：业主、工程师的名称和地址；工程的性质和主要内容，包括主要工程数量；工程所在地点的基本条件；项目的时间、进度；规格及主要合同条件的简单介绍；招标保证金及履约保证金要求；项目融资情况；支付条件；价格调整条款；承包合同使用的语言；合同应遵循的法律；本国投标人的优惠条件；组成联合体投标的要求；合同估计造价等。

第二，发布资格预审公告。我国政府采购法律中规定，招标采购单位对供应商进行资格预审的，资格预审公告应当在省级以上人民政府财政部门指定的媒体上发布。已进行资格预审的，评审阶段可以不再对供应商资格进行审查。资格预审合格的供应商在评审阶段资格发生变化的，应当通知采购人和采购代理机构。资格预审公告应当包括采购人和采购项目名称、采购需求、对供应商的资格要求以及供应商提交资格预审申请文件的时间和地点。

第三，出售资格预审文件和提交资格预审申请。资格预审通告发布后，采购单位应立即开始发售资格预审文件，资格预审申请的提交必须按资格预审通告中规定的时间，截止期后提交的申请书一律拒收。我国《政府采购法实施条例》中规定，供应商提交资格预审申请文件的时间自公告发布之日起不得少于 5 个工作日。

第四，资格评审。资格预审申请书的开启不必公开进行，开启后由招标采购单位组织专家进行评审，如果是特大项目，则应召开资格预审准备会议，包括组织现场访问，以便申请取得有关项目情况的第一手资料。进行审查的过程实际上就是根据审查的标准对一定范围内的供应商进行审核的过程。因此，在进行供应商的资格审查时，首先应制定统一的审查标准，这一标准应包括以下几个方面的内容：供应商是否具有完成采购项目所需要的充足资金来源，或具有获得这种资金的能力；是否具备必要的组织、经验、财会与业务控制技术或者获得它们的能力；是否具有必要的生产施工和技术设备设施或获得它们的能力；是否具有良好的商业行为记录、良好的合同履行史，以及是否具有按照采购计划按期交货的能力。对于大型的工程项目和特殊的采购项目，采购人员必须在有关专家技术人员的帮助下制定特殊的标准，包括：供应商是否具备生产、资金、技术和管理方面需要达到的要求，能否保证按期交货，能否保证提供有关的售后服务。确定好审查标准后，采购机构便开始对一定范围内的供应商进行审查。在考虑供应商的范围时，应根据采购计划和有关法律的规定办理：①确定在全国范围还是在各地区进行采购，某些具体的采购可能与各地区的特殊利益相关，因而在资格审查时要根据采购计划对确定范围内的供应商进行审查。②对所需采购商品或技术仅能由国外供应商提供或国外市场提供的，应根据有关法律的规定及有关国际协定或政府间协议的规定要求，对国外有关供应商进行审查。如世界银行规定，凡利用世界银行贷款项目的采购，其机会对所有成员国以及瑞士开放，采购时应对所有来自这些国家或地区的供应商进行审查。③根据有关采购法律的规定不可以参加购买项目竞争的供应商，如被禁止的合同人、被暂停营业或被提议暂停营业的公司、被宣布为能力不合格的人员，应被排除在资格审查的供应商名单之外。

第五，确定供应商资格。通过审查，供应商如果完全符合资格审查机构所确定的供应商能力的各项指标，并且出具了所规定的有关资信证明，即可以被认为是合格的供应商。具体的合格供应商确定后，即可以公开通告，或以其他方式通知供应商，邀请其参加招标采购。

（2）资格预审的评审方法

招标采购单位可以根据自己的要求来确定投标资格预审的评审方法。目前，国际上广泛采用的是定向评分法，同时采用比较简单的百分制计分。定向评分法就是对申请人报送的资格预审资料进行分类，并按照一定的评判标准进行评分，最后确定一个取得投标资格的最低分数线，达到或超过最低分数线的申请人被视为合格；未达到最低分数线的申请人则被视为不合格，不能参加投标。

评审的关键是掌握合格的评判标准。为此，采购单位通常把影响投标资格的因素分成若干组，然后根据项目特点和各种因素的重要程度分配得分比例。分组情况和分数分配比例并无统一模式，往往因项目性质或特点以及采购单位的要求而定。

（3）国际政府采购规则对资格预审的规定

由于存在招标采购单位利用资格预审程序限制竞争或歧视某投标商的可能，所以资格预审程序必须受到一些重要限制条件的约束，以确保至少有最低限度的透明度。比较国际政府采购规则对资格预审的基本规定，可以得出如下的结论：

一是资格预审必须发布资格预审公告，资格预审公告可以在投标邀请公告中作出，也可以单独发布预审公告，发布方式与投标邀请相同，资格预审的结果也应通知所有申请者。

二是采购人对供应商或承包商进行资格预审的标准和程序，要事先向供应商或承包商公布，并且只能按事先公布的标准或程序进行。如联合国的《采购示范法》第六条第三款规定："根据本条确定的要求，如有资格预审文件，应在此种文件及招标文件中列出，并平等地适用于所有供应商或承包商；除本条规定者外，采购人不得对供应商或承包商的资格规定其他标准、要求或程序。"

三是对所有参加采购程序的供应商或承包商一视同仁地适用同一标准和程序。世界贸易组织的《政府采购协议》第八条要求，每一缔约方应确保其采购人及其附属机构实施统一的资格预审程序，除非确有必要时才能使用不同的程序，并应努力缩小各实体间资格审查程序的差异。

四是资格预审的内容和重点应是确定申请人是否有能力承担招标项目,履行相应的合同义务。世界贸易组织的《政府采购协议》规定,资格预审条件"应限于那些保证与厂家履行合同能力有重要关系的方面",包括资金担保、技术资格以及资金、商务和技术能力。世界贸易组织的《政府采购协议》特别规定:"预审条件不得对本国供应商宽而对外国供应商严,不得在外国供应商之间实行差别待遇;应基于供应商的全球活动和其在采购人所在地的商业活动判定该供应商的资金、商务和技术能力。"同时规定:"采购机构不得利用供应商的资格审查程序和所需时间来阻止外国供应商进入供应商名单。"

世界银行的《采购指南》也规定:"资格预审应该完全以投标商圆满履行具体合同的能力和资源为基础,应考虑他们的经历和过去执行类似合同的情况,人员、设备、施工或者制造设施方面的能力以及财务状况。"

2. 编制招标文件

(1) 招标文件及其编制

招标文件是招标采购单位向投标人提供的为进行投标工作所必需的文件,其作用在于,阐述需要采购货物、工程或服务的性质,通报招标程序将依据的规则和程序,并告知订立合同的条件。招标文件既是投标商编制投标文件和参加投标的依据,又是评标的重要依据。同时,招标文件也是采购人与中标商签订合同的基础,这是由于招标文件的大部分内容要列入合同之中。因此,招标文件在整个采购过程中起着至关重要的作用。

招标文件的编制要特别注意以下几个方面:所有采购的货物、设备或工程的实质性要求和条件,必须详细地一一说明,以构成竞争性招标的基础;不得要求或者标明特定的投标人或产品,以及含有倾向性或者排斥潜在投标人的其他内容;评标的标准应公开且合理,对偏离招标文件另行提出新的技术规格的标书的评审标准,更应切合实际,力求公平;符合本国政府的有关规定,如有不一致之处要妥善处理。

为推进招标文件的标准化改革,我国《政府采购法实施条例》规定,采购人或者采购代理机构应当按照国务院财政部门制定的招标文件标准文本编制招标文件。

(2) 招标文件的内容

一般来说,招标文件应包含的内容至少有三类:第一类是关于编写和提交投标文件的规定,包括招标通告、投标须知、投标文件的形式和签字方法等;第二类是合同条款和条件、技术规格和图纸、货物清单和工程量清单、交货时间和完工时间表以及必要的附件,比如各种保证金的格式等;第三类是评标和选择最优投标的依据,但它们通常在投标须知的技术规格中明确规定下来。

我国《政府采购法实施条例》规定,招标文件应当包括采购项目的商务条件、采购需求、投标人的资格条件、投标报价要求、评标方法、评标标准以及拟签订的合同文本等。

我国《政府采购货物和服务招标投标管理办法》规定,一份招标文件通常具体包括以下内容:

一是招标通告。

二是投标人须知（包括密封、签署、盖章要求等）。投标人须知即具体制定投标的规则，使投标商在投标时有据可循。投标须知的主要内容包括：资金来源；如果没有进行资格预审的，要提出对投标商的资格要求；货物原产地要求；招标文件和投标文件的澄清程序及投标文件的内容要求；投标语言，尤其是国际性招标，由于参与竞标的供应商来自世界各地，必须对投标语言作出规定。

三是投标人应当提交的资格、资信证明文件。指供应商为证明自身满足采购项目要求而需要提供的相应资质的证明文件。

四是投标报价要求、投标文件编制要求和投标保证金交纳方式。《政府采购法实施条例》规定：招标文件中必须公开项目预算。不超过项目预算金额是投标报价的最基本要求。其他投标报价要求还包括：投标价格和货币规定；投标报价的范围，即报价应包括哪些方面；统一的报价口径，便于评标时计算和比较最低评标价。投标文件的编制要求包括投标文件的构成、投标保证金、总投标价和投标文件的有效期等方面。其中，设置投标保证金的目的是防止投标商在投标有效期内任意撤回其投标或中标后不签订合同或不缴纳履约保证金，使采购人蒙受损失。投标保证金不得超过采购项目预算金额的2%。投标保证金应当以支票、汇票、本票或者金融机构、担保机构出具的保函等非现金形式提交。投标人未按照招标文件要求提交投标保证金的，投标无效。采购人或者采购代理机构应当自中标通知书发出之日起5个工作日内退还未中标供应商的投标保证金，自政府采购合同签订之日起5个工作日内退还中标供应商的投标保证金。

五是招标项目的技术规格、要求和数量，包括附件、图纸等。技术规格是招标文件和合同文件的重要组成部分，它规定了所购货物、工程的性能和标准，如质量、体积、符号、标志、标签、生产工艺与方法等。技术规格也是评标的关键依据之一。如果技术规格制定得不明确或不全面，就会增加采购风险，不仅会影响采购质量，也会增加评标难度，甚至导致废标。

六是合同主要条款及合同签订方式。一般合同条款主要包括一些基本性的规定，货物采购和工程采购项目的一般合同条款的内容有所不同。特殊合同条款是因具体采购项目的性质和特点而制定的补充性规定，是对一般条款中某些条款的具体化，并增加了一般合同中未作规定的特殊要求。在合同的执行中，如果一般条款与特殊条款出现不一致，要以特殊条款为准。

七是交货和提供服务的时间。

八是评标方法、评标标准和废标条款。

九是投标截止时间、开标时间及地点。

十是省级以上财政部门规定的其他事项。

采购人或者招标代理机构在招标文件中，可以规定投标人在提交符合招标文件要求的投标文件的同时提交备选投标文件，但应作出说明，并规定相应的评审和比较办法。

采购人在编制招标文件的同时，应当编制标底，并密封保存，在开标前不得向任何人泄露。

另外，在招标文件中一般要求说明采购人对最低标价和第一投标者都不承担授予合同的义务,并有权拒绝任何标书;也要说明供应商具有拒绝投标的权利。

(3)招标文件的澄清和修改

为了使采购人能满足其采购需求,采购机构拥有修改招标文件的权利是必要的。对招标文件的澄清可以应某一投标商的请求进行;对大型项目尤其是大型土木建设工程,招标采购单位可以举行标前会议,统一澄清投标人提出的各种问题;采购机构也可以适当安排投标商参观项目现场。

招标采购单位可以对招标文件进行澄清和修改,但应保证在这一过程中不对其他投标商造成歧视,并应满足以下要求:

第一,应向所有投标商提供对招标文件澄清和修改的额外信息,并应保证不对其他投标商造成歧视。

第二,修改必须在投标截止日期前作出,并在此日期前通知所有的投标人,如有必要,应延长投标截止日期。我国《政府采购法实施条例》规定,采购人或者采购代理机构可以对已发出的招标文件进行必要的澄清或者修改。澄清或者修改的内容可能影响投标文件编制的,采购人或者采购代理机构应当在投标截止时间至少15日前,以书面形式通知所有获取招标文件的潜在投标人;不足15日的,采购人或者采购代理机构应当顺延提交投标文件的截止时间。

3. 发布招标采购公告

公开招标采购项目均须发布招标采购公告。当采购机构确定了采购需求和决定采用公开招标程序进行采购之后,必须发布招标公告。发布招标公告意味着招标程序的正式开始。

由于公开招标采购的目的是邀请所有的供应商进行广泛的竞争,因此,为了保证公开招标的公开和公正性,招标采购单位在正式招标之前,必须在省级以上人民政府财政部门指定的媒体上发布招标公告,让所有的潜在投标人知悉招标信息。公开招标采购是高度公开的采购方式,所有符合规定的供应商都可以成为投标人,且公开招标必须有至少三家符合投标资格的投标人参加投标才能生效;如果是国际性招标采购,还应在国际性的刊物上刊登招标公告。从发布公告到参加投标要留有充足的时间,让供应商有足够的时间准备投标文件。

(1)发布招标采购公告的目的

发布招标采购公告的目的:一是将采购信息通知潜在供应商,使尽可能多的潜在供应商通过招标采购公告了解采购项目的概况,作出是否参与项目投标的决策并进行相关准备;二是向所有具备资格且合格的潜在供应商提供平等的机会。

从刊登公告到参加投标要留有充足的时间,让投标供应商有足够的时间准备投标文件。如世界银行规定,国际性招标公告从刊登广告到投标截止之间的时间不得少于45天,工程项目一般为60—90天,大型工程项目或复杂设备为90天,特殊情况可延长为180天。当然,投标准备期可根据具体的采购方式、采购内容及时间要求区别、合理对待,既不能过短,也不能太长。

我国目前的政府采购法律规定,自招标文件发出之日至投标人提交投标文件截止之日，不得少于 20 日，这一规定也是为了保证潜在的供应商有足够的时间获知招标信息和做好投标准备。

（2）招标公告的内容

招标公告，是将招标主要事项和要求公之于众，从而吸引众多的投标者前来投标。招标公告一般登载于报刊、广播、网络、电视等公开媒介。一则完整的招标公告的内容包括：招标采购单位的名称、地址和联系方式；招标项目的名称、数量或者招标项目的性质；投标人的资格要求；获取招标文件的时间、地点、方式及招标文件售价；投标截止时间、开标时间及地点。

当有资格预审程序，且没有采用另行在有关媒体上刊登资格预审公告时，在招标公告中还应写明将要进行的投标资格预审，并通告领取或购买投标资格预审文件的地点和时间等内容。

4．发售招标文件

招标文件编制完成后，就应该向有意愿参与项目投标的潜在供应商发售。招标采购单位应当制作纸质招标文件，也可以在财政部门指定的网络媒体上发布电子招标文件，并应当保持两者的一致。电子招标文件与纸质招标文件具有同等的法律效力。招标文件售价应当按照弥补招标文件印制成本费用的原则确定，不得以营利为目的，不得以招标采购金额作为确定招标文件售价的依据。如果投标人对招标文件存有疑义，可以在投标截止日前 3 天要求招标采购单位对招标文件进行解释，招标采购单位应以书面形式给予答复，并将书面答复告知其他已索取招标文件的投标人。如果招标采购单位认为必要，可以召开招标会议，邀请所有索取招标文件的投标人参加，就招标文件进行解释和答疑，但不得单独或者分别组织只有 1 个投标人参加的现场考察。解释和答疑应当如实记录，并作为招标文件的补充。

如果经过资格预审程序，招标文件可以直接发售给通过资格预审的供应商；如果没有资格预审程序，招标文件可以发售给任何对招标通告作出反应的供应商。招标文件的发售，可以采取邮寄的方式，也可以让供应商或其代理人前来购买。如果采用邮寄方式，要求供应商在收到招标文件后要告知招标采购单位。

对招标文件发售的相关时间长度，我国政府采购法律法规作出如下要求：自招标文件开始发出之日起至投标人提交投标文件截止之日止，不得少于 20 日。招标文件的提供期限自招标文件开始发出之日起不得少于 5 个工作日。采购人或者采购代理机构可以对已发出的招标文件进行必要的澄清或者修改。澄清或者修改的内容可能影响投标文件编制的，采购人或者采购代理机构应当在投标截止时间至少 15 日前，以书面形式通知所有获取招标文件的潜在投标人；不足 15 日的，采购人或者采购代理机构应当顺延提交投标文件的截止时间。

开标前，招标采购单位和有关工作人员不得向他人透露已获取招标文件的潜在投标人的名称、数量以及可能影响公平竞争的有关招标投标的其他情况。招标采购单位在发布招标公告、发出投标邀请书或者发出招标文件后，不得擅自终止招标。

（三）投标

招标阶段的工作完成以后，采购进入到投标阶段。投标和招标实质是一个过程的两个方面，它们的具体程序、步骤通常是互相衔接和对应的。投标一般包括如下主要阶段：申请投标资格，投标前的准备，定价，编制和准备投标文件，投标文件的递交，竞标。采购机构应保证供应商和承包商有充足的时间来编写投标文件，这是促进投标商参与和竞争的一个重要因素。

投标文件应在规定的截止日期前密封送达投标地点。招标采购单位对在提交投标文件截止日期后收到的投标文件应不予开启并退还。招标采购单位应当对收到的投标文件签收备案，投标人有权要求招标采购单位提供签收证明。

投标人可以撤回、补充或者修改已提交的投标文件，但是应当在提交投标文件截止日之前，书面通知采购人或者招标代理机构。

1．投标资格申请与审查

投标人可以直接响应招标公告，购买招标文件并做好投标准备。但是如果招标采购单位要求进行资格预审，投标人应及时向招标采购单位购买资格预审文件，在了解资格预审文件之后，着手填写并提交资格预审申请书。资格预审申请书的格式一般由招标采购单位拟定，并作为资格预审文件的组成部分提供给投标申请人。

招标采购单位通常将对投标申请从技术、财务、人事等方面进行资格预审，合格的申请人将被准许投标。之后，投标人便可购买招标文件，按照招标文件的要求，准备投标文件。

2．投标前的准备

供应商在参加投标前，必须做充分的准备工作。供应商要详细阅读、研究招标通告的全部内容和条件，根据自己的生产能力、经营状况、交货条件等分析自己是否符合投标资格，是否对投标感兴趣。如果有资格预审程序，就要向招标采购单位申请资格审查。此时，供应商需要提供真实的资料，包括工商营业执照、税务登记证、银行保单、财务报表、信誉等级以及过去履行类似合同的情况等。资格预审通过后，供应商就应向招标采购单位购买招标文件，逐项分析招标文件内容，充分了解招标的要求、条件，在此基础上仔细订出自己争取中标的各项条件，如价格、交货期限、品质规格、各种技术指标等，做到量力而行。如果是工程招标，投标人还应该到现场进行实地勘察，准备工程概算，编制施工计划，寻找合作伙伴和分包单位等。在准备工作中，投标人的询价是投标活动的重要程序，也是了解采购人的基本要求。一般来说，招标采购单位必须编制标底，并且密封保存，在开标前不得泄露。因此，投标人询价不能直接向招标采购单位询问，而应该通过其他方式去间接了解。标书发售后至投标前，还要根据实际情况合理确定投标准备时间。投标准备时间确定得是否合理，会直接影响招标的结果。尤其是土建工程投标涉及的问题很多，投标商要准备工程概算，编制施工计划，考察项目现场，寻找合作伙伴和分包单位，如果投标准备的时间太短，投标商就无法完成或不能很好地完成各项准备工作，投标文件的质量就不会十分理想，会直接影响到后面的评标工作。

3．定价

定价是投标过程中最关键的环节，无论是价格作为单一评标标准的招标，还是要考虑综合因素的招标，投标价格都具有举足轻重的地位，它是定标最重要的因素。招标与投标是一种严格按照招标采购单位规定的条件进行的交易，供应商不得单独就标的价格与招标采购机构进行单独的谈判。同时，招标项目是多家投标人竞争的目标，投标人之间的竞争十分激烈，要想在激烈的竞争中取胜中标，投标人就需要以科学认真的态度，制定出一个合理的并能争取中标的投标价格。报价过高，往往会丧失竞争能力而不能中标；报价太低，会使自己的收益减少，也可能会使招标采购单位认为不够合理而使自己失去中标机会。因此，定价要从招标自身的特点出发，根据实际能力考虑定价。根据招标文件的要求，投标人定价应考虑的主要因素有：生产经营能力、生产经营成本、利润水平、运输水平、库存情况、财务状况等。投标人在定价后，就可以开始制作投标文件了。

4．编制投标文件

（1）编制投标文件的原则

一份好的投标文件至少要做到"四性"，即投标文件的响应性、报价的合理性、资质证明文件的完整与真实性、投标文件编制的规范性。

第一，投标文件的响应性。投标文件的响应性，是指投标人编制的投标文件对招标文件所提出的各项要求作出实质性响应的程度。一般来说，招标文件对投标人所提出的要求包括两个方面：商务上的要求和技术上的要求。商务上的要求主要包含在"投标人须知"和"合同条款"中。投标人在编写投标文件之前，首先应仔细阅读上述内容，对于缺乏投标经验的投标人尤为重要。投标人如未能满足招标文件的有关要求，将会导致其投标文件被按无效投标处理。在评标中，经常发现一些投标文件因投标保证金短少或投标保证金有效期短于规定的时间而被按无效投标处理。技术要求主要包含在招标文件的"技术规格"中。一般地，招标文件的商务部分对投标人的要求是相对稳定的，不同的项目大同小异。差别主要表现在投标有效期、投标保证金的有效期、付款条件等方面。这种稳定性有利于投标人熟悉政府采购的程序，提高投标技巧。技术要求则不一样，不同类型项目之间的要求完全不同，即便是经常参加投标的供应商也必须认真阅读。投标人如未能满足有关技术要求，特别是未对一些重要要求作出实质性响应，即使在其他方面做得很出色，其投标文件也将被按无效投标处理。

第二，报价的合理性。报价的合理性，是指投标人在对招标文件作出实质性响应的前提下，科学地判断竞争对手的实力，提出最有可能中标的报价。投标人能否中标，不仅取决于其投标文件是否对招标文件作出实质性的响应，也取决于投标人的报价。在投标人均对招标文件作出实质性响应的情况下，投标人能否中标往往就取决于其报价。一般地，投标人确定其报价有两种方式：成本加成法和市场定价法。成本加成法就是投标人在自己的出厂价或进货成本上加若干个百分点的利润作为报价，这种报价带有很大的盲目性，只有在投标人的成本大大低于所有竞争对手的情况下才有可能中标。市场定价法是指投标人在对市场进行充分调查的情况下,预测其竞争对手最有可能报出的价格,而后报出自己低于竞争对手的价格。这种报价有较强的针对性和竞争性,比较有可能中标,但投标人若想在此价格条件下获利,就必须加强成本的管理,努力把其成本费用控制在投标价以下。不过此时投标人应注意的一个问题就是,不得违反国家《反不正当竞争法》的有关规定。

第三,资质证明文件的完整与真实性。资质证明文件的完整与真实性,是指投标人必须提供能证明其是合格投标人和货物合法来源的完整资质证明文件,并保证这些证明文件是真实可靠的。政府采购的每一项项目招标都会吸引众多的供应商参加投标,招标采购单位不可能熟悉所有参加投标的供应商,对评审专家来说就更是如此。评审专家对投标人的了解,只能通过投标人提供的有关资质证明文件。因此,投标人必须在其投标文件中附有完整的、真实的资质证明文件。如果投标人提供的资质证明文件不完整,评审专家就不可能对投标人有全面的了解,有时甚至会使投标人丧失中标的机会。如果投标人提供了虚假的资质证明文件,该投标文件在初审时就有可能被淘汰;如果投标人通过提供虚假的资质证明文件骗取了合同,招标采购单位将追究其经济和法律责任。

第四,投标文件编制的规范性。投标文件编制的规范性,是指投标人编制的投标文件应按招标文件的要求编排有序,装订整齐。主要要求包括:投标文件应列有目录,清楚地标明每一主要内容在投标文件中所处的页码,以便于评委在标书评审时阅读和查找。在投标文件的封面上应清楚地标明所投项目的名称、具体的包(组)号、正本或副本性质、投标人的名称等内容。投标文件不能有缺页,如果有缺页会造成评委判断上的错误;如果正本缺页,会导致其投标按无效投标处理。投标文件应正确署名。招标文件要求署名的地方,投标人必须正确署名,尤其是法定代表人授权书和制造厂商授权书,如未正确署名,将会被按无效投标处理;投标人不得擅自修改投标文件的格式。投标文件中包含的内容有不少是招标采购单位规定的格式,如投标函格式、投标保证金格式、规格响应表格式等。投标人若擅自修改这些格式,将有可能被按无效投标处理。

(2)投标文件的构成

投标人在获取招标文件后,就要按照招标文件的要求编制标书。投标文件应对招标文件提出的要求和条件作出实质性响应。投标文件由商务部分、技术部分、价格部分和其他部分组成。投标文件一般包括以下内容:

一是投标人按照招标文件填写投标函格式和投标报价表。投标函实际上就是投标人的正式报价信,它们说明投标人所提供的货物、货物简介、来源、数量及价格。投标人应在适当的投标报价表上注明该合同拟提供货物的单价和总价。

二是证明投标人合格且有能力履行合同的资格证明文件。投标人提交的中标后有能力履行合同的资格证明文件应使采购人满意,包括:如果投标人按照合同所提供的货物不是投标人自己制造的,投标人应得到货物制造厂家同意其在采购人所在国提供该货物的正式授权,为此,投标人需提供制造厂授权书;投标人已具有履行合同所需的财务、技术和生产能力。

三是证明投标人提供的货物及服务是符合招标文件要求的货物或服务的证明文件。

包括投标报价表中对货物和服务来源地的说明,并有装运货物时出具的原产地证书。证明货物和服务与招标文件要求相一致的文件,包括以文字资料、图纸和数据作出的货物主要技术指标和性能的详细说明;逐条对招标文件中所要求的技术规格进行评议,说明所提供的货物和服务已经对买方的技术规格作出了实质性的响应,或说明与技术规格条文的偏差和例外。

3. 编制投标文件需要注意的几个问题

如果出现某个实力非常强的投标人没能在招标中获胜,原因很可能是这个厂商的投标文件没有完全响应招标文件的实质性要求。这类事件在招标投标中时有发生。

招标采购与谈判采购本质的区别之一就是,采购人与投标人之间主要依靠招标文件和投标文件进行交流,并以此决定胜负。因此,招标文件和投标文件是采购人与投标人之间联系、沟通的桥梁。编制的投标文件是否完全响应招标文件的实质性要求,使招标采购单位无可挑剔,直接影响到投标的成败。因此,在编制投标文件时,除了要报出具有竞争力的价格、提出周密的技术方案等重要内容以外,还应注意以下几个方面的问题:

(1) 认真研究投标须知

投标须知是招标采购单位为投标人如何正确投标提供的指南,是招标文件中非常重要的部分,投标人应给予高度重视。缺乏投标经验的厂商,一般会把注意力过多地放在招标文件的技术要求部分,认真进行研究,提出详细的技术方案,使自己的产品满足采购人的各种要求。投标人时刻要意识到,招标采购与谈判采购不同,如果没有严格按招标文件的要求进行投标,不管你的产品多好、技术方案多周密,投标都有可能被拒绝或失去竞争力。因此,把注意力过分集中到技术部分的做法也是比较危险的。投标人必须逐条研究投标须知,充分利用向招标采购单位询问的权利,领会每个条款的内涵。只有这样,才能严格按招标文件的要求编制投标文件,加上周密的技术方案和上乘的产品质量做后盾,使投标具有非常强的竞争力。

(2) 避免漏报招标文件中的实质性要求

一般情况下,响应招标文件提出的主要技术要求等内容是比较容易做到的。但是仅仅做到这一点还不够,投标人还要通过认真研读招标文件,找出所有实质性内容并一一作出响应;否则,也可能导致投标失败。

例如,在中国机电设备招标中心组织的 1999 年救灾专用帐篷政府采购招标中,就出现某个投标人由于未对某些实质性要求作出完全响应,评委会无法对其进行评审,导致该厂商未能入围的情况。这次招标的特点是国内生产厂家多、交货期短、采购数量少。针对这种情况,招标文件中将采购 2 万顶帐篷分成 10 个数量单位,1 个数量单位为 2 000 顶,投标人可以投 1 个数量单位,也可以投几个数量单位。根据中标和定标的需要,招标文件要求投标人要逐个数量单位报价。考虑到生产帐篷的企业不熟悉招标,招标中心破例制作了投标注意事项,对这些要求又作了说明。某个帐篷生产能力很强的厂家,在以前年度的救灾帐篷生产工作中表现良好,受到各方面的好评。这次招标,该厂家投标提供 10 000 顶帐篷。按招标文件的规定,应该分别报出 2 000、4 000、6 000、8 000、10 000 顶 5 个投标价。但该厂家没有仔细阅读招标文件,只报出了 6 000、8 000 和 10 000 顶的价格,而 2 000 顶的报价是评标的基础。由于该厂家没有完全响应招标文件的要求,评委会无法对其进行评议,因此它未能入围。此外,还有的投标人未按招标文件的要求填报装运费,也未能入围。

(3) 采用多种方式,展示自己的实力

几乎所有的招标文件中,都会要求投标人提供有关业绩材料。这是评标专家判断投标人实力的重要依据之一。投标人应利用各种方式,展示自己的业绩,如详细介绍产品销售和用户使用的情况,提供用户评价材料等。这些会增加评标专家对投标人产品的信心,使投标人在评标中获得高分。

在上述案例中,招标文件中要求:"投标人应按统一格式提供 1996—1998 年帐篷类产品的销售情况。投标人不仅要详细填写这张表格,还应尽可能多地附上用户和有关部门的表扬信等评价材料,说明自己的业绩。"这个要求属于非实质性的,个别投标人没有重视这一要求,未提供销售业绩的表格,因此丢掉了宝贵的分数。

此外,投标人还可利用适当提高产品规格和性能、掌握提交投标文件的时间、灵活掌握投标保函的金额、提供印刷和装帧精美的投标文件等一些投标技巧,增加自己获胜的概率。

(四) 开标

招标采购单位在预先规定的时间将各投标人的投标文件正式启封揭晓,就是开标。良好的开标制度与规则是招标成功的重要保证,也是评标和决标工作的基础。没有开标,评标和决标工作就无法开展。

1. 开标的工作原则和方法

第一,开标的地点应当预先确定。为了使投标人能够事先知道开标的地点并准时参加,开标地点应当在招标文件中预先确定。如确有特殊原因,需要改变开会地点,则应对招标文件该部分进行修改,并作为招标文件的补充文件,书面通知每一个获取招标文件的潜在投标人。

第二,开标时间应与提交投标文件的截止时间相一致。开标时间应当在招标文件确定的提交投标文件截止时间的同一时间,目的是防止招标采购单位或者投标人利用投标文件截止时间之后与开标之前的一段时间间隔串通舞弊。这与国际通行做法也是大体一致的。

第三,开标形式应采取公开形式。所谓公开,就是开标活动应当向所有提交投标文件的投标人公开。应当使所有提交投标文件的投标人到场参加开标。通过公开开标,投标人可以发现竞争者的优势和劣势,判断自己中标可能性的大小,并对中标人进行合理推测,既有利于保护投标人的合法权益,也有利于投标人对招标投标过程进行监督。

第四,确保提交截止时间前签收的所有投标文件公开宣读。招标采购单位在招标文件要求提交投标文件的截止日期前签收的所有投标文件,开标时都应当众予以拆封、公开宣读,不能遗漏,否则就构成对投标人的歧视和不公平对待。规定日期之后收到的投标及没有开封和开标时没有宣读的投标均不应予以考虑。

第五，做好开标记录。开标记录的内容包括项目名称、招标号、刊登招标通告的日期、发售文件的日期、购买招标文件单位的名称、供应商的名称及报价、截标后收到的投标文件的处理情况等。采购机构应保存开标记录并报送政府有关部门，并应已提交标书但未出席或未派代表出席开标的供应商的请求向其提交开标记录。

第六，在有些情况下，可以暂缓或推迟开标。比如，招标文件发售后对原招标文件作了变更或补充；开标前，发现有足以影响采购公正性的违法或不正当行为；采购单位接到质疑或诉讼；出现突发事故；变更或取消采购计划等。

2．开标的主持

开标应当由招标代理机构按照招标委托协议的约定负责主持。政府采购经办机构自行招标的，由政府采购经办机构主持。招标采购单位在开标前，应当通知同级财政部门及有关部门，财政部门、监察部门及有关行政管理部门可以派人参加，监督开标过程严格按照法定程序进行，但各有关行政管理部门不得主持开标。

开标应当严格按照法定程序和招标文件载明的规定进行，这包括：按规定的开标时间开标；核对出席开标的投标人的身份和出席人数；安排投标人或其代表检查投标文件密封情况后指定工作人员监督拆封；组织唱标、记录；维护开标过程的正常秩序等。

招标采购单位应当邀请所有投标人参加开标，以确保开标在所有投标人的参与和监督下，按照公开、透明的原则进行，防止在开标过程中可能发生的"暗箱操作"行为。这样既有利于保障投标人的正当权益，也可以表明招标采购单位在开标过程中所体现出的"公平、公正、公开"原则。参加开标是每一投标人的法定权利，招标采购单位不得以任何理由排斥、限制任何投标人参加开标。

3．开标的程序

开标的程序主要分为五个步骤：

一是由主持人宣布开标开始，介绍参加开标仪式的主要单位和相关人员，宣布公证员、拆封人、唱标员、监标员、记录人和翻译等工作人员名单。

二是由投标人或者其推选的代表检查投标文件的密封情况，也可由招标采购单位委托的公证机构检查并公证。投标人或其推选的代表或公证机构经检查发现密封已经损坏的投标文件，应按无效投标处理。

三是投标人或其推选的代表或者公证机构对投标文件的密封情况进行检查以后，确认密封情况良好，则可以由现场工作人员当众拆封。

四是拆封以后，现场的工作人员应当高声唱读投标文件的名称、每一个投标价格以及投标文件中的其他主要内容。所谓其他主要内容，主要是指投标报价有无折扣或者价格修改等。如果要求或者允许投报替代方案，还应包括替代方案的总金额。如果是建设工程项目，其他主要内容还应包括：工期、质量、投标保证金等。采取这种做法的目的在于，使全体投标人了解各投标人的报价和自身在其中的顺序，了解其他投标人的基本情况，以充分体现公开开标的原则。唱标的同时，现场记录人员应当对唱标的每一项内容按照开标时间的顺序进行记录。唱标结束后,记录由主持人、唱标人员、监标人员、公证人员等有关人员签字,并存档备查。未唱读的投标价格、价格折扣和招标文件允许提供的备选投标方案等实质性内容,评标时不予承认。公证机构到场检查并公证的,还应当由公证机构宣读公证结论。

五是主持人宣读评标原则、评标纪律和下一步的工作安排。

（五）评标

投标文件一经开标,即传送到评标委员会进行评价,以选择最有利的投标,这一步骤就是评标。评标,是指按照规定的评标标准和方法,对各投标人的投标文件进行评价比较和分析,从中选出最佳投标人的过程。评标是一项重要而复杂的综合性工作,它是关系到整个招标采购是否体现公平竞争原则、招标结果是否能使采购机构得到最大效益的关键。因此,评标过程中,不但要有预先的认真准备,还要有细致、科学的评标原则。

评标的目的是根据招标文件中确定的标准和方法,对每个投标商的标书进行评价和比较,以评出最佳投标供应商。评标必须以招标文件为依据,招标文件中没有规定的评标标准不得作为评审的依据。

评标时间的长短应根据招标项目的复杂程度而定,但招标采购单位的评价工作应按预定的计划,在招标采购时间内完成。

1. 评标委员会

评标工作由招标采购单位负责组织,具体评标事务由招标采购单位依法组建的评标委员会负责。评标委员会由采购人代表和有关技术、经济方面的专家组成,成员人数应为5人以上的单数。其中,技术、经济等方面的专家不得少于成员总数的2/3;采购数额在300万元以上、技术复杂的项目,评标委员会中技术、经济方面的专家应为5人以上的单数。除国务院财政部门规定的情形外,采购人或者采购代理机构应当从政府采购评审专家库中随机抽取专家。采购人不得以专家身份参与本部门或者本单位采购项目的评标;采购代理机构工作人员不得参加本机构代理的政府采购项目的评标;与项目中其他主体有利害关系的专家,应当回避。需要时,还可以根据不同的评审内容,在评标委员会下设若干评审小组,分别负责进行不同内容的评标工作,然后进行汇总和综合分析。

评标专家在评标工作中应当按照客观、公正、审慎的原则,根据采购文件规定的评审程序、评审方法和评审标准进行独立评审。采购文件内容违反国家有关强制性规定的,评标委员会应当停止评审并向采购人或采购代理机构说明情况。评审过程中,评审专家应当遵守评审工作纪律,不得泄露文件、评审情况和评审中获悉的商业秘密;在发现其他当事人的违法行为或受到非法干预时,应当及时向财政、监察等部门举报。

2. 评标的内容

通常情况下,评标分商务评审和技术评审两个方面,其主要内容如下:

（1）商务评审的内容

商务评审的目的在于从成本、财务和经济分析等方面评定投标报价的合理性与可靠性，并估量授标给各投标人后的不同经济效果。参加商务评审的人员通常要有成本、财务方面的专家，有时还要有评估以及经济管理方面的专家。商务评审的主要内容如下：

第一，将投标报价与标底价进行对比分析，评价该报价是否可靠合理；

第二，投标报价构成是否合理；

第三，分析投标文件中所附资金流量表的合理性及其所列数字的依据；

第四，审查所有保函是否被接受；

第五，进一步评审投标人的财务实力和资信水平；

第六，投标人对支付条件有何要求或给业主或采购人以何种优惠条件；

第七，分析投标人提出的财务和付款方面建议的合理性。

（2）技术评审内容

技术评审内容的目的在于确认备选的中标人完成本招标项目的技术能力以及其所提供的方案的可靠性。与资格评审不同的是，这种评审的重点在于评审投标人将怎样实施本招标项目。技术评审的主要内容有：

第一，投标文件是否包括了招标文件所要求提交的各项技术文件，它们同招标文件中的技术说明和图纸是否一致；

第二，实施进度计划是否符合采购人的时间要求，这一计划是否科学和严谨；

第三，投标人准备用哪些措施来保证实施进度；

第四，如何控制和保证质量，这些措施是否可行；

第五，如果投标人在正式投标时已列出拟与之合作或分包的公司名称，则这些合作伙伴或分包公司是否具有足够的能力和经验保证项目的实施及顺利完成；

第六，投标人对招标项目在技术上有何种保留或建议，这些保留是否影响技术性能和质量，其建议的可行性和技术经济价值如何。

总之，评标内容与招标文件中规定的条款和内容相一致。除对投标报价进行比较外，还应考虑其他有关因素，经综合考虑后，确定选取最低报价的投标。因此，通常并非以投标报价最低作为选取标准，而是将各种因素转换成货币值进行综合比较，并选取成本最经济的投标。

3. 评标程序

为了使复杂的评标工作有条不紊地进行，评标机构应事前制定一套系统化的工作规范，即根据招标项目的特点拟定评标工作大纲，确定评标准则和工作方法，并进行明确的分工，以使评标工作高质量、高效率地完成。

评标工作分两大阶段进行。第一阶段为初评，审查投标文件对招标文件的规定的符合性及实质性的确认，剔除对招标文件的要求与规定有实质性的保留或偏离的投标文件，不予评比；第二阶段是详细评标，对校正的投标报价算出评比标价，进行比较，排出名次。国际上一般的做法是，邀请评比标价最低的前三名投标人分别就技术方面、合同方面、进度方面的问题进行说明，澄清业主提出的问题，将合同授予投标价格最低并且在技术能力及财力各方面均符合标准的投标人。

我国政府采购公开招标评审工作包括如下几个步骤：

（1）投标文件初审

初审分为资格性检查和符合性检查。

资格性检查。评标委员会依据法律法规和招标文件的规定，对投标文件中的资格证明、投标保证金等进行审查，以确定投标供应商是否具备投标资格。

符合性检查。评标委员会依据招标文件的规定，从投标文件的有效性、完整性和对招标文件的响应程度进行审查，以确定是否对招标文件的实质性要求作出响应。

（2）澄清有关问题

对投标文件中含义不明确、同类问题表述不一致或者有明显文字和计算错误的内容，评标委员会可以书面形式（应当由评标委员会专家签字）要求投标人作出必要的澄清、说明或者纠正。投标人的澄清、说明或者补正应当采用书面形式，由其授权的代表签字，并不得超出投标文件的范围或者改变投标文件的实质性内容。

（3）比较与评价

评标委员会应按招标文件中规定的评标方法和标准，对资格性检查和符合性检查合格的投标文件进行商务和技术评估，综合比较与评价。

评标应当按照招标文件中确定的评标标准和方法进行，每一个招标项目因项目的性质和特点不同，其评标标准和方法在具体内容方面也是不同的。这里的评标方法，是指具有普遍意义的方法和手段，即评标以什么因素为基础进行。《政府采购法实施条例》中规定的评标方法有两种，即最低评标价法和综合评分法：

最低评标价法，是指投标文件满足招标文件全部实质性要求且投标报价最低的供应商为中标候选人的评标方法。技术、服务等标准统一的货物和服务项目，应当采用最低评标价法。

综合评分法，是指在最大限度地满足招标文件实质性要求的前提下，按照招标文件中规定的各项因素进行综合评审后，以评标总得分最高的投标人作为中标候选供应商或者中标供应商的评标方法。综合评分的主要因素有价格、技术、财务状况、信誉、业绩、服务、对招标文件的响应程度，以及相应的比重或者权值等。上述因素应当在招标文件中事先规定。评标时，评标委员会各成员应当独立对每个有效投标人的标书进行评价、打分，然后汇总每个投标人每项评分因素的得分。

采用综合评分法的，货物项目的价格分值占总分值的比重（即权值）为30%—60%；服务项目的价格分值占总分值的比重（即权值）为10%—30%。执行统一价格标准的服务项目，其价格不列为评分因素。有特殊情况需要调整的，应当经同级人民政府财政部门批准。

（4）推荐中标候选供应商名单

中标候选供应商数量应当根据采购需要确定，但必须按顺序排列中标候选供应商。

采用最低评标价法的，按投标报价由低到高顺序排列。投标报价相同的，按技术指标优劣顺序排列。评标委员会认为，排在前面的中标候选供应商的最低投标价或者某些分项报价明显不合理或者低于成本，有可能影响商品质量和不能诚信履约的，应当要求其在规定的期限内提供书面文件予以解释说明，并提交相关证明材料；否则，评标委员会可以取消该投标人的中标候选资格，按顺序由排在后面的中标候选供应商递补，以此类推。

采用综合评分法的，按评审后得分由高到低顺序排列。得分相同的，按投标报价由低到高顺序排列。得分且投标报价相同的，按技术指标优劣顺序排列。

4．评审报告

在对各投标供应商进行排序后，评标委员会应拟定推荐中标候选供应商名单，并编写评标报告。评标委员会成员应当在评审报告上签字，对自己的评审意见承担法律责任。对评审报告有异议的，应当在评审报告上签署不同意见，并说明理由，否则视为同意评审报告。

一般地，评审报告应包括以下内容：

招标公告刊登的媒体名称、开标日期和地点；

购买招标文件的投标人名单和评标委员会成员名单；

评标方法和标准；

开标记录和评标情况及说明，包括投标无效投标人名单及原因；

评审结果和中标候选供应商排序表；

评标委员会的授标建议。

（六）定标

招标委员会或评审小组在对所有标书进行审查和评审后，由采购人从中标候选供应商中确定中标供应商，这就是定标。

如果是委托采购代理机构（招标代理机构）进行采购，采购代理机构应当自评审结束之日起2个工作日内将评审报告送交采购人。采购人应当自收到评审报告之日起5个工作日内在评审报告推荐的中标候选人中按顺序确定中标供应商。除国务院财政部门规定的情形外，采购人、采购代理机构不得以任何理由组织重新评审。采购人、采购代理机构按照国务院财政部门的规定组织重新评审的，应当书面报告本级人民政府财政部门。

采购人或者采购代理机构应当自中标供应商确定之日起2个工作日内，发出中标通知书，并在省级以上人民政府财政部门指定的媒体上公告中标结果，招标文件随中标结果同时公告。中标公告内容应当包括采购人和采购代理机构的名称、地址、联系方式，项目名称和项目编号，中标供应商名称、地址和中标金额，主要中标标的的名称、规格型号、数量、单价、服务要求，以及评审专家名单。

（七）合同授予

定标后，招标采购单位向中标人发出中标通知书，并按中标通知书指定的时间、地点，按招标结果洽谈签订采购合同。这里所说的洽谈，是指在签订合同前相互澄清一些非实质性的、技术性的或商务性的问题。采购单位在签订采购合同时，可以在招标文件规定的范围内对采购物资或者服务的数量予以增加或者减少，但增加的幅度不得超过中标金额的一定比例，而且不得要求中标人承担招标文件中没有规定的义务，也不得有标后压低价格的行为。

《政府采购法》规定,采购人与中标、成交供应商应当在中标、成交通知书发出之日起 30 日内,按照采购文件确定的事项签订政府采购合同。中标、成交通知书对采购人和中标、成交供应商均具有法律效力。中标、成交通知书发出后,采购人改变中标、成交结果的,或者中标、成交供应商放弃中标、成交项目的,应当依法承担法律责任。政府采购项目的采购合同自签订之日起 7 个工作日内,采购人应当将合同副本报同级政府采购监督管理部门和有关部门备案;同时,采购人应当自政府采购合同签订之日起 2 个工作日内,将政府采购合同在省级以上人民政府财政部门指定的媒体上公告,但政府采购合同中涉及国家秘密、商业秘密的内容除外。

具体的合同签订方法有两种:一是在发出中标通知书的同时,将合同文本寄给中标单位,让其在规定的时间内签字并退回;二是中标单位收到中标通知书后,在规定的时间内,派人前来签订合同。采购合同一经签订,就具有法律效力,当事人必须全面履行合同规定的义务,任何一方不得擅自变更或解除合同。买方如确需变更合同的,应当在与卖方协商前征得采购管理部门(采购管理机关)的同意。在合同履行中,买方如需另行采购与合同标的相同的物资或服务,经采购管理部门同意,可以在不变更合同的其他条款的前提下,与卖方协商签订补充的采购合同,但补充合同的金额不得超过原合同金额的 10%。采购合同签订后,中标人应按要求提交履约保证金,合同正式生效,采购人凭采购合同和中标通知书副本办理付款手续,由政府采购管理机关拨付货款,采购工作进入合同实施履行阶段。

六、公开招标采购中应注意的问题——高价围标和低价抢标

由于公开招标采购具有一次性的特点,招标采购单位必须在所有的投标商提供的价格中选择符合规定标准的最低价格,将合同授予该供应商,因此这个最低价格是否真正由充分竞争而产生对于招标采购单位就具有很重要的意义。如果这个价格并不反映真实的价格,就可能对招标采购单位带来极大的损害。一般有两种情况:一是高价围标,迫使采购人以较高价格成交;二是低价围标,难以保证采购产品的质量。这两种情况在公开招标采购中应加以注意,并采取一定的手段加以防范。

(一)高价围标的防范

高价围标亦称串通投标,是指一些投标人在投标前暗中达成协议,以高价投标,并保证互不竞争,迫使采购人不得不以较高的价格达成交易。高价围标的一般做法是,众投标人商议确定一个投标高价,并推举其中某甲投标公司以该价格投标,以期中标。其他投标人则按约定纷纷投报更高的价格,即所谓"陪标"。开标后,由于甲公司价格相对较低而获得合同。甲公司得到合同后,按照协议或给予高价围标的陪标人、护标人好处费,或将合同分包给众陪标人,分享利益。

高价围标是公开招标中之大忌。高价围标使得公开招标的优点——供应商之间的激烈竞争——不能发挥。采购人不但不能以低价采购;相反,其采购成本还可能高于其他采购方式。待招标采购单位开标后发现这一问题,唯一的处理办法只能是宣布废标。但

是，重新招标不仅费用高，还可能遇到更高价的围标。于是，在急需得到货物或等待开工的情况下，采购人只好听任摆布，以高价买进。由于它对公开招标的破坏力极大，因此，这是招标采购单位需要预防的首要问题。

从目前国际招标的情况看，还没有一种方法可以杜绝高价围标。但招标采购单位若严密防患于前，还是能够减少投标人高价围标的机会的。避免高价围标的措施综合如下：

细致审查招标项目的供应商情况。一般说来，招标项目的供货商或承包商的范围越集中，越容易造成围标机会。例如，当购买的物资或工程要求的技术条件或规格比较特殊，仅有两三家投标公司有意参加竞争，或者能够生产或承包的公司仅集中于某一国家、某一地区的，几家投标商就会设法组成"联合阵线"，在投标中统一行动。这种情况下，投标人首先要对招标项目的潜在供货商或承包商的数量和分散的范围进行全面了解。如果数量少而且过分集中在一个地区，就应放弃公开招标，采用其他方式采购。其次，在招标开始后发现高价围标时，应及时采取措施予以抵制。可以投标价格超过招标采购单位预先规定的底价若干百分比为理由，宣布废标或拒绝投标文件，改用其他采购方式。

招标规则、条款应具有普遍适用性。有些招标项目的潜在投标人的数量和分散的范围可能很大，然而响应招标者却寥寥无几，或集中在某个国家或地区。其主要原因可能是招标规则有问题，例如，招标文件中对投标人资格和条件的规定过于苛刻，使大多数潜在投标人难以适应；或者招标项目的规格只以某个国家或某一地区的规格为样本制定，最符合采购人要求的供应商也只有一两家，此时高价围标的出现即成必然。为此，招标文件的制定应力求规范，对投标人能力的要求要带有普遍性，使有条件的供货商、承包商敢于响应招标；招标项目规格的制定力求标准化，使潜在的投标人保持在一定的数目以上，从而有效地防止个别供货商、承包人对投标价格的垄断。

尽量避免紧急招标采购。在买方急需物资时，可用紧急招标的办法采购，即压缩招标各阶段的时限，以很短的预定时间完全采购任务。紧急招标容易给高价围标造成机会。原因是：第一，招标公告时间短，供货商没有充分的时间准备投标，使得参加投标的人数过少，无法形成相互竞争的局面。第二，投标人利用紧急招标进行高价围标，招标采购单位即使发现，但受制于采购时间紧迫，也只得就范。因此，公开招标采购时，应尽可能将公告时间和等标时间延续一个合理的阶段。

招标中始终坚持绝对保密的原则。公开招标中对底价的保密、开标前投标人名单及其价格的保密和评标过程等的保密十分重要。招标底价是评标的一项参考依据，它是招标采购单位对采购项目成本及行市的估计。通常它没有将由于投标人的竞争促使价格下跌的因素考虑在内，即使计算，也不可能准确算出下跌幅度。所以，从国际上很多的招标实例看，标底经常高于投标竞争价格。标底保密，使投标人对能否中标没有把握，只能以竞争价格参加投标。一旦标底泄露，投标人就可能在标底的基础上订立攻守同盟，使招标不但受到围标，而且无法以价高为由废标，陷入骑虎难下的境地。同样，对投标人名单及其报价保密，是为了防止投标人之间相互串通。对评标过程保密，可预防投标人针对评标情况采取新的围标手段。

（二）低价抢标的防范

高价围标对招标采购单位构成巨大的威胁，而低价抢标同样会影响招标效果。低价抢标即供货商或承包商以不正常的低价投标，谋取采购合同。一般情况下，投标价格异常地低于招标采购单位预定的标底，都可看成低价抢标的发生。低价抢标是公开招标中一种不正常的竞争手段，应严防其得逞。

极低的投标价格表面上可以使买方节约大量采购成本，但事实上，极低的报价中标后，买方的利益常会被低价抢标人用偷工减料、以次充好、延迟交工期或交货期等方法损害。由于公开招标的采购量大，招标采购人在发现上述违反合同约定的情况时，不论是改弦更张、另行采购，还是诉诸法律、索求赔偿，都难以补偿由此造成的损失，所以，极低的价格给采购人带来的不是金钱上的节省而是更大的浪费。因此，应采取措施，全面预防：

第一，严肃资格预审，提高投标人资质。预防低价抢标的有效方法之一是认真做好投标商的审查。一些工程承包企业或产品生产企业在投标时，正面临开工不足、企业资金缺乏或濒临破产的局面。它们企图通过投标取得订单或工程项目以挽救企业。这类投标人在作价时会不顾项目成本，以极其诱人的价格争抢合同。当买主与其签约后，投标方再想方设法蒙混过关。因此，招标的资格预审决不可走形式，要通过严格的审查制度掌握投标人的真实经营能力。经常进行招标采购的部门还应分别建立合格投标者名单档案。

第二，明确规定品质标准，严格评标制度。招标采购单位需注意的是，不少投标人在报价单上所表现的只是名义低价。他们往往在标书的其他条件特别是品质规格条件上打埋伏，或者利用采购人或招标采购单位编制标书时的疏忽，有意漏掉一些项目，造成低价的假象。如果招标采购单位组建的评标委员会不能全面综合评审标书，就可能只看到表面上的低价，而忽略实质上的高价，使低劣产品的供货商占上风。为防止这种情况的出现，招标采购单位应重视各项招标条件的订立，尤其是重视品质规格确定的方法，严防招标条件规定的疏漏。若标书发出后发现问题，应及时通知更正。严格评标制度是各项招标条件真正得以执行的保证，评标时不但要审查价格，而且要审查其他投标条件，以得出其真实投标价格高低的结论。

第三，定好标底价，尽量使之精确地反映采购项目的合理成本。标底价的科学合理，指标底能表现买方所需项目的质量水平。标底价如果定得过高，则不能有效防止高价围标的发生；如果过低，则无法用合理的价格水平区分低价抢标的情况。不合理的低价使多数正常竞争的投标人在以价格条件为主的第一轮评标中遭到筛除，留下个别低价抢标人成为招标采购单位注意和评价的中心，扰乱招标的进行。所以，招标采购单位绝不可忽视标底价的确定。应通过专业化的调查、计算，使之比较精确和合理。在规定标底价时，最好规定正常竞争价格的上限和下限。当低于标底某一百分比时，该投标价为过低价。招标采购单位对过高价和过低价均应看作不合理价格，评标时不予考虑。这样，招标采购单位就可以有效地识别并排除低价抢标人。

第二节 邀请招标

一、邀请招标采购方式的概念及特点

1. 邀请招标的概念

邀请招标也是一种使用较普遍的政府采购方式。邀请招标，也称有限竞争性招标，是指采购人或者采购代理机构根据供应商或承包商的资信和业绩，随机选择若干供应商或承包商（不得少于三家），向其发出投标邀请，由被邀请的供应商或承包商投标竞争，从中选定中标者的投标方式。

2. 邀请招标的特点

邀请招标的特点如下：
一是发布采购信息的方式为投标邀请书；
二是采购人在一定范围内邀请供应商参与投标；
三是竞争范围有限，采购人只要随机向三家以上的供应商发出邀请标书即可；
四是招标时间大大缩短，采购费用相对较低；
五是公开程度逊色于公开招标。

邀请招标虽然也是政府采购招标采购方式之一，但由于邀请招标带有局限性，不利于充分竞争，而且一旦操作不当，容易出现舞弊行为等，因此，一般情况下都限制邀请招标的使用，同时严格规定其适用条件，只有采购复杂的采购项目时才允许使用。

二、邀请招标的适用范围

邀请招标的适用范围如下：

第一，具有特殊性，只能从有限范围的供应商处采购的。其中特殊性指，如保密和急需项目或者因高度专业性等因素使提供产品的潜在供应商较少，公开招标与不公开招标都不影响提供产品的供应商数量的情况。

第二，采用公开招标方式的费用占政府采购项目总价值的比例过大的。若采用公开招标方式所需的时间和费用与拟采购的项目的总金额不成比例，则采购人只能通过邀请招标方式来达到经济和效益的目的。邀请招标的有效投标供应商应不少于三家，否则招标无效。除特殊原因外，潜在投标供应商数量较多的，不应当采用此办法。

第三，邀请招标的适用范围是政府采购的货物和服务项目，不包括工程项目。采购人采购货物和服务项目时，如果经批准采取邀请招标采购方式的，选择邀请对象要执行《政府采购法》的规定。鉴于工程招标受《招标投标法》的规范，工程采购项目采取邀请招标采购方式的，其邀请对象的选择方法首先要执行《招标投标法》的规定，也可以按《政府采购法》的规定执行。

三、邀请招标的程序

由于邀请招标也属于招标采购的一种，所以邀请招标采购的程序，除发布资格预审公告以及供应商的选取外，其他程序的要求均与公开招标采购方式相同。以下仅对这两项内容进行说明。

1. 发布资格预审公告

与公开招标采购不同，邀请招标采购中资格预审是一项必需的程序，以确定随机选择供应商的范围。招标采购单位应当在省级以上人民政府财政部门指定的政府采购信息发布媒体上发布资格预审公告，公布投标人资格条件，资格预审公告的期限不得少于七个工作日。投标人应当在资格预审公告期结束之日起三个工作日前，按公告要求提交资格证明文件。

2. 随机选择供应商，发出投标邀请

为确保邀请招标采购不存在利用其较弱的竞争性而进行暗箱操作的行为，供应商的选取必须遵循随机的原则。邀请招标选择邀请对象的方法，包含三个层次的内容：一是要确定供应商的资格条件。二是供应商是否具备规定的资格条件，需要通过公开招标方式进行确定。三是通过随机方式确定邀请招标的供应商。随机方式是指按照事先规定的程序从通过公开招标方式确定的供应商中任意选出不少于三家供应商作为邀请对象，不得人为指定。《政府采购法》规定：招标采购单位应从评审合格投标人中通过随机方式选择三家以上的投标人，并向其发出投标邀请书。

四、邀请招标采购方式执行中应注意的问题

邀请招标采购方式执行中应注意的问题如下：

第一，各级政府采购监督管理部门要严格把控选择邀请招标采购方式的审批。凡是产品品种丰富、提供货物或者服务的供应商数量充足的采购项目，原则上都要采取公开招标方式。对于特殊的采购项目，采取公开招标确实无法实现采购目标的，可以采取邀请招标采购的方式。

第二，要对邀请招标程序实行严格的监督管理。要严格执行通过公开招标方式确定符合资格条件的供应商的规定，防止通过制定歧视性条款进行资格预选，确保资格预选工作公开、公平和公正。要制定规范的随机选择邀请对象的程序，减少人为挑选或指定的行为。

本章小结

1. 公开招标采购是指采购人根据确定的采购需求，提出项目采购条件，邀请所有有兴趣的供应商参加投标，通过对各投标人所提出的价格、质量、交货期限和技术水平、财务状况等因素进行综合比较，确定最佳投标人为中标人，并与之签订合同的采购方式。

2. 公开招标采购方式具有组织性、竞争性、公开透明性、公平公正性、一次性等特点。这些特点有助于政府采购功能与原则的实现，因此在一般情况下，政府采购都应考虑使用公开招标采购方式。

3. 公开招标采购方式的程序有：招标、投标、开标、评标、定标和授予合同。每一程序都受到政府采购有关法律法规的严格规范，以保证公开透明、公平竞争的落实。

4. 公开招标要注意防止两种情况：一是高价围标，迫使招标采购单位以较高的价格成交；二是低价抢标，难以保证采购产品的质量。对这两种情况在公开招标采购中应加以注意，并采取一定的手段予以防范。

5. 邀请招标采购又称有限竞争招标，是指采购人或者采购代理机构根据供应商或承包商的资信或业绩，选择若干供应商或承包商（不得少于三家），向其发出投标邀请，由被邀请的供应商或承包商投标竞争，从中选定中标者的招标方式。

6. 与公开招标采购相比，邀请招标的竞争性略弱。因此只适用于公开招标费用占采购费用比例过大或只能从有限范围的供应商处取得货物的情形。

7. 邀请招标采购与公开招标采购的程序类似，但有以下不同：邀请招标采购必须进行资格预审；受邀请的供应商应从符合项目资格要求的合格供应商名单中随机抽取。

案例分析

【案例1】 上海浦东新区学校电脑集中招标采购

本项目为学校电脑采购项目，于2001年8月23日下达采购中心，被列入政府采购范围。这次联合集中采购的计算机为3 120台，涉及120所学校，分布在浦东新区的各个地方，计算机的配置要求高，尤其是120台教师机的配置为当前最先进的配置，是具有极高性能价格比的高档机。学生用机的数量也具有前所未有的规模。

由于本次招标采购的计算机数量多，所以在确定招标方式上，既考虑到120所学校需要计算机的时间上的急迫性，又考虑到采购程序的严密性、招标的最大范围的公开性，最终把招标方式确定为公开招标。8月24日以公开招标的方式在浦东新区政府采购网站上发布招标公告，8月25日在《解放日报》上发布招标公告。

招标文件编制的具体做法是将计算机分为A、B和C三个包，A包为2 000台学生机，B包为1 000台学生机，C包为120台教师机，这样分包主要是考虑到两个因素，其一是要求制造供应商的供货时间短，可能的话3 000台计算机由两家供应商提供，缩短制造周期；其二是教师机的配置要求高，既要求性能稳定可靠，双要兼顾到中高档国内外品牌的投标、中标机会。

2001年8月27日开始出售标书，共有15家公司购买了招标文件。

2001年9月6日在浦东新区政府采购中心开标，特别邀请浦东新区公证处的两位公证员开标公证，并邀请浦东新区政府采购监督小组的两位监督员作为监标人，浦东新区有线电视中心等新闻媒体进行了采访，评标专家由上海市政府采购中心提供，在评标当天通知新区采购中心，保证了评标专家的保密性和公正性。9月7日评标，邀请四位上海市资深专家和一位使用单位人员组成评标小组，评标小组决定将 3 000 台学生电脑项目授予 L 公司，120 台教师电脑项目授予 T 公司。

2001 年 9 月 10 日与 L 公司签订合同，L 公司授权，具体工作由 B 公司实施。2001 年 9 月 14 日与 T 公司签订合同，T 公司授权，具体工作由 Q 公司实施。随后采购中心与使用单位、中标单位、被授权单位召开了协调会议，达成工作安排备忘录。

2001 年 9 月 17 日至 21 日 B 公司进行用户情况调查，他们组织人员对 120 所学校逐一进行实地调查：邀请学校老师参加培训，调查学校计算机机房情况、电源情况等。

T 公司中标的机器虽然不多，仅仅 120 台，但这 120 台电脑必须送到遍布浦东新区各个角落的 120 个小学，搬运到指定楼层的电脑教室，并安装调试。合同签订后，即开始按单生产（生产周期在十天左右）。由于 10 月 1 号到 7 号放"国庆"长假，紧接下来亚太经济合作组织上海会议又有一周长假期，浦东很多路段封路，为了按时履约，采购人要求 T 公司按紧急情况处理。从这批电脑到达上海的第二天开始，Q 公司每天用五辆车，每车随行三人，以不同路线送到每个学校，三天内把 120 台电脑送到位。有时到达一所学校要一个多小时的车程。在电脑全部送到位后，Q 公司派出六名工程师，用五天时间，到每一个学校进行安装调试，为学校安装必备软件，并请校方亲临验收与盖章确认。校方验收的满意率达到 100%，其中非常满意的用户达到 80%。在安装调试的过程中，Q 公司为每一个学校留下了名片，记录下了学校总务科联系人和使用该电脑的老师的联系电话，以便今后的服务和联系。

由于本次招标提供的教师机的配置很高（CDRW 刻录机、DVD 驱动器及 128 位创新声卡等），部分学校在使用中遇到了不少问题，Q 公司都一一上门解决，个别学校在教师机内安装了视频卡，引起资源冲突，Q 公司也上门帮助解决问题。从严格意义上来说，这些都不是机器本身的问题，并不在他们的服务范围内，但为了新区的教学活动正常开展，为了创出公司的信誉，Q 公司把这一切"分外事"都当作自身的工作给予解决，得到了很多学校的好评。

2001 年 9 月 18 日至 25 日 B 公司组织安排 120 所小学的计算机老师进行电脑（学生机）的培训（电脑基本知识、使用及维护），共有 86 所学校参加。

在学校具备安装条件的情况下，截至 10 月 13 日共完成 98 所学校的安装调试。因部分学校的客观因素，其余的 22 所学校无法及时完成验收。

为保证该项目的顺利实施他们做了大量的工作（事前准备、调查，事中协调，联系用户等），全心全意地为使用单位服务，最大限度地满足学校提出的要求。但由于部分学校的客观原因，也导致部分工作重复，浪费了人力、物力及时间，增加了成本。

定标与签订合同之后，采购中心的工作并未完成。监督履约和项目的验收及付款等是政府采购工作的重要环节，项目的执行责任人必须与供应商、买方、出资方保持经常的联系，了解履约中出现的问题，及时进行协调，这方面的工作今后有待加强。

本次招标项目共节约资金 364.8 万元，节约率达 21.9%，效果比较明显。使用单位在提供教师机配置时，强调了计算机的主板要求，供应商在供货时间有限的情况下，针对用户提出的配置进行性能匹配测试，结果是主板、硬盘不匹配，最后经技监部门确认，使用了同档次的、供应商成熟的机型。因此，使用单位要考虑计算机配置的合理性，避免浪费时间和资源。

对于公开招标的项目，其中要做到公正、公平的一个重要环节就是评标小组的组成。使用单位往往作为评标小组的组成人员之一，在评标时，专家评委有时会首先倾听他们的意见，但使用单位有可能会提出一些片面的、带有某些导向性的意见，因此如何避免类似的问题仍有待思考。

为了确保大批量计算机的供货质量，采购中心在签订供货合同的时候，特意增加了一项条款，就是在计算机送到学校后，抽查一定数量的机器并到技监部门作性能和防辐射检测，合格后方可通过验收。因此供应商在制造计算机时，势必会加强对产品质量的控制，使用户对政府采购感到放心和满意。

阅读案例并思考：在公开招标采购中，有哪些重要的参与者？供应商如何才能在公开招标中取胜？

（资料来源：合肥物流供求信息网，http:///www.hf56.net/other/web_list.php?ty=14。）

【案例2】 某省的一个省级单位采购一批家具，总金额为25万元。根据领导的意见，该单位将项目按楼层分段，共分三个标段，每个标段的金额分别是7万元、9万元和9万元，而根据省级采购目录的要求："家具批量10万元以上，必须由集中采购机构进行采购"，为此，他们认为该项目每个标段的总金额均小于10万元，因此均属于分散采购的范畴，于是他们组织了相关采购，并与供应商就该项目按楼层签订了三份合同。

阅读案例并思考：如何看待该单位的做法？

【案例3】 在ZJ省WZ市三个市政工程项目投标中，来自全国各地的7家建筑工程公司，经事先预谋串通让其中一家公司中标，然后从中标公司分取所谓的"合理利润"。案发后，经公安机关侦察，"三大工程"投资总金额2.96亿元，参加投标的6家建筑公司先后从中标单位分取"好处费"1 216万元，涉嫌串通投标罪。据经办此案的WZ市检察院公诉人介绍，到目前为止，这是全国司法机关查处市政工程串通投标案件中标金额最大、分取"好处费"最多的一起串标案。

20××年6月，WZ市经济技术开发区滨海园区市政工程第二标段面向社会公开招标，并采用最低造价中标评标办法。湖南省、上海市等7家单位被初审确定为最后投标单位。7家建筑公司的代表（共9人）在得知被确定为投标单位后，多次进行串通投标，商定由湖南省某公司与中字头的某单位合伙，并起草签订了投标报价协议书，由湖北省某公司WZ分公司负责人提供串标必需的本标书。正式开标前，湖南省某公司代表与他人出资500万元人民币，分两次将"好处费"支付给各投标单位。湖南省某公司顺利中标。

第二年7月，WZ市南塘大道二期工程第三标段面向社会公开招标，采用最低造价中标评标办法。湖南省某公司的代表再次与参加投标的6家建筑公司代表签订了串标协议书，商定由湖南省某公司中标，该公司在中标后支付参加招标的其他6家单位各90万元的"好处费"。湖南省某公司又顺利中标，在中标后，立即兑现了串标协议规定的款项。其他6家公司的代表将款瓜分。

第二年8月，在WZ市南塘大道二期工程第二标段面向社会公开招标时，湖南省另一家市政建设总公司的代表,在报名并通过投标资格审查后,与其他6家公司的代表分别私下逐个密谋商定,相互串通标书报价,最后确定由湖南省某市政建设总公司中标,其代表支付6家参加投标单位代表共计176万元人民币作为"回报"。该公司顺利中标后,立即支付了协商的"好处费"。

阅读案例并思考: 如何防止政府采购中的高价围标现象?

思考题

1. 公开招标采购和邀请招标采购的概念分别是什么?
2. 公开招标采购的特点与适用范围分别是什么?
3. 邀请招标采购的特点与适用范围分别是什么?
4. 公开招标采购的程序有哪些?各环节之间有哪些重要的时间要求?
5. 评标委员会的构成有哪些法定要求?评标委员会成员在评标过程中应当注意哪些问题?
6. 公开招标采购中应注意哪些问题的发生?
7. 邀请招标采购的受邀请供应商应当如何确定?

课外阅读材料

1. 马海涛、陈福超、李学考主编:《政府采购手册》,民主与建设出版社2003年版,第5.1、5.2、5.3、5.4、5.5节。
2. 苏明主编:《政府采购》,中国财政经济出版社2003年版,第五章。
3. 王亚星著:《政府采购制度创新》,中国时代经济出版社2002年版,第三章。
4. 方芳、赵海洋、方强编著:《政府采购招标投标指南》,上海财经大学出版社2001年版。
5. 曹富国、何景成编著:《政府采购管理——国际规范与实务》,企业管理出版社1998年版,第十章。
6. 《中华人民共和国政府采购法》
7. 《中华人民共和国政府采购法实施条例》
8. 《政府采购货物和服务招标投标管理办法》(财政部第18号令)

第七章　政府采购非招标采购方式

本章重点

1. 竞争性谈判的概念、特点、适用条件
2. 询价的概念、特点、适用条件
3. 单一来源采购的概念、特点、适用条件
4. 竞争性磋商的概念、特点、适用条件

导语

虽然招标采购方式具有许多优点，可以极大地提高采购效益，但在一些较为特殊的采购情形中，或为了实现较为特殊的采购目的，招标采购方式不能很好地满足采购需要。除招标采购方式以外，我国政府采购法律法规还规定了4种非招标采购方式，以满足不同情形下的采购需要，它们分别是：竞争性谈判，单一来源采购，询价，竞争性磋商。这些采购方式各具特点；在采购程序上，它们既有共同的一些原则规范，也有各自独特的流程。为了保证采购过程足够公开透明，法律法规严格规定了这些非招标采购方式的适用条件。在采购实务中，需要灵活选择不同的采购方式，力争达到采购效率、效益的最大化。

关键词

竞争性谈判　单一来源采购　询价　竞争性磋商

第一节 竞争性谈判

一、竞争性谈判的概念及特点

（一）竞争性谈判的概念

竞争性谈判是指谈判小组与符合资格条件的供应商就采购货物、工程和服务事宜进行谈判，供应商按照谈判文件的要求提交响应文件和最后报价，采购人从谈判小组提出的成交候选人中确定成交供应商的采购方式。

（二）竞争性谈判的特点

竞争性谈判能克服公开采购方式的一些不足之处；但由于采用谈判方式，无法像公开招标采购方式一样在投标商之间进行广泛的竞争，不能最有效地促进竞争、节约费用和实现高效率，也存在局限性。

1．竞争性谈判的优点

一是缩短准备期，使采购项目更快地发挥作用。竞争性谈判采购方式由于不是广泛进行招标，不存在准备标书、投标等情况，采购人可以直接与供应商进行谈判或协商，从而大大缩短了采购周期。

二是减少工作量，省去了大量的开标、投标工作，有利于提高工作效率，减少采购成本。

三是供求双方能够进行更为灵活的谈判。采购人可以根据实际情况，就拟购商品的品牌、数量、性能、价格、售后服务等情况进行多次谈判，最终能够买到符合预期要求的商品。

四是更有利于对民族产业进行保护。实行竞争性谈判采购方式，可以对供应商的范围和数量进行限制，这就可以让采购人充分选择国内供应商，并购买国货。

五是竞争性谈判采购方式还具有其他任何采购方式所不具备的一个优点，即它能够激励供应商自觉地将高科技应用到采购商品中，同时又能转移采购风险。采购人事前提出拟采购商品的性能要求，于是参与竞争的供应商可以各显神通，充分体现各自的科技优势，最终得到的商品的性能很可能超过了采购人的预期要求。同时，采用这种方式政府还可以转移采购风险，即供应商最终提供的产品如果达不到预期的性能，采购人将拒绝接收，损失将由供应商自己承担。

2．竞争性谈判的缺点

一是无限制的独家谈判，易使厂商任意抬高价格；

二是有可能违反自由企业精神，助长企业垄断价格；

三是秘密洽谈，易为作业人员提供串通舞弊的机会。

二、竞争性谈判的适用条件

《政府采购法》中规定，符合下列情形之一的产品或者服务，可以依照本法采用竞争性谈判方式采购：

第一，招标后没有供应商投标，或者没有合格标的，或者重新招标未能成立的。

第二，技术复杂或者性质特殊，不能确定详细规格或者具体要求的。

第三，采用招标所需的时间不能满足用户紧急需要的。这里所指的情形，应当是采购人不可预见的或者非因采购人拖延导致的。

第四，不能事先计算出价格总额的。这里所指的情形，是指因采购艺术品或者因专利、专有技术或者因服务的时间、数量事先不能确定等导致不能事先计算出价格总额的。

在《政府采购非招标采购方式管理办法》中还规定了：公开招标的货物、服务采购项目，招标过程中提交投标文件或者经评审实质性响应招标文件要求的供应商只有两家时，采购人、采购代理机构经设区的市、自治州以上人民政府财政部门批准后可以与这两家供应商进行竞争性谈判采购。

有关政府采购的国际规则也规定了竞争性谈判采购的适用条件：

第一，招标失败。主要是指公开或限制程序下收到的投标不正常或不可接受，且原投标内容尚未作大的改变或签约机构收到的投标违反了有关国家或国际组织的规则。已采用竞争性招标或选择性招标程序但没有人投标或招标采购单位根据法律规定拒绝了全部投标，而且招标采购单位认为再进行新的招标程序也不可能产生采购合同的情况。

第二，采购标的的规格无法确定。采购人或者采购代理机构不可能拟订有关工程或货物的详细规格，或不可能确定服务的特点，但为了使其招标获得满意的解决，可以采用谈判采购的程序。

第三，研究、开发合同。这类合同是指采购人谋求签订的进行研究、实验、调查或开发工作的合同，且不带任何营利的成分。另外，如果在特殊的情况下，工程或服务的性质或附带的风险不允许进行总体评价，那么，采购人或采购代理机构也可采用竞争性谈判。如果采购涉及国防、国家安全或其他紧急情况，采购机构也可采用此程序。

三、竞争性谈判应遵循的基本原则

为了保证谈判程序的采用既是采购情势所必需，又能最大限度地满足政府采购的经济效益目标和公开、公正、竞争等各项原则，国际政府采购规则对竞争性谈判采购方式作了严格的限制。比较各规则的规定，采用竞争性谈判程序应遵循以下基本原则：

第一，公告的要求。采用竞争性谈判程序一般也要发布采购公告，在授予合同后还应发布授予合同公告。

第二，竞争的要求。谈判应保证充分的竞争，通常应至少有三个投标人。欧盟的《政府采购指令》规定，在使用了竞争邀请的谈判程序中，应至少有三个投标人以保证竞争，欧盟的《政府采购指令》则只要求所选择的投标人的数量能保证适当的竞争即可。联合国的《采购示范法》规定，在竞争性谈判中，采购人应与足够数目的供应商或承包商进行谈判，以确保有效的竞争。

第三，公平地对待投标商。采用了竞争性谈判的各国政府的采购规则都规定不得对任何投标商进行歧视，具体地讲：①采购人向某一承包商或供应商发送的与谈判有关的任何规定、准则、文件、澄清或其他资料，应在平等的基础上发送给正在与该实体进行采购谈判的所有其他供应商或承包商。②淘汰参加者应按通知和招标文件规定的标准进行。③关于标准和技术要求的全部修改应以书面形式传递给所有正在参加谈判者。④基于修改后的要求，所有正在参加谈判者应有同等的机会提出新的或修改了的投标。⑤谈判结束后，仍在谈判中的所有参加者应被允许按截止日期提出最终投标。

第四，保密义务。采购人与某一供应商或承包商之间的谈判应是保密的，谈判的任何一方在未征得另一方同意的情况下，不得向另外的任何人透露与谈判有关的任何技术资料、价格或其他市场信息。

第五，事先公布评审标准和评审程序。在对投标商进行评审时应严格按照事先公布的标准和评审程序进行，以避免评审过程的主观性。

第六，记录和审批要求。在采用谈判程序时通常要经过有关部门的批准并作记录，说明采用谈判程序的理由以及授予合同的详细情况。

四、竞争性谈判的程序

1. 成立谈判小组

竞争性谈判小组由采购人代表和评审专家共3人以上单数组成，其中评审专家人数不得少于竞争性谈判小组或者询价小组成员总数的2/3。采购人不得以评审专家身份参加本部门或本单位采购项目的评审。采购代理机构人员不得参加本机构代理的采购项目的评审。达到公开招标数额标准的货物或者服务采购项目，或者达到招标规模标准的政府采购工程，竞争性谈判小组或者询价小组应当由5人以上单数组成。

采用竞争性谈判方式采购的政府采购项目，评审专家应当从政府采购评审专家库内相关专业的专家名单中随机抽取。技术复杂、专业性强的竞争性谈判采购项目，通过随机方式难以确定合适的评审专家的，经主管预算单位同意，可以自行选定评审专家。技术复杂、专业性强的竞争性谈判采购项目，评审专家中应当包含1名法律专家。

2. 制作谈判文件

谈判文件应当根据采购项目的特点和采购人的实际需求制定，并经采购人书面同意。采购人应当以满足实际需求为原则，不得擅自提高经费预算和资产配置等采购标准。应当包括供应商资格条件、采购邀请、采购方式、采购预算、采购需求、采购程序、价格构成或者报价要求、响应文件编制要求、提交响应文件截止时间及地点、保证金交纳数额和形式、评定成交的标准等。除上述内容外，谈判文件还应当明确谈判小组根据与供应商谈判情况可能实质性变动的内容，包括采购需求中的技术、服务要求以及合同草案条款。

3. 确定邀请参加谈判的供应商名单

采购人、采购代理机构应当通过发布公告、从省级以上财政部门建立的供应商库中随机抽取或者采购人和评审专家分别书面推荐的方式邀请不少于三家符合相应资格条件的供应商参与竞争性谈判或者询价采购活动（根据《政府采购非招标采购方式管理办法》的规定，在公开招标中实质性响应供应商只有两家时，参加谈判的供应商数量可以放宽至两家）。采取采购人和评审专家书面推荐方式选择供应商的，采购人和评审专家应当各自出具书面推荐意见。采购人推荐供应商的比例不得高于推荐供应商总数的50%。

从谈判文件发出之日起至供应商提交首次响应文件截止之日止不得少于 3 个工作日。提交首次响应文件截止之日前，采购人、采购代理机构或者谈判小组可以对已发出的谈判文件进行必要的澄清或者修改，澄清或者修改的内容作为谈判文件的组成部分。澄清或者修改的内容可能影响响应文件编制的，采购人、采购代理机构或者谈判小组应当在提交首次响应文件截止之日 3 个工作日前，以书面形式通知所有接收谈判文件的供应商，不足 3 个工作日的，应当顺延提交首次响应文件截止之日。

4. 谈判

谈判小组所有成员应当集中与单一供应商分别进行谈判，并给予所有参加谈判的供应商平等的谈判机会。在谈判中，谈判的任何一方不得透露与谈判有关的其他供应商的技术资料、价格和其他信息。在谈判过程中，谈判小组可以根据谈判文件和谈判情况实质性变动采购需求中的技术、服务要求以及合同草案条款，但不得变动谈判文件中的其他内容。实质性变动的内容，须经采购人代表确认。对谈判文件作出的实质性变动是谈判文件的有效组成部分，谈判小组应当及时以书面形式同时通知所有参加谈判的供应商。

5. 确定成交供应商

谈判结束后，谈判小组应当要求所有参加谈判的供应商在规定的时间内进行最后报价，最后报价是供应商响应文件的有效组成部分。谈判文件能够详细列明采购标的的技术、服务要求的，谈判结束后，谈判小组应当要求所有继续参加谈判的供应商在规定时间内提交最后报价，提交最后报价的供应商不得少于 3 家。谈判文件不能完整、明确列明采购需求，需要由供应商提供最终设计方案或者解决方案的，在谈判结束后，谈判小组应当按照少数服从多数的原则投票推荐 3 家以上供应商的设计方案或者解决方案，并要求其在规定时间内提交最后报价。谈判小组应当从质量和服务均能满足采购文件实质性响应要求的供应商中，按照最后报价由低到高的顺序提出 3 名以上成交候选人，并编写评审报告。

如果是委托采购代理机构（招标代理机构）进行采购，采购代理机构应当在评审结束后 2 个工作日内将评审报告送采购人确认。采购人应当在收到评审报告后 5 个工作日内，从评审报告提出的成交候选人中，根据质量和服务均能满足采购文件实质性响应要求且最后报价最低的原则确定成交供应商，也可以书面授权谈判小组直接确定成交供应商。采购人逾期未确定成交供应商且不提出异议的，视为确定评审报告提出的最后报价最低的供应商为成交供应商。其中质量和服务相等，是指供应商提供的产品质量和服务均能满足采购文件规定的实质性要求。

采购人或者采购代理机构应当自成交供应商确定之日起 2 个工作日内，发出成交通知书,并在省级以上人民政府财政部门指定的媒体上公告成交结果,竞争性谈判文件随成交结果同时公告。成交结果公告内容应当包括采购人和采购代理机构的名称、地址、联系方式,项目名称和项目编号,成交供应商名称、地址和成交金额,主要成交标的的名称、规格型号、数量、单价、服务要求,以及评审专家名单。

第二节 单一来源采购

一、单一来源采购的概念及特点

(一)单一来源采购的概念

单一来源采购也称直接采购,是指采购人从某一特定供应商处采购货物、工程和服务的采购方式。单一来源采购是一种没有竞争的采购方式,是采购人在适当的条件下向单一的供应商、承包商或服务提供者征求建议或报价来采购货物、工程或服务。它达到了公开招标采购的金额标准,但所购商品来源渠道单一,或属专利、首次制造、合同追加、原有项目的后续扩充等特殊情况,因而只能由一家供应商供货。它不需要寻找很多供应商,目标比较明确,方式比较简单,有利于采购单位降低采购成本进行采购。

(二)单一来源采购的特点

1. 单一来源采购的优点

第一,采购单位所购商品的来源渠道是单一的,通常只与唯一的供应商签订合同;采购环节相对较少,手续相对简单,过程也相对简化。

第二,单一来源采购方式的程序较简单,并且具有很强的时效性,在紧急采购时,这种方式可以发挥较好的作用。

2. 单一来源采购的缺点

第一,单一来源采购方式缺乏必要的竞争,所以就其竞争态势而言采购方往往会处于不利地位,单一供应商有可能会倚仗其所处地位,借机提高所采购商品的价格,或是提出其他各种附加条件或要求,所有这些都可能会增加采购方的采购成本。

第二,供应商为了获得更多的利益,可能在谈判过程中贿赂采购方代表,因而容易滋生腐败现象。

二、单一来源采购的适用条件

(一)国际政府采购规则对单一来源采购方式适用条件的规定

在单一来源采购中,采购方可能处于不利的地位,所以对这种采购方式的采用,各类规则都规定了严格的适用条件。通常这种方法应用于紧急采购或只能从唯一的供应商或承包商处取得货物、工程或服务的情况。现将各类规则规定采用单一来源采购方式的情况作一些比较。

1. 招标失败

在采用公开和限制程序情况下没有合适的投标者，且原招标合同条款未作重大改变。招标失败的原因或是无人投标，或是串通投标，或是投标由不符合参加条件的供应商所提出。世界贸易组织的《政府采购协议》和欧盟的《政府采购指令》都有此规定，在招标失败的情况下，可以根据采购方的具体情况和采购商品的特点，考察当时的市场情况，选择合适的单一供应商或承包商签订合约，采用单一来源方式进行采购。

2. 采购标的来源单一

基于技术、工艺或专利权保护的原因，产品、工程或服务只能由特定的供应商、承包商或服务提供者提供，且不存在任何其他合理的选择或替代，各类规则都有此规定。在这种情况下，由于受种种客观条件的限制，不可能采用竞争性方式寻找很多的供应商、承包商或服务提供者，只能采用单一来源采购方式，这时很可能会增加采购成本。

3. 紧急采购时效的需要

不可预见的事件将导致出现异常紧急的情况，使公开和限制程序的时间限制难以得到满足，但出现该紧急事件的情势也非归因于签约机构，各类规则都有此规定。出现紧急情况时，公开和限制性的其他采购方式的程序相对复杂，不可能在很短的时间内完成采购，单一来源采购方式由于程序相对简单，往往可以满足紧急采购的要求，所以单一来源采购方式经常被用于紧急采购的情况。

4. 附加合同

如欧盟的《政府采购指令》规定，就供应合同而言，在原供应商替换或扩充供应品的情况下，更换供应商会造成不兼容或不一致的困难，但此类合同的期限不能超过三年。就工程合同而言，如果现存合同的完成需要增加原来未预料到的额外工程的采购，而该额外工程由于经济或技术原因既不能同主合同分开，又非常必需，那么，该额外工程可以仍由原承包商完成，但价格不能超过原主合同的50%。就服务合同而言，如果确实不能同主合同分离，且为主合同完成所必需的服务，或者是未曾预料到的额外服务，只要该服务的总价值不超过主合同价值的一半，那么该额外合同仍然可以授予原服务提供者。此外，世界银行的《采购指南》、世界贸易组织的《政府采购协议》、联合国的《采购示范法》也都有类似的规定。为了保持供应商品或劳务的连续性、一致性、兼容性，采购方往往继续向原供应商、承包商或服务提供者采购未预料的额外商品、服务或工程，这种情况下的采购方式都属于单一来源采购方式。

5. 研究、实验或开发合同

采购人谋求与供应商或承包商订立一项进行研究、实验、调查或开发工作的合同，但合同中包括的货物生产量足以使该项业务具有商业可行性或足以收回研究开发费用的除外，联合国的《采购示范法》、世界贸易组织的《政府采购协议》和欧盟的《政府采指令》都有此规定。这是规则所规定的适用条件,在订立有关研究、实验或开发合同时,除特别条件外,一般需采用单一来源采购方式,这是由研究、实验或开发合同的特点所决定的。此类合同往往具有长期合作的特点,采购方与供应商、承包商或服务提供者可能进行长期合作,需要确立比较稳定的合作关系,所以应选择单一来源采购方式。

6. 重复合同

指需要增加购买、重复建设或反复提供类似的货物、工程或服务,并且该原合同是通过竞争邀请程序授予且新合同授予同样的供应商、承包商或服务提供者,除联合国的《采购示范法》外,其他规则都有类似的规定。这种情况下,由于重复合同具有经常反复的特点,采购方与供应商、承包商或服务提供者需要确立比较稳定的合作关系,适宜采用单一来源采购方式。

7. 设计竞赛

如世界贸易组织的《政府采购协议》规定,只要该比赛是按照公开邀请所有资格合格者都参加的方式公开而有组织地进行的,并且比赛是由独立的评判团来判定的,那么就可以与设计比赛获胜者签署采购合同。欧盟的《政府采购指令》也有此规定。与设计比赛获奖者签订采购合同,设计比赛获奖者是唯一的供应商,符合单一来源采购方式的概念和特点,所以这种情况也应采用单一来源采购方式。

另外,除了以上共同的适用条件之外,各类规则还有各自独特的适用条件。联合国的《采购示范法》规定,在以下两种情况下也可以采用单一来源采购,即采购人的采购涉及国防或国家安全,并断定单一来源采购为最适当的采购方法;出于经济发展、就业、国内优惠等政策的考虑,世界银行的《采购指南》规定,如果负责工艺设计的承包商要求从某供应商处采购关键部件,并以此作为性能保证的条件,那么采购机构也可采用直接签订合同的采购方式。世界贸易组织的《政府采购协议》规定,对于在商品市场上采购的产品或只有短时间内才出现的条件极有利的采购,也可采用限制性招标方式,即单一来源采购方式。

(二)我国对单一来源采购方式适用条件的规定

《政府采购法》规定,符合下列条件之一的货物或服务,可以采用单一来源方式采购:

一是只能从唯一的供应商处采购的。这种情形是指因货物或者服务使用不可替代的专利、专有技术,或者公共服务项目具有特殊要求,导致只能从某一特定供应商处采购的。

二是发生了不可预见的紧急情况,不能从其他供应商处采购的。

三是必须保证原有采购项目一致性或服务配套的更求,需要继续从原供应商处添购,且添购资金总额不超过原合同采购金额 10% 的。

从以上分析可以看出,《政府采购法》中规定的单一来源采购方式的适用条件与世界银行的《采购指南》、联合国的《采购示范法》、世界贸易组织的《政府采购协议》等规则中规定的适用条件基本上是一致的,是从我国国情出发,将各种规则中的适用条件结合我国的实际情况进行了具体化,使这些适用条件更加符合我国政府采购的具体操作。

三、单一来源采购程序

1. 确定采购需求

采购需求由各采购实体提出，报财政部门审核，只有被财政部门列入年度采购计划的采购需求才能执行。财政部门在审查各采购实体的采购需求时，既要考虑采购预算的限额，同时还要考虑各采购实体的采购需求的合理性，包括整体布局、产品原产地、采购项目的社会效益等，从源头上控制盲目采购、重复采购等问题。确定采购需求是整个采购过程中的一个非常重要的环节。

2. 预测采购风险

预测采购风险是采购工作中的一个重要步骤，采购风险是指采购过程中可能出现的一些意外情况，包括支出增加、交货推迟、供应商的交货不符合采购实体的要求、采购人员工作失误或采购实体和供应商之间存在不诚实甚至违法行为等。这些情况都会影响采购预期目标的实现，所以，事前要做好防范措施。

3. 确定单一来源采购方式

若单项或批量采购项目达到一定金额以上，并且满足单一来源采购的适用条件，经采购管理机关批准可以采用单一来源采购方式，如属于专利艺术品独家制造或供应、秘密咨询、涉及国防或国家安全的采购，无其他合适替代标；原采购的后续维修、零配件供应、更换或扩充，由于兼容性或统一规格的要求，在一定时期内必须向原供应商采购及属于原形态或首次制造供应的物品等。

4. 资格审查与公示

资格审查即对供应商的资格进行审查，只有合格的供应商才能进行竞标。供应商是指在中国境内外注册的企业、公司及其他提供工程、货物、服务的自然人和法人。采购实体的任何采购都必须从合格的供应商处获得。从国际惯例来看，合格的供应商的资格应该包括以下几个方面：

第一，具有履行采购合同所需的专业和技术资格、专业和技术能力、财力资源、设备和其他物资设备、管理能力、可靠性、经验、声誉和人员；

第二，具有订立采购合同的法定权利；

第三，未处于无清偿能力、财产被接管、破产或停业状态，其业务目前未由法院或司法人员管理，其业务活动未终止，而且没有因为上述任何情况而成为法律诉讼的主体；

第四，履行了缴纳本国税款和社会保障金的义务；

第五，在采购过程若干年内，未发现有违反国家税收法规及其他经济法规的违法违纪行为；

第六，在采购过程开始之前若干年内，其主要领导或主要职员未出现与其职业相关的刑事犯罪，或与假冒、虚报资格骗取采购合同相关的刑事犯罪。如果在采购过程中，采购单位发现供应商提供的资料为虚假资料，提供的资料在实质性方面失实或不完整，则要取消该供应商的资格,并给予处罚。

我国《政府采购法实施条例》规定,对于只能从唯一供应商处采购且达到公开招标数额的货物、服务项目,拟采用单一来源采购方式的,采购人、采购代理机构在按照该办法第四条报财政部门批准之前,应当在省级以上财政部门指定媒体上公示,并将公示情况一并报财政部门。公示期不得少于 5 个工作日。公示内容应当包括:采购人、采购项目名称和内容;拟采购的货物或者服务的说明;采用单一来源采购方式的原因及相关说明;拟定的唯一供应商名称、地址;专业人员对相关供应商因专利、专有技术等原因具有唯一性的具体论证意见,以及专业人员的姓名、工作单位和职称;公示的期限;采购人、采购代理机构、财政部门的联系地址、联系人和联系电话。

任何供应商、单位或者个人对采用单一来源采购方式公示有异议的,可以在公示期内将书面意见反馈给采购人、采购代理机构,并同时抄送相关财政部门。采购人、采购代理机构收到对采用单一来源采购方式公示的异议后,应当在公示期满后 5 个工作日内,组织补充论证,论证后认为异议成立的,应当依法采用其他采购方式;论证后认为异议不成立的,应当将异议意见、论证意见与公示情况一并报相关财政部门。采购人、采购代理机构应当将补充论证的结论告知提出异议的供应商、单位或者个人。

同时,对于达到公开招标数额且采用非公开招标方式采购的项目,需报财政监督部门批准。单一来源采购在报财政部门批准的同时,也需上报单一来源采购公示情况。

5. 协商采购事宜

在确定唯一供应商并公示且报请财政部门批准同意后,采购人可以与供应商协商采购事宜。采购人、采购代理机构应当遵循《政府采购法》规定的原则,组织具有相关经验的专业人员与供应商商定合理的成交价格并保证采购项目质量,在保证采购项目质量和双方商定的合理价格的基础上进行采购。

6. 签订采购合同

无论通过何种采购方式,最终都要形成一份合同。合同给予符合采购事先公布评审标准的供应商,供应商在签订采购合同时,需按标准交纳一定数额的履约保证金,以保证合同商能够按合同的规定履行其义务。

7. 履行采购合同

合同签订后,采购进入合同执行阶段。在此阶段,供应商必须按合同的各项规定向采购实体提供货物、工程或服务,采购实体和供应商都不得单方面修改合同条款,否则属于违约,违约方必须按合同规定向合同的另一方赔偿损失。

8. 验收

在合同执行过程中或执行完毕后,采购实体对合同执行的阶段性结果或最终结果进行检验和评估。合同验收一般由专业人员组成的验收小组来进行,验收结束后,验收小组要作验收记录,并分别在验收说明书和结算验收证明书上签字。

9. 结算

财政部门按验收证明书、结算验收证明书及采购合同的有关规定，与供应商进行资金结算。如果合同执行情况基本上符合要求，在财政部门办理结算后，采购实体事先收取的履约保证金应还给供应商。

10. 效益评估

采购实体及有关管理、监督部门对已采购的项目的运行情况及效果进行评估，以检验项目运行效果是否达到了预期目的。通过效益评估，还可以判定采购实体的决策管理能力及供应商的履约能力。如果采购项目运行效益差，且原因出在采购实体身上，财政部门以后将对该采购实体上报的采购计划进行严格审查，或者禁止该采购实体自己进行采购活动；原因如果出在供应商身上，也要予以通告，该供应商以后会失去很多拿到政府采购合同的机会。

在以上十个阶段中，前六个阶段，即确定采购需求、预测采购风险、确定单一来源采购方式、资格审查与公示、协商采购事宜及签订采购合同，称为合同形成阶段；后四个阶段即履行采购合同、验收、结算和效益评估称为合同管理阶段。合同形成阶段和合同管理阶段构成了整个采购过程。

对于复杂和高成本的采购项目，还需要做以下工作：市场调查、选址、评估为企业发展所提供的机会等。通过进行广泛的市场调查和市场分析，掌握有关采购内容的国内外最新行情，了解采购物品的来源、价格、货物和设备的性能及其可靠性等，并提出切实可行的采购清单和计划，为下一步确定采购方式和供应商资格提供可靠的依据。如果不进行市场调查、价格预测，就会增加采购风险，甚至导致错误采购，严重影响项目的执行情况。选址也非常重要，如果选址有误，同样会增加采购风险，给国家带来损失。所以，为产业发展提供机会应在确定采购需求时作周全考虑，否则会降低采购效益。

第三节 询 价

一、询价的概念及特点

（一）询价的概念

询价是指询价小组向符合资格条件的供应商发出采购货物询价通知书，要求供应商一次报出不得更改的价格，采购人从询价小组提出的成交候选人中确定成交供应商的采购方式。

（二）询价的特点

第一，至少邀请三家供应商、承包商或服务提供者，具有一定的竞争性。

第二，参加询价采购活动的供应商，只允许按照询价通知书的规定一次报出不得更改的价格。

第三，询价采购的评审结果应为报价最低的供应商。

通过以上分析可以看出，询价具有一定的竞争性，有利于降低采购成本，促进公平竞争，保证交易的公正性，维护采购人和供应商双方的共同利益。

二、询价的适用条件

适用询价采购方式的项目，主要是针对现货或标准规格的商品的采购，或投标文件的审查需要很长时间才能完成，供应商准备投标文件需要更高额的费用或资格审查条件过于复杂的采购。

在国际上，各国政府采购规则规定在下列情况下且经过主管部门批准，采购机构可采用询价采购方式：①采购现成而非按采购人要求的特定规格、特别制造或提供的货物或服务。若采购方采购的是现成的货物或服务，宜采用询价采购方式。现成的货物或服务大都规格、标准统一，现货货源充足，价格变化范围不大，所以，采用询价采购方式往往可以实现采购单位的采购目标。②采购合同的估计价值低于采购条例规定的数额。

我国《政府采购法》规定，采购的货物规格、标准统一，现货货源充足，且价格变化幅度小的政府采购项目，可以采用询价采购方式。

三、询价的采购程序

1. 成立询价小组

询价小组的组成与竞争性谈判小组的组成要求相同。要求由采购人代表和评审专家共3人以上单数组成，其中评审专家人数不得少于竞争性谈判小组或者询价小组成员总数的2/3。采购人不得以评审专家身份参加本部门或本单位采购项目的评审。采购代理机构人员不得参加本机构代理的采购项目的评审。达到公开招标数额标准的货物或者服务采购项目，或者达到招标规模标准的政府采购工程，竞争性谈判小组或者询价小组应当由5人以上单数组成。

2. 确定被询价的供应商名单

询价小组根据所采购商品的特点及对供应商、承包商或服务提供者的要求，特别是根据要采购的内容，从符合相应资格条件的供应商名单中选定3家以上的供应商。选择时必须依据所要采购的内容，同时考察各供应商的供应能力和资格条件，作出慎重选择。

3. 发出询价通知书

询价通知书应当根据采购项目的特点和采购人的实际需求制定，并经采购人书面同意。采购人应当以满足实际需求为原则，不得擅自提高经费预算和资产配置等采购标准。询价通知书应当包括供应商资格条件、采购邀请、采购方式、采购预算、采购需求、采购程序、价格构成或者报价要求、响应文件编制要求、提交响应文件截止时间及地点、保证金交纳数额和形式、评定成交的标准等。

从询价通知书发出之日起至供应商提交响应文件截止之日止不得少于 3 个工作日。提交响应文件截止之日前，采购人、采购代理机构或者询价小组可以对已发出的询价通知书进行必要的澄清或者修改，澄清或者修改的内容作为询价通知书的组成部分。澄清或者修改的内容可能影响响应文件编制的，采购人、采购代理机构或者询价小组应当在提交响应文件截止之日 3 个工作日前，以书面形式通知所有接收询价通知书的供应商，不足 3 个工作日的，应当顺延提交响应文件截止之日。

4．询价

询价小组要求被询价的供应商一次报出不得更改的价格。询价小组应当从质量和服务均能满足采购文件实质性响应要求的供应商中，按照报价由低到高的顺序提出 3 名以上成交候选人，并编写评审报告。

采购代理机构应当在评审结束后 2 个工作日内将评审报告送采购人确认。

5．确定成交供应商

采购人应当在收到评审报告后 5 个工作日内，从评审报告提出的成交候选人中，根据质量和服务均能满足采购文件实质性响应要求且报价最低的原则确定成交供应商，也可以书面授权询价小组直接确定成交供应商。采购人逾期未确定成交供应商且不提出异议的，视为确定评审报告提出的最后报价最低的供应商为成交供应商。

第四节　竞争性磋商

一、竞争性磋商的概念与特点

1．竞争性磋商的概念

竞争性磋商采购方式，是指采购人、政府采购代理机构通过组建竞争性磋商小组（以下简称磋商小组）与符合条件的供应商就采购货物、工程和服务事宜进行磋商，供应商按照磋商文件的要求提交响应文件和报价，采购人从磋商小组评审后提出的候选供应商名单中确定成交供应商的采购方式。

2．竞争性磋商的特点

第一，缩短准备期，能使采购项目更快地发挥作用。

第二，有利于提高工作效率，减少采购成本。

第三，供求双方能够进行更为灵活的谈判。在竞争性磋商过程中，磋商小组可以对采购需求中的技术、服务要求以及合同草案条款进行实质性变动，以更好地满足采购人的需求。

第四，弱化了价格的主导作用，适应政府购买服务、政府与社会资本合作（PPP）改革的需要。竞争性磋商采购采用综合评分法对供应商情况进行比较，使评价因素更为全面完整,可以使采购人购买到性价比最高的货物或服务。

二、竞争性磋商的适用条件

竞争性磋商的适用条件如下:
第一,政府购买服务项目;
第二,技术复杂或者性质特殊,不能确定详细规格或者具体要求的;
第三,因艺术品采购、专利、专有技术或者服务的时间、数量事先不能确定等原因不能事先计算出价格总额的;
第四,市场竞争不充分的科研项目,以及需要扶持的科技成果转化项目;
第五,按照招标投标法及其实施条例必须进行招标的工程建设项目以外的工程建设项目。

三、竞争性磋商的程序

1. 制定竞争性磋商文件

竞争性磋商文件(以下简称磋商文件)应当根据采购项目的特点和采购人的实际需求制定,并经采购人书面同意。采购人应当以满足实际需求为原则,不得擅自提高经费预算和资产配置等采购标准。磋商文件不得要求或者标明供应商名称或者特定货物的品牌,不得含有指向特定供应商的技术、服务等条件。磋商文件应当包括供应商资格条件、采购邀请、采购方式、采购预算、采购需求、政府采购政策要求、评审程序、评审方法、评审标准、价格构成或者报价要求、响应文件编制要求、保证金交纳数额和形式以及不予退还保证金的情形、磋商过程中可能实质性变动的内容、响应文件提交的截止时间、开启时间及地点以及合同草案条款等。

2. 邀请与选择供应商

采购人、采购代理机构应当通过发布公告、从省级以上财政部门建立的供应商库中随机抽取或者采购人和评审专家分别书面推荐的方式邀请不少于3家符合相应资格条件的供应商参与竞争性磋商采购活动。采取采购人和评审专家书面推荐方式选择供应商的,采购人和评审专家应当各自出具书面推荐意见。采购人推荐供应商的比例不得高于推荐供应商总数的50%。

根据《政府采购竞争性磋商采购方式管理暂行办法》规定,市场竞争不充分的科研项目,以及需要扶持的科技成果转化项目,提交最后报价的供应商可以为2家,同时,此类项目磋商小组可以推荐2家成交候选供应商。除此之外,其他竞争性磋商项目在采购过程中都需要3家符合要求的供应商,采购活动才可以继续进行。

3. 发售磋商文件

从磋商文件发出之日起至供应商提交首次响应文件截止之日止不得少于10日。磋商文件售价应当按照弥补磋商文件制作成本费用的原则确定,不得以营利为目的,不得以项目预算金额作为确定磋商文件售价的依据。磋商文件的发售期限自开始之日起不得少于 5 个工作日。提交首次响应文件截止之日前，采购人、采购代理机构或者磋商小组可以对已发出的磋商文件进行必要的澄清或者修改，澄清或者修改的内容作为磋商文件的组成部分。澄清或者修改的内容可能影响响应文件编制的，采购人、采购代理机构应当在提交首次响应文件截止时间至少 5 日前，以书面形式通知所有获取磋商文件的供应商；不足 5 日的，采购人、采购代理机构应当顺延提交首次响应文件的截止时间。

4．磋商

采购人、采购代理机构应当按照政府采购相关法律法规规定成立磋商小组，组织开展竞争性磋商，并采取必要措施，保证磋商在严格保密的情况下进行。

磋商小组由采购人代表和评审专家共 3 人以上单数组成，其中评审专家人数不得少于磋商小组成员总数的 2/3。采购人代表不得以评审专家身份参加本部门或本单位采购项目的评审。采购代理机构人员不得参加本机构代理的采购项目的评审。采用竞争性磋商方式的政府采购项目，评审专家应当从政府采购评审专家库内相关专业的专家名单中随机抽取。

磋商小组所有成员应当集中与单一供应商分别进行磋商，并给予所有参加磋商的供应商平等的磋商机会。

在磋商过程中，磋商小组可以根据磋商文件和磋商情况实质性变动采购需求中的技术、服务要求以及合同草案条款，但不得变动磋商文件中的其他内容。实质性变动的内容，须经采购人代表确认。对磋商文件作出的实质性变动是磋商文件的有效组成部分，磋商小组应当及时以书面形式同时通知所有参加磋商的供应商。供应商应当按照磋商文件的变动情况和磋商小组的要求重新提交响应文件，并由其法定代表人或授权代表签字或者加盖公章。由授权代表签字的，应当附法定代表人授权书。供应商为自然人的，应当由本人签字并附身份证明。

5．确定成交供应商

经磋商确定最终采购需求和提交最后报价的供应商后，由磋商小组采用综合评分法对提交最后报价的供应商的响应文件和最后报价进行综合评分。综合评分法货物项目的价格分值占总分值的比重（即权值）为 30%—60%，服务项目的价格分值占总分值的比重（即权值）为 10%—30%。采购项目中含不同采购对象的，以占项目资金比例最高的采购对象确定其项目属性。符合《政府采购竞争性磋商采购方式管理暂行办法》第三条第三项的规定和执行统一价格标准的项目，其价格不列为评分因素。有特殊情况需要在上述规定范围外设定价格分权重的，应当经本级人民政府财政部门审核同意。

综合评分法中的价格分统一采用低价优先法计算，即满足磋商文件要求且最后报价最低的供应商的价格为磋商基准价，其价格分为满分。其他供应商的价格分统一按照下列公式计算：

磋商报价得分＝（磋商基准价/最后磋商报价）×价格权值×100

磋商小组应当根据综合评分情况，按照评审得分由高到低的顺序推荐 3 名以上成交候选供应商，并编写评审报告。采购代理机构应当在评审结束后 2 个工作日内将评审报告送采购人确认。采购人应当在收到评审报告后 5 个工作日内,从评审报告提出的成交候选供应商中,按照排序由高到低的原则确定成交供应商,也可以书面授权磋商小组直接确定成交供应商。采购人逾期未确定成交供应商且不提出异议的,视为确定评审报告提出的排序第一的供应商为成交供应商。

本章小结

1. 《政府采购法》及有关法规、办法规定了政府采购的四种非招标采购方式:竞争性谈判、单一来源采购、询价、竞争性磋商。

2. 竞争性谈判,是指谈判小组与符合资格条件的供应商就采购货物、工程和服务事宜进行谈判,供应商按照谈判文件的要求提交响应文件和最后报价,采购人从谈判小组提出的成交候选人中确定成交供应商的采购方式。其采购程序为:成立谈判小组、制作谈判文件、确定邀请参加谈判的供应商名单、谈判、确定成交供应商。

3. 单一来源采购,是指采购人从某一特定供应商处采购货物、工程和服务的采购方式。它具有采购商品的来源渠道单一、采购环节相对较少、手续相对简单、过程相对简化等特点,其采购程序为:确定采购需求、预测采购风险、确定单一来源采购方式、资格审查与公示、协商采购事宜、签订采购合同、履行采购合同、验收、结算、效益评估。

4. 询价,是指询价小组向符合资格条件的供应商发出采购货物询价通知书,要求供应商一次报出不得更改的价格,采购人从询价小组提出的成交候选人中确定成交供应商的采购方式。其采购程序是:成立询价小组、确定被询价的供应商名单、发出询价通知书、询价、确定成交供应商。

5. 竞争性磋商,是指采购人、政府采购代理机构通过组建竞争性磋商小组与符合条件的供应商就采购货物、工程和服务事宜进行磋商,供应商按照磋商文件的要求提交响应文件和报价,采购人从磋商小组评审后提出的候选供应商名单中确定成交供应商的采购方式。其采购程序是:制定竞争性磋商文件、邀请与选择供应商、发售磋商文件、磋商、确定成交供应商。

案例分析

【案例 1】某单位需要购买一批设备,因为金额较小,加上时间紧急,所以决定采用竞争性谈判方式进行采购。截至提交响应文件规定时间,共有 4 家设备公司提交了响应文件。谈判小组根据各响应供应商的一轮报价及谈判文件的要求对其所提供的设备型号、性能、技术参数进行了仔细的对比、甄别、遴选,发现所有供应商都实质性响应了谈判文件的要求,且其产品均满足采购需求,遂要求各供应商进行最后报价。其中有一家供应商在初次报价的基础上单价又下降了 70 元,最终报价最低。按照谈判文件规定的成交原则,谈判小组推荐该供应商为成交供应商。成交结果一公布,K 公司即提出质疑。其质疑的内容为,未经过谈判环节,成交结果无效。

阅读案例并思考:竞争性谈判项目是否必须进行谈判?未经过谈判的项目成交结果

是否有效?

【案例2】某省举办大型扶贫物资采购,总金额为 500 万元。因为时间紧,若采用公开招标的方式无法满足采购需求,因此采购中心接到任务后,考虑到该批货物规格、标准统一,且现货货源充足,经中心领导研究,决定采用询价采购方式,并迅速成立了项目小组。采购中心经办同志经过努力,在核实了项目需求后以最快的速度发出了询价单,询价单中明确规定以最低价成交。5 天后,采购大会如期举行,除了有关部门领导到场外,纪检、监察以及采购办均派人参加了大会,并进行了全程监督。在采购过程中,根据会场领导的要求,采购中心组织的专家组先与每位供应商进行了谈判,同时还要求他们对自己在询价单上的报价作出相应的调整。报价结束后,根据供应商二次报价的情况以及各单位的资质情况,专家组进行了综合评分,根据得分的高低向项目领导小组推举出本次采购各个分包的项目中标候选人,圆满完成了采购任务。

阅读案例并思考:该采购中心的采购做法是否规范、合法?

【案例3】受采购人委托,某采购代理机构采用单一来源采购方式,对其所需的某设备供货以及安装进行采购。一家经过单一来源公示的供应商 A 公司参与,单一来源采购按照法定的程序进行。A 公司的第一次报价为 781 490 元,同时递交了报价明细表,设备的成本、利润分析表,类似项目的合同,以及相关专利、专有技术等情况说明。

采购代理机构组织采购人和两名专家与 A 公司进行协商谈判。协商小组要求 A 公司降价,A 公司的授权代表则找各种理由坚持自己的报价不高,如以人工成本一直在涨、利润很低、降价的幅度和空间很低等为由。

从 A 公司递交的报价明细表,设备的成本、利润分析表,类似项目的合同价格等书面资料分析,利润只有 2 万元,第一次报价也不算高。对有关问题进行答复或承诺后,协商小组要求 A 公司进行最后一次密封报价,作为最终的报价。最终 A 公司的报价为 781 400 元,只下浮了 90 元。协商小组最后确定 A 公司为成交人,成交金额为 781 400 元。

成交公告公示后,采购代理机构收到供应商 B 公司的来信,B 公司声称 A 公司的成交价远远高于市场价,成交价格很不合理,有违《政府采购法》采购价格合理及物有所值的原则,并提供近 6 个月该设备的成交价格。经核查,A 公司递交的报价明细表以及设备的成本、利润分析表不合理,虚增成本,提供的类似项目的合同产品与本次采购的普通系列不是同一系列,类似项目的合同产品为高档系列,与采购项目的设备价格不具有可比性,成交金额 781 400 元确实明显偏高。

阅读案例并思考:单一来源成交金额是否可以高于公布的采购预算?单一来源采购是否没有竞争?

【案例4】2015 年 3 月 31 日,某省政府采购中心首次采用竞争性磋商方式为该省国税呼叫中心服务外包项目遴选服务商。该项目不管在采购方式和供应商的选择上,还是在采购的程序上都完全符合和满足了竞争性磋商的要求,遗憾的是,首次采购没有成功选择到服务商。这次采购的具体情况如下:

采购方式的选择。竞争性磋商的适用情形的第一条就明确了,政府购买服务项目可以采用。国税的 12366 呼叫中心是利用国家税务总局统一的热线系统软件建设的，以 12366 为特服号码，以全省省级集中呼入和呼出、各地远程坐席支持为主要运作模式的、为纳税人提供税收咨询等服务的平台。该中心建于 2011 年，当时即采用服务外包运作的方式，由该省国税局和服务供应商 XX 企业共同管理，合同期 3 年，2014 年年底中心面临规模扩大、业务拓展等一系列紧迫任务，国税局决定继续采用服务外包的模式运行该项目。该省省政府采购中心接受委托后，明确该项目为政府购买服务项目，且技术复杂、性质特殊，因此选择竞争性磋商方式进行采购。

投标供应商的选择。《政府竞争性磋商采购方式管理暂行办法》规定，供应商的选择有三种方式，一是通过发公告广泛征集供应商，二是从省级以上财政部门建立的供应商库中随机抽取，三是由采购人和评审专家分别书面推荐的方式产生。该项目中，江苏省政府采购中心采用了第一种方式，也是该中心认为最公平的方式，在江苏省政府官网上进行了为期 10 天的公示，接受满足条件的供应商前来参与该项目。

磋商小组的成立。为了确保项目公平、公正地进行，该省政府采购中心在专家库内随机抽取了 5 位行业专家和 2 位采购人代表。

磋商的程序及成交原则。磋商小组所有成员集中与单一供应商分别进行磋商，对磋商文件中未能详细或明确列明的事项进行补充，并要求所有对采购文件作出实质性响应的供应商在规定时间内提交报价。由磋商小组根据综合评分法，按照各供应商评审得分的高低顺序，选择成交人。

该项目一共有 3 家投标供应商，其中 2 家的报价均在预算价之下，1 家在预算价之上。磋商小组发现了该情况，在与该供应商磋商时，指出如果其坚持原有报价并超过预算很可能导致该项目的终止。因为《政府竞争性磋商采购方式管理暂行办法》规定，除市场竞争不充分的科研项目，以及需要扶持的科技成果转化项目的供应商可以放宽至 2 家以外，其他在采购过程中符合要求的供应商或者报价未超过采购预算的供应商都必须满足 3 家或 3 家以上。但是，该供应商在磋商之后，仍然坚持原报价，磋商小组最终只能无奈地决定终止本次竞争性磋商活动。

阅读案例并思考：您认为导致本次项目终止的深层次原因有哪些？如何改进？

思考题

1. 政府采购非招标采购方式具体分为哪些种类？
2. 简述竞争性谈判的概念、特点、适用范围和采购程序。
3. 简述单一来源采购的概念、特点、适用范围和采购程序。
4. 简述询价的概念、特点、适用范围和采购程序。
5. 简述竞争性磋商的概念、特点、适用范围和采购程序。

 课外阅读材料

1. 马海涛等主编：《政府采购手册》，民主与建设出版社 2002 年版，第 107—172 页。

2．刘汉屏、李安泽编著：《政府采购理论与政策研究》，中国财政经济出版社 2004 年版，第 174—178、250—307 页。

3．苏明主编：《政府采购》，中国财政经济出版社 2003 年版，第 78—114 页。

4．李进编著：《政府采购实务》，江苏科学技术出版社 2006 年版，第 37—53 页。

5．杨灿明、李景友编：《政府采购问题研究》，经济科学出版社 2004 年版，第 100—128 页。

6．《政府采购工作文件选编》，中国税务出版社 2005 年版，第 1—16、17—29 页。

7．王亚星著：《政府采购制度创新》，中国时代经济出版社 2002 年版，第 57—85、254—255 页。

8．李鸣等著：《公共采办研究》，经济科学出版社 2005 年版，第 75—85、201—215 页。

9．《中华人民共和国政府采购法》

10．《中华人民共和国政府采购法实施条例》

11．《政府采购非招标采购方式管理办法》

12．《政府采购竞争性磋商采购方式管理暂行办法》

第八章 政府采购合同履行

本章重点

1. 政府采购合同的条款
2. 政府采购合同订立的规范要求
3. 政府采购合同履行的要求及程序
4. 政府采购合同权利义务中止和终止的情形
5. 政府采购项目验收的要求和程序
6. 政府采购项目结算的要求和程序

导语

合同在现代的经济活动中起着十分重要的作用,是经济活动顺利完成的法律保障。在政府采购中,签订的合同依据法律对双方当事人的行为进行约束,规定其各自的权利和需要履行的义务,保障采购的顺利完成。本章主要介绍了政府采购合同订立的有关要求及其内容,以及如何约束采购双方的权利义务,并介绍了合同履行后政府采购项目的验收和结算工作。

关键词

政府采购合同　条款　违约责任　合同订立　合同履行　中止　终止　项目验收　结算

第一节　政府采购合同

一、政府采购合同的概念

合同是指买卖双方达成的具有法律效力的承诺。政府采购合同是采购人与供应商之间依照一定的法定程序，遵循平等自愿、协商一致的原则，就各自的权利与义务所达成的协议的法律文本。协议签订后，双方当事人应当按照合同约定的内容履行各自的义务，享受各自的权利。

合同的种类繁多，可以根据交易性质和方式的不同制定不同的条款。就政府采购而言，可以分成以下几类：供货合同，适用于货物政府采购；工程承包合同，适用于工程政府采购，相对来说，这些合同较为复杂，各方面的规定和条款也比较多；服务合同，适用于服务政府采购，这类合同的具体要求较多，且难以形成规范、统一的格式，也属于较为复杂的合同类型。

政府采购合同的内容由当事人约定，一般包括以下条款：采购人与中标的供应商（以下统称当事人）双方的名称或者姓名和住所、标的、数量、质量、价款或报酬、履行期限及地点与方式、违约责任、解决争议的方法、特殊条款。

二、政府采购合同条款的确定

政府采购合同的条款是政府采购合同中经双方当事人协商一致、规定双方当事人权利和义务的具体条文。政府采购合同的权利和义务，除法律规定的以外，主要由政府采购合同的条款确定。政府采购合同的条款是否齐备、准确，决定了政府采购合同能否成立、生效以及能否顺利地履行，从而实现订立政府采购合同的目标。

不同的政府采购合同，由其类型与性质决定了其主要条款或者必备条款可能是不同的。比如货物类政府采购合同，其条款的基本内容一般包括当事人双方的权利和义务，以及标准、数量、价格、包装运输、验收程序、保险、付款条件、索赔、合同中止程序、违约责任的处理，等等。

工程和服务类政府采购在合同的内容上则有一些特殊要求，如工程承包合同的基本条款应包括工程的进度、交工期限、工艺和技术水平的要求等；服务合同中的租赁合同、保险合同、劳务合同等均有体现其服务或行业特点的内容。

（一）当事人的名称或者姓名和住所

当事人的名称或者姓名和住所条款，对政府采购、企业采购、团体采购和私人采购等合同订立来说，都是必须具备的条款。当事人是政府采购合同的主体，合同中如果不写明当事人，就无法确定权利的享受和义务的承担，发生纠纷也难以解决。

（二）标的

标的是政府采购合同当事人的权利和义务指向的对象。标的是合同成立的必要条件，是一切合同的必备条款。如果没有标的，政府采购合同就不能成立，合同关系也就无法建立。

政府采购合同各种各样，千差万别，其标的也是多种多样：

第一，有形资产。有形资产是指具有价值和使用价值并且法律允许流通的有形物，如土地、建筑物、一般设备、办公消耗用品、建筑装饰材料、物资、专用材料、专用设备、交通工具等。

第二，无形资产。无形资产是指具有价值和使用价值并且法律允许流通的不以实物形态存在的智力成果，如商标、专利、著作权、工业产权等。

第三，劳务。劳务是指不以有形财产体现其成本的劳动与服务，如维修、保险、交通工具的维护保障、会议、培训、物业管理和其他服务等行为。

第四，工作成果。工作成果是指在政府采购合同履行过程中产生的、体现履行行为的有形物或者无形物，如承揽合同中由供应商完成的工作成果，工程政府采购合同中供应商完成的建设项目，技术开发合同中委托开发人完成的研究开发工作等。

政府采购合同对标的的规定应当清楚明白、准确无误，对于名称、型号、规格、品种、等级、花色等都要约定得细致、准确、清楚，防止差错。特别是对于不易确定的无形资产、劳务、工作成果等更应尽可能地描述准确、清楚。订立政府采购合同还应当注意各种语言、方言以及习惯称谓的差异，避免不必要的麻烦和纠纷。

（三）数量

数量条款是采购合同中的主要条款之一，按约定的数量交付货物是供应商的基本义务。一些国家的法律规定，供应商交货的数量必须与合同规定相符，否则采购方有权拒收货物乃至索取赔偿。由于交易约定的数量是交接货物的依据，因此，正确掌握成交数量和签订好合同中的数量条件，具有十分重要的意义。同时，正确掌握成交数量，在一定程度上可以起到促进交易、达到和争取有利价格的目的。

在大多数的政府采购合同中，数量是必备条款，没有数量，合同是不能成立的。对于有形资产，数量是对单位个数、体积、面积、长度、容积、重量等的计量；对于无形资产，数量是个数、件数、字数以及使用范围等多种量度方法；对于劳务，数量为劳动量；对于工作成果，数量是工作量及成果数量。合同数量要准确无误，要选择使用共同接受的计量单位、计量方法和计量工具。

合同中数量条款的制定要遵循的原则有：

1. 数量条款应当具体明确

为了便于履行合同和避免引起争议，采购合同中的数量条款应明确、具体。首先，要明确计量单位的选用。计量单位很多，采取哪一种计量单位除主要取决于商品的种类与特点外，也取决于交易双方的意愿。计量单位可分为重量单位、数量单位、长度单位、面积单位、容积单位等。其中，在选用重量单位时，首先要明确规定使用毛重还是净重计算。其次要确定数量条件。如矿石、谷物等易碎物品一般使用装船数量条件，其他物品一般使用到岸数量条件。

2. 合理规定数量机动幅度

在某些大宗商品交易中,由于商品的特性、货源变化、包装等因素影响,要求准确地按约定数量交货有时存在一定的困难,为了使交货数量具有一定范围内的灵活性和便于履行合同,招标采购单位可以和供应商在合同中合理规定数量机动幅度。只要卖方交货的数量在约定的增减幅度范围内,采购人就不得以交货数量不符为由拒收货物或提出索赔。

3. 机动数量的计价方法要公平合理

通常的做法是超出或低于合同规定的部分,一般按合同价格结算,双方有协议者也可以在合同中予以具体规定。

(四)质量

质量指的是标准和技术要求。它包括性能、效用、工艺等,一般以品种、型号、规格、等级等体现出来。对于有形资产来说,质量是物理、化学、机械、生物等性质;对于无形资产、服务工作的成果来说,也有质量高低的问题,并有衡量的特定方法。质量条款的重要性是毋庸讳言的,许许多多的合同纠纷由此引发。政府采购合同中应当对质量问题尽可能地作出细致、准确和清楚的规定。国家有强制性标准规定的,必须按照规定的标准执行。如有其他质量标准的,应尽可能约定其适用的标准。当事人可以约定质量检验的方法、质量责任的期限和条件、对质量提出异议的条件与期限等。

采购合同应尽可能详细地列出所购物资或项目的品质、规格和标准。如果所购物资及服务或工程质量达不到所需要求,即使价格再低廉也达不到应有的效果。

(五)价款或者报酬

价款或者报酬是指一方当事人向对方当事人所付代价的货币支付。价款一般是指对提供财产的当事人支付的货币;报酬一般是指对提供劳务或者工作成果的当事人支付的货币。

价格应当在政府采购合同中规定清楚或者规定计算价款或报酬的方法。有些政府采购合同比较复杂,货款、运费、保险费、保管费、装卸费、报关费以及一切其他可能支出的费用由谁承担都要有明确的规定。

在政府采购尤其是工程项目的采购中,价格的制定是较复杂的一项工作,既需要考虑工程本身的造价成本,也需要考虑工程进行中可能出现的不确定因素。在制定价格时应考虑的不确定性因素有:通货膨胀率高低的变化;选择国外货币时所遇到的汇率变化;合同签署后原材料和劳动力成本的变化;工程项目中遇到的诸如工程量的计算等许多不确定性的因素。对于这些不确定性的因素,供应商在制定价格时,往往会高估采购物资或工程项目的价格。因此,招标采购单位在制定价格时,有必要制定一个价格范围,尤其是确定标底。标底即制定的价格极限,可分最高价和最低价两种。最低价的制定是为了防止供应商以不合理的低价参加投标以获取合同,从而影响采购的质量;最高价的规定是为了防止采购成本过高。

(六) 履行期限

履行期限是指政府采购合同中规定的当事人履行自己的义务,如交付标的物、支付价款或者报酬、履行劳务、完成工作的时间界限。履行期限直接关系到政府采购合同义务完成的时间,涉及当事人的期限利益,也是确定政府采购合同是否按时履行的客观依据。不同的政府采购合同,其履行期限的具体含义是不同的。货物政府采购合同中供应商的履行期限是指交货的日期,采购人的履行期限是指交款日期;运输政府采购合同中承运人的履行期限是指从起运到目的地卸载的时间;工程建设政府采购合同中供应商的履行期限是指从开工到竣工的时间。正因为如此,期限条款应当尽量明确、具体,或者明确规定计算期限的方法。

(七) 履行地点和方式

1. 履行地点

履行地点是指当事人履行政府采购合同义务和对方当事人接受履行的地点。不同的政府采购合同,履行地点有不同的特点。比如,在货物政府采购合同中,采购人提货的,在提货地履行;供应商送货的,在采购人收货地履行。在工程建设政府采购合同中,在建设项目所在地履行。在运输政府采购合同中,从起运点到目的地均为履行地点。履行地点有时是确定运费由谁负担、风险由谁承担以及所有权是否转移、何时转移的依据。履行地点也是在发生纠纷后确定由哪一地法院管辖的依据。因此,履行地点在政府采购合同中应当规定得明确而且具体。

2. 履行方式

履行方式是指当事人履行政府采购合同的具体做法。政府采购合同的不同决定了履行方式的差异。货物采购的履行方式是交付标的物,承揽合同的履行方式是交付工作成果。履行可以是一次性的,可以是在一定时期内的,也可以是分期、分批的。运输政府采购合同按照运输方式的不同可以分为公路、铁路、海上、航空等方式。履行方式还包括报酬的支付方式、结算方式等,如转账结算、支票结算、委托付款、限额支票、信用证、汇兑结算、委托收款等。履行方式与当事人的利益密切相关,应当从方便、快捷和防止欺诈等方面考虑采取最为适当的履行方式,并且在政府采购合同中明确规定。

(八) 违约责任

违约责任是指当事人一方或者双方不履行政府采购合同或者不适当履行政府采购合同,依据法律的规定或者按照当事人的约定应当承担的法律责任。违约责任是促使当事人履行合同义务,使对方免受损失的法律措施,也是保证政府采购合同履行的主要条款。违约责任在合同中非常重要,因此一般有关合同的法律对于违约责任都已经作了较为详尽的规定。但法律的规定是原则性的,不可能照顾到各种政府采购合同的特殊情况。因此,为了保证政府采购合同义务严格按约定履行,及时解决合同纠纷,也可以在政府采购合同中约定责任,如约定定金、违约金、赔偿金额以及赔偿金额的计算方法等。

（九）解决争议的方法

解决争议的方法是指合同争议的解决途径，如政府采购合同条款发生争议的解释及法律适用等。解决争议的途径主要有：一是双方通过协商和解；二是由第三人进行调解；三是通过仲裁解决；四是通过法律诉讼解决。

第一，当事人可以约定解决争议的方法，如果只想通过法律诉讼解决争议是不用事先约定的，通过其他途径解决则须事先或者事后约定。依照《中华人民共和国仲裁法》的规定，如果选择适用仲裁解决争议，除非当事人的约定无效，即排除法院对其争议的管辖。但是，如果仲裁裁决有问题，当事人可以依法申请法院撤销仲裁裁决或者申请法院不予执行。当事人选择和解、调解方式解决争议，不能排除法院的管辖，但可以提起诉讼。

第二，涉外政府采购合同的当事人约定采用仲裁方式解决争议的，可以选择本国仲裁机构进行仲裁，也可以选择在外国进行仲裁。涉外政府采购合同的当事人还可选择处理合同争议所适用的法律。但法律对有些涉外政府采购合同法律的适用有限制性规定的，应依照其规定。

第三，解决争议的方法的选择对于纠纷发生后当事人利益的保护是非常重要的，应该慎重对待。要把选择解决争议的方法规定得具体、清楚，不能笼统地规定采用某种方法解决；否则，将无法确定协议条款的效力。

（十）特殊条款

政府采购合同特殊条款是指当事人在政府采购合同中特别约定的条款。它是政府采购合同一般条款的补充和修改。如果两者之间有抵触，应以特殊条款为准。

（十一）其他条款

除上述合同的一般条款外，在政府采购合同中，还应考虑包装、运输、检验、保险、索赔条款。

1. 包装条款

包装是保护商品在流通过程中质量完好和数量完整的重要措施，有些商品的包装本身就是商品的组成部分，因此包装对商品有着重要意义。除此之外，经过包装的商品，不仅便于运输、装卸、搬运、储存、保管和携带、使用，而且不容易丢失或被盗，为各项工作提供了便利。因此，政府采购机构在合同中应做好包装条款的制定工作。包装条款一般包括包装材料、包装方式、包装规格、包装标志和包装费用的负担等内容。

2. 运输条款

采购机构在同供应商协商时，必须就货物的运输方式、交货时间、装运地和目的地、能否分批装运和转船、转运等问题达成协议，并在合同中具体订明。

（1）运输方式的选择

规定选择海洋运输、铁路运输、航空运输、公路运输、内河小邮包运输、集装箱运输还是国际联运方式进行运送货物。

（2）选定装运货物的时间

可以规定具体的装运时间，也可以规定在收到信用证或信汇、电汇、票汇后某一时间装运，还可以笼统地规定近期装运。最后一种规定容易造成分歧，因此使用时要慎重。

（3）确定装运港和目的港

确定装运港和目的港时要具体、明确地规定港名，注意装卸港的设施及条件，以及港名有无重名等问题。

（4）确定是否分批装船和转船

允许分批装船和转船，一般来说对供应商有利。国际惯例和各国合同法中对有关分批装运与转船的做法及规定不一，因此在合同中应根据情况注明双方协商作出的选择。

3．检验条款

检验指的是检查和验收，为了保证采购的物资和项目的品质、数量以及能按时交货，在合同中必须制定检验条款。

检验条款中应包括检验时间的规定，属于报价时由卖方提供样品的检验，须规定是在制造过程中进行检验，还是在履行合同正式交货时进行检验；检验地点的规定包括在生产地点进行检验，在指定仓库或交货地点进行检验，在买方使用地进行检验等规定；检查数量的规定，须明确是对商品物资全部进行检验，还是抽取一定百分比的物资进行抽样检验。

4．保险条款

采购的物资在运输途中可能会遭受到各种损失，因此在合同中应制定保险条款，对所需的物资进行保险。在制定保险条款时，首先要明确是由采购方还是由供应商购买保险。根据国际惯例，凡是按到岸价（CIF）和保税区价（CIP）条件成交的出口货物，一般由供应商投保；按离岸价（FOB）、成本加运费（CFR）和卖方承担费用（CPT）条件成交的进口物资，由采购方办理保险。保险一般可分为海上保险和内地水陆运输保险。在保险条款中应规定购买何种险种，如全险、平安险、水渍险、内陆运输保险等，以及保险金额、费用负担的规定等。

5．索赔条款

索赔是指货物从供应商转移到采购人手上时，由于人为灾害或其他原因，导致货物遭受损失的时候，采购方依据有关条款向有关单位提出赔偿要求。

索赔一般在货物遭受损害时提出。货物遭受损害主要包括以下几种情况：数量短缺，如装货时出现少装，交货后发现货物短缺现象；破损，一般是指运输途中发生的破损，如包装不良、搬运不慎及货物受水渍等造成的损害；产品不符合规格；延期交货，因交货延期导致生产停顿或是其他方面的损失，也可以按合同规定提出索赔。

第二节 政府采购合同的订立及履行

一、政府采购合同的订立

政府采购招标投标结束后,招标方与中标承包方需要进行会谈和签订具体的合同条款。合同一经签订,没有特殊情况难以变更,因此合同的谈判和签订在政府采购中处于一种特别重要的地位。

(一)政府采购合同的谈判

政府采购合同的谈判,是招标方与中标商经过会谈、商讨、讨价还价,将双方在招标投标中达成的协议具体化或作某些增补或删改,对价格和所有合同条款进行法律认证,最终订立对双方都有法律约束力的合同文件的过程。

1. 合同谈判的准备

合同谈判是招标方与投标方面对面的较量,其结果关系到合同条款是否对己方有利。因此,在合同谈判之前双方都要做好充分的准备,做到心中有数,为合同谈判的成功奠定基础。

(1)合同谈判的思想准备

合同谈判是一项艰苦复杂的工作,只有做好充分的思想准备,才能坚持立场,适当妥协,最终达到目标。谈判前,投标商需要做好充分的思想准备:明确谈判的目标,从而有针对性地进行准备并相应地采取一定的谈判方式和谈判策略;确立谈判的基本原则和谈判态度,从而围绕着谈判目标的实现,确定哪些问题是必须坚持的,哪些问题可以作出一定的合理让步,以及让步的程度等;了解谈判对手的谈判意图,了解其谈判的诚意与动机,从而在谈判中掌握主动。

(2)合同谈判的组织准备

在明确了谈判的目标并做好了充分的思想准备后,中标商就要组织一个经验丰富的谈判班子进行具体的谈判准备和谈判工作,谈判班子需要有良好的专业知识结构、基本素质和综合业务能力。

(3)合同谈判的资料准备

合同谈判需要有理有据,因此在会谈前必须准备好充足的资料。资料准备主要包括三方面的内容:一是要准备好原招标文件中的合同条件、技术规范要求等文件,准备好己方投标文件中的报价、投标保函、项目方案等资料;二是要准备好招标方索取的资料以及在充分估计招标方提出各种问题的基础上准备好适当的资料论据;三是要准备好宣传和证明本公司能力的各种资料,使招标方确信中标商有完成工作的能力。

(4)谈判方案的准备

在具体会议开始前,要仔细研究和分析有关合同谈判的各种文件资料,拟定谈判提纲，同时要根据会谈的目标要求，准备几个不同的方案，还需要考虑其中哪个方案较好以及对方可能倾向于哪个方案。谈判中切忌只有一种方案；否则，当对方拒不接受时，可能导致谈判陷入僵局。

2. 谈判中应解决的主要问题

在政府采购合同谈判过程中，招标方与承包商双方需要讨论的问题很多，概括起来主要集中在技术、商务、法律三个方面。具体来说，涉及的主要问题有：

工作内容。工作内容即中标商应承担的工作范围，包括项目实施方案、材料和设备的供应、质量要求等责任与义务。工作内容是制定合同价格及合同成立的前提，因而也是谈判提纲的基础。

价格。价格是合同谈判的核心问题，也是双方争夺的关键。

工期安排。工期安排即中标商在规定开工日起的一定期限内完成与招标方商定并在合同文本中明确的工作内容。工期是影响合同总价的重要依据之一，双方在谈判过程中，要依据项目实施计划，与业主商定一个较为合理的工期。

验收。招标方对中标承包商按照合同规定承包并完成的工作内容，经招标方工程师或其代理机构检验合格并正式接受。在会谈过程中，双方需要明确验收机构、验收范围、验收时间和验收标准等内容。

保证。政府采购中涉及的保证条款包含很多内容，主要有各种付款保函、履约保函、保险等。

违约责任。由于在合同执行过程中存在发生各种事件的不可预见性，这就需要双方在签订合同时规定惩罚性条款或补救措施。

（二）政府采购合同的签订

政府采购项目在确定中标或成交供应商后，采购人与供应商应当订立政府采购合同。合同一经双方签字同意，其对签约双方都有法律效力，成为双方履行各自职责、保证采购项目顺利实施并圆满完成的有力保证。

1. 政府采购合同订立的期限

《政府采购法》第四十六条对签订政府采购合同的期限作出了具体规定，即采购人与中标、成交供应商应当在中标、成交通知书发出之日起三十日内，按照采购文件确定的事项签订政府采购合同。中标、成交通知书对采购人和中标、成交供应商均具有法律效力。中标、成交通知书发出后，采购人改变中标、成交结果的，或者中标、成交供应商放弃中标、成交项目的，应当依法承担法律责任。《政府采购法实施条例》第四十九条又规定：中标或者成交供应商拒绝与采购人签订合同的，采购人可以按照评审报告推荐的中标或者成交候选人名单顺序，确定下一候选人为中标或者成交供应商，也可以重新开展政府采购活动。

2. 政府采购合同订立的规范要求

政府采购合同的订立，除按《合同法》的有关要求执行外，一般还应注意如下五方面的要求：一是所订立的合同不得对招标文件和中标的供应商的投标文件作实质性修改；二是采购人不得向中标或成交供应商提出任何不合理的要求，作为订立政府采购合同的条件；三是采购人和中标的供应商不得私下订立背离政府采购合同实质性内容的协议；四是法律、行政法规规定应当办理批准、登记等手续生效的政府采购合同，依照其规定办理；五是政府采购管理机构的其他要求。

（三）政府采购合同的备案与公开

1. 政府采购合同的备案

政府采购项目的采购合同自签订之日起7个工作日内，采购人应当将合同副本报同级政府采购监督管理部门和有关部门备案。

2. 政府采购合同的公开

采购人应当自政府采购合同签订之日起2个工作日内，将政府采购合同在省级以上人民政府财政部门指定的媒体上公告，但政府采购合同中涉及国家秘密、商业秘密的内容除外。

（四）履约保证金

履约担保金是履约担保的一种，是指采购人为防止供应商在合同执行过程中违反合同规定或违约，并弥补由此给采购人造成的经济损失而收取的一定数额的货币。《政府采购法实施条例》规定，采购文件要求中标或者成交供应商提交履约保证金的，供应商应当以支票、汇票、本票或者金融机构、担保机构出具的保函等非现金形式提交。履约保证金的数额不得超过政府采购合同金额的10%。

二、政府采购合同的履行

合同的履行，是指合同的双方当事人正确、适当、全面地完成合同中订立的各项义务的行为。政府采购合同签署并完成各种手续以后，便产生了法律效力，从此开始便进入政府采购合同的履行阶段。在此阶段，中标或成交供应商必须按政府采购合同的各项规定，向采购人提供货物、工程或服务，采购人和中标或成交供应商都不得单方面修改政府采购合同的条款，否则属于违约。并且，违约方必须按政府采购合同的规定向政府采购合同的另一方赔偿损失。合同的履行是整个政府采购过程中决定性的阶段，政府采购合同履行情况的好坏，决定着政府采购全过程的成败。

（一）政府采购管理机构监督合同履行的规范要求

第一，政府采购合同订立后，采购人应当将合同副本报政府采购管理机构备案。

第二，政府采购管理机构对合同文件进行审核一般包括四方面的内容：一是是否符合政府采购的有关法律和政策；二是是否符合政府采购预算的要求；三是合同的主要条款是否符合招标文件的要求；四是合同中是否包括政府采购管理机构对政府采购合同的履行验收提出的特别要求。

第三,政府采购合同需要变更的,采购人应当将有关合同变更的内容及时书面报告政府采购管理机构。

第四,政府采购合同履行过程中,因某些特殊情况需要中止、取消、终止合同的,采购人应当将取消、中止或终止的理由以及相应的措施,及时书面报告政府采购管理机构。

第五,中标或成交供应商有违反合同行为的,采购人应当将有关中标或成交供应商违约的情况以及拟采取的措施及时书面报告政府采购管理机构。

第六,在政府采购合同履行期间及履行后,政府采购管理机构可以随时抽查采购人,对采购标准、采购内容等事项进行核实。如果发现问题,应当责令采购人或供应商进行纠正,并追究有关人员的责任。

(二)履行政府采购合同应遵循的原则

双方当事人在履行政府采购合同的过程中,应当遵循以下原则:

1. 协作履行原则

当事人不仅应适当履行自己的合同义务,还应基于诚信实用原则要求对方当事人协助其履行义务。协作履行是诚实信用原则在合同履行中的具体体现,协助履行是双方都应承担的义务。只有双方当事人在合同履行过程中相互配合协作,合同才会得到适当履行。

2. 情势变更原则

这一原则是指在合同成立之后,由于非因当事人双方的过错而发生情势变更,致使继续履行合同对某一方当事人会显失公平,因此根据诚实信用原则,当事人可以请求变更或者解除合同。情势变更原则适用的条件主要包括以下几点:

第一,具有情势变更的客观事实。这是情势变更原则适用的前提,这种变更包括自然的和人为的、永久的和暂时的。

第二,变更发生在合同成立之后、终止之前。

第三,变更的事实是当事人所不能预见的。如果当事人能够预见而没有准备,则应当由当事人对由于其主观存在的过错而导致的伤害承担责任。对于善意的不能预见的,当事人则应允许其主张情势变更。

第四,情势变更结果导致合同的履行显失公平。有两点需要注意:一是显失公平的结果是由于情势变更所引起的;二是履行情势变更原则可使一方当事人免受损害,但同时也不能使另一方当事人承担不必要的经济负担。

(三)政府采购合同履行的特殊规定

1. 合同分包

经采购人同意,中标、成交供应商可以依法采取分包方式履行合同。政府采购合同中分包履行的,中标、成交供应商就采购项目和分包项目向采购人负责,分包供应商就分包项目承担责任。

2．合同追加

政府采购合同履行中，采购人需追加与合同标的相同的货物、工程或服务的，在不改变合同其他条款的前提下，可以与供应商签订补充合同，但所有补充合同的采购金额不得超过原合同采购金额的 10%。

三、政府采购合同的变更

政府采购合同的变更是指政府采购合同成立后，当事人在原合同的基础上对合同的内容进行修改或者补充。

政府采购合同是双方当事人通过要约、承诺的方式，经协商一致达成的。政府采购合同成立后，当事人应当按照合同的约定履行合同，任何一方未经对方同意，都不得改变合同的内容。但是，当事人在订立政府采购合同时，有时不可能对涉及合同的所有问题都作出明确的规定；政府采购合同签订后，当事人在合同履行前或者履行过程中也会出现一些新的情况，需要对双方的权利和义务重新进行调整与规范。因此，需要当事人对政府采购合同的内容重新修改或者补充。

政府采购合同变更的内容既可能是合同标的的变更，也可能是数量的增加或者减少、履行地点的变更、履行方式的改变、履行期限的提前或者延后、违约责任的重新约定、当事人给付价款或者报酬的调整等。此外，担保条款发生变化和解决争议方式发生变化也会导致政府采购合同的变更。

政府采购合同的变更需要当事人就相关法律允许更改的内容协商一致；但有的情况下，仅有当事人协商是不够的，当事人还应当履行法定的程序。法律、行政法规规定变更合同应当办理批准、登记等手续的，还应依照其规定办理相应的手续。

四、政府采购合同的中止与终止

（一）合同的中止

政府采购合同的中止是指在采购过程中采购单位发现供应商存在欺骗、贿赂、提供虚假证明等行为时，为了保护采购人的利益，在完成调查或法律审查之前根据充分的证据而采取的一种紧急措施。

对合同的中止应根据有关法律和合同条款的规定实施，规定包括中止的原因、中止的程序及相关处理规定。

1．合同中止的原因

一是供应商为获得某一合同而犯有诈骗或刑事罪；
二是犯有贪污、偷窃、伪造、贿赂等罪行；
三是投标人提供虚假证明书；
四是违反有关报价的反垄断法或相关反垄断法规；
五是有商业道德不诚信记录，这种过错有可能严重影响现在合同人履约的可能性；

六是合同人的其他恶劣行为。

2. 作出合同中止的决定

当发现上述有关问题后,采购机构应将调查报告及有关问题提交管理人员以作出决定。中止决定应遵循民主的原则,给予合同双方当事人解释说明和辩护的机会。中止决定作出后应立刻用信函方式通告合同另一方当事人,告知中止的原因、产生的后果等有关事项。

当存在可实行中止的情况时,采购机构或有关人员并不一定要求对合同实行中止,也可以根据合同一方当事人行为或失职的程度采取补救措施或减轻对其的惩罚。

3. 合同中止的后果

第一,双方义务。合同可规定中止合同所涉及的项目,在中止期内双方的义务应予停止,但应不影响其他项目履行义务。

第二,因为合同中止而延长项目完工期,各自的履约担保也应相应延长。延长履约担保的费用,应由违约方承担。

第三,由于合同的中止给对方造成的经济损失,由违约方负责赔偿责任。

(二) 合同的终止

政府采购合同的权利和义务终止是指依法生效的政府采购合同,因具备法定情形和当事人约定的情形,政府采购合同的债权、债务归于消灭,债权人不再享有政府采购合同的权利,债务人不必再履行政府采购合同的义务。

1. 适用的情形

一般来说有下列情形的,政府采购合同的权利和义务终止:

第一,合同已经按照约定履行。政府采购合同双方已按照合同要求履行其义务,采购行为结束,政府采购合同自动终止。

第二,因为违约行为而终止合同。如果供应商不按照合同的规定履行义务,发生如交货不符合规格、不能按期交货等情况,合同终止。供应商的违约行为,可能是故意违约,也可能是客观原因造成无力履行合同。

第三,双方同意终止合同。订立合同的本意在于双方都能按照合同履行。但有时采购方与供应商由于特殊情况在履行中可能会要求终止合同。有下列情形之一的,当事人可以解除政府采购合同:因不可抗力致使不能实现政府采购合同的目的;在履行期限届满之前,当事人一方明确表示或者以自己的行为表明不履行主要债务;当事人一方迟延履行主要债务,经催告后在合理期限内仍未履行;当事人一方延迟履行债务或者有其他违约行为致使不能实现政府采购合同的目的;法律规定的其他情形。出现这些情况时,最好的办法是采购方与供应商协商,在有关合同取消条件上达成一致,并在合同内增加终止条款。

第四,法律规定或当事人约定终止的其他情形。

2. 涉及的法律责任

对合同的终止常常会产生法律责任的问题。处理这一问题的基本原则是应使愿意实施合同的一方不受损失，但从法律角度来考虑，由采购方还是供应商承担责任，责任范围如何，需要根据实际情况来确定。

在作出终止合同的决定时，如果是由供应商的违约行为造成的，采购机构还应考虑到合同的具体规定，给予供应商补过的机会，以便继续执行合同，也可以作出修改合同或终止合同的规定，根据实际情况灵活处理。

政府采购合同的权利和义务终止后，当事人应当遵循诚实信用原则，根据交易习惯履行通知、协助、保密的义务。

合同解除后，尚未履行的，终止履行；已经履行的，根据履行情况和合同性质，当事人可以要求恢复原状、采取其他补救措施，并有权要求赔偿损失。

第三节 政府采购项目验收

一、政府采购项目验收的概念

政府采购项目验收是指按照法定的程序和人员组成验收小组，在政府采购合同执行过程中或执行完毕后对合同执行的阶段性结果或最终结果实施情况进行现场检查、检验，综合评定项目实施结果的格次，并客观、公正地作出验收结论的一种政府事务性活动。这种活动以采购合同、国家颁布的有关规定标准、产品说明书等为验收依据，以采购项目实施结果为对象，以科学合理的方法为手段，以验收报告为最终产品，是政府采购活动的最终环节。

二、政府采购项目验收的依据

政府采购合同是政府采购履约和验收的依据。根据相关法律法规规定：采购人或者采购代理机构应当按照政府采购合同规定的技术、服务、安全标准组织对供应商履约情况的验收，并出具验收书。大型或者复杂的政府采购项目，应当邀请国家认可的质量检测机构参加验收工作，验收方成员应当在验收报告上签字，并承担相应的法律责任；政府向社会公众提供的公共服务项目，验收时应当邀请服务对象参与并出具意见，验收结果应向社会公告。这些规定为政府采购验收工作提供了法律依据。供应商、采购机构或采购人必须按照采购合同的约定，全面履行合同。工程项目合同约定可以分包的，应当按照合同规定的条件、内容及方式进行；合同未约定分包的，供应商（承包商）如采取分包方式履行合同，应当征得采购人和采购机构的同意，并于分包前10天向采购机构、采购人提供所有与该合同相关的分包合同。

三、政府采购项目验收工作的阶段划分

政府采购项目验收工作的阶段划分因项目的不同而稍有差异,但按其实施的整个过程均可分为验收准备阶段、验收实施阶段和验收报告的形成阶段。

(一)验收准备阶段

这一阶段的主要任务是熟悉与采购活动有关的各种资料,包括采购项目名称、采购预算、项目编号、受理时间、采购方式、采购结果、合同签订时间、合同金额、合同执行中存在的问题及处理结果、验收申请的递交时间、采购单位对申请验收所持的意见等事项。待条件成熟时,根据采购资料编制项目验收实施方案,方案的编制要规范、科学、可行,拟定的验收专家应符合项目要求,验收小组的组成人员应符合法律法规的规定。

(二)验收实施阶段

这一阶段的主要任务是,组织验收小组召开项目验收预备会,就项目的基本情况、验收时间、验收程序、验收小组的组成人员及各自在验收活动中的职责分工作明确规定。验收预备会结束后,现场踏勘检查,按照政府采购合同、国家有关规定标准和项目说明书等逐项进行实地验收,对项目验收中存在的问题做好记录,并提出改正意见。

(三)验收报告形成阶段

这一阶段的主要任务是召开项目验收评定会,汇总验收意见,评定验收结论。在验收评定会上,验收小组各成员就自己所负责的验收事项作汇报,分别交换验收意见,包括项目的成功点、存在的问题、修改意见等。然后,根据验收小组各成员就项目验收的总体评价确定验收的格次,即:优良、合格、不合格,并形成书面报告,即验收报告。

四、政府采购项目验收应遵循的基本程序

第一,由专业人员组成的验收小组来进行政府采购合同的质量验收,原则上应当由第三方负责,即国家认可的专业质量检测机构负责,或者由采购人、代理机构会同专业机构共同负责,但采购金额较小或货物技术参数、规格型号较为简单明确的除外。直接参与该项政府采购的主要责任人不得作为验收的主要负责人。

第二,验收结束后,验收小组或者行业质量检测机构要作验收记录,并分别在验收证明书和结算证明书上签字。

第三,供应商、采购机构或采购人认为有必要,可以在合同履行过程中,对履约程度进行核验,并作为交付或验收的依据。采购人应按照约定,组织验收人员对政府采购合同的履约结果进行验收,以确认货物、工程或服务符合合同的要求。

第四,货物、工程和服务的验收按照下列方法进行:属于分散采购方式的,由各采购人按照合同约定自行验收;属于集中采购方式的,由采购人按照合同约定进行验收;对有特殊要求的采购项目,政府采购中心可以组织技术专家进行抽查复验。

第五,验收过程应当制作验收备忘录,参与人员应当分别签署验收意见。

第六,验收结果不符合合同约定的,应当通知供应商限期达到合同约定的要求,给采购机构或采购人造成损失的,供应商应当承担赔偿责任。

第七，验收结果与采购合同约定不完全符合，如不影响安全，且比原采购合同货物部分提高了使用要求和功能的或属技术更新换代产品的，在价款不变的前提下，采购人可以验收接受；如不影响安全、不降低使用要求和功能，而且要改变确有困难的，经协商一致并经有关主管部门批准后可减价验收接受。

第八，验收时间的约定：①货物类。对供应商提供的国家标准产品或技术要求不高且品牌、型号规格明确的，采购机构或采购人应做到随到随验收。对技术要求较高的或非标产品，采购机构或采购人应在供应商提交货物之日起7日内组织验收工作。②工程类。属于独立的工程（包括设备安装调试）项目，在供应商提交竣工报告之日起15日内，采购机构或采购人应组织验收工作，并以书面形式通知供应商。属于基本建设配套工程项目，且需要与基本建设工程整体验收的，则按基本建设项目竣工验收的规定执行。

第九，验收结束后，验收的主要负责人应当在采购验收书上签署验收小组的验收意见。属于集中采购项目的验收意见，应填制《政府采购项目验收单》一式三份，采购人、供应商、政府采购中心各执一份，《政府采购项目验收单》是财政部门支（拨）价款的必要文件。

五、采购项目验收应注意的几个问题

第一，验收时间确定的合理性。验收时间的合理性是验收成功与否的前提，验收时间一般为项目完工，并经调试运行正常后一周内组织验收。验收时间确定的依据是验收申请和合同的有关规定，验收申请由供方提出，经需方同意并盖章后向验收组织方呈送。验收组织方接到验收申请后，应积极拟订验收实施方案，方案对验收时间的规定应当合理，既不能强人所难，也不能违背客观事实，必须征得采购单位、供应商和所聘请技术专家等与验收有关的人员同意后方可确定，否则，须等条件成熟时再组织验收，绝不能单方确定，贸然验收。

第二，验收小组人员构成的合规性。验收小组的人员构成直接影响着验收结果的科学性、客观性、公正性。因此，在确定验收小组的组成人员时，要慎之又慎，避免出现不规范或不合理的情况，影响项目验收结果，损伤采购单位利益。验收小组的人员组成一般参照《政府采购法》对谈判和询价采购中谈判小组和询价小组组成人员的规定确定，即：验收小组由采购人的代表、供应商代表和有关专家共3人以上的单数组成，其中专家的人数不得少于成员总数的2/3。若采购人委托集中采购机构组织验收，则须有集中采购机构的代表参与。对复杂的项目同时须邀请国家认可的质量检测机构参加验收工作。

第三，验收过程的简洁性。验收过程既不能复杂化，也不能流于形式，使验收失去实际意义。在验收时要根据职责分工正确把握，对关键性设备或工程核心部分要重点验收，详细查看，对整个项目影响不大的部分，只要符合基本规定和需方要求即可，不必过分强求，以保证验收时间和验收工作的顺利进行，按计划完成各项验收任务。比如，多媒体网络教室技术工程中音箱及插线板的放置位置，部分制度上墙，终端机的放置形式等，则可简化其验收程序。

第四，验收结论的客观性。验收结论的真实与否直接关系到供需双方的利益，若有半点虚假，则会使供需双方中的某一方的利益直接受到损失，影响政府采购的公平、公正和诚信的声誉。因此,在综合评价验收结论时,要客观公正,既不能夸大事实,将验收结论黑白颠倒,也不能缩小事实,蒙混过关,而要坚持原则,实事求是地对项目的成功与失败作出中肯、客观、公正的评价,确保采购质量。

六、验收方案及验收报告的格式和应具备的条款

(一)验收方案

验收方案是对验收程序和具体验收事项所作的计划,其条款主要包括项目简介、验收时间、验收依据、验收方法、验收内容、验收小组人员组成及职责分工、验收程序七项内容。按采购类别的不同可分为货物类验收报告和工程类验收报告。货物类验收方案较为简单,一般情况下可不形成书面文字,只做好准备即可;工程类项目则须以书面形式形成较为完备的验收方案。

(二)验收报告

验收报告是对整个项目验收情况所作出的最终评价,它是确定项目质量是否合格的标准之一,分为货物类验收报告和工程类验收报告。在工程类验收报告中,根据工程的特征不同又可分为技术工程、装饰改造工程和土建工程等,由于其技术含量和施工程序不同,验收报告也不尽一致。因而,各类验收报告的格式和应具备的具体条款差异较大,但其基本条款一般应包括采购当事人基本信息、项目简介、项目执行情况、存在的问题、要求与建议、验收结论、验收小组成员签字以及采购单位、供应商、集中采购机构的确认意见八项内容。

第一,货物类验收报告。这类验收报告较为简单,一般情况下由供需双方组织验收并以书面形式正式打印填写,经集中采购机构审核确认即可。

第二,工程类验收报告。工程类项目验收报告较为复杂,须以书面形式正式打印填写。

总之,采购项目的验收工作,是对项目实施政府采购结果的检测和总结,也是对供应商提供的设备和所承建的工程质量等方面的最终评价及认定。如何做好这项工作,不但需要有健全的制度规定、科学合理的验收程序、富有理论和实践经验的技术专家,还需要集中采购机构或采购单位的精心组织以及社会各界的积极支持,以使政府采购项目验收工作在市场竞争机制的激励下,健康、全面地发展,从采购活动的最后环节杜绝假冒伪劣产品或豆腐渣工程对政府采购这一"阳光工程"的危害。

第四节　政府采购项目结算

一、政府采购项目结算的概念

政府采购项目结算是指采购人在政府采购项目完成并验收后,由财政部门按照采购人的验收结算手续和政府采购合同中确定的付款方式、付款金额,经由政府采购资金专

户直接向中标或成交供应商付款结算的过程。

《政府采购法实施条例》第五十一条规定：采购人应当按照政府采购合同规定，及时向中标或者成交供应商支付采购资金。政府采购项目资金支付程序，按照国家有关财政资金支付管理的规定执行。

二、政府采购项目结算应当遵循的基本程序

第一，由中标或成交供应商提出结算申请，经由采购人同意后，连同政府采购项目检测机构证明、验收结算书、接受履行报告、质量验收报告、合同约定的付款条件所要求的全部文件副本等有关文件一并报送政府采购管理机构备案。

第二，政府采购管理机构对采购人报送的拨款申请书及有关文件进行审核。审核无误后应当按照合同约定的金额和政府采购（付款）进度，经由政府采购资金专户直接向中标或成交供应商付款。

第三，单位申报采购计划，政府采购管理部门审批后，采购单位（以下简称单位）需要办理下列资金结算手续：①按照批复的采购金额，单位经办人员到政府采购中心（以下简称采购中心）开具收款收据，经单位采购人员和负责人签署意见后，由单位财务经办员办理付款手续。②单位财务经办员填制结报单，附采购中心开出的收款收据，到会计结算中心办理资金结算手续。③会计结算中心审核以后，开出"内部存款结算单"，将资金从单位转移到采购中心，采购中心与单位各执一联，据以登记银行存款辅助账。④采购货物经单位验收后，采购中心开出政府采购付款通知单，会计结算中心据以付款。⑤政府采购中心将采购货物发票交单位，单位采购人员和负责人签字后，由单位经办员填制结报单，报送会计结算中心，冲销原预付款，同时记入经费支出、固定资产和固定基金账，采购资金结算业务结束。

三、加强政府采购结算工作的要求

第一，明确和优化采购资金监管体系，实现不相容岗位相互分离，并强化印鉴分设制度。其具体做法为：在政府集中采购机构和采购中心分别制定采购资金监管、审核、预算把关与审查（稽核）等相关岗位职责，在政府采购监督管理部门和政府有关行政主管机关制定严密的采购资金拨付及审核制度上力求更完善的机制，并可实施由纪检、监察、审计、财政等组成的委派监督（监察）采购资金支付跟踪问效工作机制，以确保政府采购资金支付环节的不相容职务的彻底分离。

第二，进一步强化采购资金监管财务审核制和"一把手"负责制，即所有的政府采购项目资金付款必须先经过内部财务主管审核，然后经总会计和中心主任审核无误后方可办理付款手续。

第三，建立月末或季末采购资金集中审查核对制度，要求采购监管部门、采购人、采购代理机构在月末或季末将采购已支付款项与采购实际中标、成交签订采购合同应付款项进行一一对照，绝不允许多付、超付、扣付供应商采购资金的现象出现。

第四，坚持每月月底对采购预算的执行情况、资金拨付情况和采购年度计划执行情

况进行检查,并写出采购资金支出分析,对发现的不规范行为应进行及时通报批评并责令其整改。

第五,精细化采购资金支出监管责任制,按照采购资金支出管理的规定和要求,抓好对采购资金使用和拨付等各个环节权限与职责的监督管理,做到各个环节之间信息共享、分权制衡,形成采购资金的环式监控与监督体系。

第六,进一步细化采购资金支出的细节化管理层次,加大采购资金支出规范化约束力度,不断提高经办人员各方面的素质,从而增强对采购资金拨付时的管控能力,强化实际签订采购合同与应付采购项目款项的核对工作,力求各方利益和合法权益不受损害并能得到有效保护。

 本章小结

1. 合同是指买卖双方达成的具有法律效力的承诺。政府采购合同是采购人与供应商之间依照一定的法定程序,遵循平等自愿、协商一致的原则,就各自的权利与义务所达成的协议的法律文本。协议签订后,政府采购双方当事人应当按照合同约定的内容履行各自的义务,享受各自的权利。

2. 政府采购合同的内容由当事人约定,一般包括以下条款:采购人与中标的供应商双方的名称或者姓名和住所,标的,数量,质量,价款或报酬,履行期限、地点和方式,违约责任,解决争议的方法,特殊条款。

3. 政府采购招标投标结束后,采购人与中标供应商需要进行澄清和明确具体的合同条款。合同一经签订,没有特殊情况难以变更。合同的谈判和签订在政府采购中处于一种特别重要的地位。

4. 政府采购项目在确定中标或成交供应商后,采购人与供应商应当订立政府采购合同。合同一经双方签字同意,其对签约双方都有法律效力,成为双方履行各自职责、保证采购项目顺利实施并圆满完成的有力保证,合同的订立是确定政府采购双方经济往来关系的重要依据。

5. 合同的履行是指合同的双方当事人正确、适当、全面地完成合同中订立的各项义务的行为。政府采购合同签署并完成各种手续以后,便产生法律效力,从此开始便进入政府采购合同的履行阶段。在此阶段,中标或成交供应商必须按政府采购合同的各项规定,向采购人提供货物、工程或服务,采购人和中标或成交供应商都不得单方面修改政府采购合同的条款,否则属于违约。

6. 政府采购合同是双方当事人通过要约、承诺的方式,经协商一致达成的。政府采购合同成立后,当事人应当按照合同的约定履行合同。任何一方未经对方同意,都不得改变合同的内容。但是,当事人在订立政府采购合同时,有时不可能对涉及合同的所有问题都作出明确的规定;政府采购合同签订后,当事人在合同履行前或者履行过程中也会出现一些新的情况,需要对双方的权利和义务重新进行调整与规范,因此,需要当事人对政府采购合同的内容重新进行修改或者补充。

7. 合同的中止是指在采购过程中采购单位发现供应商存在欺骗、贿赂、提供虚假证明等行为时，为了保护招标方的利益，在完成调查或法律审查之前根据充分的证据而采取的一种紧急措施。

8. 政府采购合同的权利和义务的终止是指依法生效的政府采购合同，因具备法定情形和当事人约定的情形，政府采购合同的债权、债务归于消灭，债权人不再享有政府采购合同的权利，债务人不必再履行政府采购合同的义务。

9. 政府采购项目验收是指按照法定的程序和人员组成验收小组，在政府采购合同执行过程中或执行完毕后对合同执行的阶段性结果或最终结果进行现场检查、检验，综合评定项目实施结果的格次，并客观、公正地作出验收结论的一种政府事务性活动。

10. 政府采购项目结算是指采购人在政府采购项目完成并验收后，由财政部门按照采购人的验收结算手续和政府采购合同中确定的付款方式、付款金额，经由政府采购资金专户直接向中标或成交供应商付款结算的过程。

案例分析

某县于 8 月 18 日完成了一项概算为 400 万元的建设工程评标活动，第一中标人 A 公司以 378 万元的投标价中标，采购人于 8 月 22 日发出了中标通知书。可谁知，在 8 月 28 日，A 公司却主动向采购人提出报告，以投标"不慎"、无利可图为由，自动放弃了中标资格。对此，采购人只得根据有关规定，在没收了 A 公司 3 万元投标保证金的同时，确认了第二中标人 B 公司以 397 万元中标。

A 公司由于继续履约将蒙受更大的经济损失，因而只得作出放弃中标资格的决定，初看起来是一件很正常的事情。但采购人认为，由于 A 公司放弃中标资格，采购价从 378 万元上升到了 397 万元，多出的 19 万元是不合理的。评标专家也认为，A 公司的投标价是一个合理的投标价，有一定的利润空间，而 A 公司却甘心白送 3 万元保证金而放弃中标资格，肯定另有所图。

对此，该县的财政、纪检监察等部门组成了一个调查小组，经过了一个星期的明查暗访，终于发现了"弃标"背后的秘密：原来，B 公司给了 A 公司 10 万元，作为 A 公司放弃其中标资格的代价，如此一来，双方各有所得——B 公司相当于以 387 万元中标，而 A 公司扣除了被没收的 3 万元保证金外，仍可白得 7 万元。目前，有关部门已对 A、B 公司的通谋作弊行为进行了严肃处理。

阅读案例并思考：结合此案例谈谈如何防止投标人的舞弊行为？

思考题

1. 什么是政府采购合同？政府采购合同条款的内容包括哪些？
2. 政府采购合同条款中规定的解决争议的方法有哪些？
3. 政府采购合同订立的一般程序包括哪些？合同履行应遵循的原则和履行的规范要求包括哪些？

4. 政府采购合同发生中止与终止的情况有哪些？

5. 政府采购项目验收的依据和验收工作的阶段划分是怎样的？

6. 政府采购结算工作的程序是怎样的？应遵循哪些要求？

课外阅读材料

1. 马海涛、陈福超、李学考主编：《政府采购手册》，民主与建设出版社2002年版，第2.5、2.6节。

2. 方芳、赵海洋、方强编著：《政府采购招标投标指南》，上海财经大学出版社2001年版，第九章。

3. 胡家诗、杨志安编著：《政府采购研究》，辽宁大学出版社2002年版，第八章第二节。

4. 《中华人民共和国政府采购法》

5. 《中华人民共和国政府采购法实施条例》

21世纪经济与管理规划教材

财政学系列

第三部分

政府采购规范管理

第九章　政府采购市场准入管理
第十章　政府采购信息管理
第十一章　政府采购监督机制
第十二章　政府采购绩效评价
第十三章　政府采购救济机制

第九章　政府采购市场准入管理

本章重点

1. 政府采购中介机构的类型
2. 社会中介机构可代理的政府采购事务的种类
3. 社会中介机构代理政府采购业务的资格条件
4. 供应商参加政府采购应具备的条件及管理与审验
5. 供应商资格审查的意义与必要性

导语

政府采购是以政府及其所属机构为主体，为满足社会公共需要而进行的采购。在政府采购的实施过程中，供应商与政府及其所属机构构成采购市场的供需双方，政府采购中介机构是衔接政府与供应商的主要媒介之一。世界各国及我国政府采购的实践已经证明，政府采购制度化、规范化运作是确保政府采购能公开、公平和公正进行，提高采购效率，节约财政资金的保证，同时也是政府采购各方的共同要求。因此，对政府采购中介机构及供应商的管理是尤为重要的。一方面，只有通过加强与两者的沟通和交流，才能使政府对市场有更深入的了解，掌握充分的市场信息，从而为政府采购的决策提供依据；另一方面，由于政府采购涉及方方面面的利益，一旦形成采购决策就会对市场产生很大的影响，因此必须确保政府采购在公开透明的环境下，严格按既定制度和程序运行，确保中介机构、供应商有足够的能力和资信承担和完成相应的政府采购责任。本章将围绕着政府采购市场的准入管理，介绍政府采购中介机构和采购商的市场准入管理。

关键词

政府采购中介机构　准入管理　招标代理　政府采购供应商

第一节 政府采购中介机构市场准入管理

一、政府采购中介机构的含义

社会中介机构主要是指依法设立的介于政府、企业、个人之间,从事服务、协调、评价等活动的经济组织。它具有独立性、服务性、营利性的特征。社会中介机构就其性质来说,既不是政府机构,也不是政府机构的附属物,而是为市场主体服务、为市场服务、为消费者服务的服务性机构。大部分中介机构是营利性质的企业单位、法人实体,独立经营、自负盈亏、自我发展、自担风险。小部分中介机构不收费,提供无偿服务,或者收取少量管理费,具有非营利性。政府采购单位在进行政府采购时涉及需要服务、协调、评价等方面的具体事务,可以委托给社会中介机构,这些中介机构也就是政府采购中介机构,但是它们必须具备政府采购业务的代理资格。

(一)政府采购中介机构的含义与分类

政府采购中介机构是指依法接受采购人委托,从事政府采购货物、工程和服务的招标、竞争性谈判、询价等采购代理业务,以及政府采购咨询、培训等相关专业服务(以下统称代理政府采购事宜)的社会中介机构。政府采购中介机构为购买方与供货商提供了一个良好的交流、沟通和交易的机制,既有效地降低了由于权利集中而出现政府腐败的可能性,同时也为供应商提供了一个公平竞争的平台。

与政府采购有关的中介机构具体包括以下四大类:

第一,为保证政府采购市场公平竞争的中介机构,如会计师事务所、审计师事务所、资产评估机构等。

第二,为调节政府采购商务纠纷的中介机构,如律师事务所、公证机关、计量和质量检验机构等。

第三,为促进政府采购市场发展提供专业技术服务的中介机构,如招标代理机构、计算中心等。

第四,提供信息咨询、管理预测的咨询机构等。

(二)政府采购中介机构的作用

中介机构参与政府采购对于进一步规范政府采购行为、提高政府采购效率、增加政府采购的透明度、维护当事人各方的正当利益都具有极其重要的意义,在一定程度上弥补了采购人自行采购或委托政府集中采购机构进行采购的不足,中介机构在政府采购活动中的作用主要体现在以下三方面:

1. 保证政府采购公平、公正、公开

第一,中介机构的行业法规体现了公平、公正、公开的原则。关于设立招标代理机构、会计师事务所、审计师事务所、律师事务所等中介机构的法规文件都明确提出了公平、公正、公开的原则,也就是说中介机构在从事政府采购业务活动时必须遵循这一基本准则。

第二,中介机构的工作程序和要求保证了政府采购活动得以在公平、公正、公开中进行。在组织招标采购的过程中,中介机构不仅要接受委托人和投标人的监督,还要受到政府和社会的监督。例如,招标机构要按照国际惯例及我国相关的规定程序组织招标活动,招标人必须将采购意图向社会公开,在所有有意供货的供应商投标后,公开评标、定标过程和评标结果,确保竞争的公开性和充分性;招标活动从开标到评标结束,都要有由技术、经济和法律等方面的专家组成的评标委员会参与、决策,不受行政干扰。

第三,中介机构自身的工作职责是保证政府采购公平、公正、公开的关键。中介机构依据国家法律和政策办理政府采购事务,指导当事人在政府采购法律、政策允许的范围内活动,对不正确或违规、违法行为给予及时纠正,保护各方的合法权益,使政府采购市场在公平、公正、公开的原则下健康发展。

2. 为政府采购活动提供多方面的服务

政府采购工作集政策性、知识性、全面性、复杂性、多样性等特点,它涉及多个专业和领域,涉及社会各方的利益分配,是一个系统工程。在实际操作中,由于政府受诸如专业、技术、信息、社会身份等各种因素的制约,由此带来成本偏高和缺乏效率等问题,因此,由政府机构独立完成政府采购工作是不明智的。中介机构是社会分工细化的产物,在社会主义市场经济条件下,它所从事的服务恰恰能弥补政府的这些缺陷。这主要体现在以下三个特点上:

第一,服务的专业性很强。随着市场经济的发展,政府采购所涉及的产品、服务也越来越广泛,相应地,对采购机构的专业化程度的要求也越来越高。为适应市场发展的需要,中介机构对其成员的文化素质都提高了要求,其成员大多具有较多的市场经济专业知识以及政策法规知识,拥有进行中介服务的现代技术手段,并具备从事商业活动的知识和经验,懂得谈判技术与技巧的运用,唯有如此,才能进行有效的中介服务活动。现代的中介机构与过去的"捐客"已不可同日而语,它以高智能、高技术服务于社会。

第二,服务的成本低。一方面,中介机构能够降低社会交易成本。市场经济条件下,信息是决定市场交易成败和效率的关键因素,为了节约市场交易中的信息成本,各种专业中介组织才应运而生并逐渐发展壮大。另一方面,中介机构的运转成本较低,其成本主要由两方面构成:一是其建立机构初始投入的固定资产成本,主要是用于购买电脑等现代化技术工具和租用办公场地,这部分成本相对较低;二是人力资源成本,中介服务主要是为客户提供专业咨询、顾问、谈判、组织等服务性工作,这些工作主要凭借其员工自身的知识和掌握的信息来完成,这部分成本主要以员工的工资、福利的形式体现。

第三,服务的效率高。首先,从事中介服务的人员有丰富的知识,精于业务,善于管理,能够比较熟练地为中介双方提供服务,成功率高,产生的效益也比较高;其次,中介机构掌握着大量的专业市场信息资料,包括商品的价格、规格、质地、技术含量、成本、售后服务等,并能够根据上述信息资料的动态变化作出迅速的反应。

基于上述特点，社会中介机构中的招标代理机构在招标投标、会计师事务所在财务咨询和管理、律师事务所在法律服务等方面积累了宝贵的市场经验，这些都可以在技术、人才、管理、信息咨询等方面为政府采购活动提供服务。如在信息服务方面，中介机构的专业人员对信息进行收集、甄别、分析，通过自己的信息或信息咨询网络，向采购单位和供应商提供有关的政府采购政策信息、采购商品市场信息等。

3．沟通、协调政府采购市场中各主体之间的关系

在政府采购市场，各种不同的经济主体成为不同的利益主体，即供应商、采购单位和政府，它们有着各自的利益，在政府采购市场中成为相互博弈的主体。当然，随着政府采购制度的健全、发展，市场主体之间的联系也必将越来越广泛，要想使多种多样、纷繁复杂的市场经济关系形成一个有序、和谐的整体，必须在各种关系中进行协调。

在各种主体之间进行协调，单靠企业或政府是做不到的。政府除制定"游戏规则"和实施宏观调控外，不再直接干预企业的经营活动，企业也不可能发挥这种作用。实际上，市场主体之间的多种联系都需要依靠社会中介机构。中介机构通过政府、供应商、采购单位的协商、对话、谈判、利益协调来进行相互之间的分割与联系，进而取得各主体之间行为的组合和协调。也就是说，中介机构能够在比较和谐的情况下处理各方的关系，它既是企业的帮手，向政府部门反映企业的愿望和呼声，为企业提供决策咨询；也是政府的助手，接受政府的指导，按照国家的法律法规行动，发挥着桥梁和纽带作用。

（三）集中采购机构与其他采购代理机构的区别

政府采购中介机构中，采购代理机构非常重要。采购代理机构包括集中采购机构和集中采购机构以外的采购代理机构，但二者有着明显的区别。

1．目的不同

《政府采购法》规定：集中采购机构是非营利性事业法人，即该机构的人员工资是由国家开支的，并且，它的运行和从事集中采购活动的费用都由财政承担，不需要在招标投标活动中收取各种费用来维持。它的工作性质是为党政机关服务，不以营利为目的。这就决定了该机构在招标投标活动中不受任何采购人和供应商左右，其工作目的是为供应商创造一个公开竞争的平台，以确保在采购活动中做到公开、公平、公正。

集中采购机构以外的采购代理机构，是非生产经营性企业法人，它作为一个市场经济条件下的理性经纪人，追求利润最大化是其根本目的。由于社会中介机构是通过收取采购人招标代理费来获取利润的，因此，难免会存在中介机构向采购人提出不合理要求的动机，在经济效益和社会效益关系的问题上难以平衡，很难像政府集中采购机构那样做到公平、公正地对待所有供应商。因此，需要政府通过制定相应的法律法规来规范这些中介机构的代理行为。

2．属性不同

政府集中采购机构是各级政府依据《政府采购法》的规定成立的，负责本级政府

机关、事业单位和社会团体纳入集中采购目录项目采购的非营利性事业单位。政府采购活动是政府行政职能的延伸，政府集中采购机构实际上是一种准行政组织，即行政性事业单位，它不具备国家行政机关的性质，但实际上是经政府设立和授权，承担着一定行政管理职责的机构。中央国家机关政府采购中心是2003年1月由中央机构编制委员会办公室批准成立的中央国家机关政府集中采购执行机构，是经注册的独立事业法人。经人事部、财政部和中编办批准，中央国家机关采购中心列入依照公务员管理的范围，这就是说中央国家机关采购中心虽然是事业单位，但其基本管理制度与国家公务员并无原则区别。

集中采购机构以外的采购代理机构既不是一级行政机关，也不是从事生产经营的企业。从法律角度来说，政府集中采购执行机构是事业法人，而社会中介代理机构是非生产经营的企业法人，二者的法律基础完全不同，不能相提并论。

3．职能不同

集中采购机构的采购活动，不仅仅是招标，还包括落实采购计划、组织招标、制定采购操作规程、集中采购人员培训、催促合同履约、评估分析采购效益等。这些职能是一个有机整体，环环相扣，哪一个环节做得不好都会影响整个招标结果。而集中采购机构以外的采购代理机构则不具备这些职能，它和采购人之间是一种单纯的民事主体关系。委托代理行为是建立在完全平等自愿基础上的，它只需在委托代理人的授权范围内，以代理人的身份办理招标业务，通过民事合同来约定双方的权利和义务。《政府采购法》规定：采购人采购纳入集中采购目录中的政府采购项目，必须委托集中采购机构代理采购。这是具有法律强制性的，采购人没有选择权，不能擅自将纳入集中采购目录的项目委托集中采购机构以外的采购代理机构办理，任何单位或个人都不能以"特殊要求"为由规避集中采购而由社会招标代理机构采购，否则属于违法行为。

4．作用不同

依托集中采购代理机构进行的政府集中采购是深化财政支出体制改革的组成部分，它能够有效规范采购行为，防止腐败，提高采购资金的使用效益，有效地实现国家宏观调控的目标，其意义十分深远重大。特别是现在，美国和欧盟一再要求我国兑现入世承诺，尽快开放政府采购市场。这就使得政府集中采购的作用更加重要。《政府采购法》规定，设区的市、自治州以上人民政府要设立集中采购机构，由该机构办理集中采购事宜，服务对象是本级机关、事业单位和社会团体组织。集中采购机构的设立为政府采购制度改革提供了组织保障。而集中采购机构以外的采购代理机构面向社会上的各类市场主体，更多的是为企业和个人提供代理服务。其行为准则是参与市场活动，遵守市场活动的基本原则。

二、社会中介机构代理的政府采购事务

社会中介机构可以代理的政府采购事务主要有：
（1）具体组织招标采购工作

采购单位在确定了采购项目和采购方式后，可以将招标的具体组织工作委托给专业

的中介机构。专业的中介机构接受委托，按照《招标投标法》的规定，研究招标方案，制定招标文件，发布招标公告，协调供应商投标，主持开标大会和合同的签订，以及督促合同的执行。

（2）法律顾问

在政府采购活动中，采购管理机构、采购机构、供应商由于经济的、行政的原因，往往会发生纠纷或诉讼，需要法律方面的服务。中介机构如律师事务所在这方面可以提供法律咨询、诉讼代理、法律顾问、代理调解仲裁，以及代理政府采购法律事务等。

（3）审计监督

根据《注册会计师法》的规定，注册会计师执行的审计业务包括：审查企业会计报表，出具验资报告；办理企业合并、分立、清算事宜中的审计业务，并出具有关的报告；办理法律、行政法规规定的其他审计业务，如会计报表的某一特殊事项等，并出具相应的审计报告。会计师事务所对出具的审计报告的真实性、合法性要承担相应的法律责任，无须经任何单位和部门审定，具有法定证明效力。因此，采购管理机关或采购机构在审批供应商进入采购市场资格、定期检查供应商执行采购政策或履行采购合同时，可以委托会计师事务所等中介机构对供应商的资质、财务状况，以及执行合同的情况进行审查；为了评价某一已经或正在实施的具体采购项目，总结成功的经验，发现存在的问题，也可以委托会计师事务所等中介机构对采购项目的运行情况和效果进行效益评估。

（4）咨询服务

咨询服务在现实生活中往往是与其他服务，如信息服务、策划服务等交织在一起的，其业务范围包括：解答疑难问题，向服务对象传播有关方面的知识；根据委托方的要求，向委托方提供某个问题的专题报告；可行性研究；为委托方提供解决方案；为委托方解决技术难题；为委托方充当一个时期或常年的顾问；帮助委托方进行人员培训。咨询服务的类型分为综合咨询、管理咨询、工程咨询、技术咨询、专业咨询。在政府采购活动中综合咨询机构可以为政府采购主管部门制定政府采购政策、中长期规划提供综合性咨询；管理咨询机构可为各方提供政府采购市场信息，如采购政策法规、市场行情等；专业咨询机构可为采购资金的管理提供财务咨询服务；科技咨询机构可提供计算机应用等方面的专业技术咨询。

（5）其他政府采购方面的具体事务

如公正机构为签订采购合同提供公证书；会计师事务所通过对供应商财务状况的分析，为采购机关提供供应商资信证明，等等。

三、社会中介机构政府采购业务代理资格的认定及管理

（一）代理资格条件

一般情况下，采购单位可以委托具备政府采购业务代理资格的社会中介机构承办政府采购具体事务。这里所说的社会中介机构，是指依法成立、从事招标代理业务并提供相关服务的社会中介组织。2014 年 8 月 31 日前，我国代理政府采购事宜的机构，应当依法取得财政部或者省级人民政府财政部门认定的政府采购代理机构资格。2010 年 12

月1日实施的《政府采购代理机构资格认定办法》中规定,审批的政府采购代理机构资格分为甲级资格和乙级资格。取得乙级资格的政府采购代理机构只能代理单项政府采购预算金额1 000万元以下的政府采购项目。甲级政府采购代理机构资格由财政部负责审批。乙级政府采购代理机构资格由申请人工商注册所在地的省级人民政府财政部门负责。

乙级政府采购代理机构应当具备下列条件:具有法人资格,且注册资本为人民币100万元以上;与行政机关没有隶属关系或者其他利益关系;具有健全的组织机构和内部管理制度;拥有固定的营业场所和开展政府采购代理业务所需设备、设施等办公条件;具有良好的商业信誉以及依法缴纳税收和社会保障资金的良好记录;申请政府采购代理机构资格前三年内,在经营活动中没有重大违法记录;有参加过规定的政府采购培训,熟悉政府采购法律法规、规章制度和采购代理业务的法律、经济和技术方面的专业人员;专职人员总数不得少于十人,其中具有中级以上专业技术职务任职资格的不得少于专职人员总数的40%。

甲级政府采购代理机构除应当符合上述乙级政府采购代理机构应具备的条件外,还必须具备以下条件:具有法人资格,且注册资本为人民币500万元以上;专职人员总数不得少于30人,其中具有中级以上专业技术职务任职资格的不得少于专职人员总数的60%;取得政府采购代理机构乙级资格一年以上,最近两年内代理政府采购项目中标、成交金额累计达到一亿元人民币以上或者从事招标代理业务二年以上,最近两年中标金额累计达到十亿元人民币以上。

(二)代理资格的管理

1. 资格认定程序

社会中介机构拟取得政府采购业务代理资格,应向政府采购管理部门提出书面申请,同时按要求提供有关证明该机构资信、业绩的材料,这些材料一般包括:营业执照、税务登记证及社会保险登记证书复印件;机构章程、业务规范、程序及内部管理制度;内部机构设置、法定代表人、内设机构负责人及主要技术、经济等方面的人员简况;符合规定条件的技术、经济等方面的专家库简况;近三年开展业务情况的报告;从事政府采购招标代理业务的专业能力分析。

政府采购主管部门对招标代理机构的申报材料进行审核,对符合条件的,批准取得政府采购招标代理资格,核发统一印制的《政府采购招标资格证书》;不符合规定条件的,应当书面通知申请机构并说明理由。

2014年8月31日第十二届全国人民代表大会常务委员会第十次会议决定,自2014年8月31日起,取消财政部及省级人民政府财政部门负责实施的政府采购代理机构资格认定行政许可事项。主要变更包括:

第一,财政部和省级人民政府财政部门不再接收政府采购代理机构资格认定申请,已接受申请的要停止相关资格认定工作。截至2014年8月31日,政府采购代理机构资格证书还在有效期内的代理机构,以及财政部门已经接受政府采购代理机构资格申请但尚未完成资格认定的代理机构,视同已经完成纸质登记。

第二,自2015年1月1日起,凡有意从事政府采购业务的代理机构可以在中国政府采购网或其工商注册所在地省级分网站进行网上登记,网上登记遵循"自愿、免费、一地登记,全国通用"的原则。也可以携带网上登记信息的相关证明材料原件及复印件,到工商注册所在地省级人民政府财政部门填写《政府采购代理机构登记表》进行纸质登记。

第三,登记信息包括机构名称、法人代表、注册地址、联系方式、专职人员情况等内容,由代理机构自行填写并扫描上传营业执照、组织机构代码证、税务登记证副本、社会保险登记证书、中级以上专业技术职务证书等相关证明材料。登记后有关信息发生变化的,由代理机构自行维护和更新。代理机构应保证登记信息真实有效。

第四,财政部门不再对网上登记信息和纸质登记信息进行事前审核。对于完成网上登记的代理机构,系统将自动将其名称纳入中国政府采购网"政府采购代理机构"专栏"政府采购代理机构名单",并授予相关业务网络操作权限。

2. 资格证书的审验

为确保政府采购招标代理机构的执业质量,政府采购主管部门应定期对招标代理机构的政府采购招标代理资格进行一次审验。政府采购招标代理机构应当在规定的期限内持资格证书及有关材料到原核发部门办理换发手续。对符合条件的,政府采购管理部门应重新核发资格证书;不符合条件的,应当作出不予延续政府采购代理机构资格的书面决定并取消其政府采购招标代理资格。

随着政府采购活动的进一步拓展,社会中介机构必将发挥越来越大的作用,特别是在政府采购的起步阶段,采购单位缺乏技术、人才和采购经验,迫切需要建立采购代理机构和鼓励原有的中介机构从事采购代理业务。这就要求我们切实加强对从事政府采购代理业务的中介机构的管理和引导。

一是严格按照中介机构代理资格条件进行审查,对不符合条件的一律不批,防止扰乱政府采购市场的正常秩序。加强对中介机构的日常检查和业务指导,对中介机构在执行代理业务时出现的问题及时给予纠正。

二是对中介机构提供虚假材料骗取代理资格,超出代理权限进行采购业务,与供应商违规串通,拒绝财政部门检查等行为,要进行严肃处理,责令改正、给予警告,并按有关规定罚款;给采购单位、供应商造成损失的,应当承担赔偿责任。

三是组织从事政府采购代理业务的中介机构,成立一个松散的行业协会进行自我管理,制定行业规则,研究代理业务,交流采购信息等。

四、社会中介机构的工作程序(以招标代理机构为例)

(一)获得采购人合法授权

由于招标代理机构是受采购人委托,以采购人名义组织招标,因此,在开展招标活动之前,必须获得采购人的正式授权,这是招标机构开展招标业务的法律依据。授权的范围由采购人确定,招标机构也应根据工作的需要提出相应的要求。经过采购人和招标机构协商一致后，双方签订委托招标合同（或协议）。其主要内容包括：采购人和招标机构各自的责权利、委托招标采购的标的和要求、采购的周期、定标的程序和招标机构收费办法等。这里特别强调的是定标程序问题，这关系到赋予招标机构的权限范围和招标机构所承担的责任。定标程序可分为以下几种主要程序：一是委托招标机构评出优选方案，排出前三名的顺序，由采购人最终确定中标商；二是采购人委托评标委员会负责定标；三是采购人委托招标机构负责定标；四是招标机构提出中标的意见，经采购人同意后报有关主管机关最终确定中标商。由于不同的定标程序授权的范围不同，有关各方承担责任的大小也不一样，因此，委托方和招标机构在开始招标前，就应商定定标程序。

（二）为采购人编制招标文件

招标文件（或称标书）是整个招标过程所遵循的法律性文件，是投标和评标的依据，而且是构成合同的重要组成部分。一般情况下，招标人和投标人之间不进行或进行有限的面对面的交流。投标人只能根据招标文件的要求，编写投标文件。因此，招标文件是联系、沟通招标人与投标人的桥梁。能否编制出完整、严谨的招标文件，直接影响到招标的质量，是招标成败的关键。因此，有人把招标文件比作各方遵循的"宪法"，由此可见招标文件的重要性。由于招标机构专门从事招标业务，拥有较丰富的经验和大量的投标商信息，可以编制更加完善的招标文件，因此，招标机构应主要注重以下几个方面的工作：一是对投标人作出严格的限制，在保证充分竞争的前提下，尽量使合格的供应商和承包商参加投标，以避免投标人过多，给各方面造成不必要的负担。这项工作建立在掌握投标商大量信息的基础上，而专职招标机构有条件做到这一点。二是对招标文件的制作作出详细的规定，使投标人按照统一的要求和格式编写投标文件，达到准确响应招标文件要求的目的。三是为采购人当好技术规格和要求的参谋，使采购者获得合乎要求和经济的采购品。四是保证招标文件的科学、完整，防止漏洞，不给投标人以可乘之机。

（三）严格按程序组织评标

一般情况下，采购人与一些供应商和承包商有各种业务往来，很难以超脱者的身份组织评标，且容易被投标者误会。专职招标机构能够做到客观评价，可以较好地避免问题的发生，并严格按招标文件的要求和评标标准组织评标，以维护招标的公正性，保证招标的效果。

（四）做好采购人与中标人签订合同的协调工作

采购人处于主动的地位，因此容易将招标以外的一些条件强加给中标人，产生不平等的协议，使招标流于形式；有时中标者也找各种理由拒绝或拖延签订合同。上述问题如果没有一个中间人从中协调是很难解决的。由于招标机构是招标的组织者，因此承担此角色最为适宜。

（五）监督合同的执行，协调执行过程中的矛盾

有些招标合同的执行需要较长的时间，在执行合同过程中，当事人双方难免遇到一些纠纷，不愿意诉诸法律，希望有一个中间人从中协调解决。在实际工作中，招标机构

组织签订合同后,可以说已完成了招标代理工作,但在执行合同过程中当双方出现矛盾时,往往需要求助于招标机构来解决。招标机构出于对双方负责和提高自身信誉的目的,会尽最大努力使矛盾得到解决。

第二节 政府采购供应商市场准入管理

供应商资格审查制度,是指采购人或其委托的采购代理机构对投标供应商或潜在供应商参与政府采购的资格进行审查或登记的制度。在政府采购的实施过程中,采购人与供应商是构成采购需求和产品供给的两个方面。政府采购人与供应商是相对独立的利益主体,是平等互利的贸易伙伴。因此,对于供应商的管理,应从两方面入手:一方面,从政府作为市场交易主体的角度来看,供应商与政府在政府采购中的地位是平等的,政府是供应商的客户,双方是一种买卖关系,应该加强政府采购人与供应商的交流及合作,为政府采购营造良好的市场气氛;另一方面,从政府作为政府采购的管理者的角度来看,由于供应商的经营资格、经营实力、财务状况以及信誉与履约能力等,都直接关系到政府采购的质量和效果,因此,作为政府采购管理机构管理采购过程的重要组成部分,也要对参加政府采购市场的供应商提出资格要求并建立相应的管理制度。

一、加强政府采购与供应商的交流及合作

(一)政府采购制度化为供应商创造了商机

第一,政府是社会最大的采购主体,其巨大的购买能力,无疑为企业创造了巨大的商机。在各种社会主体中,政府为了提供社会公共物品和服务,集中了大量的社会财富,形成数额巨大的公共支出。按照一般的国际口径,政府通过集中性统一采购的支出,通常占 GDP 的 10%左右。就我国的情况而言,2014 年 GDP 已超过 60 万亿元,如果按照这个比例测算,政府采购的数额应该将近 6 万亿元,而实际上 2014 年全国政府采购规模也只不过 1.7 万亿元。但随着社会经济的进步、国家财政实力的不断增强,以及社会对政府集中采购方式认识的加深和习惯上的认同,政府集中采购数额的增加已成为必然趋势。显然,对于如此巨大的政府采购需求,无动于衷只能是坐失"商机"。尤其是在当前世界经济不景气、国内需求不足的情况下,政府采购这块"蛋糕"更是供应商重点关注的对象。

第二,政府采购有利于促进商业公正,为企业创造公平的商业竞争环境。在建立政府采购制度之前,政府采购通常是分散、零星进行的。政府采购权主要掌握在少数人手里。只有少数人知道政府有关部门的采购信息,也只有极少数企业与个人能及时从政府那里了解这种信息。对于众多的企业而言,既缺乏政府采购的知情渠道,又缺乏公开、公正、透明的竞争机会。政府采购实现制度化运作以后,对于超过一定数量的政府采购项目,必须按照法定程序,在公开、公正、平等的条件下进行。政府采购的信息必须在指定的媒体上发布采购公告,从而使所有企业都享有知情权,都可以依据采购法律法规

赋予的权利平等地参与政府采购竞争，获得公正的商业机会。在世界许多国家，政府采购项目被认为是社会公众的采购项目，一是一般要通过招标投标的方式公开进行；二是必须使所有相关企业都拥有平等参与竞争的权利。有些国家甚至把政府公开采购促进商业公正的作用，看得比提高政府采购效率、节省政府采购资金更为重要。

第三，政府采购属于以政府为主体的商业行为，拥有较高的商业信誉和较强的兑现能力，为企业提供了良好的机会。政府采购以政府为主体，既有法律规范，又在社会各方面的严格监督下进行。因此，相对于一般社会主体的采购而言，政府采购具有更高的商业信誉、更强的支付兑现能力、更畅通的申诉渠道，也更容易引起社会和媒体的关注。因此，在目前我国市场经济环境还不完全成熟，市场上不讲信誉、不守合同、拖欠货款现象时有发生的情况下，政府采购的这些特点决定了政府必然是较为理想的贸易伙伴。

第四，政府采购制度化对企业提供了更新、更高的要求，有利于促进企业加强内部管理，提高竞争能力。为了搞好政府采购工作，世界上许多国家都建立了供应商资格评审制度，只有那些具有经营资格、财务状况良好、市场资信度高的企业才能获得政府采购项目投标的资格。一旦投标企业在政府采购中有违规行为，政府可以通过降低其资信度、取消投标资格等方式对供应商给予警告与惩罚。因此，政府采购中这种供应商的准入评价措施，在实践中，必然会促进企业加强管理、诚实经营，努力提高自身的竞争能力。

此外，政府采购对于中标的供应商而言，还有一种重要的广告宣传作用。企业在政府采购招标中中标，意味着得到了政府部门的认可。而通过媒体公布政府采购中标结果，更可以起到难得的广告传播效果。此外，企业参与政府采购投标，还可以通过投标行为和过程，了解市场行情，了解竞争对手的情况。即使不能中标，也可以对照中标单位，找出自身的不足，为进一步改进工作奠定基础。

（二）供应商的积极参与有利于政府采购事业的发展

企业在政府采购市场的积极参与是促进政府采购事业健康发展的重要条件。事实上，在政府采购运作中，只有众多供应商积极参与政府采购招标投标，参与政府采购工作的监督，政府采购事业才有可能得以不断发展和完善。首先，只有众多供应商的关注和参与，政府才有可能在更广泛的范围内通过竞争的方式，选择质量更好、成本更低的产品和服务，从而更好地实现政府采购的目标。其次，众多企业参加政府采购市场竞争，必然要求政府采购切实按照法定的程序、法定的方式与方法，公开、公正、公平地进行。一旦供应商发现政府采购过程中有违规行为，或者有明显的不合理现象，出于对自身利益的维护，供应商可以按政府采购相关法律规定的渠道揭露问题，提出抗议、申诉与索赔。因此，供应商的监督，是对政府采购最好的也是最有效的监督方式，是促进政府采购健康发展的重要保证。

（三）加强采购人或采购代理机构与供应商之间的交流及合作

以上分析表明，在政府采购事业中，采购人或采购代理机构与供应商之间应该是平等合作、互惠互利的关系。因此，发展和完善政府采购事业，需要政府与供应商双方共同的努力。采购人或采购代理机构应该充分尊重供应商的正当、合法权益,供应商也应该相信采购人或采购代理机构能够把政府采购工作做好。为了共同的事业,需要加强双方的交流及合作。

第一,加强采购人或采购代理机构与供应商之间法律制度方面的交流。供应商参与政府采购市场竞争,必须学习和研究政府采购的相关知识与法律法规,包括政府采购的范围、程序、方式和方法,政府采购涉及的各利益主体的权利、义务和责任,特别是《政府采购法》中关于供应商的权利和义务。只有学好政府采购的法律法规,才能依法做好投标、竞标工作,才能更好地保护自身的合法权益,尽到自身应尽的义务。也只有如此,才能有效地监督政府采购部门的工作,促进政府采购事业的规范发展。就目前的情况看,我国政府采购制度的建立还处于初期阶段,虽然不少企业正在积极地学习和了解政府采购方面的知识与法规,但是,也有不少企业和供应商,或者不了解政府采购知识,或者没有认识到政府采购的商机,或者从原有的某些主观认识出发,对政府采购不信任,等等。总之,还有相当一部分企业对政府采购制度与法规还缺乏了解和信任,由此妨碍了政府采购工作的普及与发展。因此,作为政府采购部门来说,一方面,由于政府采购直接涉及供应商的权利与义务关系,在起草、制定政府采购法规、政策时,应该广泛征求供应商的意见,增加这方面的沟通和交流;另一方面,当政府采购有关政策、法规出台以后,采购人或采购代理机构则应该与供应商建立良好的咨询、培训渠道,大力宣传政府采购政策、法规,帮助供应商掌握政府采购的基本知识、主要的法律和政策,解决具体操作中的政策与法规问题,增强供应商参与政府采购市场竞争的积极性并促使其提高竞争能力。

第二,加强采购人或采购代理机构与供应商之间采购信息的交流。采购人或采购代理机构应该在国家指定的全国性报纸、杂志或网络上发布采购信息。为了降低政府采购部门的成本,对于政府部门的采购公告,一般都免费刊登。同时,各类企业和供应商为了获得更多的商业机会,应该积极关注政府采购的动向,甚至成立专门的部门,收集和整理政府采购信息,研究政府采购规模、数量、结构的变化,参加政府采购部门举办的各种产品展示会,就政府采购招标的要求交换看法,帮助政府采购部门提供新的产品信息,协助政府采购部门改进工作,提高采购质量和效率。值得说明的是,在现代科技高度发展的今天,以互联网为主体的电子信息技术,为政府采购管理部门与企业间信息的沟通和交流创造了极好的条件。

第三,加强采购人或采购代理机构与供应商之间就具体技术和过程方面的交流及合作。就目前的情况来看,无论是对政府采购执行人员来说,还是对企业与供应商来说,政府采购制度化操作都是一项刚刚起步的新事业。因此,在一些具体操作技术方面,还需要加强政府与供应商之间的沟通和交流。对于供应商来说,除掌握政府采购方面的法律、政策知识以外,还应该研究政府采购招标、投标中的技术、技巧,诸如认真研究招标文件,把握好政府采购的实际需求、采购中的评标方式与评标标准,以及投标文件填写的要求,遇到不明白的问题,及时咨询采购人或采购代理机构。对于采购人或采购代理机构而言,为了更准确地确定政府部门的实际需求,提高采购质量,需要与供应商进行广泛的联系,掌握最新的产品技术信息。特别是对于一些标的物不是十分明确或者技术十分复杂的采购项目,更应该多征求相关供应商的意见,或者更多地采取谈判采购的方式,在与供应商的谈判过程中,增强政府采购的针对性和有效性。

第四,加强政府与供应商之间就政府采购过程中产生的意见、分歧、纠纷的沟通和交流。在市场经济条件下,政府采购作为一种购买行为,直接涉及采购人、采购人或采购代理机构、供应商、政府采购代理商等不同方面的利益关系。政府采购在采购操作中不可避免地会因主、客观方面的原因或由于一些部门出于单方面的利益要求而出现意见分歧,严重的还会出现违纪、违法行为。这些情况的出现,如果处理不当,必然会导致政府或企业的利益受到损失,甚至影响到政府采购的声誉和形象。因此,在政府采购操作中,必须建立政府与供应商之间良好的沟通桥梁。供应商有权维护自己的利益不受侵犯,对政府采购过程中出现的问题要敢于反映与申辩;政府则应该设立专门的政府采购申诉与纠纷仲裁机构,为供应商提供畅通的监督、申诉、抗议渠道;仲裁机构应重视供应商反映的问题,及时受理并公正裁决。只有这样,才能既有利于保护供应商的正当利益,又能提高政府采购的信誉,最终促进政府采购事业的发展和完善。

二、建立供应商资格审查与管理制度

(一)政府采购供应商资格审查的必要性

采购人或采购代理机构按照特定的程序和指标对供应商的情况进行审查,确定其是否有参与政府采购竞争的资格。一般情况下,为了保障政府采购的顺利进行及政府的利益不受损害,采购人或采购代理机构应该有及时、准确地了解供应商各种信息的畅通渠道,包括供应商的合法经营资格、经营能力、财务状况、资信程度等。建立供应商资格审查制度,其客观必要性主要体现在以下几个方面:

第一,资格审查是保质保量完成政府采购任务的重要保障。政府采购项目一般金额大、数量多,且事关采购的合法性,关系到国家和社会公众的利益,也关系到政府的声誉。作为政府采购工程、货物和服务提供者的供应商,其行为和实际能力,则直接关系到政府采购的结果。我国政府采购供应商的概念十分广泛,按照《政府采购法》的规定,不仅法人和相关组织可以是供应商,连自然人也可以成为政府采购的供应商。对于不同的供应商而言,其资质,提供工程、货物、服务的能力以及信誉度都会有很大的差别。因此,为确保政府采购的质量,采购人或采购代理机构有必要对供应商提出资格要求,并对供应商的资格进行审查。也就是说,不符合资格的供应商不能参加政府采购市场的竞争。

第二,资格审查是了解和评估供应商,制订招标计划与招标文件的重要手段。在制订政府采购计划时,必须了解市场供应和供应商的情况。对潜在供应商进行资格审查,可以了解到达到采购要求的潜在供应商数量与其所能提供的政府采购货物、工程和服务的大体价格、实力,从而能够更有效地寻找政府采购的目标供应商,并做到知己知彼、百战不殆。

第三,资格审查可以提高招标机构的工作效率,降低成本。在具体的采购操作中,当发出采购信息和标书后,潜在供应商中准备前来参加招标和采购的可能有许多。如果招标机构对这些供应商一一进行评估,会大大增加招标采购的工作量,同时也会增加招标的成本。经过资格要求和审查,可以淘汰部分不可能中标的投标人,使有资格参加本次采购活动的供应商的数目缩小到合理范围之内,从而提高工作效率,降低采购成本。

在对供应商资格审查的具体操作方面,国际政府采购规则及世界各国的政府采购法律法规也有特别的规定。

1. 联合国的《采购示范法》的有关规定

联合国的《采购示范法》第六条规定了供应商的资格。为参加采购过程,供应商必须在资格上符合采购人认为适合于特定采购过程的下列标准:具有履行采购合同所需的专业技术资格、技术能力、财力资源、设备和其他物质设施、管理能力、可靠性、经验、声誉和人员;具有订立合同的法定权力;并非处于无清偿能力、财产被接管、破产或结业状态,其事务目前并非由法院或司法人员进行管理,其业务活动并未中止,而且也未因上述任何原因而成为法律诉讼的主体;履行了缴纳本国税款和社会保障款项的义务;在采购过程开始之前(由颁布国规定一定时限)一定期间内该企业未被判犯有与假报或虚报资格骗取采购合同有关的任何刑事犯罪,其董事或企业主要成员也未被判犯有与其职业行为有关的或与假报或虚报资格骗取采购合同有关的任何刑事犯罪,也未曾由行政部门勒令停业或被取消资格程序取消资格。

在不损害供应商保护其知识产权或商业秘密的权利的前提下,采购人可要求参加采购过程的供应商提供采购人认为有用的适当的书面证据或其他资料,使采购人得以确信该供应商符合上述资格标准。

2. 世界贸易组织的《政府采购协议》的有关规定

世界贸易组织的《政府采购协议》第九条规定了供应商资格审查程序,要求参与采购程序的条件应限于那些与保证供应商履行合同能力有重要关系的方面。对供应商参与政府采购所规定的条件包括:资金担保,技术资格,确定供应商资金、商务和技术能力所需的资料,以及资格审查的证据。这些条件均不得对本国供应商宽而对外国供应商严,不得在外国供应商之间实行差别待遇;并应基于供应商的全球商业活动和其内在采购人所在地的商业活动判定该供应商的资金、商务和技术能力,并对各供应组织之间的法律关系给予适当的考虑。当然,上述规定并不排除因破产或虚报而拒绝任一供应商参加政府采购,只要此种行动符合世界贸易组织的《政府采购协议》中关于国民待遇和非歧视待遇原则的规定即可。

根据世界贸易组织的《政府采购协议》的有关规定,资格审查程序要求:

第一,参加采购程序条件的公布应使有兴趣的供应商有充足的时间履行资格审查程序,并在与采购过程的有效实施相一致的条件下完成资格审查程序。

第二,关于参与采购程序的条件应限于那些与保证厂家履行该合同能力有重要关系的方面。对供应商参与采购所规定的条件包括:资金担保,技术资格,确定供应商资金、商务、技术能力所需的资料,以及资格审查的证据。这些条件均不得在供应商之间实行差别待遇；应基于供应商的商业活动判定该供应商的资金、商务、技术能力，并对各供应组织之间的法律关系给予适当考虑。

第三，供应商资格审查过程和所需时间均不得用来阻止符合条件的供应商进入供应商名单，不得阻止供应商作为某一特定意向采购考虑的对象。对于要求参加某一特定意向采购活动的供应商，虽未通过资格审查，但只要有足够的时间完成资格审查程序，也应予以考虑。

第四，持有合格供应商永久名单的采购人应保证供应商可在任何时候提出资格申请，使申请参与采购的合格供应商在较短的时间内被列入名单。

第五，按第一款通知公布后，如一未经过资格审查的供应商要求参与意向采购活动，则该意向采购人应迅速开始对供应商进行资格审查。

第六，对已经申请成为合格供应商的供应商，采购人应将有关决定通知他们。

第七，每一缔约方应确保：采购人及其附属机构实施统一的资格审查程序，除非确有必要实施不同的程序；努力缩小资格审查程序的差异，但不排除因破产或虚报而拒绝任一供应商参加，只要此种行动符合非歧视待遇原则。

3．我国《政府采购法》的规定

从我国的情况来看，在《政府采购法》中，对供应商提出了资格要求，其中分别有：

第二十二条规定，供应商参加政府采购应具备下列条件：①具备独立承担民事责任的能力；②具备良好的商业信誉和健全的财务会计制度；③具备履行合同所必需的设备和专业技术能力；④有依法缴纳税收和社会保障资金的良好记录；⑤参加政府采购活动三年内，在经营活动中没有重大违纪、违法记录；⑥法律法规规定的其他条件。还规定采购人可以根据采购项目的特殊要求，规定供应商的特定条件（但不得以不合理的条件对供应商实行差别和歧视待遇）。

第二十三条规定，采购人可以要求参加政府采购的供应商提供有关资质证明文件和业绩情况，并根据采购法规定的供应商条件和采购项目对供应商的特定要求，对供应商的资格进行审查。

《政府采购法实施条例》规定，参加政府采购活动的供应商应当提供下列材料：①法人或者其他组织的营业执照等证明文件，自然人的身份证明；②财务状况报告，依法缴纳税收和社会保障资金的相关材料；③具备履行合同所必需的设备和专业技术能力的证明材料；④参加政府采购活动前3年内在经营活动中没有重大违法记录的书面声明；⑤具备法律、行政法规规定的其他条件的证明材料。此外，采购项目有特殊要求的，供应商还应当提供其符合特殊要求的证明材料或者情况说明。

《政府采购法实施条例》还规定，单位负责人为同一人或者存在直接控股、管理关系的不同供应商，不得参加同一合同项下的政府采购活动。除单一来源采购项目外，为采购项目提供整体设计、规范编制或者项目管理、监理、检测等服务的供应商，不得再参加该采购项目的其他采购活动。

4. 美国《联邦政府采购法》的规定

美国《联邦政府采购法》第九部分"合同人资格"部分对供应商的一般标准和特殊标准作出了规定。根据美国《联邦政府采购法》的规定，可靠的合同人必须达到下列要求：具有履行合同的充足资金来源，或具有获得资金的能力；能够遵守要求的或提议的交货计划表或其他履行计划表，并考虑到了所有现行的商业约定和政府规定；具有良好的履行合同的记录或历史；具有良好的诚实与商业道德的记录；具有必要的组织经验、财会与业务控制技术，或具有获得这些技能的能力（例如生产控制程序、财产控制系统、质量保证手段、有关未来合同人及其分包人要生产的材料或要提供的服务的安全措施）；具有必要的生产施工和技术设备设施，或具有获得它们的能力；供应商达到（法规规定的有关得到合同授予的）规定和条件。

美国《联邦政府采购法》对供应商的特殊标准也作了规定，即一项特殊的购买项目或特殊种类的购买项目，需要非寻常的专业技术或特殊设备才能满足履行合同的需要时，订约官员将在合适的专业帮助下，研究可靠的技术标准。特殊标准应在采购之前宣布并适用于一切供应商。

（二）政府采购供应商资格审查的方式

根据不同情况，政府采购供应商审查主要有三种不同的方式。

1. 事前预审

所谓事前预审，是指在采购人或采购机构需要采购之前，就对潜在供应商发出政府采购供应商预审公告，在公告中明确提出对供应商的要求，希望符合标准的供应商按照采购人或采购代理机构的要求，向采购人或采购代理机构提出供应商资格审查要求。采购人或采购代理机构在进行审查以后，如果供应商符合要求，就列入合格供应商名单，在正式的政府采购过程中，只对审查合格的供应商发出采购邀请函，而没有参加供应商资格预审和预审不合格的供应商则不能参与政府采购项目的竞争。

2. 开标或询价前审查

开标或询价前审查是指采购人或采购代理机构在发布政府采购公告以后，所有有兴趣的供应商都可以参加投标，并缴纳投标保证金，采购机构在开标或询价前，需要供应商按照相关要求出示资质证明，并通过采购机构的审查。在审查过程中，供应商对自身出示的证明要承担法律责任。对于审查不合格的供应商则取消其参与本次采购竞争的资格。

3. 供应商资格注册登记制度

政府采购供应商资格注册登记制度，是指对政府采购的潜在供应商进行系统的注册登记的制度。这种制度的核心内容在于，凡是有意向加入政府采购供应商行列的供应商，都可以向政府采购专门机构申请政府采购注册资格。政府采购相关管理机构公布政府采购供应商的条件,凡符合条件的供应商都可以提出申请,采购人或采购代理机构按照规定的条件,对提出申请的供应商进行资格审查,审查合格的供应商,将被纳入政府采购供应商储备库。只有进行了政府采购供应商资格注册登记的供应商,才能成为政府采购投标供应商。供应商资格注册登记制度有两个基本要求:一是如果供应商的情况发生变化,相应的注册登记资料必须进行调整;二是在政府采购过程中,如果供应商不讲信誉,有明显的违规行为,政府采购相关管理机构可以取消供应商的注册资格。

以上三种资格审查方式,在现实操作中,应该说各有利弊。事前预审可以针对每次招标的需要,首先提出对供应商资格的审查,使各种潜在的供应商首先接受资格审查,并只对资格预审合格的供应商发出采购邀请。这种方法可以减少一些不合格供应商的投标,进而减少供应商不必要的时间、精力和财力浪费,同时提高政府采购的效率和质量。但是,这种方法所需要的时间较长,所花费的精力较大,而且仅凭供应商邮寄的资料进行审查,可靠性很难把握。因此,此种方法除非是针对规模较大的或者对供应商有特殊要求的项目,否则一般不会使用。

建立政府采购供应商资格注册登记制度,其优势表现为:

第一,建立政府采购供应商资格注册登记制度,有利于政府采购单位及时、准确地了解政府采购供应商与政府采购有关的各种情况,提高政府采购的质量和效率。由于各供应商的情况已经过政府有关部门的审查和验证,政府采购单位可以以此为依据,没有必要再单独对各供应商的情况作详细调查,从而大大节省了政府采购工作的时间和精力,并降低了由于供应商不正当行为带来的风险,确保政府采购的顺利进行,提高政府采购的效率。特别是在我国市场经济规则还不是十分完善、供应商经营中违规操作及非法经营的现象还比较普遍、供应商分散在全国各地的现实情况下,通过政府部门对供应商进行直接审查和注册登记更有特殊意义。

第二,建立政府采购供应商资格注册登记制度,有利于建立政府对供应商的制约机制。对于供应商而言,政府采购市场显然具有很强的吸引力,因此它们必然十分珍惜政府采购供应商的资格。对于不遵循政府采购法规,在政府采购过程中采取不正当手段、违规操作的供应商,采购人或采购代理机构可以通过取消供应商参与政府采购活动的资格、对供应商给予处罚等手段,形成对供应商的特殊制约。

第三,建立政府采购供应商资格注册登记制度,有利于促进供应商加强内部管理,增加和采购人或采购代理机构的合作与交流。由于供应商参与政府采购市场竞争需要政府部门不断地审查和考察,如有不法或违规行为,都将记录在案,并受到政府部门的处罚,从而有利于促进企业注重自身的形象,加强内部管理。同时,政府部门在审查供应商资格的时候,需要对企业参与政府采购市场的行为给予指导和咨询,如供应商怎样参与政府采购投标,需要遵循哪些规则,这个过程本身对供应商进入政府采购市场、增强政府与供应商的交流及合作具有积极意义。

第四,建立政府采购供应商资格注册登记制度,有利于供应商信息库的建立和完善。对所有具有政府采购供应商资格的企业和经济组织,纳入全国统一的供应商信息库,便于政府采购单位开展工作。

但是，建立供应商资格注册登记制度在实际操作中也存在着一定的缺陷：一是供应商由什么机构进行登记，什么机构登记的才能在全国范围内有效，登记中出了问题由谁负责，等等；二是在全国范围甚至世界范围内，企业有数十万乃至数百万家，完成登记注册需要耗费非常大的工作量，是否能够真正完成；三是市场经济条件下，供应商的情况瞬息万变，也许今天合格的供应商明天就面临着破产的结局，因此，这种登记管理方式的可靠性也是值得怀疑的。

实际上，对于政府采购供应商资格的审查和管理，更多的是使用开标或询价前的方式。按照这种方式，凡是愿意投标和参与政府采购市场竞争的供应商，统一在开标式询价前参与资格审查，对不合格的供应商采取废标的做法。这种方法最具有针对性，既能够实现政府采购对供应商资格要求的目标，又能避免其他方法的弊端。特别是在我国目前政府采购刚刚起步的情况下，这种方式更适合现实情况。因此，目前我国对供应商资格的审查和管理，主要就是采取第二种方式——开标或询价前的资格审查方式。

三、供应商资格审查的程序

以上阐述了对供应商进行资格审查的三种方法。应该说不同的审查方式，其审查的程序和方法显然是不一样的。但是普遍而言，对供应商的资格审查包括三个基本步骤：收集信息，进行资格审查，确定供应商资格。

（一）收集信息

因为政府需要经常采购各种各样的物资，因而有必要尽可能地收集有关供应商的信息。信息内容主要包括供应商的名称、地点、经营范围、注册资金、经营能力与现状、曾经的业绩、资信程度、财务状况，等等。对供应商信息收集的方式可以多种多样，一般来说，主要有以下渠道：

第一，采购人定期在有关刊物上发布消息，宣布对某些产品的生产厂商进行资格审查，供应商在得知消息后将有关材料送交采购人，审查合格者将有资格参加审查有效期限内的政府采购活动。这种方法能集中时间和人员对申请审查的企业进行检查，效率较高且节省财力，因此是采购人收集信息的主要途径之一。但此种方式一般用于已知将要采购的商品物资以及政府采购中经常购买的物资。

第二，直接向供应商发出询问单。询问单的内容包括供应商的财务、商务、生产、技术设施等方面的情况，以协助采购人对供应商的信誉作出判断。此种方法也常被用来收集政府采购中经常购买物资和技术的厂家的信息。

第三，利用公开的资料库。公开的资料库包括：商业目录、商业分类目录、供应商名单或指南，还有一些是企业自身的宣传材料。政府可以利用包含商业目录、商业分类目录等资料的公开的资料库获取信息。许多商业公会及技术团体，都编制了该行业在采购时运用的商业规格与标准，如美国标准协会（American Standards Association）、美国物资检验社（American Society for the Testing of Material）等，以及供应商名单或指南，内容包括生产各种产品及提供各种服务的供应商名单及各供应商的有关情况，如美国的汤姆斯制造商名单（Thomas Register of American Manufacturers）、康柏斯指南（Kompass

Directories），后者在英国、德国、澳大利亚等十多个国家和地区被广泛使用。

第五，利用外交途径获得信息。各国驻外代表和使节的任务之一就是促进国际经济合作，因此，涉及国外供应商信息的收集，可通过各国外交代表和商务代表的协助而获得。

第六，采购人本身的信息来源。采购人经常进行各种采购活动，每次采购都可能接触大量的供应商。通过与供应商接触，可以获得不少关于供应商的信息。

如果事关重大，需要对供应商进行实地、详细的了解才可能确定，可以选派专门的人员进行实地收集。

对于收集到的信息，采购人应该建立资料库。资料库包含供应商档案、产品规格合格者档案和有关产品价格档案等。供应商档案应收集有关供应商生产的产品种类、生产经营管理、技术、道德、履约等多方面的资料，以便采购人对其资信进行审查。产品规格合格者档案是指生产某一产品并达到某一标准的合格生产商或供应商名单。

需要说明的是，采购机构对供应商的信息收集，必须不断更新内容，因为市场不断变化，很多新情况、新问题不断产生，一些产品价格的变动极快，一些质量更高、更适用、成本更低的产品不断问世。在这种情况下，信息收集工作必须注重信息的及时性。

（二）进行资格审查

进行资格审查的过程实际上就是依据审查的标准对一定范围内的供应商进行审核的过程。因此，在进行供应商的资格审查时，首先应制定统一的审查标准。

审查标准应该包括以下几个方面的内容：供应商是否具有完成采购项目所需要的充足的资金来源，或者具有获得这种资金的能力；是否具备必要的组织经验、财会与业务控制技术，或者获得这些技术的能力；是否具有必要的生产施工和技术设备设施，或者获得它们的能力；是否具有良好的从业行为记录、良好的合同履行记录；是否具有按照采购计划按期交货的能力。对于大型的工程项目和特殊的采购项目，采购人员必须在有关专家技术人员的帮助下制定特殊的标准。

确定好审查标准后，采购人便开始对一定范围内的供应商进行资格审查。在考虑供应商的范围时，应根据采购计划和有关法律的规定来办理：第一，确定在全国范围内还是在某一地区内进行采购。某些具体的采购项目可能跟各地区的特殊利益相关，因而在资格审查时要根据采购计划对确定范围内的供应商进行审查。第二，对所需采购产品或技术仅能由国外供应商提供或国外市场提供的，应根据有关国际政府采购规则、政府间相关协议和国内法律法规的有关规定，对国外相关供应商进行审查。如世界银行规定，凡利用世界银行贷款项目的采购，其机会对所有成员国及瑞士开放，因此在进行政府采购时，就应对来自这些国家和地区的所有供应商进行审查。第三，根据有关采购法律的规定不可以参加购买项目竞争的供应商，如被禁止的合同人、被暂停营业的供应商、被提议暂停营业的公司，或被宣布为能力不合格的人员，应被排除在资格审查的供应商名单之外。

从联合国的《采购示范法》以及世界贸易组织的《政府采购协议》有关国民待遇与非歧视性的规定中可以看出，在根据审查标准对供应商进行审查时，也可以实施一些优惠政策。概括起来，可以分为以下几类：

一是对本地或本国供应商的优惠规定。根据有关国际协议如世界贸易组织的《政府采购协议》及其他有关国际经济组织机构的规定和政府间协定的要求，国际招标中，在进行资格审查，确定资金担保、技术资格，以及确定供应者的资金、商业和技术能力等方面的标准时，不得在本国供应者与外国供应者及外国供应者之间实行差别待遇。但这些国际协议及国际经济组织同时也规定，在采购中，本国供应商可以享受某些优惠待遇。各国政府最普遍规定的优惠待遇之一是规定本国供应商在价格上可以享受一定比例的优惠。根据这些优惠条件，在审查某些标准尤其是价格标准时，对本国供应商的条件就要适当放宽。

二是对中小企业的优惠规定。一些国家为了保护中小企业、完善市场竞争机制，制定了对中小企业的优惠规定。在政府采购活动中进行资格审查时应该考虑到这些规定。

三是其他优惠规定。如对高失业地区及不发达地区供应商的优惠。英国于1971年规定，在价格、质量、交货条件同等的情况下，应优先考虑将合同授予不发达地区的供应商。在第一次投标未果后，应再给这些供应商一次投标机会，并可以高于要求达25%的价格进行投标。因此在资格审查时也应对这些地区的供应商给予优惠和照顾。

（三）确定供应商资格

通过审查，供应商如果达到资格审查机构所确定的供应商能力的各项指标要求，并且出具了所规定的有关资信证明，即可以被认为是合格的供应商。具体的合格供应商确定后，即可以公开通告，或以分别告之的方式通知供应商，邀请其参加政府采购。

供应商资格审查是一项重要的工作，它关系着政府采购的成功与否，决定着政府采购活动能否顺利完成。在供应商的选择上，既要注重选择合格的供应商，又不能形成对供应商的排挤和歧视，而是要严格按相关法律法规行事。

 本章小结

1. 政府采购中介机构是指依法接受采购人委托，从事政府采购货物、工程和服务的招标、竞争性谈判、询价等采购代理业务，以及政府采购咨询、培训等相关专业服务的社会中介机构。

2. 中介机构参与政府采购对于进一步规范政府采购行为、提高政府采购效率、增加政府采购的透明度、维护当事人各方的正当利益都具有极其重要的意义，在一定程度上弥补了采购人自行采购或委托政府集中采购机构进行采购的不足。

3. 供应商资格审查制度，是指采购人或采购代理机构对投标供应商或潜在供应商参与政府采购的资格进行审查或登记的制度。

4. 政府采购供应商审查根据不同的情况主要有三种不同的方式：事前预审，开标或询价前审查，供应商资格注册登记制度。

5. 普遍而言，对供应商的资格审查包括三个基本步骤：收集信息，进行资格审查，确定供应商资格。

思考题

1. 为什么要对政府采购供应商进行市场准入管理？
2. 政府采购中介机构在政府采购过程中发挥了什么作用？
3. 政府集中采购机构与招标代理中介机构有什么区别？它们各自在政府采购活动中发挥着怎样的作用？

课外阅读材料

1. 马海涛等编著：《政府采购管理》，经济科学出版社 2003 年版，第 116—129 页。
2. 杨灿明、李景友编：《政府采购问题研究》，经济科学出版社 2004 年版，第 217—219 页。
3. 谷辽海著：《法制下的政府采购》，群众出版社 2004 年版，第 48—51 页。

第十章　政府采购信息管理

本章重点

1. 政府采购信息管理的含义与意义
2. 政府采购信息收集的内容及方式
3. 政府采购信息发布的相关要求

导语

政府采购是一种市场交易行为,与其他市场主体一样,政府也需要对采购信息进行收集和整理,这是由于信息不完全和不对称而形成的交易成本会影响到政府采购的效率;但政府采购又与一般的市场交易不同,它所形成的需求会对市场产生不可估量的影响,因此,政府采购又需要政府披露采购信息,为供应商提供一个公平、公正的竞争平台。

关键词

政府采购信息　交易成本　信息管理

第一节　政府采购信息管理的意义

一、政府采购信息的含义

政府采购信息是指与政府采购活动相关的信息，我国《政府采购信息公告管理办法》第二条指出，政府采购信息是指政府采购法律法规、政策规定以及反映政府采购活动状况的资料和数据的总称。政府采购是政府作为需求主体参与市场交易的行为。在现代市场经济条件下，信息是构成交易的主要成本之一，对于政府采购也不例外。

二、政府采购信息管理

政府采购信息管理主要包括信息收集、信息发布、信息记录、信息储存与信息查阅等项内容。采购信息往往能够直接影响到采购活动的效率与质量，因此，加强信息管理是搞好政府采购工作的基本环节，特别是在以计算机和互联网为主导的信息时代，充分运用灵活的信息手段，是政府采购科学化的必然选择。因此，政府采购信息管理是政府采购管理制度中的一个重要组成部分。其中，政府采购信息的发布是信息管理的核心，世界各国（地区）及国际组织的政府采购信息管理相关规定都主要是围绕着这个方面展开的。

世界贸易组织的《政府采购协议》中，涉及信息管理的规定主要集中于发展中国家的特殊与差别待遇、招标程序、供应商资格审查程序、参与意向采购的邀请、招标和交货期限、招标文件、透明度、资料提供与实体义务的审议、资料提供和缔约方义务的审议等相关条款，以及附录二、三、四各方成员发布政府采购信息的刊物。从主体上看，这些规定不仅涉及采购实体的信息披露义务，如《政府采购协议》第六条第一款规定："本协议所涉及的有关政府采购的任何法律法规、司法决定及广泛适用的行政裁决，以及任何程序办法（包括标准合同条款在内），应由各缔约方在附件四所提到的适当刊物上及时予以公布，务使其他缔约方及供应者了解其内容。各缔约方应随时准备在收到请求时向其他缔约方解释各该政府采取的程序。各实体应随时准备在收到请求时向本协议缔约方的任一供应者解释其采购办法和程序。"而且，还涉及政府采购信息的统计，如《政府采购协议》第六条第九款中要求各缔约方收集并向该委员会提供有关其购买的年度统计资料。

联合国的《采购示范法》中，与采购信息披露有关的规定主要集中于公众获取法律文本、通信的形式，授予采购合同的公告，关于货物、工程或服务说明的规则、语言，征求投标或资格预审申请的程序，投标邀请书和资格预审邀请书的内容，招标文件的内容、提供、澄清和修改，征求建议书通知，邀请服务建议书的内容、澄清和修改，两阶段招标、限制性招标、邀请建议书、竞争性谈判及邀请报价等相关条款。这些规定，明确了所有政府采购都应当遵循的信息披露义务，并对不同的采购方式所涉及的信息披露规则作出了具体的规定。

欧盟为了确保成员国供应商能广泛参与联盟体内的公共采购，并促使采购过程能够在供应商与公众的监督之下进行，进而实现采购的公开和透明，在《公共指令》有关采购过程的信息披露方面给予了高度的重视。欧盟的公共采购在不同采购进程中发布的公告主要包括：定期合同预告、招标公告、合同授予公告、使用合格供应商名单公告等。

三、政府采购信息管理的意义

现代社会是信息社会，政府采购工作的有效开展，除了需要完备的制度基础和高素质的专业人员准备等硬件要素外，还需要对政府采购信息进行有效管理。

政府采购信息管理中，信息发布是提高政府采购工作的公开性和透明度，确保政府采购工作的基础。政府采购是一种市场交易行为，遵循市场等价交易的规则，但它又与一般的市场交易不同，其原因在于它涉及的采购量大、品种多，对市场有相当大的影响力。因此，必须确保采购过程在公开、公平和公正的原则下进行，否则会对市场产生消极的影响。通过发布信息，可以使尽可能多的潜在供应商和参加政府采购的当事人掌握商机，全面了解采购活动的动态，也便于纳税人进行监督。同时，它还可以促进潜在供应商之间的竞争，从而达到降低采购成本、提高采购质量的目的。此外，通过采购信息的发布也宣传了政府采购工作，扩大了政府采购的影响，有利于社会各界提高对政府采购工作的认识。进一步说，政府发布采购信息的意义主要体现在以下几点：

首先，政府采购本身需要发布信息。通过发布信息，可以使尽可能多的供应商参加投标、供货，促进供应商之间的竞争，从而达到降低采购成本、提高采购质量的目的。

其次，政府调控经济需要通过信息发布引导资源的配置。各国政府为了促进竞争，并使有关的小型企业、处于劣势的企业以及劳动力过剩地区的企业在获得合同及分包合同方面得到帮助，其采购法规均要求政府采购公开发布信息。

最后，国际经济合作也要求政府公开发布采购信息。在世界贸易组织的《政府采购协议》以及各国际金融组织机构贷款使用的有关规定中，也提出了公开发布政府采购信息的要求。如世界贸易组织的《政府采购协议》规定，各成员方应在该协议所规定的刊物上公布每一拟采购的通知，及早公布参加投标程序的条件，通知资格合格者名单，等等。

第二节　政府采购信息收集

政府采购的信息收集工作是一项基础工作，是政府采购主管机关的义务和责任。尽管我国目前并没有法律法规作出这样的明确规定，但是从服务型政府的角度，则应该是政府职责的应有之义。由于政府发布的信息对市场具有很强的引导作用，因此，必须确保其信息来源的可靠性、信息内容的真实性和更新的及时性。政府采购信息收集主要包括：法律法规资料收集，产品相关信息收集，供应商信息收集，招标代理机构信息收集，采购案例信息收集等几方面的内容。

一、信息收集的内容

信息收集的内容主要包括以下几个方面：

（一）国内外政府和国际组织采购法律法规资料收集

政府采购工作必须在一定的制度框架内进行，以确保其公开性、公平性和公正性。为规范政府采购行为，引导供应商参与政府采购，世界各国、国际性组织以及我国中央和地方政府，都制定了关于政府采购的法律法规，如世界贸易组织的《政府采购协议》。无论是采购人、采购机构还是供应商，都应该学习和掌握政府采购方面的法律法规，这样才能确保政府采购工作的顺利开展。因此，政府采购主管部门应该注意收集全球性国际组织、区域性国际组织、发达国家等相关的政府采购法律法规和政策。我国政府虽然没有签署世界贸易组织的《政府采购协议》，但为了规范政府采购行为，近几年来，财政部先后制定、颁布了多项政府采购管理办法和相关规则，各地方也相应出台了不少的政府采购地方性法规。特别是 2002 年国家正式颁布了《政府采购法》，各地方政府也出台了相应的政府采购目录标准和采购资金限额标准。对于从事采购的单位和机构而言，掌握和贯彻这些法规与政策，是必然的选择。进一步地看，如果我国在时机成熟的情况下签署了《政府采购协议》，关于政府采购方面的法律法规的收集工作就不能仅仅限于国内，而是必须放宽到国际范围，政府采购管理机构的设立和政府采购工作的开展，必须遵循相关的国际规则。目前，我国的政府采购主要在国内市场上进行，在这种情况下，各级政府的采购人和采购机构都要认真学习和研究政府采购方面的法律法规，掌握相关政策，准确地按照法律和规则办事。

（二）产品信息收集

科学的政府采购必须建立在及时掌握各种产品不断变化的信息的基础之上。其原因有：一方面，随着经济的发展和科学的进步，政府采购所涉及的产品与服务也会不断地更新和丰富；另一方面，由于现代社会生产能力的飞速发展，产品品种、生产技术不断更新，产品的功能结构与成本也在不断地变化。采购人或采购机构需要建立产品跟踪系统，随时掌握产品信息的变化动态，并且按照产品的类别、功能、成本、寿命周期、发展状态等内容进行统计和记录，特别是要给予新产品充分的关注。

（三）供应商信息收集

供应商信息是政府采购信息库中必不可少的重要内容。作为政府采购的供应商，其经营资格、提供货物和服务的履约能力、市场资信程度等，都直接关系到政府采购的成败，因此，为了保障政府采购的良好效果，政府采购不仅需要有一个对供应商的评价和管理体系，而且还必须不断跟踪和了解供应商的信息，包括供应商的分类，供应商实力的调查，供应商是否转产、破产，供应商的资信记录，等等。对供应商的信息进行管理所采用的普遍方法是在收集到供应商的各种信息后，建立相关的供应商信息库进行集中管理。

（四）招标代理机构信息收集

市场经济国家的政府采购有相当比例是通过中介机构代理完成的，中介机构能够提供低成本、高效率的服务，这也已经为社会所认同。政府在选择中介机构时需要对其资质、代理能力、代理经验、信誉等方面进行考察，如果选择了能力较差的中介机构，不但会提高政府采购成本，降低采购效率，甚至会影响政府的社会信誉。因此，有必要在事前和事后做好有关招标代理机构的信息采集工作。

（五）采购案例信息收集

政府采购过程同时也是一个经验积累的过程。采购人或采购机构在采购中，可能既有成功的经验，又有失败的教训，通过对政府采购案例建立档案，可以不断从案例中吸取成功的经验，避免不必要的失误。实际上，世界上许多国家都十分注重政府采购案例的资料整理工作，如美国《商业日报》政府采购网络版中，就有专门的政府采购案例的内容，以供社会和政府采购专业人士查阅与参考。

为了确保信息的真实性和准确性，在完成初次信息的收集工作后，信息采购负责部门与相关信息的提供单位（部门）还应该对原始信息进行校准。在确认无误后应将原始文件交由信用评价机构确认，并进行备案。

二、信息收集的方式

政府采购信息收集工作涉及面广、专业性强、工作量大，应该配备专门的人员和队伍，充分利用采购业务活动的机会与现代化的技术手段来收集相关的采购信息，其中的主要方式有以下几种：

（一）开展行业与新产品信息研究，建立新产品信息调查队伍

通过专门人士长期跟踪调查各种行业的新产品以及新供应商的发展动向，掌握各类产品的最新进展，包括其功能、技术规格、适用范围、成本状况等情况。这种方式对工作人员的专业要求较高，且由于政府采购所涉及的产品范围广泛，因此，如果由政府直接雇用专业人员来开展这项工作会花费大量的成本，这与政府采购的初衷是相违背的，可以考虑通过委托中介组织或研究机构来承担这项工作。

（二）定期征集关于供应商和新产品的消息，或直接向供应商发出询问单

在现代市场经济社会，媒体在收集信息方面具有强大的功能。因此，一种方法是通过媒体征集。凡是对政府采购有兴趣的供应商，都会积极主动地向采购人或采购机构提供其新产品的相关信息，从而有利于采购人扩大其信息收集渠道。另一种方法则是直接向供应商发出询问单，这种方式的优点在于，它能够使政府只需要付出很小的代价就能较准确地掌握供应商和新产品的有关信息，其缺点在于供应商出于商业机密等原因往往不愿意向政府提供过多的商业信息，因此，政府通过这种方式所获得的信息往往是不全面的。

（三）利用社会资料

政府采购的某些信息直接来源于政府统计资料和向社会公开的各种资料。例如，通过政府对供应商情况的统计、政府相关的资格认证、政府各种检查的结果、政府部门组织评选出优秀产品或企业、良好的市场评价和社会评价等，都可以了解并掌握相关采购产品和服务的信息及其生产企业的信息。此外，政府采购部门还可以通过媒体、互联网等方式获得国际市场各方面产品和供应商的信息。这种方式较上种方式成本更低，但它同样存在信息不完整的缺陷。

（四）采购人本身的信息来源

采购人经常进行各种采购活动，在采购活动中必然获得大量的关于产品和供应商的信息。对于这些信息也应该加以整理并充分利用。

第三节　政府采购信息公开发布

一、政府采购信息公开发布的概念

所谓政府采购信息向社会公开发布，就是将政府采购的相关信息通过公开的方式在报刊和网络等有关媒介上公开披露，以告知社会公众和有关供应商。

不少国家颁布了信息公开法，从主动公开和依申请公开的角度规定了政府应公开的信息内容以及信息公开的例外条款等。比如美国的《信息自由法案》（1966）、俄罗斯的《信息、信息化和信息保护法》（1995）、英国的《信息自由法》（2005）等。这为政府采购信息的公开提供了法律依据。

为了保证公共采购的公开透明，我国在2008年实施的《中国政府信息公开条例》第十条明确规定，政府集中采购项目的目录、标准及实施情况必须予以及时、准确的公布。

信息公开发布制度是政府采购管理制度中的重要内容和组成部分，自产生以来，在保护政府采购当事人合法权益、保证政府采购交易市场的高效运营、提高公共支出管理水平以及公共资金使用效益等方面都起到了巨大的推动作用，在实践中主要表现为发布政府采购公告。只有建立完善的政府采购信息发布制度，政府采购公开、平等、透明、规范地进行才有可能实现。按照我国政府采购法律制度的规定，凡是按法律法规规定进行的招标采购，都需要在政府指定的媒体上发布招标信息。其他有关采购有的也要求公开发布采购信息，有的则可以采取邀请招标和询价采购的方式。

二、政府采购信息发布的内容

根据《政府采购法》《政府采购法实施条例》以及财政部《政府采购信息公告管理办法》的规定，政府采购信息发布主要包括以下内容：

第一，省级及省级以上人大、政府或财政部门制定颁布的政府采购法律法规和制度规定。

第二，资格预审的内容。包括财政部门预审或批准准入政府采购市场的业务代理机构名录和供应商名录。资格预审信息应当公告下列事项：资格预审机关、资格预审对象、范围和标准、资格预审所需的相关资料、送审时间、地点及联系方式。

第三，政府采购目录与集中采购限额标准、公开招标数额标准。省及省以上政府的采购监督管理部门有权规定政府集中采购目录及集中采购金额的限额标准和公开招标数额标准。

第四，公开招标信息。按照规定，政府采购招标信息包括：招标人或其委托的招标代理机构名称，招标项目的名称、用途、数量、基本技术要求和交货日期，开标时间和地点，获取招标文件的方法及招标文件售价，投标截止日期，对投标人的资格要求和评标方法，投标语言，联系人、地址、邮政编码、电话及传真号码，以及其他必须载明的事项。

第五，"供应商唯一"情况的公示。单一来源采购都有既定的使用条件，我国《政府采购法实施条例》规定，"达到公开招标数额标准，符合政府采购法第三十一条第一项规定情形，只能从唯一供应商处采购的，采购人应当将采购项目信息和唯一供应商名称在省级以上人民政府财政部门指定的媒体上公示，公示期不得少于 5 个工作日"。这一规定使符合这一条件的单一来源采购完全置于公众的监督之下，确保"只能从唯一供应商处采购"合法合理。

第六，中标信息发布。招标结束以后，招标人或其委托的招标代理机构，有义务向社会公布中标结果，内容主要包括：采购人和采购代理机构的名称、地址、联系方式，项目名称和项目编号，中标或者成交供应商名称、地址和中标或者成交金额，主要中标或者成交标的的名称、规格型号、数量、单价、服务要求以及评审专家名单。《政府采购法实施条例》第四十三条规定，"招标文件、竞争性谈判文件、询价通知书随中标、成交结果同时公告"。这实际上要求将公开招标、邀请招标、竞争性谈判、询价四种采购方式中的"采购文件"与中标成交结果同时公告，从而使中标成交结果不是孤立地呈现，而是能够让监督者对比采购需求和采购结果，结合其他采购信息的公开，看清整个采购的过程，从全过程推断中标成交结果是否合理，更加有利于各方监督。

第七，违规通报信息。在政府采购过程中，经常会出现不同方面的违规。按照政府采购相关法律法规的规定，对于严重的违规现象，要通报批评，发布批评或处罚信息。

第八，投诉处理信息。在对违规行为进行通报的同时，对于政府采购过程中的投诉，要及时处理，并公布投诉处理信息，内容主要包括：采购人、采购代理机构名称，采购项目名称及采购日期，投诉人名称及投诉事项，投诉处理机关名称，处理决定的主要内容。

第九，信息变更公告和信息更正公告。对于采购中发生的信息改变，招标人或其委托的招标代理机构有义务及时发布变更公告，向供应商或潜在的供应商说明信息修正的内容及原因，通知新的事项。如果采购人或采购代理机构发布的消息有错误，则必须发布更正信息。

第十，政府采购合同公告。《政府采购法实施条例》第五十条规定，采购人应当自政府采购合同签订之日起 2 个工作日内，将政府采购合同在省级以上人民政府财政部门指定的媒体上公告，但政府采购合同中涉及国家秘密、商业秘密的内容除外。

第十一，公共服务项目"验收报告"公告。《政府采购法实施条例》明确规定，服务包括政府自身需要的服务和政府向社会公众提供的公共服务，这有效地衔接了政府采购与目前正在推行的政府购买服务改革。对于政府购买公共服务的项目，《政府采购法实施条例》第四十五条中规定，"政府向社会公众提供的公共服务项目，验收时应当邀请服务对象参与并出具意见，验收结果应当向社会公告"。与《政府采购法实施条例》第十五条中提及的，"政府向社会公众提供的公共服务项目，应当就确定采购需求征求社会公众的意见"相呼应。因为公共服务项目与社会公众密切相关，提出确定需求要征求社会公众的意见，验收要吸收服务对象的意见，并将验收结果及时公开，这一方面将"参与式预算"执行推向深入，另一方面也强化了基于需求方的公共服务项目绩效评价体系的构建。

三、信息发布方式与媒介

供应商获取采购信息的成本也是政府采购信息公告制度设计中必须考虑的一个重要因素，信息公开发布的方式可以说是多种多样的，包括各种新闻媒体，如报刊、电视、广播、网络等。如果政府采购信息通过商业性报纸、杂志发布，则一般是有偿的，要支付适当的费用。如果通过政府发行的《公报》等刊物发布，有的国家是免费提供的，有的国家则采取有偿订阅的方式。

随着信息技术的推广和运用，大部分国家和地区的政府采购信息都可以通过互联网免费获取，很多国家或地区开设了专门的政府采购网站，如墨西哥专门建立了名为 Compranet 的政府采购电子系统；新加坡政府设立了政府网上招标信息服务网，用于发布招标公告、招标信息和中标情况等信息；中国香港特别行政区政府也设立了政府信息网用于发布各政府部门的信息，同时，与政府采购有关的信息也可以在政府资料供应处网页上获取。此外，还有的国家或地区专门开发了电子采购系统，如澳大利亚和新西兰的政府电子市场服务系统（Government Electronic Marketplace Service，GEMS）、加拿大公开招标投标系统（Open Bidding Service，OBS）、日本外贸组织政府采购数据库系统（Government Procurement Database System，GPDS）、韩国金星信息网络服务系统（Goldstar Information Network Services，GINS）、新加坡政府招标投标服务系统（Government Tender Service，GTS）。其中，澳大利亚采购和建设委员会（Australian Procurement and Construction Council，APCC）还针对电子商务与政府采购的关系，编写了一个指南。

对于国际招标，根据国际惯例应至少在招标国家主要媒体上刊登。招标通知的发送可以直接送交采购机构熟悉的卖方，在国际招标中可以向各国使馆及驻采购国机构发出通知。在邀请招标中，一般不对外公开发出招标广告，而是直接向供应商发出邀请。

随着科技的进步和市场经济的发展，各种新闻媒体也迅速壮大起来，同时，越来越快的生活、工作节奏也使人们无暇查看或翻阅所有的媒体，这就给政府采购信息的发布带来了较大的困难。如果要求采购人在所有的媒体上发布信息势必会提高采购成本，给采购单位增加麻烦，甚至抵消了政府采购的效果，而且在现实生活中，这也是行不通的。如上所述，世界各国及相关国际组织，在政府采购信息发布的方式方面，都选择了在政府指定的媒体上发布信息这样一种方式，即采购人的信息必须通过政府采购管理部门指定的媒体发布，而供应商和其他人也主要通过这些媒体来获取各种政府采购信息。

在我国，《政府采购法》第十一条规定，"政府采购的信息应当在政府采购监督管理部门指定的媒体上及时向社会公开发布"。《政府采购法实施条例》进一步规定，政府采购项目信息，"供应商唯一"情况下单一来源采购项目信息，供应商名称、中标、成交结果，政府采购合同，均需在"省级以上人民政府财政部门指定的媒体"上发布、公示或公告。同时规定，采购项目预算金额达到国务院财政部门规定标准的，政府采购项目信息应当在"国务院财政部门指定的媒体"上发布。

根据《政府采购信息公告管理办法》和有关法律法规的规定，发布政府采购信息的媒体，由财政部按照相对集中、受众分布合理的原则指定。一般来说，省级政府采购管理机构也可以指定其他报刊和网络等媒体公告信息，但应该是在财政部指定的媒体上发布信息后，地方规定才能有效，且发布的信息内容必须一致。需要说明的是，财政部指定的媒体应当免费刊登和发布政府采购信息，省级政府采购管理机构指定的媒体原则上也应该免费刊登和发布政府采购信息。目前，经财政部门指定的发布政府采购信息的媒体，已经形成了报纸——《中国财经报》、网络——中国政府采购网和杂志——《中国政府采购》三位一体的发布体系。

政府采购的信息公布，除了上述方式外，对于供应商或有关机构、个人提供信息的请求，采购机构应在不违背法律的前提下尽量予以帮助，回答其咨询。如美国《联邦政府采购法》（FAR）中就有对公众和国会议员及有关机构要求提供信息的具体规定。世界贸易组织的《政府采购协议》中除了对公开发布信息作了具体规定外，还要求采购方应对参加投标程序的供应者在关于提供有关资料的合理请求方面予以立即签复，只要这些资料不会使该供应者在签订合同的过程中处于优于其他竞争者的地位。

四、信息发布中的常见问题及管理

我国在借鉴西方市场经济国家经验的基础上建立了政府采购信息发布制度，指定权威的采购信息发布媒体。但是，我国政府采购信息发布中仍存在严重的法律依据冲突、信息发布渠道纷杂及发布信息不合理或不准确等问题，影响到采购信息在采购人、采购代理机构及潜在供应商之间的传递，使得政府采购运行成本增加。

1. 政府采购信息发布的制度依据存在冲突

我国政府采购信息的发布依据的是两部法律，即《政府采购法》和《招标投标法》，以及两部行政法规，即财政部的《政府采购信息公告管理办法》和国家发展和改革委员会的《招标公告公布暂行办法》。根据《政府采购法》的规定，政府采购的信息应当在政府采购监督管理部门指定的媒体上及时向社会公开发布，但涉及商业秘密的除外。财政部于2004年8月颁发了《政府采购信息公告管理办法》，界定了政府采购信息的概念，规定了信息发布的内容和范围，明确了政府采购信息的发布渠道以及违法发布政府采购信息所应承担的法律责任等内容。并先后指定了《中国财经报》《中国政府采购》《经济日报·政府采购周刊》以及中国政府采购网等报刊和网络为发布政府采购信息的权威媒体。但是，在《政府采购法》实施前，我国从2000年开始施行的《招标投标法》也对公共采购的信息发布作了相关的规定。根据《招标投标法》第十六条的规定，招标人采用公开招标方式的，应当发布招标公告。《招标投标法》实施后，根据有关的规定，国家发展和改革委员会是我国招标投标活动的指导协调部门，有权制定招标采购信息发布制度，也是有权指定信息发布媒体的部门。为此，国家发展和改革委员会专门出台了一部行政法规——《招标公告公布暂行办法》，并先后指定了《中国经济导报》《中国建设报》《中国日报》《国际商报》以及中国招标与采购网等报刊和网络作为发布公共招标采购信息的权威媒介。因此，在政府采购信息发布这同一公共事务执行依据上存在不统一，且指定的信息发布平台存在一定的差异，这不利于政府采购信息发布的统一和规范执行。

2．政府采购信息发布渠道纷杂

截至目前，我国有权发布政府采购信息的报刊和网络已经超过十家，这里还不包括国家各部委相对应的行业报刊和地方报刊以及网络等媒体。各部门在采购政府工程、货物和服务时，通常会优先选定本部门的报刊和网站作为信息发布媒体，其次才是一家官方网站。几乎各省财政部门都指定了省级党报作为政府采购信息发布的权威媒体。很多地方在政府采购活动中，首选的发布媒体是当地市县的党报，包括日报或晚报，其次是本行业的权威报刊或者网站。如果涉及政府采购工程，除了党报，还通常在当地发展和改革委员会指定的媒体上披露。例如，湘潭市在2009年发布的《湘潭市财政局关于实行政府采购信息发布审批备案制度的通知》中规定：凡纳入政府采购项目的招标信息，无论采用哪种采购方式，一律要求在湘潭市政府采购网（www.xtcg.cn）上发布，属于公开招标和邀请招标的采购项目应同时在财政部指定的政府采购信息发布媒体中国政府采购网（www.ccgp.gov.cn）及湖南省财政厅指定的政府采购信息发布媒体湖南省政府采购网（www.ccgp-hunan.gov.cn）发布。2015年发布的《湖南省财政厅关于进一步规范政府采购工作的通知》中规定：达到公开招标数额标准以上的单一来源采购公示，以及1 000万元以上的货物、服务采购项目公告，应在湖南省政府采购网（www.ccgp-hunan.gov.cn）和红网政府采购频道（zfcg.rednet.cn）同时发布。这使得湘潭市的披露媒体进一步增加。但同时因为规定需要公布的采购范围不同，导致各个平台发布的信息不完全相同。另外，一些私营网站、地方专业报纸等也都在争取作为政府采购的权威媒体或协办媒体之一，进一步使政府采购信息的发布变得混乱。

据不完全统计，我国被指定的有权披露政府采购信息的报刊及网站的数量远远超过1 000家。虽然有关法律明确了政府采购信息发布的内容及范围，但是这些官方媒体所发布的信息既不全面、不相同，也不互补，如果要有效地获取相对详细、真实、全面的中国政府采购信息，供应商就需要花费大量的时间阅读这些官方报刊和网站。这种情况下，企业为获得有关的政府采购信息所要付出的成本是相当大的。同样，这也增加了公共采购监督管理部门对公共采购市场实施监督和管理的成本，每天必须花大力气，全面、认真地浏览这些权威媒体，以获得相对全面的政府采购信息。

3. 发布信息不合理或不准确

在政府采购的各种信息发布中，各发布单位都必须保证信息公告内容的真实可靠，没有虚假、严重误导性陈述或重大遗漏。由政府指定的媒体，在收到信息公告文本之日起，应该在三个工作日内发布信息公告，并快捷地向订户或用户传递政府采购信息。指定媒体发布的招标公告内容与招标人或其委托的招标代理机构提供的招标公告文本不一致，并造成不良影响的，应当及时纠正，重新发布。但是，在政府采购实际操作中，信息发布经常会存在这样那样的问题，需要政府采购管理部门及时监督和纠正。政府采购中的采购人或采购机构在信息发布中，经常出现的问题主要表现为以下几个方面：

一是依法必须招标的项目，应当发布招标公告而不发布的；

二是不在指定媒体上依法发布必须进行招标的项目的招标公告；

三是招标公告中有关获取招标文件时间和办法的规定明显不合理；

四是招标公告中以不合理条件限制或排斥潜在投标人；

五是提供虚假的招标公告和证明材料，或者招标公告含有欺诈内容；

六是在两个以上媒体发布同一招标项目的招标公告内容明显不一致。

政府采购指定媒体在信息方面经常存在的问题表现为：

第一，违法收取或变相收取招标公告发布费用；

第二，无正当理由拒绝发布招标公告；

第三，无正当理由延误招标公告发布时间；

第四，名称、地址发生变更后，没有及时公告并备案；

第五，其他违法行为。

以上各种现象的存在，在很大程度上影响了政府采购信息发布制度的贯彻与执行。实际上，必须充分认识到，信息披露与发布在政府采购规范操作中，是一个极为重要和关键的问题。没有严格规范的信息发布制度，实现规范的政府采购操作就没有可能。

财政部作为我国政府采购信息公告的监督管理机构，负责全国政府采购信息的发布工作。各省、自治区、直辖市和计划单列市财政部门中的政府采购管理机构负责本地区政府采购信息公告的监督管理工作。各级政府采购管理机构有责任依据《政府采购信息公告管理办法》的规定，对采购信息发布中存在的各种违规现象进行严格的监督管理并予以纠正和处罚。具体的处罚措施包括：发现违规行为立即给予警告并责令其改正；造成经济损失的，责其承担相应的经济责任；给予行政通报批评；取消相关资格……

五、政府采购信息发布的相关要求

（一）总体要求

第一，公告政府采购信息必须做到内容真实、准确可靠，不得有虚假和误导性陈述，不得遗漏依法必须公告的事项。

第二，在各政府采购信息指定发布媒体上分别公告同一政府采购信息的，内容必须保持一致。内容不一致的，以在财政部指定的政府采购信息发布媒体上公告的信息为准。

第三，在各政府采购信息指定发布媒体上公告同一政府采购信息的时间不一致的，以在财政部指定的政府采购信息发布媒体上最早公告信息的时间和政府采购当事人对有关事项应当知道的时间为公告时间。

第四，政府采购法律法规、规章和其他规范性文件，集中采购目录、政府采购限额标准，公开招标限额标准等信息，由省级以上人民政府财政部门负责在政府采购信息指定发布媒体上公告。

第五，招标投标信息由采购人或者其委托的采购代理机构负责在政府采购信息指定发布媒体上公告。

第六，对集中采购机构考核结果以及采购代理机构、供应商不良行为记录名单等信息，由同级人民政府财政部门在政府采购信息指定发布媒体上公告。

第七，其他信息，属于政府采购监督管理方面的，由同级人民政府财政部门公告；属于采购业务方面的，由采购人或者其委托的采购代理机构公告。

第八，采购人、采购代理机构需要公告政府采购信息的，应当以传真、电子邮件等快捷方式将信息提供给政府采购信息指定发布媒体，也可经同级人民政府财政部门提供给政府采购信息指定发布媒体。

（二）媒体公告要求

第一，政府采购信息指定发布媒体负责承办规定的政府采购信息发布的具体事宜。政府采购信息指定发布媒体发布政府采购信息，应当体现公益性原则。

第二，财政部门指定的政府采购信息发布媒体中的网络媒体，应当在收到公告信息之日起1个工作日内上网发布；指定的报纸，应当在收到公告信息之日起3个工作日内发布；指定的杂志，应当及时刊登有关公告信息。

第三，政府采购信息指定发布媒体应当按照信息提供者提供的信息内容发布信息。但是，对信息篇幅过大的，政府采购信息指定发布媒体可以按照统一的技术要求进行适当的压缩和调整；进行压缩和调整的，不得改变提供信息的实质性内容。

第四，政府采购信息指定发布媒体发现信息提供者提供的信息违反法律法规、规章和《政府采购信息公告管理办法》规定的，应当及时建议信息提供者修改；信息提供者拒不修改的，应当向信息提供者同级的人民政府财政部门报告。

第五，政府采购信息指定发布媒体应当对其发布的政府采购信息进行分类统计，并将统计结果按期报送同级人民政府财政部门。

第六，政府采购信息指定发布媒体应当向社会公告本媒体的名称和联系方式。名称和联系方式发生变更的，应当及时向社会公告，并向负责指定其发布政府采购信息的财政部门备案。

第四节　政府采购信息的记录与保存

在政府采购过程中，必然会产生大量程序、过程方面的具有法律效力的文件与资料信息，具体包括政府采购活动记录、政府采购预算、招标文件、投标文件、评标标准、评估报告、定标文件、合同文本、验收证明、质疑答复、投诉处理决定及其他有关文件、资料等。政府采购文件是整个政府采购过程的客观反映,涉及政府采购当事人的权利、义务和切身利益,反映采购活动的实质性内容,并且经过采购当事人一方或双方的认可,有的还经过监督管理部门的批准或者由其直接作出,因此一经作出就具有法律效力。按照政府采购"公开、公正、公平"的原则要求,政府采购中产生的文件与资料,应当依法保存,以备监督检查、处理纠纷、履行合同和进行评估时使用。只有将政府采购文件保存下来并依法应有关方面的要求向其公开,才能使采购当事人特别是采购人的行为置于监督之下,促使其严格依照法律法规的规定办事,公平、公正地对待每个供应商,实现政府采购市场充分有效的竞争,进而提高政府采购的质量和效率。对此,《政府采购法》对政府采购信息、文件的记录和保存有明确的规定:"采购人、采购代理机构对政府采购项目每项采购活动的采购文件应当妥善保存,不得伪造、变造、隐匿或者销毁。采购文件的保存期为从采购结束之日起至少保存十五年。"

一、信息记录与保存的内容

政府采购信息的记录主要包括政府采购文件与政府采购过程记录两方面。其中政府采购文件包括:政府采购计划、政府采购预算的原件与批复资料、招标文件、投标文件、评标标准、评估报告、定标文件、合同文本、验收证明、质疑答复、投诉处理决定及其他有关文件、资料等。统计、记录信息是推行政府采购制度的基础性工作,是分析和决策的重要依据。采购记录信息的内容非常多,如美国联邦采购数据中心收集的采购信息包括:按采购对象性质分类的采购合同及金额,按采购方式分类的采购合同及金额,按采购对象来源地(各州)分类的采购合同及金额,按部门分类的采购合同及金额,全国 100 名最大合同商的合同及金额等。韩国的采购记录中不仅包括一般的采购信息,还包括与政府采购有关的本年新增国有资产、本年处理国有资产、本年净增国有资产等有关国有资产的信息。通过对政府采购各项信息的收集和处理,可以对采购进行地域分析、市场分析以及政府有关政策目标落实情况的分析,从而对政府采购制度进行评价。

为了能够有效地监督和管理政府采购活动的过程,至少应当记录、保存下列内容:

一是,政府采购项目的类别、名称以及采购的功能要求、规格和数量等;

二是,政府采购项目预算、资金构成和合同价格、采购合同的签约人;

三是,采用的政府采购方式及选择这种方式的依据与原因;

四是,邀请、审查和选择供应商的条件及原因;

五是,评标标准及确定中标人的原因;

六是,如果有废标情况,记录废标的情况与原因;

七是,采用招标以外其他采购方式的,应进行专门的记录,并说明原因。

此外,为了加强政府采购工作的责任感,应该将政府采购活动的主持人、相关参与人员,特别是评委会的组成人员等,都记录在案并予以保存。

二、信息存储与查阅

政府采购之所以要记录各种相关信息，就是为了有效地保存，为社会各方面的监督和查阅提供便利条件。因此，对政府采购信息进行存储并建立方便快捷的查询系统是十分必要的。在现代科学技术高度发达的当今社会，政府采购最重要的信息存储和查阅方式就是电子信息网络系统。

政府采购信息管理部门通过建立政府采购专业网站，可以充分发挥网上收集信息、存储信息、发布信息的功能作用。同时，由于政府采购的信息具有相当的公开性，因此，可以为政府采购管理部门的监督检查和社会公众的查阅提供方便。随着电子技术的发展和普及，采购人和采购机构不仅可以实现网上资料的查阅，还可以直接实现网上采购。

本章小结

1．政府采购信息是指政府采购法律法规、政策规定以及反映政府采购活动状况的资料和数据的总称。

2．政府采购信息管理主要包括信息收集、信息发布、信息记录、信息储存与信息查阅等项内容，其中，政府采购信息的发布是信息管理的核心。

3．政府采购信息的收集主要包括：法律法规资料收集，产品相关信息收集，供应商信息收集，招标代理机构信息收集和采购案例信息收集等几方面的内容。

4．政府采购信息向社会公开发布，就是将政府采购的相关信息通过公开的方式在报刊和网络等有关媒介上公开披露，以告知社会公众和有关供应商。

5．供应商获取采购信息的成本也是政府采购信息公告制度设计中必须考虑的一个重要因素，信息公开发布的方式可以说是多种多样的，包括各种新闻媒体，如报刊、电视、广播、网络等。

6．我国政府采购信息发布中仍存在严重的法律依据冲突、信息发布渠道纷杂及发布信息不合理或不准确等问题。

7．政府采购中产生的文件与资料，应当依法保存，以备监督检查、处理纠纷、履行合同和进行评估时使用。政府采购信息记录主要包括政府采购文件与政府采购过程记录两方面。

思考题

1．为什么说政府采购信息的发布是信息管理的核心？
2．为什么政府需要承担政府采购信息的收集工作？
3．应从哪几个方面入手解决目前我国在政府采购信息发布方面存在的问题？

课外阅读材料

1．马海涛等编著：《政府采购管理》，经济科学出版社 2003 年版，第 129—136 页。

2．杨灿明、李景友编：《政府采购问题研究》，经济科学出版社 2004 年版，第 213—214 页。

3．谷辽海著：《法制下的政府采购》，群众出版社 2004 年版，第 32—34 页。

4．〔冰岛〕思拉恩·埃格特森著：《经济行为与制度》，吴经邦译，商务印书馆 2004 年版，第 60—61 页。

第十一章 政府采购监督机制

本章重点

1. 建立政府采购监督机制的基本原则
2. 政府采购监督约束机制的主要内容
3. 政府采购监督的主要环节
4. 政府采购监督机构和监督对象

导语

政府采购作为政府支出当中的一项重要内容理应置于财政监督的框架之下。与其他财政支出不同,政府采购制度实质上是一种规范和约束政府支出行为的机制,通过规范的支出程序和严格的监督管理机制,确保在政府采购的过程中实现采购的公开、公平、公正,以节约财政支出,提高资金使用效率,规避采购过程中的腐败行为。

关键词

政府采购监督　内部监督　法律监督

第一节　政府采购监督的意义

一、政府采购监督的含义

所谓政府采购监督即对政府采购法律法规的执行程度，采购项目的立项、招标，采购合同的有效性及其履行情况，采购资金拨付，采购商品实际使用及效果评价等诸环节的全过程、全方位以及对采购人员采购行为的约束。建立和健全由财政、审计、监察、供应商和社会共同构成的多方位的政府采购监督约束机制是提高采购活动透明度的关键环节，也是实现政府采购"公开、公正、公平"原则的切实保证。

二、建立政府采购监督约束机制的必要性

（一）政府采购制度的内生需要

政府采购制度是对政府采购行为的规范化、具体化、制度化和法制化，其重要作用就是在法律规范的范围内，通过严密有力的制度监督，保证政府采购行为健康有效运行，实现节约财政资金、促进反腐倡廉、提高使用效率等目标。从本质上讲，政府采购制度本身就是政府对其购买性支出实施监控的一种有效形式，但政府采购行为在运行过程中易于发生偏差，因此，必须在政府采购制度内部建立一种监督约束机制。

（二）政府采购制度的外生需要

有人认为，只要将政府采购活动公开化、集中化，采购过程中的价格问题、回扣问题、质量问题等都会迎刃而解。其实不然，政府采购也有其自身的局限性，需要许多外部条件和制度相配合才能充分体现其效益，如政府采购需要建立完整的采购信息库，以确保采购当局能够及时、有效地对供应商、代理机构进行资格和信用评价，从而对他们实施有效的监督。但是，信息库的建立需要大量的人力、物力和财力的投入，即使在西方发达国家，政府也难以获得全面、充分的信息资源。因此，实施政府采购制度并不能完全解决采购管理中存在的各种问题，规范和完善政府采购制度离不开严密有力的监督约束机制。

目前在我国推行的政府采购工作中，由于监督约束机制不健全，已暴露出很多问题。如政府采购制度的推行尚存在"空白"点，相当多的采购行为没有纳入统一规范的政府采购范围之内；在政府采购实施过程中，违规操作现象时有发生，公开、公正、公平原则没有充分体现；缺乏对违规行为进行处理的法律依据和政策基础，对政府采购的监督力度不够，等等。这些问题的存在，在很大程度上影响了政府采购制度的健康运行，以至于有些单位和部门对推行政府采购制度不理解，甚至误以为政府采购制度由"分散腐败"变成"集中腐败"。所以克服政府采购制度本身的局限和缺陷，建立与之相适应的监督约束机制，不论是从完善政府采购制度方面考虑，还是从推行政府采购工作的实际出发，都是非常必要的。

三、建立政府采购监督机制的基本原则

构建政府采购的监督约束机制必须坚持以下几条原则：

（一）监督者与操作者相互分离

政府采购过程中，需求方与供给方通过采购经办机构或招标中介组织依据政府给定的制度框架所构建的采购市场进行交易。政府采购一般有四个当事主体：管理监督者、操作者、使用者和供应商。管理监督者主要是财政部门；操作者一般指政府采购经办机构或者其他招标中介组织；使用者主要是采购单位，即政府采购的需求方；供应商是产品或劳务的提供者，即政府采购的供给方。管理监督者与操作者必须相互分离，不能既当裁判员，又当运动员，否则将很难保证其监督工作的客观公正性，其监管效率必然低下。

（二）依法监督

政府采购本身是依法运作的，对其监督也要依法进行。经济手段、行政手段虽是不可缺少的监督手段，但也必须强化法律这个主要手段。无论是从国外的成功经验，还是从我国政府采购的发展趋势看，建立健全必要的政府采购法律法规和政策制度体系，依据法律开展监督工作，都应当成为政府采购监督工作的努力方向。

（三）专业监督和社会监督相结合

加强对政府采购的监督，除主要依靠政府采购主管部门——财政部门外，还必须发挥现有的纪检、监察、审计等部门的监督作用，建立以财政监督管理为主，其他部门监督为辅，社会中介机构监督为补充的监督体系，做到内外结合、专兼结合。

（四）事前、事中和事后监督相结合

对政府采购活动的监督，要从编制政府采购预算和计划环节就开始实施。同时，在采购实施过程中，要保证有相应的监督力量参与采购活动全过程，注重"防"和"堵"，使监督的关口前移，"要坚持以事前和事中监督为主的原则"，以防患于未然为主要目的。当然，事后监督也有其不可替代的作用，一般来说，在实施政府采购制度的初期，应以事后监督为主；而在政府采购制度规范运行后，则应以事前、事中监督为主。

总之，政府采购制度本身的局限决定了必须建立、完善监督约束机制，尤其在推行和实施政府采购制度的初期阶段，建立一套相互制衡、约束有力的监督机制就显得更为迫切和需要。如果没有严密有力的政府采购监督体系（尤其是法律监督机制），就极易造成权力的相对集中和采购的暗箱操作。也就是说，具有监督缺陷的政府采购制度不仅不能防范和消除腐败行为，反而会产生更大的腐败行为。同时也应看到，即使建立了比较完备的政府采购制度，没有相应的监督约束机制，在实际执行中也难免出现问题。因此，作为财政制度重要组成部分的政府采购制度，只有通过一整套的监督约束机制加以规范、协调和制约，才能发挥其应有的功效和作用。

第二节 政府采购监督机制的主要内容、环节及方式

一、政府采购监督机制的主要内容

在某种程度上,政府采购制度是各种采购参与主体及其相互关联、相互影响的关系的总和,各主体之间的相互关联构成了一个完整的有机系统。为此而建立的监督机制必然是以各相关主体及其活动为监督对象的。

从理论上讲,监督约束机制是通过提高相关责任人的违规风险成本或预期风险损失,来促使政府采购规则得到应有的尊重和有力的执行。在政府采购制度中,监督约束机制在各相关主体间的有效设定和合理分布,则是保证政府采购制度健康运行的重点和关键。根据上述政府采购运行关系示意图,构成政府采购的监督约束机制应考虑设置四重监督机制:

1. 内部监督机制

内部监督,主要是指贯穿于政府采购活动始终的、各参与主体间的相互监督。构建良好的内容监督机制,应考虑:

第一,财政部门对采购人的监督。政府采购主管部门通过实物管理方式对采购人的货物使用情况进行监督,重点是对国有资产的保全监督。在实施政府采购制度的初期,政府采购主管部门对采购人的监督应侧重于采购预算和计划的编制,即其采购性支出是否都按规定纳入政府采购预算内。由于我国在实际工作中长期存在着预算内和预算外两套资金运行方式,立法机关很难有效地对预算外资金实施监控,因此,尽管近年来的预算改革已逐步将预算外资金纳入预算内管理,但为了保证各政府部门的既得利益,预算外资金大多仍由原部门使用,其实际仍处于"脱管"状态。这造成政府采购计划的编制和审批程序缺乏有效的约束,由于人为的不合理因素而随意变更采购计划较为普遍。许多单位要采购什么就申报什么,只要采购资金来源有保障,能执行规定的政府采购程序,就可以随意采购。这对政府采购支出的监管工作带来了很大的困难。

第二,财政部门对采购代理机构的监督。作为政府采购主管部门的各级财政部门,根据政府采购法规、政策、原则、采购预算和计划、采购反馈信息等对采购代理机构进行监督,侧重于对采购计划的执行、采购资金的使用、采购方式的运用、采购过程的规范进行监督,同时对采购代理机构和供应商准入政府采购市场的资格及其遵守政府采购相关法规的情况进行监管。

第三,供应商对财政部门、采购代理机构和采购人的监督。供应商依据有关政府采购的法规、政策,对政府采购主管部门进行监督,重点监督其采购过程的公开、公正性,以及采购活动是否依法规范运作,等等;对采购代理机构的监督,主要是监督其采购活动是否公开、公平、公正;对采购人的监督,主要是监督其是否存在变相指定品牌的现象。

此外，在财政部门内部还应充分发挥财政监督机构及相关业务处室对政府采购的监督作用。通过上述一系列监督和制约，使得政府采购过程环环相扣，有条不紊，促进了政府采购行为的规范化。

2. 法律监督机制

完善和配套的政府采购法律体系是政府采购制度的法律保障及行为依据。它从政府采购制度运行的外部，以高于内部监督机制的形式对政府采购全过程进行监督，从而在推进政府采购制度中实现依法行政、依法理财。政府采购的法律监督体系主要包括三个层次：第一，国家制定统一的政府采购法，政府采购是政府在国内甚至国际市场开展的采购活动，需要一个全国性的、与国际接轨的法律来对它进行规范和监督；第二，地方各级人民政府根据国家的政府采购法制定相应的管理办法，地方政府可以根据政府采购法制定相应的地方性政策法规；第三，财政部门制定政府采购监督检查工作的配套法规，等等。从目前情况看，与政府采购相关的法律的立法工作尚在实践摸索中不断完善，由地方政府或财政部门制定政策法规及相应的配套政策，是当前建立政府采购监督法规体系工作中的主要任务。法律监督机制可以大大提高政府采购规则的权威性，有效遏制和预防潜在的违规行为。

西方发达国家在政府采购领域建立起了较完善的法律体系，对政府采购行为形成较为有效的制度性约束。如在美国，与政府采购直接或间接相关的法规制度有500多个，涵盖了涉及政府采购行为的所有方面。主要包括《联邦政府行政服务和财产法》《联邦财产管理法》《联邦采购合理化法案》《合同竞争法》《小型企业法》《贸易协定法》《公共工程法案》《服务合同法案》《反回扣法案》《联邦政府采购条例》《武装部队采购条例》等。这些法律法规对采购程序和方式作了详细、严格的规定，不仅约束了政府自身的采购行为，也维护了采购信誉，保持了采购制度的透明与公正，同时保证了政府实现其社会和经济目标。

3. 各级纪检、监察、审计等专门监督机制

政府采购法明确规定了各级财政部门在政府采购活动过程中开展监督的权利和义务。但是，由于政府采购涉及的范围很广，监督者不仅需要有财政与财会业务知识，而且需要有工程预算、国际贸易等方面的专业知识，然而目前财政部门内部往往缺乏这些专门人才，以致无法开展有效的监督。更重要的是，政府采购的监督不仅是对钱的监督，还包括对事和人的监督，因此，必须借助有关部门和社会的力量来充实及加强政府采购监督队伍。在采购的具体实施过程中，应主动邀请审计监察、技术监督等部门参与政府采购活动的监督，同时，还可以发挥社会中介组织的作用，加强对政府采购效益的评估和跟踪检查。

4. 社会监督机制

社会监督机制主要借助于社会舆论的力量来监督政府采购行为。在政府采购制度的运行中，政府采购主管部门应制定对外发布信息的制度和办法，定期将有关采购信息、

采购法规、政策及原则等内容向社会公开，通过媒体的传播，客观上接受社会舆论监督，从而形成有效的社会监督机制。对违反政府采购管理规定的单位和个人，不仅要严肃处理，还要敢于公开曝光，以保证政府采购工作逐步走上正轨。社会监督机制的介入，不仅能保证政府采购的高透明度，促进采购过程中的反腐倡廉，维护政府部门的形象，而且还能强化社会公众的公共参与、公共监督意识。

此外，还须强化政府采购监督机制的相关配套措施，主要包括：第一，建立政府采购定期报告制度。财政部门可以设计一套专门的政府采购辅助账表，印发到各采购单位。采购单位必须按规定建立政府采购辅助账，逐笔记录纳入政府采购范围内的每项采购项目的完成情况，定期向同级财政部门报送政府采购统计情况表，为财政、审计等部门开展日常监督检查提供必要的基础资料。第二，建立政府采购定期检查制度。政府采购经办机构要定期向财政部门报告年度采购计划完成情况。财政部门可以根据掌握的情况，选择一些重点项目开展检查，并保证每年的检查面达到一定比例。下级财政部门定期向上级财政部门报告本地区的政府采购活动情况，上级财政部门可以根据各地情况，决定是否对下级开展检查。同时结合政府采购工作不同运作阶段的特点，也可以不定期地在全国或地区范围内开展全面检查，以保证政府采购制度得到全面的贯彻落实。第三，建立政府采购举报奖励制度。公开接受群众监督是防止腐败的有力武器，各级财政部门应将政府采购作为政务公开的主要内容，建立必要的举报奖励制度，发动社会监督力量对政府采购进行监督检查。

二、政府采购监督的主要环节

在规范政府采购操作程序的基础上，采购监督的重心应放在重点采购环节的监督上。政府采购的操作程序是否科学规范，直接影响到政府采购活动能否客观公正地开展，因此对政府采购程序中的每一个环节，如编制政府采购预算、审查供应商的资格、选择和执行采购方式、履行采购合同、验收商品以及结算货款等，都必须有相应的监督措施来保证其客观公正性。当前，政府采购正处于由初创时期向全面推进转化的阶段，应重点把握好对以下四个主要环节的监督：

（一）建立政府采购预算制度，提高采购计划的约束力

编制政府采购预算，建立政府采购预算制度是实施政府采购首要的、基本的环节。这一制度要求采购单位所有的购买性支出都要通过编制政府采购预算来体现，没有预算的不能安排支出。对采购预算编制环节的监督应做到"三要"；一要监督采购单位预算编制的全面性，保证各采购单位将应该实行政府采购的项目全部纳入采购预算；二要监督采购预算编制的合理性，采购需求应与政府的预算政策相一致，与单位所承担的职能相匹配，与财力相衔接；三要监督采购预算的有效性，政府采购预算一经确定，不得随意更改，如遇特殊情况确需调整，必须按规定重新履行审批程序。只有列入政府采购预算的采购项目，财政部门才能下达给有关部门操作实施。

(二) 建立供应商市场准入制度，加强对竞标主体的监督

要保证政府采购活动健康有序地开展，供应商能否遵守政府采购制度的各项规定十分重要。当前，需要建立供应商资格审查制度，规定进入政府采购市场的供应商必须具备一定的条件，给符合条件的供应商颁发市场准入资格证书，并实行年检制度。所有参加政府采购活动的供应商，必须凭其资格证书方能进入政府采购市场。对在政府采购活动中有违纪违规行为的，可以视其情节轻重，采取在资格证书上记录违纪情况、限制其在一定的年限内进入政府采购市场、吊销其资格证书等处罚手段。

(三) 建立评标专家库制度，加强对招标投标环节的监督

招标采购是政府采购的主要方式，加强对招标工作的监督管理是抓好政府采购监督工作的重要环节。当前，要保证招标工作做到客观公正，除需要认真执行招标投标现有的各项法规外，还需建立评标专家库，即政府采购监督管理部门聘请有一定资格水平的各类专业技术人员，并对其进行归类建档，形成专家评委库，作为评标的候选人员。评标时，从评委库中随机抽取一定数量的评委，以此减小供应商事前与评委接触的可能性。与此同时，要提高开标、评标、定标的透明度，在开标、评标、定标过程中，邀请监督部门、公证机关现场监督，防止出现徇私舞弊行为。

(四) 建立采购与付款相分离的制度，加强政府采购结算环节的监督

在政府采购活动过程中，如果政府采购经办机构既负责采购的具体组织工作，又直接支付货款，便会失去必需的外部监督，很容易产生违规行为。因此，必须使商品的采购、验收、付款三个环节相互分离，建立财政、政府采购经办机构和采购单位相互制约的机制，即财政部门负责采购计划审批，但不直接参与具体采购事务；政府采购经办机构负责组织招标等采购工作，但无权支付货款；采购单位不直接采购，但有最后的验收签单权。财政部门只能凭采购单位的验收结算单及采购合同支付货款，这样就使购买、验货、付款三权分离，形成了相互制约的机制。

应当强调的是，完善政府采购制度，就必须构筑一体化的监督网、严明采购法规纪律。就财政部门而言，必须强化财政支出控制力度，使财政监督从过去的资金分配环节延伸到资金使用环节，让财政资金的用途和流向始终在财政部门的监控之下，从而达到细化预算、强化预算约束的目的，提高资金管理的透明度。同时，政府采购的监管并不是财政部门一家的"私事"，其他部门应树立全局观念，承担起监督职责，加大对各单位执行政府采购制度的监督检查力度。此外，还应广泛发动群众，调动社会力量监督政府采购的各个环节，从而提高监督的整体效能。通过完善各种制度，最终为政府采购制度的深入开展构筑一个主体层次化、方式多样化的一体化监督网。

三、政府采购监督的主要方式

政府采购监督方式按不同标准可以划分为不同的种类，按其开展的持续性和目的性，可以将其划分为日常监督和专项监督两种。

（一）日常监督

日常监督是指财政管理和监督部门在正常业务活动中所开展的监督工作。政府采购是一项数额巨大的财政支出，为了保证采购支出能有较好的支出效益，需要经常对其实行有效的监督，以保证政府采购全过程的健康有序。因此，日常监督是采购管理工作的重要组成部分，也是政府采购监督活动中最基本、最主要的部分。日常监督的手段主要有财政监督、审计监督、中介机构监督、舆论监督、群众监督等。

日常监督的形式尽管多种多样，但其本质特性都是共同的，其一是广泛性与普遍性，是对政府采购活动全过程、全方位的监督；其二是经常性与连续性，对政府采购的每一个环节都实行有效的监督。

（二）专项监督

专项监督是由政府采购监督机关就政府采购项目的某一个问题综合运用各监督手段所进行的监督。它是政府采购监督的重要组成部分，也是一种行之有效的监督形式。它的主要特征有：

第一，监督目的的专项性和单一性。通常是就政府采购的某一项或某一个问题而展开的，一般不延伸，体现针对性强的特点。

第二，即时性和时效性。一般是没有计划的，根据情况随时安排进行。同时，专项监督由于内容专项单一，所以布置起来相对较容易，落实较快，时效性很强。

第三节 政府采购的监督机构及监督对象

一、政府采购的监督机构

（一）政府采购的管理机关

政府采购管理机关是国家设立的负责政府采购法规和政策的制定、修订及管理监督的专门机构。它履行监督采购机关组织实施政府采购的全过程及各采购主体的采购行为的职能。

（二）集中采购机构

集中采购机构是贯彻执行采购政策，实施采购活动的执行机构。它的主要职责是：统一组织纳入集中采购目录的采购业务；组织有财政拨款的大型公共工程（货物和服务）采购的有关事务；代理采购或组织招标投标事宜；承担不具备或被取消独立采购资格的采购单位的采购业务。它履行监督供应商和招标代理机构的职能。

（三）资金管理部门

它负责对政府采购资金使用的监督。主要对政府采购资金预算和政府采购合同进行审查；对采购管理机关和采购机关是否按规定的用途使用采购资金进行跟踪检查及事后监督。

（四）社会中介机构

指具有法人地位并获得政府采购代理业务资格的中介组织，包括集中采购机构以外的招标投标代理机构、会计师事务所、律师事务所、审计师事务所、公证和仲裁机构、计量和质量验证机构、资产评估机构等，这些中介机构在履行各自的职能、开展业务、提供公证等服务过程中，通过自身的公平、公正的行为来对政府采购行为实施监督。比如，招标投标代理机构可以在代理招标投标采购的过程中，通过严格执行招标投标程序来监督政府采购的公正性；会计师事务所可以通过政府进行验资、查账、资产评估、审核预决算等活动来实现对采购单位财务活动的监督，等等。社会中介机构在财政监督中有着不可替代的作用，是政府采购监督的一支重要力量。

（五）审计部门

审计是指国家审计机构和审计人员，依法对被审计单位的财政、财务收支以及经济活动，进行审查、分析和评价，并将审计结果向国家有关机关报告的一系列活动的总称。审计最基本的职能就是监督职能。审计机关的权限主要有检查和调查权、制止权、提请处理权、通报和公布权。审计监督的对象是整个国民经济活动。政府采购审计是指审计机关对国家各级机关和实行预算管理的政党、组织、社会团体、事业单位等使用财政性资金获取货物、工程和服务行为的审计监督。它可以通过政府采购的预算编制和执行情况、采购方式、采购程序等方面对政府采购实施监督。但审计对政府采购的监督往往是一种间接的监督，它是在财政监督、金融监督等的基础上进行的再监督。

二、政府采购的监督对象

（一）采购单位

采购单位，即采购人，是使用货物、工程和服务的具体行政机关、事业单位或社会团体。由于政府采购的资金来源为财政拨款和需要由财政偿还的公共借款，这些资金的最终来源为纳税人的税收和政府公共服务收费，因此，使用这些财政性资金进行采购的单位就成为政府采购监督的主要对象。

对采购单位的监督重点放在以下几个方面：一是监督其预算收支情况，主要是检查采购单位是否坚持专款专用的原则，有无截留、坐支、转移、挪用的现象；检查预算支出是否符合规定的原则和有关财务制度；检查决算收支平衡的情况，等等。二是检查采购单位的预算外资金支出是否按规定的范围和开支标准专用，有无未经财政部门批准用于工资、奖金、补贴、津贴和福利等方面的开支，有无未经批准用预算外资金购买国家规定的未经批准的专项控制商品，等等。三是监督其非计划采购的部门，检查其各项采购是否都已列入政府采购计划，检查非计划采购所占的比重，等等。

（二）采购资金

指实施政府采购所使用的资金，包括采购单位的采购资金和采购机关、采购管理机关的采购费用。政府采购实质上仍是财政性资金使用的过程，如何管好用好这些资金是政府采购的最终目的，对采购资金进行监督有利于实现政府采购经济效益和社会效益的最大化。

对采购资金的监督包括政府采购资金预算的监督、政府采购资金使用的监督及资金使用效果的监督等。

（三）采购参与人员

指具体从事政府采购的各种人员，包括采购单位的有关人员、招标投标代理机构人员、政府采购中心的工作人员等。对采购人员进行必要的监督，是保证政府采购规范、公正的关键。

对采购参与人员的监督，一是监督其构成，看其是否符合采购管理机关规定的标准，如招标代理机构的专业人员是否占总人数的60%以上，高级职称人员是否占20%以上等；二是监督采购参与人员的素质，看其专业知识和业务能力能否胜任政府采购工作；三是监督采购参与人员遵纪守法的情况，看其是否存在采购过程中的腐败行为。

（四）采购代理机构

采购代理机构包括集中采购机构和集中采购机构以外的采购代理机构。

承担具体采购业务的代理机构是政府采购的直接操作者，直接面对供应商的激烈竞争，对其实行有效的监督检查，才能保证政府采购的公正和高效。

对采购代理机构的监督，主要是检查其规章制度、工作章程、采购方案是否完善，有无漏洞可钻；检查其是否严格遵守规章制度，是否严格按工作流程办理，有无违章办事的行为，等等。

（五）供应商

供应商也是重点监督的对象，一般来说，政府采购是否成功与供应商有着直接的联系，这是因为供应商是货物的直接提供者和采购中的当事人，如果对其的监督不力，很可能造成可乘之机和漏洞，致使采购目的难以实现。对供应商的监督主要应注意以下几个方面：

一是是否提供虚假材料，骗取政府采购资格；
二是是否提供虚假投标材料；
三是是否与采购机关或者社会中介机构违规串通；
四是是否向采购主管机构、采购单位、社会中介机构行贿或提供其他不正当利益；
五是是否以不正当手段排挤其他供应商。

第四节　对政府采购过程的监督

对具体的政府采购过程的监督，是政府采购监督的重点，主要包括对采购方式、招标、投标、开标、评标、定标及合同履行的监督。

一、对采购方式的监督

对政府采购方式的正确选择,将直接决定着政府采购的效果。因此,监督政府采购方式的选择,是事中监督的一项重要内容。

政府采购的方式有很多种,每一种采购方式都有其特定的条件。对采购方式的监督,主要就是监督其是否符合特定的条件。

按照规定,单项或批量采购项目的金额达到一定标准以上的,必须采用招标的方式采购。监督部门要监督其是否存在符合标准而不采用招标采购的情况。

非招标方式都有其特定的条件。比如,采用竞争性谈判方式的,监督部门要监督其是否已经实行公开招标而没有供应商投标或无合适标;是否出现了不可预见的急需;是否无法按招标方式得到所需的货物、工程或服务;是否供应商资格审查条件过于复杂;是否对高新技术含量有特别的要求,等等。采用询价采购方式的,要监督其采购的是否为现货商品,是否属于价值较小的设备或者小型、简单的土建工程等。再如,采用单一来源采购方式的,要监督其采购的是否属于专利、艺术品、独家制造或供应、秘密咨询,无其他合适替代标;是否属于原采购的后续维修、零配件供应、更换或扩充,由于兼容或统一规格的需要,在一定时期内必须向原供应商采购;是否属于原形态或首次制造、供应的物品,而且经采购管理机关的批准,等等。

如果发现政府采购的方式有违反标准而不符合规定的,政府采购管理机关应责成采购机关改正。

二、对招标的监督

(一)对招标公告的监督

招标采购单位在正式招标之前,必须在指定的媒体上刊登公告,以便让所有的潜在投标人知悉。同时,发布招标公告也是政府采购公开、公平、公正原则的体现。监督部门对招标公告的监督,一是监督公开招标是否已发布招标公告;二是监督从发布公告到投标是否留有足够的时间以便投标人准备投标文件;三是监督招标公告的内容是否详细、真实、合法,有无明显的倾向性。

我国的《政府采购货物和服务招标投标管理办法》第十四条规定:"采用公开招标方式采购的,招标采购单位必须在财政部门指定的政府采购信息发布媒体上发布招标公告。"第十五条规定:"采用邀请招标方式采购的,招标采购单位应当在省级以上人民政府财政部门指定的政府采购信息发布媒体发布资格预审公告,公布投标人资格条件,资格预审公告的期限不得少于 7 个工作日。"并规定公开招标公告应当包括以下主要内容:"招标采购单位的名称、地址和联系方式;招标项目的名称、数量或者招标项目的性质;投标人的资格要求;获取招标文件的时间、地点、方式及招标文件售价;投标截止时间、开标时间及地点。"

(二)对招标文件的监督

招标文件是招标人介绍情况、指导工作、履行一定程序所使用的一种实用性文书。

它是供应商准备投标文件和参加投标的依据,也是评标的重要依据。因此,对招标文件的监督,是招标监督的一项重要内容。

对招标文件的监督,主要是对文件内容的监督。一是监督招标文件的内容是否详尽、真实、合法,以方便投标人投标;二是监督文件内容是否存在针对某一潜在供应商或排斥某一供应商的内容;三是监督技术规格的制定是否明确、全面,有无增加评标难度的因素;四是监督招标文件是否存在违背国家有关政策、规定的内容,等等。

我国的《政府采购货物和服务招标投标管理办法》第十八条规定:"招标采购单位应当根据招标项目的特点和需求编制招标文件。招标文件包括以下内容:投标邀请;投标人须知(包括密封、签署、盖章要求等);投标人应当提交的资格、资信证明文件;投标报价要求、投标文件编制要求和投标保证金交纳方式;招标项目的技术规格、要求和数量,包括附件、图纸等;合同主要条款及合同签订方式;交货和提供服务的时间;评标方法、评标标准和废标条款;投标截止时间、开标时间及地点;省级以上财政部门规定的其他事项。"

(三)对招标程序的监督

政府采购招标必须按照一定的程序进行。只有依程序招标,招标的结果才是有效的。因此,对招标程序的监督,直接影响到政府采购的效果和质量。

招标采购的程序包括发布招标通告、进行资格预审、发售招标文件、接受标书、开标、评标、决标、授予合同等步骤。对招标程序的监督,就是要监督采购招标是否严格按照程序进行,是否发布了招标通告,是否进行了资格预审,以及是否存在避开必要的程序而直接授予合同的情况,等等。通过监督使招标采购严格按程序办事,杜绝幕后交易,提高采购的效益。

三、对投标的监督

(一)对投标资格的监督

进入政府采购市场的供应商,必须具备一定的资格条件,才可以参加投标。一般来说,这些条件包括:

第一,合法的法人身份和独立承担民事责任的能力;

第二,良好的履行合同的记录;

第三,完备的生产或供货能力;

第四,良好的资金、财务状况;

第五,履行缴纳社会保障、税收的义务;

第六,生产环境及产品符合国家环境标准;

第七,法人代表及高级管理人员在申请资格前五年内没有职业犯罪和刑事犯罪记录;

第八,没有走私犯罪记录;

第九,没有歧视妇女及歧视残疾人就业的记录;

第十,其他条件。

对投标人资格的监督，就是要监督供应商是否具备上述条件，其中最重要的是审查供应商履行合同的记录、生产和供货能力，以及资金、财务的状况，以便把不符合资格的供应商排除在外，提高政府采购的效率。

（二）对投标文件的监督

投标文件是投标人依照招标书中提出的条件和要求撰写的、交给招标委员会以说明自己投标的有关情况及意愿的文字材料。它是招标、投标活动的中心文书，也是中标后制订实施方案和签订合同的基础。

对投标文件的监督，一是要检查投标书的制作是否符合招标文件的要求；二是检查投标文件的内容是否真实可靠，有无弄虚作假；三是检查投标文件中的作价与技术规格等重要条款是否与投标人的能力相一致，有无夸大或隐瞒关键条件的行为；四是检查投标文件的有效性，看其是否符合规定格式，是否加盖了公章，是否在有效期内交投、是否密封，等等。

（三）对投标过程的监督

一个完整的投标过程，应该包括申请资格预审、索取招标文件、研读招标书、调查、定价、制作投标文件和提供投标保证金、交递投标文件等步骤。对投标过程的监督，就是要监督其过程的完整性和公正性。一是检查投标人是否经过了资格预审；二是检查投标人的询价定价是否与招标人有幕后交易；三是检查投标人是否提供了足额的投标保证金；四是检查投标文件是否在交投截止日前交投。通过对投标过程的监督检查，确保投标过程公正、规范。

四、对开标、评标、定标的监督

（一）对开标的监督

开标是招标投标活动的重要环节，一般要以公开方式在投标截止日后三日内开标。对开标的监督，主要是监督以下内容：

第一，开标日期。监督其是否在规定时间内进行。

第二，开标方式。监督其是否采用公开的方式开标。

第三，参加者。监督参加开标的人是否符合要求。一般来说，参加开标的人员应有招标单位、评标委员会、投标人、使用人等人员。

第四，开标程序。监督其是否严格按程序进行。一般来说，开标包括验标、拆标、唱标等步骤。

第五，开标记录。检查记录是否完整、真实地记述了开标情况；同时，要监督投标人与招标人在开标后的活动，严禁投标人与招标人在开标后进行任何形式的协商谈判。

《政府采购货物和服务招标投标管理办法》第三十八至四十二条对开标进行了相应的规定："开标应当在招标文件确定的提交投标文件截止时间的同一时间公开进行；开标地点应当为招标文件中预先确定的地点。招标采购单位在开标前，应当通知同级人民政府财政部门及有关部门。财政部门及有关部门可以视情况到现场监督开标活动。开标由招标采购单位主持，采购人、投标人和有关方面代表参加。开标时，应当由投标人或者其推选的代表检查投标文件的密封情况，也可以由招标人委托的公证机构检查并公证；经确认无误后，由招标工作人员当众拆封，宣读投标人名称、投标价格、价格折扣、招标文件允许提供的备选投标方案和投标文件的其他主要内容。未宣读的投标价格、价格折扣和招标文件允许提供的备选投标方案等实质内容，评标时不予承认。开标时，投标文件中开标一览表（报价表）内容与投标文件中明细表内容不一致的，以开标一览表（报价表）为准。开标过程应当由招标采购单位指定专人负责记录，并存档备查。"

（二）对评标的监督

开标后，评标委员会要根据准确、公正和保密的原则对各投标文件进行评标，其目的就是对每个投标商的标书进行评价和比较，以评出最低投标价的投标商。由于评出的结果直接决定谁能中标，因此，对评标的监督就有着特别重要的意义。

对评标的监督，一是监督评标委员会的组成是否符合规定。评标委员会应由采购单位的代表和受聘的技术、经济、法律等方面的专家组成，总人数为 5 人以上的单数，其中受聘专家不得少于 2/3，而且与投标人有利害关系的人员不得作为评标委员会的成员。采购数额在 300 万元以上、技术复杂的项目，评标委员会中技术、经济方面的专家应为 5 人以上的单数。除国务院财政部门规定的情形外，采购人或者采购代理机构应当从政府采购评审专家库中随机抽取评审专家。二是监督评标的依据和标准。评标必须以招标文件为依据，不得采用招标文件规定以外的标准和方式进行评标。价格应该是评标的主要因素，但不应该作为唯一因素，招标文件中应考虑其他有关因素。三是监督评标的过程。评标分为初步评定和详细评定，如果是两阶段招标，则要先评技术标，再评商务标。评标结束后，应编写评标报告，上报采购主管部门。

（三）对定标的监督

评标结束后，招标代理机构应当将评标结果通知招标采购单位，经招标采购单位确认后定标。定标是招标投标活动的最后环节，也是衡量招标投标活动是否存在腐败最重要的环节。政府采购监督部门的监督，必须把定标作为一个重点。一是审查中标者的资格条件，中标人与招标采购单位之间是否存在非正当的关系。二是审查定标的条件，中标人的投标是否为众多投标中的最优标。三是审查定标的形式是否在公开场合进行。

五、对合同履行的监督

对政府采购的监督要坚持全过程监督。除了事前监督和事中监督，还必须对政府采购进行事后监督，以提高政府采购的经济效益。

对政府采购的事后监督，主要是监督政府采购合同的履行情况。经过公开招标的政府采购，确定中标者后就要签订政府采购合同，采购进入实质性阶段。为了保证采购单位能及时地获得所采购的货物，就要对合同的履行情况进行全面的监督。

对政府采购的事后监督，主要是由财政部门进行的。监督政府采购合同的履行情况，一是监督供应商是否按合同规定的时间交货；二是监督供应商所提供的货物规格是否与招标文件的要求相符;三是监督采购单位是否按合同规定及时足额付清货款;四是监督采购单位对所采购货物的使用情况,等等。

对在政府采购合同履行过程中出现违约情况的,财政部门应根据有关规定加以处理。供应商出现严重违约的,除按有关规定处罚外,还可以取消政府采购市场准入资格,并在一定的时期内禁入政府采购市场。

案例分析

2012年6月1日,上海市崇明县政府采购中心受该县妇幼保健所委托,对高频X线摄片机设备政府采购项目组织招标。上海辉慈医疗器械有限公司(以下简称辉慈公司)、裕满公司等四家企业参与报名,招标文件中有"欧美一线品牌"等具体要求。辉慈公司经竞争性谈判中标后,裕满公司以辉慈公司投标设备为国产品牌,不属于招标文件所要求的"欧美一线品牌"为由提出质疑。后县政府采购中心组织专家复评,并给辉慈公司回函称:"我中心维持专家的复审意见,对你公司投标文件未作实质性响应,作废标处置。同时建议此次投标作流标处置。"辉慈公司向县财政局投诉。该局经审查后作出崇财库(2012)9号投诉处理决定,认定招标文件中设定产品为欧美品牌,且作为实质性条款加以限制,具有明显歧视性。根据《政府采购供应商投诉处理办法》第十八条之规定,决定责令重新开展采购活动。辉慈公司不服诉至法院,请求撤销县财政局上述处理决定。

阅读案例并思考:法院应当如何判决?有什么依据?

(资料来源:中国法院网,http://www.chinacourt.org/article/detail/2015/10/id/1730832.shtml。)

本章小结

1. 政府采购监督是对政府采购法律法规的执行程度,采购项目的立项、招标,采购合同的有效性及其履行情况,采购资金拨付,采购商品实际使用及效果评价等诸环节的全过程、全方位以及对采购人员采购行为的约束。

2. 构建政府采购的监督机制必须坚持监督者与操作者相互分离的原则、依法监督的原则、专业监督和社会监督相结合的原则,以及事前、事中和事后监督相结合的原则。

3. 监督机制是通过提高相关责任人的违规风险成本或预期风险损失,以促使政府采购规则得到应有的尊重和有力的执行。

4. 在政府采购制度中,监督机制在各相关主体间的有效设定和合理分布,是保证政府采购制度健康运行的重点和关键。

5. 内部监督机制,是指贯穿于政府采购活动始终的监督机制,它包括在制度执行全过程中,涉及财政部门、政府采购办、政府采购中心、采购单位及供应商之间的相互监督关系。

6. 完善和配套的政府采购法律体系是政府采购制度的法律保障和行为依据。它从政府采购制度运行的外部,以高于内部监督机制的形式对政府采购全过程进行监督,从而在推进政府采购制度中实现依法行政、依法理财。

7. 在政府采购制度的运行中，政府采购主管部门应制定对外发布信息的制度和办法，定期将有关采购信息、采购法规和政策及原则等内容向社会公开，通过媒体的传播，客观上接受社会舆论的监督，从而形成有效的社会监督机制。

8. 政府采购应重点把握好对以下四个主要环节的监督：建立政府采购预算制度，提高采购计划的约束力；建立供应商市场准入制度，加强对竞标主体的监督；建立评委库制度，加强对招标投标环节的监督；建立采购与付款相分离的制度，加强政府采购结算环节的监督。

9. 政府采购监督方式按不同标准可以划分为不同的种类，按其开展的持续性和目的性，可以将其划分为日常监督和专项监督两种。

10. 政府采购管理机关是国家设立的负责政府采购法规、政策的制定、修订和管理监督的专门机构。它履行监督采购机关组织实施政府采购的全过程及各采购主体的采购行为的职能。

11. 对具体的政府采购过程的监督，是政府采购监督的重点，主要包括对采购方式、招标、投标、开标、评标、定标及合同履行的监督。

思考题

1. 为什么需要对政府采购进行监督？从中能够达到什么目的？
2. 如何才能发挥社会中介机构的作用来加强对政府采购的监督？
3. 各政府采购监督机构如何在采购过程中发挥作用？
4. 对政府采购合同履行的监督包括什么内容？有何意义？

课外阅读材料

1. 财政部国库司编写：《政府采购》，中国方正出版社 2004 年版，第 70—71 页。
2. 马海涛等编著：《政府采购管理》，经济科学出版社 2003 年版，第 109—129 页。
3. 杨灿明、李景友编：《政府采购问题研究》，经济科学出版社 2004 年版，第 207—211 页。
4. 谷辽海著：《法制下的政府采购》，群众出版社 2004 年版，第 170—172 页。
5. 赵勇、陈川生著：《招标采购管理与监督》，人民邮电出版社 2013 年版，第 43—54 页。

第十二章　政府采购绩效评价

本章重点

1. 政府采购绩效的含义
2. 政府采购绩效评价的意义和目标
3. 政府采购绩效评价体系的主要内容

导语

市场经济是效率经济，讲求高效，不仅要求私人单位的经济活动要符合效率原则，政府部门的活动同样要讲求效率。政府采购正是市场经济条件下为强化政府支出管理、提高政府支出效率而采取的一项措施。目前仍有人认为，政府采购本身就是为了改善财政支出效率低下的状况而采取的措施，因此政府采购本身就应该具有效率，再探讨政府采购的效率是没有意义的。实际上，这种说法是不正确的，政府采购本身效率的发挥不但需要完善的内部机制，也需要有利的外部条件作保证。

我国自 1998 年开始全面推行政府采购制度，并在不断地探索与完善。2002 年颁布并于 2003 年 1 月 1 日正式实行的《政府采购法》是政府采购的制度规范，标志着我国政府采购终于有法可依，也标志着我国政府采购制度迈上了一个新的台阶。2015 年 3 月 1 日起实施的《政府采购管理办法实施条例》完善了政府采购政策的有关规定，明确了政府向社会力量购买服务的法律地位，强化了采购需求、结果评价和履约验收管理等措施，进一步提出了加强政府采购信息公开的具体要求。几年的实践经验表明，政府采购制度的推行节约了财政资金，极大地改善了财政支出效率。但由于我国政府采购还处于起步阶段，很多因素仍制约着政府采购效率的更好发挥，因此对于政府采购效率的研究具有重要的意义。

关键词

绩效　政府采购绩效　政府采购绩效评价体系

第一节　政府采购绩效评价的意义

一、绩效的内涵

关于绩效的概念，目前还没有一个统一的表述。A.普雷姆詹德在其《公共支出管理》一书中对绩效的定义是：绩效包含了效率、产品与服务质量及数量、机构所作的贡献与质量，包含了节约、效益和效率。从他的定义可看出，他所强调的绩效包括产出绩效和投入绩效两个方面。亚洲开发银行的萨尔瓦多·夏沃坎普对绩效的表述则是，绩效是一个相对的概念，它可以用努力和结果这样的字眼进行定义。从他对绩效的定义我们可以看出，他认为主观方面是外部效果的重要决定因素，完全忽视绩效的主观方面是错误的，因此绩效实质上不仅包含外部效果，也包含内在的努力程度，它往往可以通过投入、过程、产出和结果来描述。此外，经济合作与发展组织也对绩效进行了界定，提出绩效是实施一项活动所获得的相对于目标的有效性，它不仅包括从事该项活动的效率、经济性和效力，还包括活动实施主体对预定活动过程的遵从度以及该项活动的公众满意程度。

从以上各个定义看，人们对绩效理解的差异主要体现在绩效包括的范围上，但对于绩效的核心思想，大家的认识还是比较一致的，即绩效是实施一项活动基于预期目标的有效性。按照达到这种有效性的过程，绩效的内涵包括：投入是否满足经济性要求，运作是否合规和合理，行为的结果是否达到预期的目标，产出与投入相比是否有效率；按照预期目标所涉及的范围，绩效的内涵包括经济绩效和社会绩效；按照绩效评价所针对的客体，绩效的内涵包括行政绩效和业务绩效。本章在上述对于绩效内涵的界定基础上，对政府采购绩效评价进行介绍。

二、政府采购绩效的含义

效率一般是指在执行一项措施、政策或制度的过程中，所费与所得之间的对比关系。其中，所费是指相关的成本，包括有形成本和无形成本、直接成本和间接成本等；所得是指收益，包括资金收益和其他收益。在所费一定的情况下，所得越大，效率越高；相反，在所得一定的情况下，所费越小，效率越高。

政府采购绩效是指政府采购产出与相应的投入之间的对比关系，是对政府采购效率进行的全面整体的评价，与政府采购效率既有区别又相互联系。一般来说，政府采购绩效不仅注重对政府采购行为本身效率的评价，更注重对政府采购效果的评价。狭义的政府采购绩效即一般意义上的经济绩效，是指费用与效用的比较，即采购成本与财政资金节约额之间的对比关系。广义的政府采购绩效则包括政府采购的内在绩效和外在绩效：内在绩效就是指市场部门内部的绩效，产生这种绩效的主要是私人产品，其主要部分即经济绩效，这种绩效由于以利润的形式表现出来，因此可以直接用货币来衡量；外在绩效即市场部门之外的绩效，产生这种绩效的主要是公共产品，所产生的效益除了经济效益以外，还包括政治绩效和社会绩效，这种绩效一部分能用货币直接衡量，但大部分却难以甚至不能用货币直接衡量，只能用定性的方法加以评价。政府采购的公共性决定了我们在讨论政府采购绩效时，应该将政府采购绩效界定在广义的范围。

三、政府采购绩效评价的意义

所谓评价，是指为达到一定的目的，运用特定的指标、设定的标准和规定的方法，对事物发展结果所处的状态或水平进行分析判断的计量或表达的过程。换句话说，评价就是通过对事物的比较分析作出全面判断的过程。在已经明确了政府采购绩效和评价的基础上，我们不难得出政府采购绩效评价的定义。政府采购绩效评价是指运用科学、规范的绩效评价方法，比照统一的评价标准，按照绩效的原则，对政府采购活动及其效果进行的科学、客观、公正的衡量和评判。

政府采购绩效评价是政府采购绩效管理中不可或缺的组成部分，也是政府采购监督管理的重要方面。应通过建立科学有效的绩效评价体系来对政府采购活动事项进行评估和管理。在我国政府采购规模不断扩大、改革迫切性不断增强的今天，政府采购绩效评价显得尤为重要。

（一）进行政府采购绩效评价是提高政府采购效率的需要

市场经济催生了政府采购制度，效率是市场经济的核心，同样，效率也是政府采购的核心，是政府采购的生命，效率的高低关系到政府采购的存亡。

1．从政府采购的产生来看，效率是政府采购的首要目的

政府采购于1782年产生于英国，之后就在全世界范围内快速传播开来，为世界大多数国家政府所采用，究其原因其实很简单，就在于政府采购的确能够提高财政资金的使用效率。我国财政界20世纪90年代之前一直是"重收入、轻支出"，过分强调了收入管理的重要性，却忽视了财政支出管理的重要性。随着财政规模的扩大以及财政管理水平的提高，无论是学术界还是政府部门都越来越认识到支出管理在财政管理中的重要性。于是，1998年我国开始了以全面推行政府采购制度为标志的支出改革，之后的部门预算以及国库集中收付制度等一系列改革更是将支出改革推向深入。由此可见，我国不断进行政府采购制度改革的初衷也是为了发挥其本身固有的提高财政支出效率的功能。

2．纳税人要求提高政府采购效率，因此效率是公众的要求

政府采购花的是纳税人的钱，因此，政府采购一定要向纳税人负责，即用最少的财政资金采购到更多的货物，为纳税人提供公共产品或服务，这些也正是纳税人最关心的。

3．提高政府采购效率是市场经济的要求

市场经济讲求的是竞争，重视的是效率。政府采购正是顺应市场潮流而产生的。在政府采购中，政府采购机构不再以执政者的角色进入市场，而是以市场主体的身份进入市场。在政府采购中，政府采购机构要按市场经济规律办事，提高政府采购效率，适应

市场经济的要求。另外,政府采购还肩负着宏观调控的职责,而宏观调控正是为了弥补市场配置资源的失灵。市场失灵的一个重要表现就是资源配置效率低下,如果政府采购在弥补市场失灵时效率也很低下,那么运用政府采购进行宏观调控就失去了意义。从这个角度也能看出,提高政府采购的效率的确是市场经济的要求。

4. 提高政府采购效率是政府本身执政的需要

当今世界,各国政府在满足自身运转需要和服务于社会的同时,几乎都面临着财政赤字的巨大压力。赤字的解决无非有两条途径:一是增加收入,二是压缩开支。收入的增加受经济水平的影响,同时也容易引起民愤,因此存在很大的局限性,而支出中虽然某些项目受刚性的影响不易压缩,但其他项目压缩的余地还是很大的。特别是我国长期习惯于传统的粗放型经济增长模式,成本投入很大,但支出效率往往不高。因此,通过引入政府采购制度,并不断提高政府采购效率,就能在节约财政支出方面取得很大的成就。可以说,提高政府采购效率,是消除财政赤字、维护政府政权的需要。并且,世界各国越来越重视对政府绩效的考评,如果政府的效率不高,就不能获得民心。为此,政府必须提高政府采购效率,用最少的成本干最多的事情,从而取信于民。现代政府管理的核心问题是提高绩效。要改进绩效,你必须先了解目前的绩效水平是什么。如果你不能测定它,就无法改善它。对政府采购行为的绩效,根据政府采购项目的经济性、效益性以及效率性等方面进行判断评价,并且将评价结果通过现代信息技术在政府公共部门之间、政府公共部门和社会公众之间进行沟通与交流,是提高政府采购效率的有效机制。一方面,通过政府采购绩效评价,相关政府部门将从中获得对政府采购进行进一步改革和完善的必要依据,实现对政府采购相关部门、人员、制度的运行效率的考评,在此基础上,通过一定的激励机制提高整个政府采购体系的运行效率;另一方面,进行政府采购绩效评价并将结果公之于众,接受公众的监督,将有利于提高政府采购过程的透明度及效率,增强公众对政府公共服务行为的信心。因此,我们说进行政府采购绩效评价是提高政府采购效率的需要。

(二)对政府采购行为进行绩效评价是加强政府采购监督的一种方式

政府作为一个国家的统治机关,在国家内部拥有垄断强制力。一般情况下,拥有垄断强制力的政府组织,对自身行为能够具有制约力的因素相对于其他任何形式的组织来说都要少得多,即使在相关法律法规的约束下,政府的很多行为往往仍然具有很大的自由裁量权。在这种优势地位下,要想保证政府的行为符合该国社会经济的发展需要,就必须为它建立一套制衡机制。这套制衡机制中固然少不了法律法规等强制性限制,但更重要的是需要设置客观、严格且不以政府自身利益为核心的评价体系。政府采购评价体系的存在能够有效地促使政府按照评价的标准来执行采购工作;同时,它所形成的一系列评价结果也为政府采购活动接受外部监督提供了基本标准,人们可以很直观地通过评价结果来对政府采购形成自己的判断。

第二节 政府采购绩效评价目标

伴随着我国政府采购制度逐步走向完善，政府采购绩效评价目标从简单的"节资防腐"转向"物有所值"。

一、"物有所值"演变为政府采购目标的原因

无论从经济学、公共管理学，还是从全球公共采购的发展趋势来看，"物有所值"（Value for Money，VFM）均为政府采购所追求的目标。

（一）"物有所值"是所有采购的原动力

从过去全球政府采购的实践与发展来看，"低价格"曾经是公共采购追求的单一目标，但却导致采购质量不高，而近十几年的实践表明，不以价格作为唯一考量因素的"物有所值"目标逐渐为人们所接受。

采购的最优结果应是采购对象质量最好、价格最低、风险最小，且恰好能满足采购人的需求，但现实中这难以同时实现。若在政府采购中一味地追求"价低"，供应商为维持合理的利润水平，只能供应质量差一些的产品或服务。特别是政府采购是政府宏观调控的重要工具之一，承载了一些社会目标的实现，采购中更需要采购者通盘考虑，而不能绝对地以"最低价"作为取舍标准。

（二）新公共管理运动催生"物有所值"

英国较早提出政府采购"物有所值"的概念，1988年英国的格兰迪分析了政府公共支出中"物有所值"的核心含义。随后，理论界开始着手研究衡量"物有所值"的定性标准和定量标准，以更好地指导实践。英国财政部近年提出"物有所值是产品或服务全寿命周期内成本和质量的最优组合，以满足使用者的需求，物有所值不是最优投标价"，这一定义被很多国家效仿。

"物有所值"之所以在英国被较早地提出，与始于20世纪80年代的"新公共管理运动"有着直接的关系。英国是"新公共管理运动"的发源地，强调"重塑政府""再造政府"，推进公共服务市场化改革，"物有所值"作为评价市场主体及其提供的公共服务质量的标准被提上日程。可以说，政府采购中的"物有所值"是新公共管理运动的必然产物，是与政府职能转变、建设服务型政府、建设效能政府分不开的。

（三）公共采购日趋追求"最佳物有所值"

金融危机后，各国和地区政府尤其关注政府采购政策功能的发挥，力图实现采购的"最佳物有所值"（Best Value for Money）。例如，通过增加国货采购力度，扩大国内需求，撬动社会总需求；发挥政府采购对创新的引导，促进国家创新能力的提升；适时调整绿色采购策略，促进经济结构调整，实现社会的可持续发展，等等。意大利的两位学者阿

尔巴诺和斯巴罗提出，政府采购是否"物有所值"不能仅仅考虑经济成本，而应从全社会的角度来判断。欧盟于 2014 年 1 月通过新的公共采购指令（以下简称"指令"），以及世界贸易组织 2014 年 4 月份生效的最新版的《政府采购协议》，也都在其条款中明确或者意旨"最佳物有所值"目标的实现。

二、政府采购"物有所值"制度目标的概念与特征

（一）"物有所值"目标的概念界定

围绕"物有所值"，理论界的概念性观点主要有：一是认为"物有所值"是采购对象全寿命周期成本、效益、风险和质量（与目标的吻合度）的最优组合；二是认为"物有所值"的核心是管理学上的"3E"，即经济性（Economy）、效率性（Efficiency）和有效性（Effectiveness）；三是强调"物有所值"不一定是最低经济成本，而是政府考虑所有成本后能获得的最大收益，政府通过矫正市场失灵更有效地行使职能以实现物有所值。

（二）"物有所值"概念的共性特征

第一，"物有所值"是个多维目标体系。这种多维目标包括采购对象的成本、产品或服务质量、可能的风险、各种收益、对社会创新的撬动、对环境保护的贡献等。"价格低"不是"物有所值"目标考虑的唯一因素。因此，"物有所值"不一定是投标商报价中的最低报价。

第二，"物有所值"关注全寿命周期成本。"物有所值"目标要考虑所采购的货物、工程和服务的全寿命周期内所发生的成本，包括初始成本、后续投入成本、处置成本等。

第三，"物有所值"目标通常细化为管理学上的"3E"原则，即经济性、效率性和有效性。

第四，判断是否物有所值要以"社会成本效益分析法"为准。成本效益分析是"物有所值"分析通常采用的方法。其中，"效益"的计算既要考虑项目全寿命周期内的货币因素和经济效益，也要考虑非货币因素和社会效益。相应地，"成本"的计算既要考虑能用货币衡量的经济成本，也要考虑很难直接用货币量化的社会成本。

第五，"物有所值"是指导政府采购活动的"基准"。"物有所值"既是目标又是标准，即政府采购的执行要以"物有所值"为最终目标，同时，评价政府采购行为和采购结果成功与否也要以"物有所值"为参考标准。

第六，"物有所值"是基于纳税人角度而言的。政府采购所采用的资金是财政性资金，主要表现为纳税人缴纳的税款，虽然不同的政府采购利益相关者对"物有所值"含义的理解不同，但应站在纳税人的立场上判断是否"物有所值"。

三、实现政府采购"物有所值"制度目标的策略与途径

（一）制订最佳采购计划

"最佳采购计划"的制订，要求政府部门针对所要提供的服务，分清自己的核心功能

和非核心功能。凡是涉及政府部门核心功能的服务项目，应由政府自身来提供；而对于政府部门的非核心功能的实现，应考虑向社会购买服务，以充分发挥市场的作用，实现资源的最优配置。对于需要向社会购买的服务，也要在不同的采购方式之间进行最优选择，如对某些设备或者设施的采购，可选的方案可能包括翻新现有设施、租赁或者购买新的设施，等等。

（二）拓展采购集成服务

所谓的"采购集成服务"主要是指将同类政府采购需求集中起来，这一方面能够帮助采购方从大规模采购中获得折扣并获得最佳的价格，另一方面能够帮助政府实现宏观调控目标。采购集成服务至少涵盖两个方面：一是建立专门化的集成采购机构，提供专业化的政府采购服务；二是各政府部门或采购单位之间充分沟通，实行纵向或横向联合采购。我国从政府采购制度实施伊始就建立了专业的政府采购机构，并且 2012 年开始实施批量集中采购，这都是通过采购集成服务，以更好地实现"物有所值"的方式。

（三）实施全寿命周期采购管理

采购时，要以采购对象的全寿命周期为考察周期，来计算采购成本和效益。成本的计算，不仅包括采购初期的投入成本，还应包括后续的成本投入以及废旧产品或者设施的处置成本，效益的计算也应考察全寿命周期内的全部经济效益和社会效益，特别是一些无法用货币直接衡量的成本或者效益，应通过机会成本或者影子价格等方法进行货币量化，并充分考虑全寿命周期内的风险和不确定性、折现率的选择，等等。从这个角度讲，评价采购是否"物有所值"是一份技术含量较高的工作。

（四）公布明确、科学的采购需求标准

公布明确、科学的采购需求标准，是"物有所值"制度目标实现的关键。一方面，其能够确保使用者的需求得到满足且不超标，使政府职能得到正常行使又不浪费财政资金；另一方面，明确的需求标准能激发供应商的创新动力，使其提供更具经济性和创新性的解决方案。

（五）设计透明、竞争的采购程序

"竞争性"是实现"物有所值"的动力机制，竞争性主要通过招标采购程序得以实现。由于政府采购制度目标的多维性，针对具体采购项目，采购方（或者评标专家）需要在不同的"物有所值"要素之间作出权衡甚至取舍。这一切的过程必须借助于公开透明的程序，才能使公众理解采购方的决策行为，才能帮助纳税人了解和理解政府采购"物有所值"目标的实现。

（六）引入对第三方结果的第三方评估

采购中，通常由采购主体根据具体采购项目设定"物有所值"标准，但采购人眼中的"物有所值"和纳税人眼中的"物有所值"目标有可能不一致。独立、专业化的第三方评估，能够对政府采购作出"独立、客观、公正"的评判，以帮助政府采购监督管理部门和社会公众识别采购项目是否"物有所值"。

（七）在政府购买公共服务领域广泛应用 PPP 模式

近年来，以 PPP 模式建设基础设施（工程服务）在全球范围内盛行，这与政府采购"物有所值"制度目标的提出有着直接的关系。PPP 模式能够显著改善政府公共服务供给水平，使采购更加"物有所值"。

第三节　政府采购绩效评价体系的构建

2004 年，我国明确提出建立绩效预算评价体系的目标。作为进一步加强公共采购管理、提高财政资金的使用效率的一项重要举措，绩效预算评价体系的核心是通过制定公共支出的绩效目标，建立预算绩效评价体系，逐步将我国目前的管理重心从对资金投入的管理转向对支出效果的管理。政府采购绩效评价正是预算绩效评价不可或缺的组成部分，因此，建立政府采购绩效评价体系，不仅是提高政府采购资金支出效率、建立政府采购激励机制的要求，也是完善我国财政资金预算管理的必要环节之一。对政府采购进行绩效评价是指运用特定的绩效评价指标体系，比照一定的标准，采取规定的方法，对政府采购活动的效果作出价值判断的一种认识活动。

一、政府采购绩效评价的主体与客体

政府采购绩效评价体系中，评价的主体和客体是该体系的基本要素。其中对政府采购效率进行评价的主体就是评价活动的行为主体，一般为特定的组织机构，在现有的政府采购体制下应为政府采购的主管部门。政府采购绩效评价的客体即评价的行为对象，既包括政府采购活动的过程，又包括政府采购活动的结果；既要评价政府采购活动本身的效益，也要评价其对经济、社会的影响。

二、政府采购绩效评价的基本目标

明确政府采购绩效评价的目标，是我们进行政府采购绩效评价的基础。借鉴国外经验并参考国际惯例，政府采购绩效评价应当围绕"3E"原则来展开，即经济性（economy）、效率性（efficiency）和效益性（effectiveness）应成为政府采购绩效评价的基本目标。

（一）"3E"标准的基本含义

所谓经济性是指政府采购项目投入成本的最小化程度，简单地说就是支出是否节约。按照此标准，政府采购过程中应该尽可能降低各项成本支出。经济性是西方各国开展政府采购支出绩效评价工作的主要初始动力之一，主要目的是解决政府采购活动中资金严重浪费和资金分配苦乐不均等问题。随着西方国家社会经济的发展和政府采购支出规模的不断扩大，经济性原则虽然仍作为政府采购绩效评价的主要原则之一，但是单纯的经济性原则在绩效评价中的地位已经逐渐为效率性原则和有效性原则所取代。

所谓效率性，是指政府采购项目投入与产出的关系，包括是否以最小的投入取得一定的产出或者是否以一定的投入取得最大的产出。效率性原则要求政府采购项目的运行时效、规范化程度和资金使用效率最大化以及采购执行、管理机构的组织绩效最优化。按照这一原则，政府采购应减少不必要的采购环节，缩短采购时间；尽可能节约财政资金，提高资金使用效率；执行、管理机构保持高效运转等。效率性原则在世界各国政府采购绩效评价中占有十分重要的地位。

所谓效益性，是指政府采购项目对实现政府采购最终目标的影响程度，政府采购的效益性体现在政府采购过程的公开、公正、公平性上。按照该原则，采购对象应符合使用人的要求，且采购人、供应商要对采购过程、结果满意等。

（二）经济性、效率性、效益性之间的关系

经济性、效率性和效益性三者之间既有联系又有区别。在政府采购过程中，采购主体有时因为对支出绩效认识的模糊，有的忽视最终的目标或效果，而单纯追求支出的经济、节约；有的不顾效果而单纯追求效率，造成浪费；还有的为了追求效果，而不顾资源的状况，以致影响综合效果。政府采购支出的经济性是政府采购活动的先导和基础，效率性是政府采购有效机制的外在表现，而效益性则是政府采购活动最终目标的反映。在具体的政府采购决策中，应该综合权衡"3E"原则，实现三者的最优组合，而不应偏废其一从而使得评价带有片面性。

三、政府采购绩效评价的基本原则

政府采购绩效评价是一项复杂的工作，既要对可用货币来衡量的经济效益进行评价，又要对大量无法用货币度量的政治效益和社会效益进行评估。结合西方国家多年财政支出绩效评价工作的实践经验，从我国实际情况出发，在我国开展政府采购绩效评价工作必须坚持以下几项原则：

（一）全面性和特殊性相结合的原则

政府采购支出所涉及的范围广且内容杂，支出对象具有广泛性、差异性的特点。相应地，政府采购绩效呈现出多样性特征，包括政府采购活动产生的经济效益和社会效益、短期效益和长期效益、直接效益和间接效益、整体效益和局部效益。要对政府采购支出作出客观、公正的评价，就必须对上述效益进行全面衡量。但应该注意的是，不同的采购项目支出具有不同的功能，所追求的效益也有所侧重，所以在评价时，应充分考虑不同采购项目所产生效益的特殊性。

（二）统一性和差别性相结合的原则

建立一套统一的原则、制度、指标、程序和方法，是构建政府采购绩效评价体系所必需的；否则，评价结果将丧失可比性，其准确性也无据可评。同时，政府采购绩效表现形式的多样性也决定了对不同部门、不同类别的政府采购支出的绩效评价需要在统一规范的基础上，充分考虑其差异性，选择与具体采购支出对象相适应的方法和指标。

（三）理论选择和可操作性相结合的原则

尽管西方政府采购绩效评价已经很成熟并已形成相关理论体系，但是由于政府采购支出内容和绩效表现形式的多样性以及社会政治、经济环境、传统的不同，决定了我们不能完全照搬西方的那一套评价体系。我们应该从我国具体的国情和政府采购评价工作水平出发，设定具有科学性、现实性和可操作性的评价体系。

（四）定量分析和定性分析相结合的原则

定量分析主要是对研究对象所包含成分的数量关系或所具备性质间的数量关系进行分析；定性分析仅仅分析被考察对象所包含的成分或具备的特性，通常用描述性语句表达有关的分析结果。在对政府采购绩效进行评价的过程中，有的绩效可以用量化的指标来计算衡量，有的绩效如公众满意度等，则难以用量化的指标来衡量。因此，若单纯使用定量或定性的方法对政府采购绩效进行评价，势必会影响评价结果的客观公正性，因此，应将定量计算和定性描述结合起来，对政府采购绩效进行评价。

四、政府采购绩效评价的方法

政府采购绩效评价的方法就是在具体评价过程中应该采用的工具和评价的技术规范，包括定量计算方法、定性分析方法或两者相结合。有了政府采购评价指标和评价标准，还需要采用一定的评价方法来运用评价指标和评价标准进行综合分析，从而得出公正的、具有实用价值的评价结果。无论是政府采购绩效评价指标体系的设计还是评价标准的选取，都是评价工作的基础环节，如果没有科学、合理的评价方法，评价指标和评价标准都将失去存在的现实意义。评价方法的科学性、合理性直接决定着评价结果的优劣。我国目前在政府采购绩效评价方法的研究方面，还处于探索阶段，这就需要我们汲取国外在评价方法上已经积累的经验，根据政府采购各环节、各领域的特点，深入研究各种行之有效的方法，最大限度地保证评价结果的客观公正性。

目前，我国对政府采购绩效进行评价的方法主要有下列几种：

（一）成本效益分析法

成本效益分析法又称为投入产出法，是政府采购绩效分析和评价最基本、最常用的方法。该方法针对政府采购支出确定的目标，比较支出所产生的效益及所付出的成本，通过比较分析，判定最小成本取得最大效益的项目是最优项目。如果从微观角度运用该法，就是判断政府采购项目的边际社会效益是否超过其边际社会成本；若从宏观角度则采用"机会成本"法，这里的成本应该包括人力、物力、财力以及资源的机会成本，此外还要考虑货币的时间价值。从理论上说，在运用成本效益法评定的过程中，应包括外在成本和外在收益。但是，由于外部性难以数量化计量，因此，在实际中运用这一方法时一般只对行为主体内在成本和收益进行分析并确定其大小，对外在的成本和收益则采用估计的方法，最终粗略估算出整体效益。这一方法在对政府采购经济效益进行评价时比较常用。

（二）社会功能分析法

社会功能分析法是通过比较采购所花经费和所实现的职能，衡量政府采购部门的工作质量，从而得出其绩效情况的结果。衡量工作质量的标准不仅要看取得了多少经济效益，还要看采购活动产生的政治和社会职能的效果。

（三）因素分析法

因素分析法注重考察政府采购活动所需要的直接费用和间接费用，将各种费用因素尽量多地列举出来，并同时将可能产生的直接收益和间接收益列举出来，进行综合分析。其中，可以用同一单位来衡量费用和效益并进行分析比较；不能用同一单位表示出来的其他因素，则将具有相似性质或一定可比性的指标并入一组，然后分组进行对比分析；最后再综合各个因素，得出政府采购的效益。

（四）最低费用选择法

最低费用选择法又称为最低投入法，这种方法主要用于在无法取得有关政府采购项目的预期收益时，分析比较项目的投入、费用或成本，最低的就是最优项目。在政府采购活动中，有一部分的采购项目无法衡量其产生的预期效益，尤其是社会效益和长期效益，对这些项目支出可以用最低费用选择法，即只衡量、计算有形成本，评价某项采购活动在一定条件下是否实现成本费用最低，是否还有其他项目在取得相同或相似成果、效益的前提下成本费用更低。

（五）PPP 物有所值评价方法

PPP 是政府采购的有效实现方式之一。物有所值（Value for Money，VFM）评价是判断是否采用 PPP 模式代替政府传统投资运营方式提供公共服务项目的一种评价方法。其遵循真实、客观、公开的原则。在我国境内拟采用 PPP 模式实施的项目，应在项目识别或准备阶段开展物有所值评价。物有所值评价包括定性评价和定量评价。现阶段以定性评价为主，鼓励开展定量评价。定量评价可作为项目全生命周期内风险分配、成本测算和数据收集的重要手段，以及项目决策和绩效评价的参考依据。应统筹定性评价和定量评价结论，作出物有所值评价结论。物有所值评价结论分为"通过"和"未通过"。"通过"的项目，可进行财政承受能力论证；"未通过"的项目，可在调整实施方案后重新评价，仍未通过的不宜采用 PPP 模式。

五、政府采购绩效评价的指标体系

就政府采购而言，其绩效可以从两个层次上来衡量，即微观绩效和宏观绩效。其中，微观绩效是就具体的采购行为而言的，采购花费的资金成本越少、时间越短，微观效率就越高。微观绩效又可分为资金效率和行政效率，资金效率是指政府采购对资金的节约程度，行政效率则一般可通过政府采购周期的长短来决定。宏观绩效是就政府采购作为一项制度而言的，宏观绩效可具体分为规模效率、人员效率、政策效率和管理效率。其中,规模效率是指只有当政府采购在整个财政支出或国民生产总值中占有一定比重时,政府采购的节资效率才能很好地发挥出来;人员效率主要是对政府采购人员素质和人均采购额的大小进行衡量,政府采购人员的素质越高,人均采购额越大,人员效率也就越高;政策效率主要是看政府采购政策是否科学、是否适用;管理效率主要是用于评价政府采购管理体制及机制是否高效。

(一)微观绩效评价指标

1. 资金效率评价指标

资金效率主要用于衡量政府采购的节资情况,可用节资率指标来衡量。政府采购节资率是指政府采购的资金节约额与政府采购预算金额的比率,是评价政府采购效率最基本的指标。其公式为:

政府采购节资率=(政府采购预算金额-政府采购实际金额)÷政府采购预算金额×100%

=1-政府采购实际金额÷政府采购预算金额×100%

由此可见,节资率与政府采购实际金额成反方向变化,与政府采购预算金额成正方向变化。节资率可以从三个层次上进行考察:一是某个具体采购项目的节资率,用于考察某次采购的节资情况;二是某类采购对象的节资率,用于考察不同采购对象的节资情况;三是当年政府全部采购的节资率,用于考察政府采购的年度节资效果以及政府采购对财政管理和经济总量的影响。

一般来说,政府采购的节资率越高,表明政府采购的节资效果越明显。因此,实践中许多部门也以较高的节资率为目标。但是,较高的节资率并不是政府采购的唯一目的,而且,高节资率并不一定意味着政府采购的高效。

推行政府采购制度是将政府的采购行为推向市场。政府在采购的过程中应完全遵守市场规则,选择"质优价廉"的产品。所以,可以肯定的一点是,政府采购实际金额是一个可以衡量政府采购节资效果的参考量。政府采购预算金额是受多种因素影响的,其中最主要的因素有预算编制的粗细、预算编制的方法以及编制人员的素质等。预算编制越细、采用的编制方法越科学、编制人员的素质越高,政府采购预算金额与由市场决定的政府采购实际金额就越接近,节资的余地就越小,节资率也就越低。

目前,我国正在推行部门预算、国库集中支付制度,这些都将使政府采购预算编制的准确程度提高,对财政资金的监督力度也将进一步加大。可以预见,随着部门预算的进一步推行、预算编制方法的改进以及财经人员素质的提高,政府采购的节资率一定会越来越低,而这一结果也正是政府采购制度成熟的表现。

当然,我们也可以通过节资率这个指标来考察政府采购对于购买性支出以及整个财政支出管理的影响,这时只要把分母变成购买性支出或财政支出就可以了,即:

政府采购对购买性支出的节资率=资金节约额÷购买性支出额×100%

政府采购对财政支出的节资率=资金节约额÷财政支出额×100%

2．行政效率评价指标

行政效率主要用于衡量政府采购是否能够及时满足需求单位的需要。一般来说，政府采购的行政效率主要是指集中采购的行政效率，具体可通过政府采购周期指标来衡量，即从上报需求计划、政府采购中心接受委托、财政部门进行需求核对及下达任务单、媒体发布政府采购需求信息，到签订政府采购合同为止的时间。以公开招标采购方式为例，一个完整的政府采购周期通常由以下几个环节组成：①媒体收到信息并刊登所需的时间；②采购信息公告期；③投标人编制投标书的时间；④中标公示期；⑤采购中心运作、审批、流转等所耗费的时间；⑥合同履行期；⑦合同履行完毕后付款期。

政府采购周期，可用以下公式计算：

政府采购周期＝财政部门核对需求信息、下达任务单期＋信息刊登期＋
公告期＋标书编制期＋中标公示期＋中心工作期＋
合同履行期＋合同履行完毕后付款期

《政府采购法》及相关法律明确规定了其中某些期间的要求，如指定媒体必须在收到公告之日起三个工作日内发布公告；货物和服务项目实行招标方式采购的，自招标文件开始发出之日起至投标人提交投标文件截止之日止，不得少于20日。这里的期间都是指工作日，因此实际上的政府采购周期比这些期间加总起来的时间还要长一些。

一般认为，政府采购的周期越短，效率越高；周期越长，效率越低。但也并不总是如此，有些政府采购方式，只有达到一定的周期才能发挥出优势。如果采购周期很短，很多供应商未能来得及获取政府采购的需求信息，这样政府采购的竞争性就发挥不出来，政府采购的效率就会大打折扣。相反，有些采购方式并不需要很长的周期，如果周期太长，不但会贻误需求单位的需要，也会影响政府采购的效率。

以政府采购周期指标衡量的行政效率主要受政府采购相关法律法规和政府采购方式以及政府采购中心运作效率的影响。一般来说，法律规定是不能随便改动的，政府采购方式也有其经验性的周期。因此，要想提高政府采购的行政效率，就要从提高政府采购中心的运作效率上着手。如果政府采购中心能够探索出一套高效的运作机制，如果政府采购中心的人员有较高的办事效率，那么政府采购的周期就可以大大缩短，从而不但可以提高政府采购的效率，也有利于供应商。

另外，财政部门的付款时间也是政府采购行政效率必须考虑的问题。付款周期太长，会影响供应商的资金回笼，也会影响政府采购在供应商心目中的地位。

（二）宏观效益评价指标

1．规模效率评价指标

规模效率是指政府采购在具有一定规模基础上所能起到的节约财政支出的效果。政府采购规模是实现经济效率的基础，有规模才能发挥效益，才能节约更多的采购资金。

政府采购的规模效率又可从以下两个方面来进行评价：

一是从全部政府采购占财政支出或国民生产总值的比重来看，这一比重越高，说明政府采购对财政与经济的影响越大,从而越能带动中国财政管理以及经济效率的提高。国际上,成熟市场经济国家的经验是:政府采购一般占当年财政支出的30%左右,占国民生产总值的10%左右。如果政府采购在整个财政支出以及经济总量中的比重太低,政府采购的节约支出功能就不能很好地发挥出来,这时,政府采购的规模效率就比较低。政府采购的规模效率通常可用当年政府采购在整个财政以及经济中所占的比重这一相对规模指标来衡量,因此它是一个相对量。政府采购规模的计算公式如下:

政府采购的相对规模＝当年政府采购实际金额÷当年财政支出总额（或 GDP）

当然,政府采购的规模是受很多因素影响的。一般来说,一个国家实行政府采购制度之初,政府采购量较小,随着政府采购制度的不断成熟,规模会不断增大。同时,一个国家财政支出中购买性支出与转移性支出之间的比例也是决定政府采购相对规模的一个重要因素。一般来说,如果一个国家的福利较好,转移性支出较多,购买性支出的比重会相对低一些,政府采购的规模也会相应较小。

二是从每次政府采购量来看,若每次政府采购量较大,分摊在每一单位政府采购资金上的费用就越低,就越能充分体现政府采购的规模效率。在实践中,通常通过集中多家单位的相同需求来达到规模采购的效果。这一指标的具体计算公式为:

平均每次采购量＝政府采购额/政府采购次数

政府采购平均每次采购量受采购对象的性质、采购方式的选择以及当时的需求量等多种因素的影响,因此,在具体进行评价时可区别对待。不同的采购对象和采购方式的采购规模是不同的,工程类采购和采取公开招标采购方式的采购规模通常要大一些,而货物、服务类采购和其他采购方式的采购规模通常会小一些。

2．人员效率评价指标

人员效率主要用于考察参与政府采购的财政监督管理部门及政府采购中心人员的办事效率,即以最低的人力成本完成尽可能多的采购量。人员效率具体可通过人员经费和人均采购额等指标来衡量。

人员经费是指政府采购过程中所发生的办公经费、工资费用、组织招标活动的费用、学习考察费、培训费等。可用人员经费占政府采购额的比重这一指标来衡量,即:

人员经费比重＝当年人员经费÷当年政府采购额

人员经费的比重越低,说明人员经费相对于采购额来说越少,效率越高;相反,人员经费的比重越高,说明一定量的政府采购额需要财政投入的费用越多,因而效率越低。

人均采购额考察的是每个政府采购人员所分担的采购额的大小,即:

人均采购额＝当年政府采购额÷政府采购人员数量

人均采购额越大,说明效率越高;相反,人均采购额越小,说明效率越低。人员效率主要受政府采购人员素质的影响,一般地,如果采购人员的素质较高、办事效率较高,那么,就能用较少的经费完成较大的人均采购额。

3．政策效率的评价指标

政策效率主要用于评价政府采购政策的制定是否科学、是否适用、是否能促进经济增长。政府采购的初衷是节约财政支出，但由于它的规模较大，能够对市场产生较大的影响，因此，它也是政府进行宏观经济调控的重要工具，是政府财政政策的重要组成部分。政府采购政策制定得是否科学、是否得当，关系到整个国民经济的发展。一般来说，当我们判断出经济出现衰退迹象时，应采取扩大政府采购规模的政策，以此发挥政府采购的乘数效应，带动国民经济的更快发展；当判断经济出现过热迹象时，应适时地压缩政府采购的规模，通过政府采购乘数加快经济降温。一般地，政府采购的政策效率可以通过政府采购对经济增长的贡献来衡量，即通过政府采购拉动经济增长的百分比来进行衡量。

政府采购对经济增长的贡献＝国民经济总量变动的百分比÷政府采购规模变动的百分比×100%

政府采购对经济增长的贡献越大，表明政府采购的政策效率越高；反之，则效率越低。

以上探讨的是政府采购对经济总量影响的政策效率。除此之外，政府还可以通过调整政府采购的结构对国民经济的地区、产业结构等进行调整，从而促进国民经济的协调发展，这也是政府采购政策效率的一部分，但这种政策效果很难用某一指标进行衡量。

影响政府采购政策效率的因素主要有：对经济总体形势的判断是否准确，政府采购政策的制定是否科学以及政策的贯彻落实是否精确。如果对经济形势的把握很准、政策制定得较科学，并且在执行中没有走样，那么，政府采购的政策效率就会很高；相反，如果对经济形势的判断不准、政策制定得不合理，以及政策在落实的过程中受到某些权力或其他因素的干扰，都将降低政府采购的政策效率。

4．管理效率评价指标

管理效率用于衡量政府采购管理体制和机制设计是否科学、是否能够有效运作。政府采购管理包括预算管理、法律监督、政府采购方式、招标投标管理以及投诉质疑管理等多个方面，政府采购管理效率是综合管理的结果。由于其管理效率无法直接计算，因此它也没有合适的指标进行衡量。尽管如此，管理效率始终是政府采购应该重点考虑的问题之一。管理制度健全与否以及管理水平的高低是影响政府采购管理效率的重要因素。一般来说，预算做得好、法律健全、方式选择得当、招标投标严谨、有完善的质疑投诉机制，政府采购的管理效率就会较高。

除了上述核心评价指标外，政府采购指标体系中还包括对供应商的综合评价、采购人的满意程度、供应商的满意程度等一系列的指标。在具体的政府采购绩效评价实践中，应根据所评价项目的特点及所要达到的采购目的，有所侧重地设计和选择评价指标，使得具体指标体系的设置能更好地为政府采购绩效评价乃至政府采购管理服务。

总之，政府采购绩效是一个全面的概念，评价政府采购绩效的高低，必须对整个采购过程，包括采购方案的设计、采购方式的确定、作业的标准化程度等所付出的代价与产生的效益进行对比，发现并控制其中的不合理成本，并综合各种因素来分析采购活动是否达到了最佳效果，包括经济效果和社会效果。指标体系选择的科学与否直接影响着政府采购绩效评价工作的质量,因此,在进行指标体系的设计时我们应遵循内容全面、方法科学、制度规范、客观公正、操作简便的基本原则,借鉴已有经验,提高指标体系的适用性、可比性、准确性。

六、政府采购绩效评价的评价标准

政府采购绩效评价标准是指以一定量的有效样本为基础测算出来的标准样本数据。该评价标准用来衡量评价对象的好坏及优劣等特征。评价标准是政府采购绩效评价体系的核心要素之一,是评价工作的基本标尺,决定着评价结果的准确性以及评价目标能否真正实现。

政府采购绩效评价标准按照可计量性可以分为定量标准和定性标准,定量标准和定性标准又可根据标准的取值基础不同,分为行业标准、计划标准、经验标准和历史标准四种;按照时效性可以分为当期标准和历史标准;按照标准形成的方法可以分为测算标准和经验标准;按照区域可以分为国际标准和国内标准。

评价标准值的选取是一项技术性很强的工作,它需要相关人员在标准值的测定过程中,既考虑所选取样本的有效性,又考虑样本数量的规模性;既考虑标准值的数学意义,又使标准值具有现实经济意义。并且,评价标准的选取要与评价的指标体系相匹配,不同的指标所对应的标准值的类型会有所不同。在实践中,标准值的取值依据应来自国家预算单位年度决算数据、国际或国内一些公认的标准以及相关权威部门颁布的行业标准。

政府采购绩效评价标准的正确选择对于政府采购绩效评价的结果具有较大的影响,评价标准的制定既是政府采购绩效评价体系建立的关键环节,也是我们在构建评价体系中面临的一个难题。而且,评价标准并不是一成不变的,它会随着经济的发展和外部环境的变化而随之改变,因此,政府采购管理部门如何建立和维护、更新标准就成为决定评价水平高低的重要工作。

七、政府采购绩效评价数据信息的管理

建立政府采购绩效评价体系,除了评价目标、评价原则、评价指标以及评价标准外,还必须有信息技术的支撑。在西方国家,评价机构利用先进的信息处理技术,逐步形成了规模庞大的公共支出评价数据库,为评价各类公共支出的投入水平、效益状况及效果,开展历史的、横向的分析比较,为保证评价工作的顺利进行提供了技术支撑。我们应该充分借鉴国外在数据收集、处理分析和运用方面的经验,引进国外先进的信息管理系统,结合我国政府采购管理的实际情况,不断完善我国政府采购绩效评价数据库系统。应进一步完善政府采购单位会计决算体系,统一各个决算部门的数据统计口径,改进数据的采集方法,及时、准确地收集、汇总会计决算数据,为政府采购支出评价提供有效、可信的基础数据;收集政府采购过程中的各类数据资料,包括政府采购项目立项决策、招标投标、定标以及合同签订后的实际履行情况、投诉与质疑等各个环节的资料,为评价工作的开展提供全面、准确的信息;建立全国政府采购绩效评价数据库,考虑到我国政府采购起步较晚,数据库的建立可以采用分步骤的方式,先选定不同行业、不同类型的

重点项目进行数据的收集整理，在此基础上再逐步扩大信息数据的收集范围；在实践基础上，结合国外先进经验，不断建立和完善政府采购绩效评价标准库。

综上所述，政府采购绩效评价体系是由一系列与政府采购绩效评价相关的评价主客体、评价目标、评价原则、评价方法、评价指标体系、评价标准以及评价机构等形成的有机整体，各个有机部分的建设都会对最终评价结果的优劣产生重大影响。在政府采购活动中，其绩效评价体系的构建和运行在推动相关改革、提高政府采购效率、提高政府公信度等方面都起着关键的作用，因此，应该重视和加强对政府采购绩效评价体系的研究和构建工作。

本章小结

1. 绩效是实施一项活动基于预期目标的有效性。按照达到这种有效性的过程，绩效的内涵包括：投入是否满足经济性要求，运作是否合规和合理，行为的结果是否达到预期的目标，产出与投入相比是否有效率；按照预期目标所涉及的范围，绩效的内涵包括经济绩效、社会绩效；按照绩效评价所针对的客体，绩效的内涵包括行政绩效和业务绩效。

2. 政府采购绩效是指政府采购产出与相应的投入之间的对比关系，它是对政府采购效率进行的全面而整体的评价。政府采购绩效不仅注重对政府采购行为本身效率的评价，更注重对政府采购效果的评价。

3. 政府采购绩效评价是指运用科学、规范的绩效评价方法，比照统一的评价标准，按照绩效的原则，对政府采购活动及其效果（包括经济绩效以及社会绩效）进行的科学、客观、公正的衡量和评判。政府采购绩效评价是政府采购绩效管理不可或缺的组成部分，也是政府采购监督管理的重要方面。

4. 对政府采购绩效进行评价的意义在于：一方面，进行政府采购绩效评价是提高政府采购效率的需要。因为，①从政府采购的产生看，效率是政府采购的首要目的；②纳税人要求提高政府采购效率，因此效率是公众的要求；③提高政府采购效率是市场经济的要求；④提高政府采购效率是政府本身执政的需要。另一方面，对政府采购行为进行绩效评价有利于监督政府采购行为。

5. 政府采购绩效评价的目标已从"节资防腐"转向"物有所值"。实现政府采购"物有所值"制度目标的策略与途径主要有：①制订最佳采购计划；②拓展采购集成服务；③实施全寿命周期采购管理；④公布明确、科学的采购需求标准；⑤设计透明、竞争的采购程序；⑥引入对采购结果的第三方评估；⑦在政府购买公共服务领域广泛应用PPP模式。

6. 政府采购绩效评价体系是由一系列与政府采购绩效评价相关的评价主客体、评价目标、评价原则、评价方法、评价指标体系、评价标准以及评价机构等形成的有机整体，各个有机部分的建设都会对最终评价结果的优劣产生重要影响。

7. 政府采购绩效评价体系中，评价的主体和客体是该体系的基本要素。其中，对政府采购效益进行评价的主体在现有的政府采购体制下应为政府采购的主管部门。政府采购绩效评价的客体即评价的行为对象，既包括政府采购活动的过程，又包括政府采购活动的结果；既要评价政府采购活动本身的效益，也要评价其对经济、社会的影响。

8. 政府采购绩效评价的基本目标是"3E"原则，即经济性（economy）、效率性（efficiency）和效益性（effectiveness）。经济性目标要求做事情尽量节约；效率性目标要求把事情做好；效率性目标要求做正确的事，并把它做好。

9. 政府采购绩效评价是一项复杂的工作，在我国，开展政府采购绩效评价工作必须坚持以下几项原则：全面性和特殊性相结合的原则；统一性和差别性相结合的原则；理论选择和可操作性相结合的原则；定量分析和定性分析相结合的原则。

10. 政府采购绩效评价的方法就是在具体评价过程中应该采用的工具和评价技术规范，包括定量计算方法、定性分析方法或两者相结合。目前，我国对政府采购绩效进行评价的方法主要有下列几种：①成本效益分析法；②社会功能分析法；③因素分析法；④最低费用选择法；⑤PPP 物有所值评价法。不同的方法各有其优势和劣势，在实际操作中，应结合具体的采购事项，选择一种或几种方法综合使用，对采购绩效进行评价。

11. 政府采购绩效可以从微观绩效和宏观绩效两个层次来衡量。其中，微观绩效是就具体的采购行为而言的，采购花费的资金成本越少，时间越短，微观效率越高。微观绩效可分为资金效率和行政效率，资金效率即是指政府采购对资金的节约程度，行政效率一般可通过政府采购周期的长短来决定。宏观绩效是就政府采购作为一项制度而言的，宏观绩效可具体分为规模效率、人员效率、政策效率和管理效率。其中，规模效率是指只有政府采购在整个财政支出或国民生产总值中占有一定比重时，政府采购的节资效率才能很好地发挥出来。人员效率主要是对政府采购人员素质和人均采购额的大小进行衡量。政府采购人员的素质越高，人均采购额越大，人员效率也就越高。政策效率主要是看政府采购政策是否科学、是否适用。管理效率主要用于评价政府采购管理体制及机制是否高效。

12. 政府采购绩效评价标准是指以一定量的有效样本为基础测算出来的标准样本数据。政府采购绩效评价标准按照可计量性可以分为定量标准和定性标准。该评价标准用来衡量评价对象的好坏、优劣等特征。评价标准是政府采购绩效评价体系的核心要素之一，是评价工作的基本标尺，决定着评价结果的准确性以及评价目标能否真正实现。

13. 建立政府采购绩效评价体系，除了评价目标、评价原则、评价指标以及评价标准外，还必须有信息技术的支撑。应在借鉴国内外经验的基础上，利用现代化信息技术，加强政府采购绩效评价数据信息的管理。

思考题

1. 绩效的含义是什么？如何定义政府采购绩效？
2. 试论述政府采购绩效评价的意义。
3. 简述政府采购绩效评价体系的组成部分以及各部分的主要内容。
4. 政府采购绩效评价的目标是什么?它是如何变化的？为什么会有这种变化？

5．应从哪些方面评价政府采购效率？各个方面所涉及的评价指标及其主要内容是什么？

 课外阅读材料

1．刘汉平、李安泽编著：《政府采购理论与政策研究》，中国财政经济出版社 2005 年版，第 179—210 页。

2．张得让主编：《政府采购支出综合效益分析》，经济科学出版社 2004 年版，第 1—273 页。

3．朱志刚主编：《财政支出绩效评价研究》，中国财政经济出版社 2003 年版，第 1—330 页。

4．马国贤著：《政府绩效管理》，复旦大学出版社 2005 年版，第 1—402 页。

5．姜爱华：《关注政府采购绩效》，《中国财经报》（理论版），2004 年 10 月 20 日。

6．马海涛、姜爱华著：《我国政府采购制度研究》，北京大学出版社 2007 年版，第 105—170 页。

7．姜爱华：《政府采购"物有所值"制度目标的含义及实现》，《财政研究》，2014 年第 8 期。

第十三章　政府采购救济机制

本章重点

1. 政府采购救济机制的概念
2. 我国政府采购合同授予争议救济机制
3. 我国政府采购合同履行争议救济机制

导语

政府采购救济机制是各国在政府采购立法中的重要内容，这项机制的建立为处于弱势地位的供应商寻求其合法权益的保障提供了必要的途径。本章的主要内容就是对政府采购救济制度的概念、救济方式、救济程序等进行介绍，同时通过对国外政府采购救济机制的介绍，寻求国外先进经验对完善我国政府采购救济制度的借鉴意义。

关键词

政府采购救济机制　行政复议　行政诉讼　民事诉讼

第一节　政府采购救济机制概述

政府采购制度作为一种约束和规范政府财政支出的管理制度,在各国经济发展中具有重要的地位和作用,不仅成为各国宏观调控的重要手段,也在各国对外贸易中起着举足轻重的作用。政府采购早在 18 世纪就已经出现在英国,但我国直至 1996 年才在上海开始政府采购的试点工作。自 1998 年扩大试点以来,我国的政府采购规模呈乘数式上升态势,到 2014 年,已经达到了近 17 300 亿元。政府采购制度的建立,推动政府支出走入阳光通道,相关规范政府采购活动事项的法律法规的建立,更是把政府公共采购的权力置于法律的监督和控制之下。从各国政府采购立法的初衷来看,虽然在政府采购活动中采购主体与供应商都属于政府采购当事人,在法律上享有平等的民事主体地位,但客观上,政府采购关系中的主体,一方为代表采购实体的政府部门、政府机构或其他直接或间接接受政府控制的单位和企业;另一方则是以供应商为代表的普通民事主体,两者之间存在先天的不平等性。主要体现在以下几个方面:第一,采购主体有权决定供应商的资格、采购方式、采购程序、开标、评标和定标等;第二,在采购活动中采购者的市场主体与行政管理主体的角色容易混淆;第三,由于政府采购不同于一般家庭、企业的采购活动,兼具效率性和社会公益性,其社会公益性的实现有时无法避免地需要特别条款对采购活动加以限制。因此,通过政府采购救济机制的建立,能够有效地保障处于弱势地位的供应商的合法权益,这是各国在政府采购法制中的一条重要经验。健全、透明、公正、高效的当事人权利救济机制是政府采购法制中不可或缺的重要内容。

一、政府采购救济机制的概念

政府采购救济制度在以往的理论中尚未有明确的定义,借用我国对救济制度定义的一些要素,我们可以将政府采购救济机制定义为:在政府采购的过程中,由于当事人一方的故意或过失而导致另一方的财产或权益损失时,另一方所采取的补救措施。换句话说,政府采购救济机制就是供应商与政府采购实体发生争议时,所寻求的能够对其受到的损失进行赔偿或补偿的行政或民事救济方法的总和。

二、政府采购救济中的救济对象

政府采购中最主要的救济对象就是合法权益受到侵害的供应商。根据世界贸易组织的《政府采购协议》第二十条第二款的规定,能够行使质疑权的人是其利益或曾经所有的利益受到采购过程中可能存在的违反协议情况损害的供应商。《政府采购法》规定的享有异议权的人为供应商,《招标投标法》规定的异议权人为投标人和其他利害关系人。事实上,无论是国际条约还是大多数国家的相关法律,在构建政府采购救济制度时所界定的救济对象的范围明显要比我国更广,随着我国与世界政府采购制度的进一步接轨,我国对政府采购救济对象的界定需要进一步科学化。

三、政府采购救济机制的调整范围

从各国实施政府采购制度的实践来看,供应商在政府采购活动中权利遭受损害的情况主要有两种:一种是在寻找合适的供应商并授予其合同的过程中,政府采购主体的某些程序、采用的规则违反规定或有失公允,侵害了特定或非特定供应商的合法权益;另一种是在合同授予后的履行过程中,政府采购主体的违约行为侵害了特定供应商依据合同享有的权利。按照国际惯例,可将政府采购争议划分为政府采购合同授予争议和政府采购合同履行争议。

政府采购合同授予争议指政府采购合同成立前,从决定采购方式、选择供应商、竞标、开标至定标为止的采购过程中所发生的争议。它主要集中在采购方式的选择和操作阶段,即在政府采购的招标、开标、评标、定标阶段发生的争议。其最大的特点就在于采购当事人双方还没有建立合同关系,而且争议的发生是由政府采购机构或其代理机构单方面的行为所引起的。由于在这一阶段是政府采购机构或其代理机构依据其行政职能所展开的采购行为,具有明显的行政性质,采购主体在选择何种采购方式、选择与谁合作等事项中被赋予了极大的自由裁量权,所以这一阶段的救济主要是针对采购机关违反采购程序、损害供应商合法权益的行为。

政府采购合同履行争议是指在政府采购合同的履行阶段及履行完毕后的验收阶段所发生的争议。它的特点主要是双方当事人已经建立了合同关系,双方当事人的权利义务关系已经确定,与合同授予阶段的争议相比,这个阶段争议的发生既可能是政府采购机关的原因,也可能是供应商的原因。

正如我国台湾学者罗昌发所说:"异议与申诉制度,可以说是政府采购法的精髓所在。对于厂商而言,政府采购法甚多条文对厂商权益的保障,都必须依赖异议与申诉制度给予维护;在厂商受到不公平或不当的待遇时,若不能提供有效的救济方式,将使整个采购制度的目的,沦为空谈。"①

因此,政府采购救济机制在政府采购制度中的意义显得尤为突出,它是保障供应商权益以促使政府采购活动顺利、高效进行的重要机制。

第二节 我国政府采购救济制度的法律依据

一、政府采购合同授予争议救济机制

我国在借鉴国外政府采购立法的基础上,结合我国的具体国情,在政府采购立法中确立了投标人或供应商质疑与投诉的制度。在我国 2002 年颁布的《政府采购法》中,对政府采购供应商"质疑与投诉"制度单列一章作了专门的规定,这标志着我国政府采购中的行政权力救济机制的正式建立,并且使得供应商能够从法律的高度来谋求其自身合

---

① 罗昌发著:《政府采购法与政府采购协定论析》,元照出版公司 2000 年版,第 31 页。

法权益的保障,从而为解决政府采购当事人之间发生的各种矛盾或争议提供了一个合法的渠道;2004年9月11日起施行的《政府采购供应商投诉处理办法》进一步作出了规定;2015年颁布的《政府采购法实施条例》也在第六章"质疑与投诉"中作出了详细的说明。

《政府采购法》与《政府采购法实施条例》对于供应商的行政救济主要作了如下的规定:

(一)询问

《政府采购法》在第五十一、五十四条中明确规定了供应商的询问权和采购人或其采购代理机构及时予以答复的义务。按照规定,供应商对政府采购活动事项有疑问的,可以向采购人或者采购代理机构提出询问,采购人或者采购代理机构应当及时作出答复,但答复的内容不得涉及商业秘密。由于在政府采购活动中,供应商处于被动的地位,有可能会受到不利的影响,因此有必要从维护供应商合法权益的角度出发,赋予供应商以询问权。《政府采购法实施条例》在第五十二条中进一步规定了采购人或者代理机构应当在3个工作日内对供应商依法提出的询问作出答复,供应商提出的询问或者质疑超出采购人对采购代理机构委托授权范围的,采购代理机构应当告知供应商向采购人提出,政府采购评审专家应当配合采购人或者采购代理机构答复供应商的询问和质疑。

第一,询问的形式和范围:所有供应商都可以享有对政府采购活动事项进行询问的权利。只要供应商对于政府采购活动事项有疑问,就可以向采购人或其代理机构提出询问。供应商提出询问以及采购人作出答复的方式,既可以采取书面形式,也可以采取口头形式。采购人或其代理机构应对供应商的询问作出及时的答复,不得以任何借口和手段对供应商的询问权进行限制。

第二,对询问的处理:采购人或者其采购代理机构应重视供应商的询问,应对供应商的询问作出认真、及时、实事求是的答复。需要注意的是,采购人或者采购代理机构在答复供应商的询问时,不应当涉及商业秘密。同时,采购代理机构在对供应商提出的询问进行答复时,只限于采购人委托授权范围内的事项,对于采购人委托授权范围以外的事项,仍应由采购人负责答复。对于答复供应商的时限,法律没有作出明确的规定,法律责任中也未对采购人不及时答复作出相应的惩处规定,但这并不代表采购人可以随意地对待供应商的询问。

(二)质疑

《政府采购法》第五十二、五十三、五十四条规定了供应商的质疑权和采购人或其代理机构必须在法定时限内作出书面答复的义务。《政府采购法实施条例》在第五十二条、五十四条、五十五条也作出了相关规定。按照规定,供应商认为采购文件、采购过程和中标、成交结果使其自身的权益受到损害的,可以在知道或者应知道其权益受到损害之日起7个工作日内,以书面形式向采购人或其采购代理机构提出质疑。《政府采购法实施条例》第五十二条规定:"采购人或者采购代理机构应当在3个工作日内对供应商依法提出的询问作出答复。供应商提出的询问或者质疑超出采购人对采购代理机构委托授权范围的，采购代理机构应当告知供应商向采购人提出。政府采购评审专家应当配合采购人或者采购代理机构答复供应商的询问和质疑。"《政府采购法》第五十二条规定的供应商应知其权益受到损害之日，是指：①对可以质疑的采购文件提出质疑的，为收到采购文件之日或者采购文件公告期限届满之日；②对采购过程提出质疑的，为各采购程序结束之日；③对中标或者成交结果提出质疑的，为中标或者成交结果公告期限届满之日。采购人或其采购代理机构应当在收到供应商的书面质疑后7个工作日内作出答复，并以书面形式通知质疑供应商和其他有关供应商，但答复的内容不得涉及商业秘密。采购代理机构进行答复的，不得超越采购人委托授权的范围。给予供应商对政府采购活动事项提供质疑的权利，充分体现了供应商的知情权和监督权。

为了充分保障供应商正确行使这项权利，同时也防止供应商不适当地使用质疑的权利，《政府采购法》对供应商提出质疑的条件、范围、时限和形式作出了以下的明确规定：

第一，质疑的范围：供应商提出质疑的范围，只包括采购文件、采购过程和中标、成交结果等事项。政府采购活动所涉及的事项范围广泛，供应商对于这些事项如果有疑问，都可以行使其询问的权利。但是，如果供应商要提出质疑，质疑的范围只能包括采购文件、采购过程和中标、成交结果三个方面的事项。

第二，质疑的条件：《政府采购法》规定，供应商提出质疑的前提条件是，必须有认为采购文件、采购过程和中标、成交结果使自己的权益受到损害的事实与理由。相反，如果采购文件、采购过程和中标、成交结果与质疑供应商没有关系，或者供应商没有提出采购文件、采购过程和中标、成交结果使自己的权利受到损害的事实与理由，则供应商不宜提出质疑；即使提出质疑，采购人也可以不受理这种情况的质疑。

第三，质疑的时限：供应商如果认为采购文件、采购过程和中标、成交结果使自己的权益受到损害，就应该及时提出质疑，否则就将破坏政府采购过程的连续性。按照规定，供应商应当在知道或者应当知道其权益受到损害之日起7个工作日内，向采购人提出质疑；若超过这一时限，采购人可以不接受质疑。

第四，质疑的形式：按照《政府采购法》的规定，供应商对采购文件、采购过程和中标、成交结果提出质疑，必须采用书面形式。供应商如果采用口头形式提出质疑，是没有法律效力的，采购人或者采购代理机构可以不给予书面答复。

第五，对质疑的处理：按照《政府采购法》的规定，采购人或者采购代理机构应当在收到供应商的书面质疑后7个工作日内作出答复，但答复内容不得涉及商业秘密。这一规定表明，及时对供应商提出的质疑进行答复是采购人或者采购代理机构应尽的义务，而且采购人或者采购代理机构只有形成正式的书面答复意见，才能表明其已经履行了法定的义务。应当注意的是，由于在一项政府采购活动中有多个供应商参加，采购人或采购代理机构对质疑供应商所提的质疑事项作出的答复，不仅应当通知质疑供应商，也要书面通知其他有关供应商。

除了《政府采购法》对质疑进行相关规定外，《招标投标法》第六十五条也规定，投标人和其他利害关系人认为招标投标活动不符合本法有关规定的，有权向招标人提出异议或者依法向有关行政监督部门投诉。

（三）投诉

《政府采购法》第五十五、五十六、五十八条规定了供应商的投诉权和政府采购监督管理部门处理其投诉的权力及职责。《政府采购法实施条例》第五十五、五十六、五十七和五十八条也作出了相关规定。《财政部关于加强政府采购供应商投诉受理审查工作的通知》也进一步作出了补充和说明。按照规定，质疑供应商对采购人、采购代理机构的答复不满意或者采购人、采购代理机构未在规定的时间内作出答复的，可以在答复期满后15个工作日内向同级政府采购监督管理部门投诉。政府采购监督管理部门应当在收到投诉后30个工作日内，对投诉事项作出处理决定，并以书面形式通知投诉人和与投诉事项有关的当事人。投诉人对政府采购监督管理部门的投诉处理决定不服或者政府采购监督管理部门逾期未作处理的，可以依法申请行政复议或者向人民法院提起行政诉讼。

为了确保政府采购供应商的利益，《政府采购法》第五十七条还规定了临时救济措施，按照规定，政府采购监督管理部门在处理投诉事项期间，可以视具体情况书面通知采购人暂停采购活动，但暂停时间最长不得超过30日。

一般地，在供应商向采购人、采购代理机构提出质疑后，采购人、采购代理机构一般都会及时作出答复。但是，由于受各种因素的影响，采购人、采购代理机构所作出的答复未必能令供应商满意，或者未按照规定的时间作出答复。这种情况下，质疑供应商就可以在法定期限内向同级政府采购监督管理部门提出投诉。供应商投诉是政府采购法赋予供应商的权利，是发挥供应商监督，促进政府采购活动公开、公正、公平，维护政府采购当事人合法权益的有效措施。各级财政部门要高度重视供应商投诉，不得阻碍供应商投诉，不得无故拒绝供应商投诉，要指导供应商投诉，及时办理受理审查工作，从源头上提高投诉处理工作效率。

1. 投诉的提出

供应商投诉的事项仅限于可以提出质疑的事项范围内，即采购文件、采购过程和中标、成交结果。供应商质疑、投诉应当有明确的请求和必要的证明材料。供应商认为采购文件、采购过程和中标、成交结果使自己的权益受到损害的，必须先向采购人、采购代理机构提出书面质疑。供应商只有在对采购人、采购供应商所作出的答复不满意或是采购人、采购代理机构未在规定时间内作出答复的情况下，才能提出投诉。而且，在《政府采购法》中也明确规定了供应商投诉的法定期限是在质疑答复期满后的15个工作日内，投诉受理机构是同级政府采购监督管理部门。供应商既不能超过规定时限投诉，也不能越级或向其他部门投诉。《政府采购供应商投诉处理办法》中规定：投诉人投诉时，应当提交投诉书，并按照被投诉人采购人、采购代理机构（以下简称被投诉人）和与投诉事项有关的供应商数量提供投诉书的副本。投诉书应当包括下列主要内容：投诉人和被投诉人的名称、地址、电话等；具体的投诉事项及事实依据；质疑和质疑答复情况及相关证明材料；提起投诉的日期。投诉书应当署名。投诉人为自然人的，应当由本人签字；投诉人为法人或者其他组织的，应当由法定代表人或者主要负责人签字盖章并加盖公章。财政部门经审查,有投诉人不是参加投诉项目政府采购活动的当事人、被投诉人为采购人或采购代理机构之外的当事人、所有投诉事项超过投诉有效期、以具有法律效力的文书送达之外方式提出的投诉等情形之一的,应当认定为无效投诉,不予受理,并及时书面告知投诉人不予受理的理由。

2. 对投诉的处理

处理投诉是政府采购监督管理部门的法定职责,政府采购监督管理部门在收到供应商的投诉后,应当及时进行认真的研究处理。在处理投诉过程中,需要组织人员对投诉事项的相关情况进行深入的调查、取证、审查和核实,在此基础上再依法作出处理决定。在处理中,应该对所有当事人都不偏不倚,既不能对采购人、采购代理机构有所偏向,也不能对供应商有所偏向。

政府采购监督管理部门在处理投诉过程中,由于面对的是不同的投诉事项、不同的采购环节等复杂情况,因此,对有些涉及重大问题的投诉事项,需要一定时间的研究,这个研究时间如果过短则不利于慎重地解决问题,但过长又不利于保持政府采购活动的连续性及保护供应商的权益。因此,《政府采购法》专门规定,政府采购监督管理部门应当在收到投诉后30个工作日内,对投诉事项作出处理决定。需要强调的是,政府采购监督管理部门在对投诉事项作出处理决定后,应当以书面形式通知投诉人及其他与投诉事项有关的当事人。财政部门处理投诉事项采用书面审查的方式,必要时可以进行调查取证或者组织质证。对财政部门依法进行的调查取证,投诉人和与投诉事项有关的当事人应当如实反映情况,并提供相关材料。投诉人捏造事实、提供虚假材料或者以非法手段取得证明材料进行投诉的,财政部门应当予以驳回。财政部门受理投诉后,投诉人书面申请撤回投诉的,财政部门应当终止投诉处理程序。财政部门处理投诉事项,需要检验、检测、鉴定、专家评审以及需要投诉人补正材料的,所需时间不计算在投诉处理期限内。财政部门对投诉事项作出的处理决定,应当在省级以上人民政府财政部门指定的媒体上公告。

作为政府采购监督管理部门的一项法定义务,要求政府采购监督管理部门本着实事求是、认真负责的精神,对供应商提出的投诉进行处理;否则,按照《政府采购法》第八十一条的规定,政府采购监督管理部门对供应商的投诉逾期未作处理的,将给予直接负责的主管人员和其他直接负责人员行政处分。

3. 投诉处理期间采购活动的暂停

投诉人对采购文件、采购过程和中标、成交结果向采购人或采购代理机构提出质疑以后,不满意质疑答复的或是逾期未得到答复的,可向政府采购监督管理部门投诉,但投诉事项有可能使其权益受到很大的损害,因此暂停活动显得很有必要。暂停的目的是为了在作出投诉处理之前避免采购合同生效,以维护投诉供应商获得合同的机会。我国法律对暂停措施作出了相关规定,赋予了投诉受理机关在暂停采购中较大的自由裁量权。政府采购监督管理部门在处理投诉事项期间,不能随意行使甚至滥用暂停采购的权力。因为暂停措施会造成采购活动的中断,因此暂停措施必须在供应商和采购人之间寻求平衡。在某些情况下，暂停措施的使用应当受到限制。联合国的《采购示范法》规定，出于紧急的公共利益考虑，经采购人证实采购进程必须毫不犹豫地继续进行时，可不采用暂停方法。需要注意的是，虽然暂停时间可以由政府采购监督管理部门视具体情况而定，但也不意味着可以无限期暂停，根据《政府采购法》的规定，政府采购监督管理部门在处理投诉事项期间，决定采购人暂停采购活动的时间最长不得超过 30 日，而且这项决定必须以书面形式通知采购人。

（四）供应商不服投诉处理决定的救济机制

政府采购监督管理部门对投诉人的投诉事项作出处理决定，是一项具体的行政行为，但法律并没有规定这种具体的行政行为可以成为最终裁决。相反，我国《政府采购法》第五十八条规定了投诉与行政复议及行政诉讼的衔接，按照规定，投诉人对政府采购监督管理部门的投诉处理决定不服或者政府采购监督管理部门逾期未作处理的，可以依法申请行政复议或者向人民法院提起行政诉讼。

1. 政府采购行政复议

在对投诉处理结果不服或者政府采购监督管理部门对投诉人的投诉事项逾期未作处理的情况下，投诉人可以依法申请行政复议。行政复议的程序包括申请人向复议机关申请复议至行政复议机关作出复议决定的期限、形式、顺序、步骤等。

第一，申请行政复议的期限。根据《行政复议法》第九条的规定，申请人必须在法定期限内提出复议申请。按规定，公民、法人或其他组织认为具体行政行为侵犯其合法权益的，可以自知道该具体行政行为之日起 60 日内，提出行政复议申请，但是法律规定的申请期限超过 60 日的除外。因不可抗力或者其他正当理由耽误法定申请期限的，申请期限自障碍消除之日起继续计算。

第二，申请行政复议的形式。《行政复议法》第十一条规定，申请人申请行政复议，既可以采用书面形式，也可以采用口头形式。

第三，行政复议的受理。首先，行政复议的受理机构是作出投诉处理的政府采购监督管理部门的本级人民政府，或者是上一级政府采购监督管理部门。如果投诉处理决定是由财政部作出的，则行政复议的受理机构应当是财政部。其次，作为关系到行政复议程序能否继续的关键环节，对于行政复议的受理在《行政复议法》中作了如下明确的规定：行政复议机关收到行政复议申请后，应当在 5 个工作日内进行审查并决定是否受理，对不予受理的，应当书面告知申请人；对符合《行政复议法》规定的，应当及时进行审查、研究并提出处理意见；对符合《行政复议法》规定但不属于本复议机关受理的行政复议申请，则应当告知申请人向有管辖权的行政复议机关提出。

第四，行政复议的审理。《行政复议法》规定行政复议机构应当自受理行政复议申请之日起 7 日内，将行政复议申请书副本或者行政复议笔录复印件发送给被申请人，被申请人应当自收到申请书或申请笔录复印件之日起 10 日内，提出书面答复，并提交当初作出具体行政行为的证据、依据及其他有关材料。按照法律规定，在行政复议过程中，被申请人不得自行向申请人和其他有关组织或个人搜集证据。行政复议机关应当自受理行政复议申请之日起60日内作出行政复议决定，但是法律规定的行政复议期限少于60日的除外。行政复议机关负责人可以根据申请复议案件情况的复杂程度，批准适当延长作出行政复议决定的期限，但延长期限最多不得超过30日。

第五，行政复议决定。根据《行政复议法》的规定，行政复议的结果应当以行政复议决定的形式表现出来。其中，行政复议决定包括以下几种：维持决定，限期履行决定，撤销、变更决定，确认违法决定。

第六，行政复议决定的效力与执行。行政复议机关作出复议决定后，应当依法送达当事人才能产生法律效力。申请人如果不服行政复议决定，可依法提起行政诉讼。法律规定复议为终局决定的，行政复议决定一经送达即发生法律效力。

2．政府采购行政诉讼

《政府采购法》关于行政诉讼的规定，为人民法院对政府采购活动进行司法审查提供了法律依据，同时也赋予参与政府采购活动的投诉人以行政诉讼权。按照规定，投诉人对政府采购监督管理部门作出的投诉处理决定如有不服，或者政府采购监督管理部门逾期未作处理的，可以不经行政复议程序而直接向人民法院提起行政诉讼。

第一，行政诉讼的期限。根据《行政诉讼法》的规定，投诉人不服投诉处理决定直接向人民法院提起行政诉讼的，应当在收到投诉处理决定之日起3个月内，向作出投诉处理决定的政府采购监督管理部门所在地的基层人民法院提出。如果投诉处理决定是由财政部门作出的，投诉人应当向财政部门所在地的中级人民法院提出。

第二，行政诉讼的处理。人民法院接到起诉状后，经审查在7日内立案或者作出裁定不予受理。7日内不能决定受理的，应当先予受理；受理后经审查不符合起诉条件的，裁定驳回起诉。起诉人对不予受理和驳回起诉的裁定不服的，可以提起上诉。受诉人民法院在7日内既不立案，又不作出裁定的，起诉人可以向上一级人民法院申诉或者起诉。上一级人民法院认为符合受理条件的，应予以受理；受理后，可以移交或者指定下级人民法院审理，也可以自行审理。

第三，行政诉讼的审理和判决。一经立案，人民法院将及时进行审理，并根据不同情况，在立案之日起3个月内分别作出维持、撤销或者部分撤销原投诉处理决定的第一审判决。投诉人若对第一审判决不服，有权在判决书送达之日起15日内向上一级人民法院提出上诉。人民法院审理上诉案件，一般在收到上诉状之日起2个月内作出终审判决。

二、政府采购合同履行争议救济机制

现行《政府采购法》规定的救济范围仅限于招标文件、采购过程及中标、成交结果三个方面的内容，并未规定在政府采购合同订立后，政府采购合同的履行阶段发生的争议如何进行救济。不过，《政府采购法》第四十三条规定："政府采购合同适用合同法。采购人和供应商之间的权利和义务，应当按照平等、自愿的原则以合同方式约定。"既然政府采购合同适用合同法，那么，在履行合同过程中发生的争议属于民事纠纷，应当适用民事诉讼程序。

在合同履行阶段，任何一方不履行合同义务，除不可抗力等免责事由外，都应承担违约责任。按照《合同法》第一百二十八条的规定，当事人可以通过和解或者调解解决合同争议。当事人不愿和解、调解或者和解、调解不成的，可以根据仲裁协议向仲裁机构申请仲裁。涉外合同的当事人可以根据仲裁协议向中国仲裁机构或者其他仲裁机构申请仲裁。当事人没有订立仲裁协议或者仲裁协议无效的，可以向人民法院起诉。当事人应当履行发生法律效力的判决、仲裁裁决、调解书；拒不履行的，对方可以请求人民法院执行。因此，总的来说政府采购合同履行争议有四大解决途径：协商和解、调解、仲裁和民事诉讼。实际上，调解是仲裁和诉讼机制中的必经程序。

（一）协商和解

协商和解是指采购人和供应商发生民事纠纷后，双方当事人以平等协商的方式，通过相互说服、讨价还价等方法，相互妥协以和平解决纠纷。协商和解是自力救济的重要手段。协商和解作为一种非诉讼的纠纷解决方式，有着诉讼难以比拟的优势，例如成本低、后遗症少、不至于引起矛盾的激化和二次纠纷的发生等。

（二）调解

调解是指第三者依据一定的社会规范（包括习惯、道德、法律规范等），在纠纷主体之间沟通信息，摆事实、讲道理，促成纠纷主体相互谅解和妥协，达成解决纠纷的合意。政府采购合同争议在调解中达成协议的，人民法院应当制作调解书，写明诉讼请求、案件的事实和调解结果，送达双方当事人。调解书经双方当事人签收后，即具有同生效判决书相同的法律效力，诉讼就此终结，当事人不得上诉。

政府采购当事人在通过协商和解解决纠纷时，常常会偏重于己见，很难接受对方当事人的不同意见，这往往导致协商的搁浅，由参与政府采购活动的第三人（包括政府采购监督管理部门或者中介机构）出面以调解的方式解决政府采购纠纷，虽然节省了大量的人力、物力和财力，但是由于调解机制是建立在双方当事人自愿的基础上的，因此调解必须以双方"合意"为前提，而且调解机构的人员编制、调查手段又有限，致使在实践中调解成功率不高，很多纠纷仍然要通过仲裁和诉讼解决。

（三）仲裁

仲裁，又称公断，是指争议双方在纠纷发生前或者纠纷发生后达成协议或者根据有关法律规定，将纠纷交给中立的民间组织进行审查，并作出约束纠纷双方的裁决的一种解决纠纷的机制。

仲裁以其公正、专业、裁决易于接受等优势在纠纷解决中扮演着重要的角色。同诉讼相比，仲裁实行一裁终局原则。尽快建立完善的政府采购纠纷仲裁解决途径，是推进政府采购法制化的重要内容。为推动更多的政府采购争议案件进入仲裁程序，应当鼓励采购人、招标代理机构自愿向供应商承诺将其未来可能发生的政府采购争议提交特定的仲裁机构。这种承诺，一旦被供应商接受，就构成了仲裁协议，供应商就可将纠纷提交给仲裁机构，无须再与采购人或者招标代理机构另订仲裁协议。采购人是否愿意作出这样的承诺,是评价一个采购人的诚信度和效率意识的重要指标。

（四）民事诉讼

民事诉讼,是指人民法院在当事人和其他诉讼参与人的参加下,依照法定程序,以审理、裁决、执行等方式解决民事纠纷的活动,以及由这些活动产生的各种诉讼关系的总和。民事诉讼是政府采购活动合同履行阶段解决纠纷的最后途径,当事人可以选择对该争议有管辖权的人民法院提起诉讼。

政府采购活动中,在供应商与政府采购机关签订采购合同后,合同因故无法继续履行的,合同的双方当事人可以向有管辖权的人民法院提起民事诉讼,请求法院判决解除政府采购合同,或判决被告履行政府采购合同或承担某种违约责任。

 本章小结

1. 政府采购救济机制就是供应商与政府采购实体发生争议时寻求的能够对其受到的损失进行赔偿或补偿的行政或民事救济方法的总和。

2. 政府采购中最主要的救济对象就是受到不公平的待遇、被不合理地排除在政府采购合同之外的供应商。

3. 在政府采购活动中,供应商权利遭受损害的情况主要有两种:一种是在寻找合适的供应商并授予其合同的过程中,政府采购主体的某些程序、采用的规则违反规定或有失公允,侵害了特定或非特定供应商的合法权益;另一种是在合同授予后的履行过程中,政府采购主体的违约行为侵害了特定供应商依据合同享有的权利。

4. 按照国际惯例,可将政府采购争议划分为政府采购合同授予争议和政府采购合同履行争议。政府采购合同授予争议指政府采购合同成立前,从决定采购方式、选择供应商、竞标、开标至定标为止的采购过程中所发生的争议。政府采购合同履行争议是指在政府采购合同的履行阶段及履行完毕后的验收阶段所发生的争议。

5. 我国政府采购合同授予争议救济机制主要包括询问、质疑、投诉、行政复议以及行政诉讼五个程序。

6. 政府采购合同履行争议救济主要包括四大解决途径:协商和解、调解、仲裁和民事诉讼。

7. 现行《政府采购法》规定的救济范围仅限于招标文件,采购过程及中标、成交结果三个方面的内容,并未规定在政府采购合同订立后,政府采购合同的履行阶段发生的争议如何进行救济。不过,《政府采购法》第四十三条规定:"政府采购合同适用合同法。采购人和供应商之间的权利和义务,应当按照平等、自愿的原则以合同方式约定。"

 案例分析

【案例1】

某大型公益设备一直以来没有进行过政府采购,市场缺乏竞争,因而导致某些企业长期对该领域实行价格垄断。随着政府采购工作的进一步深入，为了更好地体现公开、公平、公正的原则，某省决定对该项目实行公开招标。中标公告发出7个工作日后，采购中心向中标候选人发布了中标通知书。但此时，某未中标供应商却向政府采购中心提出了书面质疑。质疑包含如下几部分：①某个投标人（非中标人）投报的产品与招标文件的要求有差距；②采购过程中某做法与原国家计委等七部委第12号令《评标委员会和评标办法暂行规定》不相符，不符合惯例；③认为本次招标除该供应商自身外，其他投标人的报价均低于市场正常投标价格。

阅读案例并思考：该质疑会被采购中心受理吗？假如该供应商的书面质疑在招标结束后5日内送达，它的质疑及质疑理由该如何分析？

【案例2】

某单位委托采购中心招标采购一批货物，根据招标文件的要求及事先制定的评标办法，评委会推荐了本次招标的第一、第二中标候选人。在采购中心中标结果公示期满后，招标采购单位向第一中标候选人发出了中标通知书。但是在合同签订前，采购人却对招标结果提出了异议，并出具了一份据称是一家"正义公司"的匿名质疑：质疑本次招标的结果。同时采购人还提出，在和中标人签订采购合同前，必须就中标价再进行一轮谈判，否则就不和中标人正式签订合同。

阅读案例并思考：采购人的上述做法有法律依据吗？

（资料来源：李进编著，《政府采购实务》，江苏科学技术出版社2006年版，第534—537、558—559页。）

 思考题

1．简述政府采购救济机制的含义。其在政府采购活动中的主要作用是什么？
2．试论述中国政府采购救济机制的基本方式及救济程序。
3．简述政府采购救济机制中质疑程序的条件、范围、时限和形式。

课外阅读材料

1．李进编著：《政府采购实务》，江苏科学技术出版社2006年版，第63—68、172—178页。

2．曹富国、何景成编著：《政府采购管理国际规范与实务》，企业管理出版社1998年版，第96—97页。

3．国家税务总局集中采购中心编：《政府采购工作文件选编》，中国税务出版社2005年版，第11、17—47页。

4．马海涛主编：《政府采购手册》，民主与建设出版社2002年版，第353—354、366—367、376、397—399、453—455、462—465、468—471页。

5．于安、宋雅琴、万如意编著：《政府采购方法与实务》，中国人事出版社2012年版。

21世纪经济与管理规划教材

财政学系列

第四部分

政府采购国际经验

第十四章　国际经济组织政府采购管理介绍
第十五章　外国政府采购制度介绍

第十四章　国际经济组织政府采购管理介绍

本章重点

1. 《政府采购协议》的产生过程、特点、主要内容、启示
2. 《公共采购示范法》的产生过程、特点、主要内容、启示
3. 《贷款采购指南》的产生过程、特点、主要内容、启示
4. 《公共指令》的产生过程、共同特点、主要内容
5. 《政府采购非约束性原则》的产生过程、特点、主要内容、启示

导语

随着世界经济相互依存、相互渗透的程度日益加深，政府采购被要求进一步融入世界经济自由化的进程中。但由于各国的政府采购发展水平不一、贸易保护程度较高，直接影响了国际间的正常竞争，损害了发展中国家和发达国家的利益。贸易自由化的呼声也日趋激烈，一些工业化国家为开拓海外市场，纷纷将政府采购纳入国际协议。因此，一些国际性组织和地区性组织从促进贸易自由化的角度出发，制定了一系列政府采购协议和规则。本章将重点介绍和说明五个最具代表性的规则，分别是世界贸易组织制定的《政府采购协议》、联合国国际贸易法委员会制定的《贸易法委员会公共采购示范法》、世界银行制定的《国际复兴开发银行贷款和国际开发协会贷款采购指南》、欧盟制定的《公共采购指令》、亚太经济合作组织制定的《政府采购非约束性原则》。这些国际组织政府采购原则对于规范各国的政府采购行为起到了指导性作用。

关键词

《政府采购协议》　《公共采购示范法》　《贷款采购指南》　《公共指令》　《政府采购非约束性原则》　《跨太平洋伙伴关系协定》

第一节　世界贸易组织的《政府采购协议》

一、《政府采购协议》产生的背景和过程

世界贸易组织成立于1995年1月1日，前身是关税与贸易总协定，总部设在瑞士日内瓦。世界贸易组织是目前世界上最大的多边贸易组织，已经拥有137个成员，成员间的贸易量占世界贸易的95%以上。世界贸易组织与世界银行、国际货币基金组织并称为当今世界经济体制的"三大支柱"。关贸与贸易总协定至今共主持了八个回合的多边贸易谈判，持续时间最长的一轮是乌拉圭回合谈判，该回合从1986年开始，前后长达七年半之久，其重要成果之一就是创立了世界贸易组织。2001年11月10日，世界贸易组织部长级会议批准中国内地加入世界贸易组织，11月11日部长级会议批准中国台北加入世界贸易组织，到12月11日中国已经在世界贸易组织中占有四个席位——中国内地、中国香港、中国澳门、中国台北。

无论是在国内市场，还是在世界市场，大多数国家的政府都是各种货物的最大买主。然而，许多国家的政府在采购中，通过优先、优惠价格和限制性采购等其他条件，给本国的供应商以优惠待遇，把采购市场基本限定在了国内供应商范围内。其实施手段多种多样：

第一，由国内立法强行规定。美国早在1933年就制定了《购买美国产品法案》，规定凡用美国联邦基金购买供政府或建设公共工程使用的商品，若非违反公共利益，或国内产量不足，或质量不合标准，或价格不合理地过高，均应购买本国产品。根据此法案，仅在美国商品价格高于外国同类商品5%以上时才能向国外购买。该法案在1954年、1962年和1988年曾三度修改。同时，对于外国政府在政府采购中对美国产品的歧视性政策和行为，制定了严格的报复程序。

第二，通过行政决定或封闭式招标之类的做法进行政府采购。欧盟和加拿大等国常采用此办法，它们通过各种手段，使外国供应商不熟悉或不易达到产品规格或技术标准，从而使本国供应商在政府采购合同的投标竞争中处于有利地位。

第三，鼓励采购本国货。如日本虽无上述规定，但日本政府与日本国民一样，长期习惯于并鼓励购买和使用本国生产的产品。

政府采购的国际化是伴随着国际贸易一体化的发展而发展的。在1947年起草《关税与贸易总协定》的时候，并没有将政府采购问题列入议程，但这并不是因为关税与贸易总协定对政府采购未来发展造成的贸易歧视预计不足，而是由于当时政府采购的市场规模较小，对国际贸易的影响不大，而且当时各国在政府采购中都不同程度地实行保护民族产业的特定政策。最终使得当时的关税与贸易总协定将政府采购的相关内容排除在外，政府采购的歧视性政策也就越来越成为国际贸易中非关税限制进口的重要措施之一。

随着经济全球化和世界贸易自由化进程的加快，潜力巨大的政府采购市场日益引起世界各国的关注。早在20世纪60年代初期，关税与贸易总协定率先开始就政府采购问

题进行谈判。由于各方的利害冲突很大，谈判未能取得实质性结果，只起草了一份《关于政府采购政策、程序和做法的文件草案》。为消除国际贸易的采购壁垒，关税与贸易总协定的多数缔约方都感到有必要对政府采购政策予以约束和监督。在第七轮多边谈判中，政府采购问题被正式纳入东京回合谈判议题，并于1976年7月成立了政府采购的分题组，专门谈判政府采购问题。在各缔约方的共同努力下，东京回合多边贸易谈判于1979年4月12日在日内瓦签订了世界上第一个关于政府采购的协议——《政府采购协议》，1981年1月1日起生效。该协议将关税与贸易总协定的一些基本原则延伸到了政府采购领域。但此时《政府采购协议》包括的范围非常有限，性质也是非强制性的，由各缔约国在自愿的基础上签署，通过相互谈判确定政府采购开放的程度。至此，政府采购已从一项财政政策延伸为国际贸易政策。

在乌拉圭回合谈判后期，《政府采购协议》的成员为了进一步扩大政府采购的开放程度，开始就新的政府采购协议进行谈判。1987年2月2日，协议的缔约方对1979年的《政府采购协议》进行了修改，自1988年2月14日起开始实施。此次修改的内容主要有：受协议管辖的采购合同的起始金额由15万特别提款权降到13万特别提款权；将租赁合同包括在协议管辖范围内；增加了在交换资料、信息方面的透明度；将公开选择招标的结标时间由原来的30天改为自招标通知公布之日起的40天。1993年12月15日，各缔约国在乌拉圭回合上又就制定新的《政府采购协议》达成基本意向，最终形成了关税与贸易总协定乌拉圭回合《政府采购协议》，即之后所称的世界贸易组织的《政府采购协议》。

《政府采购协议》于1994年4月15日在马拉喀什签署，于1996年1月1日正式生效实施。世界贸易组织内建立了政府采购委员会，负责与《政府采购协议》有关的事宜，包括对申请加入者进行审查和批准。《政府采购协议》由1个序言、24项条款、4项附录和1个原文注释组成。《政府采购协议》的宗旨是确认政府在一定采购金额的基础上，实现采购贸易自由化。根据1994版协议的规定，参加方在协议生效后3年内，继续就协议文本和扩大出价开展新一轮谈判。经过近15年的谈判和协商，2012年3月，世界贸易组织政府采购委员会召开会议，颁发了《政府采购协议》的新文本和各方新一轮的出价，标志着《政府采购协议》的日趋成熟。2012年版的《政府采购协议》在内容上充分反映了全球经济、社会管理和科技进步对政府采购的影响作用，更加全面地完善了《政府采购协议》的功能和作用，它不仅是《政府采购协议》参加方必须严格遵循的行为准则，而且影响并牵引着全球政府采购的发展走势。2012版的《政府采购协议》已于2014年4月6日开始正式生效。

二、《政府采购协议》的特点

与1979年的《政府采购协议》相比，1994年以来的《政府采购协议》具有以下几方面的特点：

第一，扩充了政府采购的内涵。1979年的《政府采购协议》规定，政府采购是指中央政府部门的货物采购；而1994年的《政府采购协议》则将政府采购定义为中央及地方政府部门及其他公共部门的货物、工程和服务采购，从而使政府采购的内涵得到了扩大。2012年版的《政府采购协议》文本在序言中对协议框架下的政府采购职能进行了规划和定位,它在"适用范围"上比旧文本有了更详尽的约定,明确规定:"就本协议而言,被涵盖采购是指为了政府目的而进行的以下采购",包括货物、服务或者它们的任意组合,以及购买租赁和租约、超过列明门槛价的采购和由采购实体进行的采购等,同时也对一些特定范围的采购进行了排除。适用范围作为政府采购的定义,约定凡为了政府目的和公共事业的采购都是政府采购行为,同时对涉及国家安全或有关公共道德、秩序、人类和动植物生命健康、知识产权保护、残疾人和慈善事业,以及出价清单中用备注予以排除的项目均予以例外。新版文本在继承旧版文本关于政府采购职能内涵的基础上,更加准确、更加完整、更加精炼地表达了《政府采购协议》职能的基本架构。①

第二,扩大了政府采购的适用范围。1979年的《政府采购协议》规定,仅规范和约束合同价值不少于15万特别提款权的中央政府机构进行的货物采购;1994年以来的《政府采购协议》则适用于合同价值不少于13万特别提款权的中央政府货物和服务采购、不少于20万特别提款权的地方政府货物和服务采购、不少于40万特别提款权的其他公共部门货物和服务采购,以及不少于500万特别提款权的上述各部门的工程采购,从而使政府采购的适用范围得到了扩大。

第三,对合同的定价作了严格的规定。虽然1994年以来的《政府采购协议》对合同的估价作了更进一步的严格规定,如当单项采购要求签订一个以上的合同或分几部分签订合同时,应以前一个财政年度所重复签订的实际价值,或是对以后12个月内预计发生的数量和价值的变化进行调整后的价值,或是本财政年度获首批合同后12个月内重复签订合同的价值,作为估价基础,即单项采购项目在价值估算时,不得采取分割的形式,如果确有必要将采购项目分次或分项办理,应以一年为期限计算采购总额,并以此作为是否达到政府采购范围的依据。

第四,对招标方式的适用范围和相关程序期限进行了合理的调整。如1994年以来的《政府采购协议》规定,进行公开招标时,从招标公告发布之日起到招标截止之日的期限不得少于40天,而1979年的《政府采购协议》规定为30天。涉及使用合格供应商永久名单的有限投标,1994年以来的《政府采购协议》规定从投标邀请书发出之日起到投标截止之日的期限不得少于40天,而1979年的《政府采购协议》也规定为30天。同时,《政府采购协议》还规定,在紧急情况下,上述各期限可以缩短为不少于10天。如果再次对同类合同进行招标,从招标通告发布之日或投标邀请书发出之日起到投标截止之日的期限,可以缩短为不少于24天。

第五,健全了缔约各方争端的协商解决机制。《政府采购协议》规定,《健全世界贸易组织的协议》中"关于争端解决规则和程序之谅解"的相关规定、原则适用于本协议。同时规定,当任何缔约方认为其从本协议直接或间接享有的利益受损时,或者其实现本协议的目标因其他缔约方未履行本协议规定的义务或实施任何有悖于本协议的措施而受阻时,该缔约方可以向其认为有关的其他缔约方提出书面陈述和建议。世界贸易组织的争端解决机构受理争议后,有权成立专家组进行调查和审议,提出建议,作出裁决,并对执行情况进行监督。争端解决机构还有权中止协议项下的减让和其他义务,或者当不

---

① 祝尔坚:《从2012版GPA文本论政府采购发展趋势》,《工程研究》,2013年第9期。

可能撤销与协议相抵触的措施时，授权进行相关补偿问题的协商，此外，《政府采购协议》对争端解决的时限也作了相关规定。

三、《政府采购协议》的主要内容

（一）《政府采购协议》的性质

《政府采购协议》是世界贸易组织协定附录四中的四个单项贸易协定之一。但不同于世界贸易组织的《货物贸易协议》《服务贸易协议》那样的"一揽子"协议，世界贸易组织的《政府采购协议》属于诸边协议，它仅对签字成员有约束力，对世界贸易组织的其他成员没有约束力。

（二）《政府采购协议》的基本目标

第一，通过建立一个有效的关于政府采购的法律、规则、程序和措施等方面的权利与义务的多边框架，实现世界贸易的扩大和更大程度的自由化，改善和协调世界贸易运行的环境。

第二，通过扩大政府采购中的竞争因素，消除各国法律对国内供应商的保护，加强采购的透明度和客观性，促进政府采购程序的经济性和高效率。

第三，建立磋商、监督和解决争端的国际程序，以确保有关政府采购的法规能得到公正、迅速和有效的执行，维持权利和义务的平衡。

（三）《政府采购协议》的一般原则

第一，国民待遇原则和非歧视原则。所谓国民待遇原则和非歧视原则是指，政府采购方面的法律法规、程序和措施的制定及实施，不得对国内外供应商和产品实行差别待遇，不得对本国的供应商和产品提供保护而对外国的供应商和产品予以歧视。

第二，公开原则。公开原则要求，有关政府采购的法律、规则、程序和做法都应公开，以确保各实体授予合同的透明度。

第三，公平原则。公平原则是指，要建立完善的有关通知、磋商、监督和争端解决方面的国际程序，以确保有关政府采购的规定得以公正、迅速和有效的实施，最大限度地维持权利与义务的平衡。

第四，对发展中国家的优惠待遇原则。这一原则要求，各缔约国，尤其是发达程度较高的缔约国，要考虑到发展中国家的经济和社会发展目标、国际收支状况等，应向发展中国家，尤其是最不发达国家提供特殊的优惠待遇，以照顾其发展、资金和贸易的要求。

（四）《政府采购协议》的适用范围

适用于各签署成员承诺开放的中央政府、省级政府和其他单位所办理的达到一定金额的货物、工程（基本建设工程特许合同除外）和服务采购。

第一，采购主体是指直接或基本上受政府控制的实体或其他由政府指定的实体，不仅包括政府机构本身，还包括其他实体，如政府代理机构；不仅包括中央一级的政府实体,还包括地方政府采购实体。只有各缔约方加入《政府采购协议》时提供的采购实体清单上所罗列的采购实体才受《政府采购协议》的约束。

第二,采购对象:分为货物、工程和服务三大类。各签署成员货物项目的适用范围,除国防及其他少数不适用本协议的产品外都包括在内;工程的适用范围,要求以联合国中央物品分类第五十一章所列的建筑工程为准;服务项目的适用范围,没有强制性的规定,由各成员分别列出开放的服务的项目,如咨询服务、建筑设计服务、广告服务等,并经谈判确定。但对于涉及国家安全的采购(包括武器、弹药、战略物资的采购),或与国家安全及国防密切相关的连带采购,以及涉及维护公共道德、公共秩序、公共安全、人民与动植物的生命或健康、保护残疾人组织、知识产权、慈善机构或劳改产品等方面的采购,不适用《政府采购协议》。

第三,门槛金额:以双边谈判确定为主。一般而言,中央政府采购限额不低于13万特别提款权,地方政府的采购限额则依谈判各有不同。如美国,地方政府的货物和服务的采购限额为35.5万特别提款权,其他公共团体的采购限额为40万特别提款权;日本地方政府的采购限额为20万特别提款权,其他公共团体的采购限额为13万特别提款权;以色列地方政府的采购限额为25万特别提款权,其他公共团体的采购限额为35.5万特别提款权。以上各项采购项目的门槛金额,是指采购前的估算值,估算值应包括需要支付给供应商的各种费用。

第四,契约形式:《政府采购协议》适用于任何契约形式的采购,包括购买、租赁、租卖以及产品和服务的采购。

第五,除外范围:《政府采购协议》规定,各缔约国政府在采购国家安全所需物资时可以不适用该协议,但对国家安全的标准则没有明确解释。《政府采购协议》也不禁止缔约方为维持公共道德、秩序与安全,保护人类和动植物的生命与健康、知识产权、残疾人、慈善机构和劳改产品及服务所采取的必要措施。

(五)《政府采购协议》对政府采购方法的规定

《政府采购协议》规定,政府采购方法应为公开招标采购、选择性招标采购和限制性招标采购,此外,该协议还规定了以谈判采购作为补充。

第一,公开招标。通过公告程序,邀请所有感兴趣的国内外合格供应商进行投标。

第二,选择性招标。只有在《政府采购协议》规定的情况下,由实体邀请的供应商才可进行投标。各采购实体在与采购制度的有效实施相一致的情况下,对每一意向采购都应最大限度地邀请国内外供应商参加招标。各实体应以公正和非歧视原则选择参加招标的供应商。

第三,限制性招标。在《政府采购协议》第十三条规定的条件下,采购实体可以使用限制性招标。比如,在公开招标或选择性招标时,无人投标、勾结投标、投标不符合要求或不符合本协议规定;对于艺术作品,或因保护知识产权,或因技术优势无竞争者的产品和服务,只能由某个特定的供应商供应;由于改变供应者会影响设备互换性,因此采购实体在对现有设备进行换件或扩充时,会向原供应商增加订货;未预见到的紧急情况出现;重复合同;在商品市场上采购的产品;只有短时间内出现的条件极为有利的采购；与设计竞赛获胜者签署的合同等。

第四，谈判采购。《政府采购协议》第十二条允许在严格的限制条件下，一缔约方允许在授予合同程序中同投标人进行谈判。这些条件包括：采购方在发出招标邀请时已表达这种意图；通过评估，没有一个投标明显优于其他投标。采购实体应当保证依照公告或招标文件规定的评价标准，进行对参加谈判供应商的淘汰；谈判结束后，对剩余的参加供应商提交新的或经修改的投标，规定一个共同的截止期限。

（六）国民待遇和向发展中国家实行的差别待遇

1. 国民待遇和非歧视性待遇

《政府采购协议》规定，在有关政府的一切法律、规章、程序和措施中，各缔约方应立即无条件地向来自另一缔约方的海关辖区（包括自由区）的产品和供应商给予不低于以下条件的待遇：

第一，本国货物、服务及其供应商；

第二，任何其他参加方的货物、服务及其供应商。

2. 向发展中国家提供特殊的差别待遇

各缔约方在实施和执行《政府采购协议》时，应当根据规定适当地考虑发展中国家（特别是最不发达国家）在发展、资金和贸易方面的需要。各方应关心最不发达国家和经济发展水平低的国家的特殊问题，在拟定和实施影响到政府采购的法律、规则和程序时，应当充分考虑如何有利于发展中国家进口的增长。发展中国家加入该协议后还可以根据本国经济发展情况享有适当的过渡期、调整开放清单、设立较高的门槛价等，但需要政府采购委员会的一致同意。

（七）《政府采购协议》对政府采购中招标程序的规定

《政府采购协议》从第七条至第十六条规定了严格的基于非歧视原则的招标投标程序，包括：

1. 供应商资格审查程序

《政府采购协议》第九条规定，审查供应商的资格时，在条件上不得在外商之间或内外商之间实行差别对待；对审查的条件和时间也有原则上的规定。

2. 采购邀请

《政府采购协议》第九条规定，除选择性招标程序外，各实体应公布邀请参与各种意向采购的招标通知；招标邀请的方式多种多样，以通知方式邀请投标者参加投标，采购事宜应在有关报刊上公布拟采购的通知，以构成对公开或选择投标的邀请；各实体还可采取拟购通知、计划采购通知或资格审查制度通知来作为参加招标的邀请，对每种招标邀请的内容作出详细规定。此外，还应最大限度地鼓励和邀请国内外供应商参加投标，以保证充分的国际竞争要求。

3. 招标文件

《政府采购协议》第十条对招标文件的内容、解释以及招标文件的提供，作出了详细规定；并强调，在用多种语言提出招标书时，其中一种语言应是世界贸易组织的官方语言之一。除去为招标应付的金额和支付条件之外，招标文件还应包含使供应商准备和提交响应性投标所必需的全部信息。

4. 产品技术规格

《政府采购协议》第十条规定了产品和服务的技术规格问题。技术规格是指规定将被采购的货物或服务的特征，包括质量、性能、安全性和体积，或者它们的生产或者供应的过程和方式；说明将被应用到货物或者服务上的术语、符号、包装、标识或者标签要求。在拟定招标技术规格时，不应以独特的技术规格妨碍国际贸易。在可行的情况下，所列技术规格应按国际或国家标准说明拟采购产品的性能，而不应详细描述细微特征。对于可能与采购项目有利害关系的供应商，采购机构不应采纳其提供的有碍竞争的意见和建议。

5. 投标、接标、开标、授予合同和期权条款

第一，投标。除特殊情况外，投标呈递的时间一般为40天。投标一般应邮寄或专人送达。如果准许使用电传、电报或传真电报，则投标必须载有投标所必需的全部资料。不允许以电话提出投标。

第二，接标。若因实体处理不当，致使指定的办事机构逾期收到投标书，则供应商不应受罚。

第三，开标。由实体按公开或选择性招标程序收到的一切投标，应依据保证正常开标和可得到开标资料的程序和条件，予以接受和开标。接标和开标的程序及条件，应确保符合国民待遇和非歧视原则。

第四，授予合同。合同只能授予在开标时符合通知和招标文件的基本要求、符合参加招标条件的供应商。

第五，期权条款。期权购买条款不得用来规避《政府采购协议》的规定。

6. 补偿

《政府采购协议》第四、第五条规定，采购实体在对供应商及其产品或服务进行审查时，或在评估投标或授予合同时，不得规定、寻求和考虑补偿。发展中国家签署本协议时，与其他成员协商适用补偿交易的条件，仅作为选择供应商的条件，不得作为评标的重要条件。补偿交易的内容，包括规定投标供应商承诺采购招标国家的产品、技术转让、协助外销和前来投资等。

（八）《政府采购协议》对政府采购中质疑程序的规定

1. 磋商

《政府采购协议》首先建立了鼓励磋商解决质疑的制度。《政府采购协议》规定，当

某一供应商对一项采购违反《政府采购协议》的有关要求而提出质疑时，采购实体应积极与供应商通过磋商来解决，各缔约方应鼓励供应商以此方式解决质疑问题。

2. 质疑程序

质疑程序是《政府采购协议》对各缔约行为的要求与约束，包括以下几方面：

第一，质疑程序应是非歧视、及时、透明和有效的。每一缔约方应书面提供一套非歧视、及时、透明且有效的程序，并使其能广泛获得，以使各供应商对其有或曾有利益关系的采购过程中可能存在的违反本协议的情况提出质疑。

第二，质疑程序的提供。每一缔约方应以书面形式提供其质疑程序并使其可以广泛获得。

第三，质疑程序的时间规定。有关供应商应在规定的时限内开始质疑程序，并通知采购实体，时限一般从知道或合理地应该知道该质疑时算起，但不得少于10天。另外，为维护商业和其他有关各方的利益，质疑程序应及时结束。

第四，文件的保留。缔约方应确保《政府采购协议》范围内与采购过程相关的文件能保留三年。

第五，质疑的审议。各项质疑应由一家法院或与采购结果无关的独立、公正的审议机构进行审议，该审议机构的成员在任职期间应免受外界干扰，只有当审理机构不是法院或独立、公正的审议机构时，才接受司法审查，也就是说质疑还应当接受司法审查，否则质疑程序不是终局程序，因而质疑不是向法院提起诉讼的前置程序。

（九）《政府采购协议》对政府采购中透明度的规定

签署成员应鼓励其采购机构在一定条件下接受非签署成员供应商的投标，以促进这些成员政府采购措施的透明化，但签署成员给予非签署成员供应商的特殊待遇，仍应与本协议的规定有所区别。

（十）政府采购委员会

政府采购委员会由签署成员代表组成，选举主席及副主席，每年至少召开一次会议，共同讨论与本协议有关的事务。委员会应就特定的事项，组成工作小组进行研究处理。

四、《政府采购协议》对我国的基本启示

《政府采购协议》虽只对签字国产生约束力，但从风云变幻的国际贸易环境来看，国际政府采购市场越来越受到各成员的重视，协议由诸边走向多边化只是时间问题而已。为此，我国需要完善政府采购制度，使其与国际接轨，迎接未来政府采购市场的开放。以下总结出几点启示：

1. 政府采购制度要满足未来开放的需要，积极与国际惯例相接轨

将中国的政府采购同世界贸易组织的《政府采购协议》进行比较，我们可以发现中

国的政府采购制度还不够完善,与《政府采购协议》存在较大差距。我国的《政府采购法》与《政府采购协议》相比,我国在起草法案的过程中,没有考虑短时间内开放政府采购市场。我国政府采购的管理机制相对落后,建立的机构不统一,国家的政策和法规不能及时执行,没有严格的监督考核制度。而世界贸易组织的《政府采购协议》要求设置质疑、采购、招标、管理四个机构,确保缔约方政府采购的实施。这些差异也是日后我国加入《政府采购协议》过程中最大的障碍。加入《政府采购协议》后,一切国内的政府采购相关工作都要遵循《政府采购协议》的基本原则来进行,而我国政府采购制度对政府采购行为的约束已经根深蒂固,形成一贯的"中国式采购标准",长期受到国内政府保护的企业很难在市场开放的条件下参与有竞争力的采购,这是我国亟待解决的问题。

2. 政府采购法规建设要贯彻公开性和非歧视性原则

政府采购法规是政府采购制度建设的基础。《政府采购协议》主要强调两点基本原则:一是公开,二是非歧视。我国虽然已有政府采购的相关立法,但很多方面与国际惯例相比,还存在有待改进之处。

第一,我国政府采购没有真正实现公开化。政府采购公开化体现在信息公开化和程序公开化两方面。公开原则要求有关政府采购的法律、政策和采购活动的程序及相关信息透明化,杜绝暗箱操作,而我国在这方面的表现很难尽如人意。只有在采购法律和政策高度公开透明的条件下,供应商才能合理地预测采购活动,并对竞争成本进行有效估算。我国政府采购立法应加强公开原则方面的相关准则的制定。

第二,我国政府采购中存在着地方保护主义和部门本位主义等歧视性表现。在国内政府采购立法中,非歧视性原则主要体现为公正原则,即要求所有有兴趣的供应商享有均等地参与竞争的机会和待遇,政府采购监督管理机关对所有供应商应一视同仁,形成一定的买方市场,提升采购效率。但是,我国在计划经济体制下长期实行条块分割的管理体制和财政包干的预算体制,导致地方政府或部门在进行政府采购时出于本地或本部门利益的考虑而歧视外地或非本部门的供应商。我国政府采购在立法上应打破区域和部门壁垒,创造一个全国统一的政府采购市场,进一步体现公正原则。

第三,我国政府采购的程序规则有待进一步完善。程序性原则是政府采购规范的核心。程序规则的精细化,使得采购过程中的细节问题有依据可循,从而能够保证政府采购的客观公正性。首先,除特殊情况外,所有采购均应选择公开招标方式和选择性招标方式;其次,在拟定或说明拟购产品特征的技术要求时不得歧视供应商,更不能要求供应商提供资金担保。

3. 政府采购制度要发挥出支持和保护民族弱势产业发展的作用

政府采购是个庞大的经济行为,在保护民族产业方面可以大有作为。世界上许多国家利用立法,强制性地要求政府采购本国产品以保护民族产业。美国是一个典型的例子,其国防部、能源部、航空航天局的国内订货价格明显高出国外订货,商务部也以维持国际收支平衡为由优先选购国货。因此,在我国完善政府采购制度和签署《政府采购协议》的机遇下,我们应利用其对发展中国家的特殊条款和例外规则,结合他国实践经验,对国际采购中的本地采购量、优先购买本国产品、禁止购买外国产品、本国企业的价格优惠等方面作出具体的规定和解释，以保护我国的弱势产业，使我国的经济法规逐步达到国际水准。

第二节 联合国的《公共采购示范法》

一、产生的背景和过程

联合国国际贸易法委员会（以下简称贸易法委员会）成立于1967年，是联合国大会的一个政府间机构，是联合国大会为促进协调和统一国际贸易法，消除因贸易法的差别而对国际贸易造成不必要的障碍而设立的专职机构，该机构的成员包括所有区域和经济发展处于不同水平的国家及地区，我国已于1983年加入该委员会。贸易法委员会的使命是制定法律文件，促进国际贸易的发展，并给那些准备改革其国际贸易方法的国家提供指导。贸易法委员会所制定的法律文件具有国际协议或条约的形式，或具有示范法的性质，因此，其规定为许多国家所认可。

贸易法委员会自成立以来，拟定了一系列国际公约，包括《联合国货物销售合同公约》《国际货物销售时效公约》《海上货物运输公约》（又称《汉堡规则》）《国际贸易运输港站经营人赔偿责任条约》及《国际汇票和本票条约》。贸易法委员会还拟定了《贸易法委员会公共采购示范法》（原为《贸易法委员会货物、工程和服务采购示范法》）《贸易法委员会国际商业仲裁示范法》《贸易法委员会国际贷记划拨示范法》《贸易法委员会仲裁规则》《贸易法委员会调节规则》及一些法律指南等。

各国和地区政府采购制度的发展程度良莠不齐，法规建设的差异也很大，这种局面直接导致了两大问题：第一，降低了政府采购支出的效益，有些国家和地区没有制定政府采购方面的法规，或采购法规体系不完备，或已不适应国内外贸易的要求，致使采购活动很不规范，在公共采购中公共资金的支出得不到应有的经济和社会效益，导致采购效率低下，采购资金浪费，腐败滋生，权利滥用；第二，客观上形成了不利于国际贸易的一道非关税壁垒，采购法规的差异使得很多优秀的供应商在竞标过程中受阻，从而影响各国政府在国际采购市场中获得价廉物美的商品和服务。

考虑到政府采购与国际贸易密不可分，贸易法委员会在1986年第十九届会议上决定进行采购立法工作。认识到劳务或服务采购与货物、工程采购存在很大的不同，贸易法委员会决定首先制定货物和工程采购方面的法规，并于1993年7月5日至23日在维也纳召开了贸易法委员会第二十六届会议，通过了《贸易法委员会货物和工程采购示范法》及其《立法指南》，作为各国和地区评价、更新及拟定其政府采购法的主要蓝本。但在《贸易法委员会货物和工程采购示范法》中，对服务采购未作规范。为了促进各国政府采购立法的统一，以及帮助正在进行政府采购立法的国家建立一个经济有效的政府采购法律体系，1994年5月31日至6月17日在纽约召开的贸易法委员会第二十七届年会上，贸易法委员会对《贸易法委员会货物和工程采购示范法》进行了完善，讨论了《贸易法委员会货物和工程采购示范法》规定的补充和修改问题,并重点讨论了服务采购问题,将服务采购纳入其中,随后通过了《贸易法委员会货物、工程和服务采购示范法》,并同时通过了它的配套文件《立法指南》,但并没有废止先前的《贸易法委员会货物和工程采购示范法》文本,先前文本的范围只限于货物与工程采购。2004年贸易法委员会召开第三十七届会议,对1994年通过的《贸易法委员会货物、工程和服务采购示范法》加以完善增补,加入了在公共采购法领域中电子商务的使用,以及在相关法律改革方面所获得的经验。2004年8月至2008年8月,贸易法委员会在奥地利维也纳和美国纽约持续组织召开了九次会议,深入审议了电子发布采购相关信息、在采购过程中控制使用电子通信、电子逆向拍卖、供应商名单的使用、框架协议、服务采购、投标书的评审与比较以及采购推进工业社会和环境政策等议题,并于2009年2月2日至6日在纽约联合国总部召开政府采购工作组第十五届会议,根据关于修订《贸易法委员会货物、工程和服务采购示范法》的各项提议,逐条审议《贸易法委员会货物、工程和服务采购示范法》修订文案的完整文本,并在2011年贸易法委员会第44届会议上正式审议通过。与1994年的《贸易法委员会货物、工程和服务采购示范法》相比,目前提出的修订文案改动较大,除了将原《贸易法委员会货物、工程和服务采购示范法》更名为《公共采购示范法》外,在结构上还作了简化调整,内容上也提出了重要修订建议。

联合国的《公共采购示范法》由序言和正文两部分组成。序言部分列明了制定政府采购法规的目的;正文部分由69个条款组成,分为总则,采购方法及其使用条件、招标办法以及采购通知,公开招标、限制性招标程序、询价程序、不通过谈判征求建议书程序、两阶段招标程序、通过对话征求建议书程序、通过顺序谈判征求建议书程序、竞争性谈判程序、单一来源采购程序,电子逆向拍卖,框架协议程序,质疑程序八大部分,对整个政府采购制度作了较为详细的规定。

联合国的《公共采购示范法》从内容上又分为两大部分:法律条款和立法说明。其中,法律条款部分涉及的内容有:总则;采购方法及其使用条件、招标方法以及采购通知;公开招标;限制性招标程序、询价程序、不通过谈判征求建议书程序;两阶段招标程序、通过对话征求建议书程序、通过顺序谈判征求建议书程序、竞争性谈判程序、单一来源采购程序;电子逆向拍卖;框架协议程序;质疑程序等。

二、特点

第一,联合国的《公共采购示范法》是迄今为止联合国贸易法委员会关于货物、工程和服务采购方面制定得较为完善的示范性法律文件,为各国提供了公共采购领域的范本。它使得在这一领域已经有立法的国家可以参照这一文本对其法律和惯例进行评价与调整,也为发展中国家及其他没有采购立法的国家在立法时提供了参照的范本。

第二,联合国的《公共采购示范法》规定了非常全面和完善的采购方法,在采购方法上实现了创新,在原来采购方式基础上又提出了电子逆向采购、框架协议程序两种新的采购方式。

第三,联合国的《公共采购示范法》非常注重节省开支和提高采购效率、促进贸易自由化、发展廉洁采购以及培养公众对政府采购的信心。通过普遍协调、统一各国采购立法，减少了国际公共采购贸易的障碍，实现了采购过程中的竞争、透明、公平、经济和效率。

第四，确认了有关国家将政府采购作为执行国内公共政策工具的事实。为各国国内一般性政府采购立法和制度构建提供了范本，显示了联合国国际贸易法委员会对各成员国实际做法的包容性，提高了国际示范法及其作用的普遍性和影响力。

三、主要内容

（一）联合国的《公共采购示范法》的性质

联合国的《公共采购示范法》并不是真正意义上的"法"，不具有任何的法律效力，对贸易法委员会各成员国的行为不具有约束力。其条款集中反映了采购法律框架服务于《政府采购协议》的总目标，并成为执行《政府采购协议》的核心部分。在有关使用标准技术规范和评估投标商的规则上，两个文件是统一的，术语和定义的界定是相似的，招标文件也是一致的。

联合国的《公共采购示范法》虽然规定了政府采购所必不可少的程序和原则，但它只是一部法律框架，本身并未提供一个颁布国为执行那些程序所必需的全部细则和条例，还有待于进一步补充；联合国的《公共采购示范法》所涉及的采购程序自身存在的缺陷可能会引起在该法中无法找到答案而需要在其他法律中寻求答案的一些法律问题，实施联合国的《公共采购示范法》时要与颁布国的其他法律接轨，使之成为一个有机的政府采购法律体系。

（二）联合国的《公共采购示范法》的基本目标

联合国的《公共采购示范法》序言中规定，宜对货物、工程和服务的采购加以管制，以促进下列目标的实现：

第一，采购尽量节省费用，提高效率；

第二，不论国籍促进及鼓励供应商及承包商参加采购程序，从而促进国际贸易；

第三，促进供应商和承包商为供应采购标的进行竞争；

第四，规定对所有供应商和承包商给予公平、平等及公正待遇；

第五，促使采购程序的廉正、公平和公信度；

第六，采购相关程序具有透明度。

这些目标对于节约财政资金、提高采购效率、杜绝腐败和促进国际贸易都有着积极的意义。

（三）联合国的《公共采购示范法》的一般原则

一般原则包括竞争性原则、公平性原则（非歧视性原则）、公开性原则（透明度原则）。

（四）联合国的《公共采购示范法》的适用范围

联合国的《公共采购示范法》的适用范围指本国从事政府采购的任何政府部门、机构、机关或其他单位及其任何下属机构以任何方式进行的货物、工程或服务的采购，包括购买、租赁、租购甚至易货采购。

第一，采购实体：系本国从事采购的任何政府部门、机构、机关或其他单位或其任何下属机构或联合体。颁布国也可列入其他实体或企业，联合国的《公共采购示范法》只规定了采购法所适用的采购实体的最低限度。

第二，采购客体及类型：联合国的《公共采购示范法》适用于以任何方式进行的货物、工程或服务的采购，包括购买、租赁甚至易货采购。

第三，所覆盖的采购过程的阶段：联合国的《公共采购示范法》的范围仅限于采购活动中选择中标人、最终签订采购合同所使用的程序和规则。它不涉及合同履行或执行阶段，也不包括采购活动发生之前的采购计划阶段。因此，在联合国的《公共采购示范法》之内找不到合同执行阶段中对相关问题的有关规定，例如合同管理、履约争端的解决或合同的终止等问题。颁布国须有充分的法律和机构来确保采购过程的履行。

第四，咨询服务采购的特别条款：联合国的《公共采购示范法》为智力或咨询服务提供了一种明确的采购方法。因为服务采购不同于货物和工程采购，它通常涉及一种无形商品的供应，其质量和精确内容可能难以量化，所提供服务的确切质量主要视供应商或承包商的技术和专门知识而定。在货物和工程的采购中，货物和工程的价格是评审过程的主要标准，但服务采购在评审和选择过程中，人们往往并不把服务价格看作与供应商或承包商的素质和能力同样重要的一种标准。

第五，例外范围：联合国的《公共采购示范法》规定将关系到国防和安全的采购排除在外，并允许采购条例规定将某一类型的采购排除在外，或颁布国在其采购法或实施条件中规定某一类型的采购可以不适用条款，但不宜作出过多的限制。但是，若采购实体在征求供应商或承包商参与采购过程之初就声明《公共采购示范法》将予以适用，则《公共采购示范法》也将在声明范围内适用于以上例外类型的采购。

第六，本国所承担的与采购有关的国际义务和本国之内的政府间协定：联合国的《公共采购示范法》第三条规定了其与本国根据或由于下列任何条约或协定而承担的义务发生冲突的，应当以该条约或协定的规定为准，即本国与一国或多国订立的条约或其他形式的协定；本国与一国政府间国际金融机构订立的协定；联邦政府与任何一个或多个地方政府之间订立的协定，或者两个或多个此种地方政府之间订立的协定，但在其他方面，采购事宜仍应由《公共采购示范法》管辖。

（五）联合国的《公共采购示范法》对供应商和采购商资格审查的规定

为确保采购能够顺利履行，供应商或承包商必须在资格上符合采购实体认为适合于特定采购的下列标准：

第一，具有履行合同所需的专业、技术和环境方面的资格、专业和技术能力、财力资源、设备和其他物质设施、管理能力、可靠性、经验和人员；

第二，供应商和承包商符合本国所适用的道德标准和其他标准；

第三，供应商和承包商具有订立采购合同的法律能力；

第四，供应商或承包商不是处于无清偿能力、财产被接管、破产或结业状况，其事

务目前不是由法院或司法人员管理,其业务活动未被中止,并且供应商或承包商未因上述任何状况而成为法律诉讼主体;

第五,供应商或承包商履行了缴纳本国税款和社会保障款的义务;

第六,在采购过程开始之前一定年限(各国制定)内,供应商或承包商及其董事或主要成员未曾被判犯有涉及职业操守或涉及假报虚报资格订立采购合同的任何刑事犯罪,也未曾因中止或暂停资格的行政程序而被取消其他资格。

在不损害供应商或承包商及其知识产权和商业秘密权利的前提下,采购主体可要求供应商或承包商提供适当的书面证据和其他资料。对于需要资格审查的,可按资格预审程序进行资格审查,以使该实体得以确认该供应商或承包商的有关资格。

(六)联合国的《公共采购示范法》对采购方法的规定

此部分规定了货物和工程采购的方法及其适用条件。联合国的《公共示范法》提出的多种采购方法以及各国实践中已在采用的多种方法,使采购实体得以解决可能遇到的各种不同情况。

一般情况下,规定公开招标方法作为主要和原则性的采购方法。采购实体只有根据示范法的明确规定才可以使用招标以外的采购方法,而且应当选择符合既定采购情况的最具竞争性的方法,联合国的《公共采购示范法》提出了公开招标以外的其他方法,包括两阶段招标、征求建议书、竞争性谈判、限制性招标、询价、框架协议、电子逆向拍卖、单一来源采购等。采购实体也可以根据规定进行框架协议程序。

1. 公开招标

联合国的《公共采购示范法》规定采购实体一般情况下采用公开招标方法进行采购,此方法被普遍认为能最有效地促进竞争、节约财政支出和促进廉政建设。此方法具有以下一些条件:

第一,一般情况下,邀请供应商或承包商的参与是无限制的;

第二,招标文件须对拟采购的货物、工程或服务作出详细的说明,使供应商和承包商有共同的依据来编写标书;

第三,向供应商或承包商充分透露评价和比较标书以及选定中标者的标准,严格禁止采购实体与供应商或承包商就标书的实质性内容单独谈判;

第四,在提交标书的最后截止日公开开标;

第五,公开采购合同生效所需的手续。

2. 两阶段招标、征求建议书(通过对话、通过顺序谈判)、竞争性谈判

如不可能对采购标的作详细说明且不可能规定可以量化的或以货币值表示的评审标准,采购实体可在满足条件的情况下,适用两阶段招标、征求建议书和竞争性谈判方法。

两阶段招标的适用条件是:第一,采购实体经评价认定,为了使采购主体的采购需要达致最满意的解决,需要与承包商或供应商进行讨论,细化采购标的说明的各个方面,并按照《公共采购示范法》第10条要求的详细程度拟定采购标的说明;第二,进行了公

开招标而无人投标,或者采购实体根据《公共采购示范法》第19条第1款取消了采购,并且根据采购实体的判断,进行新的公开招标程序或者使用限制性招标程序、询价程序和不通过谈判征求建议书程序将不可能产生采购合同。

这几种方法有一个共同的特点,即采购实体可以与供应商和承包商进行谈判,以求确定技术规范和合同条款,但在选定供应商或承包商的程序上是不同的。

两阶段招标分两个阶段完成:第一阶段,采购实体可以就其初步投标书的任何方面与其进行讨论。采购实体与任何供应商或承包商进行讨论时,应当给予所有供应商或承包商平等参加讨论的机会。第二阶段,采购实体应当邀请初步投标书未在第一阶段被否决的所有供应商或承包商根据一套已经修订的采购条款和条件递交列明价格的最后投标书。在修订有关采购条款和条件时,采购实体不得修改采购标的,但可用一定方式细化采购标的的说明的各个方面。

通过对话征求建议书适用条件:一是采购实体根据《公共采购示范法》第10条拟定采购标的详细说明不可行,而且采购实体经评价认定需要与供应商或承包商对话才能使其采购需要达致最满意的解决;二是采购实体寻求为科研、实验、研究或开发目的订立一项合同,但合同所涉及的货品产量足以确立该货品的商业可行性或足以收回研发费用的除外;三是采购实体认定,所选择的方法是最适合保护国家基本安全利益的采购方法;进行公开招标而无人投标,或者采购实体根据《公共采购示范法》第19条第1款取消了采购,并且根据采购实体的判断,进行新的公开招标程序或者使用《公共采购示范法》第四章采购方法将不可能产生采购合同。

通过顺序谈判征求建议书要求采购实体在建议书的质量和技术方面审查及评审完成之后才对建议书的财务方面单独进行审查,而且采购实体经评价认定需要与供应商或承包商进行顺序谈判才能确保采购合同的财务条款和条件为采购实体接受的,采购实体可以根据《公共采购示范法》第50条使用通过顺序谈判征求建议书的方式进行采购。

竞争性谈判与前两者不同,它在性质上是相对无序的采购方法,在下列情况下,采购实体可以根据《公共采购示范法》第51条的规定进行竞争性谈判:

第一,对采购标的存在紧迫需要,使用公开招标程序或者其他任何竞争性采购方法都将因使用这些方法所涉及的时间而不可行,条件是,造成此种紧迫性的情形既非采购实体所能预见,也非采购实体办事拖延所致;

第二,由于灾难性事件而对采购标的的存在紧迫需要,使用公开招标程序或者其他任何竞争性采购方法都将因使用这些方法所涉及的时间而不可行;

第三,采购实体认定,使用其他任何竞争性采购方法均不适合保护国家基本安全利益。

3. 限制性招标、询价、不通过谈判征求建议书

如果可能对采购标的作详细说明并规定可以量化的或以货币值表示的评审标准,但由于经济效率等原因不宜采用招标程序,采购实体可在满足条件的情况下,适用限制性招标和询价方法。

使用限制性招标方式进行采购的采购方法与招标的不同之处在于,它允许采购实体

向有限数目的供应商或承包商发出投标邀请。联合国的《公共采购示范法》允许对两种特殊情况进行限制性招标：一是采购标的因其高度复杂性或专门性只能从数目有限的供应商或承包商处获得；二是审查和评审大量投标书所需要的时间及费用与采购标的价值不成比例。

所采购的现成货物或服务并非按采购实体特定说明专门生产或提供，并且已有固定市场的，采购实体可以根据《公共采购示范法》第46条使用询价方式进行采购，但采购合同的估计价值必须低于采购条例列明的阀值。

采购实体需要在建议书的质量和技术方面审查及评审完成之后才对建议书的财务方面单独进行审议的，采购实体可以根据《公共采购示范法》第47条使用不通过谈判征求建议书的方式进行采购。

4．电子逆向拍卖

电子逆向拍卖是一种新的采购方式，既可以单独使用，也可以与其他采购方式配合使用。符合下列条件的，采购实体可以使用电子逆向拍卖方式进行采购：

第一，采购实体拟定采购标的详细说明是可行的；

第二，存在着供应商或承包商的竞争市场，预期有资格的供应商或承包商将参加电子逆向拍卖，从而可确保有效竞争；

第三，采购实体确定中选提交书所使用的标准可以量化，且可用金额表示。

电子逆向拍卖的基本程序是，采购实体刊登电子拍卖通知，明确确定中选提交书的标准、进入电子逆向拍卖的方式以及有关所使用的电子设备及联网技术规定的信息、拍卖登记方式和截止日期、拍卖结束的标准和起始时间、拍卖为单阶段还是多阶段、进入拍卖的规则等。在电子逆向拍卖期间，所有竞标人为提交其提交书都应享有同等和连续的机会，根据电子逆向拍卖通知中所载的标准和其他有关信息，对所有提交书进行自动评审。在拍卖期间，每个竞标人都必须即时连续地收到充分的信息，使其能够确定其提交书相对于其他提交书的排序位置，除此之外，采购实体和竞标人之间不得进行通信。在拍卖期间，采购实体也不得披露任何竞标人的身份。在拍卖结束时确定的价格最低的提交书或估价最低的提交书，应当是中选提交书。

5．框架协议

采购实体认定有下列情形之一的，可以进行框架协议程序：

第一，对采购标的的需要预计将在某一特定时期内不定期出现或重复出现；

第二，由于采购标的的性质，对该采购标的的需要可能在某一特定时期内在紧急情况下出现。

采购实体应当在要求的记录中载列关于采购实体使用框架协议程序以及所选择的框架协议类型所依据的理由和情形的说明。框架协议程序是一种分两个阶段进行的采购：第一阶段甄选将与采购实体签订框架协议的供应商或承包商，第二阶段将框架协议下的采购合同授予签订框架协议的一个供应商或承包商。在框架协议实施期间，不得对采购条款和条件作出任何实质性修改，包括评审标准相对权重的变动。

6. 单一来源采购

适用条件为：采购标的只能从某一供应商或承包商那里获得，或者某一供应商或承包商拥有与采购标的相关的专属权，所以不存在其他合理选择或替代物，并且因此不可能使用其他任何采购方法；由于灾难性事件而对采购标的存在极端紧迫需要，使用其他任何采购方法都将因使用这些方法所涉及的时间而不可行；采购实体原先向某一供应商或承包商采购货物、设备、技术或服务的，现因为标准化或者需要与现有货物、设备、技术或服务配套，在考虑到原先采购能有效满足采购实体需要，拟议采购与原先采购相比规模有限、价格合理且另选其他货物或服务代替不合适的情况下，采购实体认定必须从原供应商或承包商那里添购供应品；采购实体认定，使用其他任何采购方法均不适合保护国家基本安全利益；向某一供应商或承包商采购系实施本国社会经济政策所必需，条件是向其他任何供应商或承包商采购不能促进该政策，但须经本国指定的审批机关批准，并且事先发布公告并有充分机会进行评议。

（七）联合国的《公共采购示范法》对采购程序的规定

与采购方法相对应，《公共采购示范法》对招标采购方法和招标采购方法以外的采购程序作了相应的详细规定。包括：征求投标或资格预审申请的程序、投标邀请书和资格预审邀请书的内容、招标文件的语种及提交、投标有效期、投标的修改和撤回、投标担保、开标、投标书的审查和评审比较、接受投标和采购合同生效等。

无论采取哪种招标采购方法，采购实体与供应商之间都不得就投标文件进行谈判。这条规定是为了避免出现拍卖效应，即利用一个投标商的投标对另一个投标商施加压力，迫使其降低报价或提供较先前更为有利的投标。为了体现公平原则，供应商都不希望在招标程序中出现报价的规定。

（八）联合国的《公共采购示范法》对质疑程序的规定

为确保妥善执行采购规则，保证采购活动的正常进行，加强对政府采购的监督，任何由于未遵守采购法规定而受到或可能受到损失或损害的供应商或承包商，均可依法要求进行质疑，并可按照相关法规对此类审查作出的任何决定向适当机构提出异议。联合国的《公共采购示范法》规定了三类递进式的质疑程序，即采购实体或审批机关提出重新审议申请、向独立的行政机构提出复议申请和向法院提出申请或上诉。首先是向采购实体（或审批机关）提出重新审议申请；如对采购实体的答复不满意，可以向独立机构提出复议申请；供应商或承包商不服质疑程序中所作决定的，可以向法院提出司法审查要求。

一方面为了维护投标商的权利，确保采购过程的公正无私，另一方面为了限制对采购过程的干预，联合国的《公共采购示范法》对质疑程序又作了一系列限制，以免投标商滥用质疑程序。此限制包括：限制供应商和承包商根据联合国的《公共采购示范法》要求质疑的权利；对申请质疑和案件处理的限制，包括在行政质疑级别上的暂停采购进程；留给采购实体自行作出的决定，如不直接涉及对供应商和承包商的公平待遇问题（例如选定某一采购方法,限制某些国籍的人参与投标),则这些决定可排除在质疑程序之外。

（九）采购的一般原则和保护性规定

1. 一般原则

为促进国际贸易发展,消除贸易壁垒,根据联合国的《公共采购示范法》的立法宗旨,越是广泛的公平竞争,越能提高财政公共支出的效率。为此,联合国的《公共采购示范法》要求,公平竞争和透明度作为一条总的规则,无论任何国籍的供应商和承包商均应被允许参与采购进程,不得对外国供应商和承包商有所歧视,即使采用招标以外的采购方法,也应向外国供应商公开采购信息,并使其能准确理解一切采购信息。

2. 保护性规定

在有些情况下,联合国的《公共采购示范法》也允许有条件地限制外国供应商的参与,目的在于保护本国某些关键性经济部门,使本国的工业能力避免因过多的竞争而受到损害。

第一,在采购实体与供应商或承包商的通信或者与其他任何人的通信中,如果不披露信息是保护国家基本安全利益所必需的,或者披露信息将违反法律、妨碍执法、损害供应商或承包商的正当商业权益,或妨碍公平竞争,则采购实体不得披露任何此种信息。

第二,按本国采购条例或其他法律规定,根据国籍限制确定供应商的参与。

第三,可以适用优惠幅度的办法,优先考虑本国供应商,即本国供应商与外国供应商报价相差在一定幅度范围内可以优先选用本国供应商,从而使颁布国无须单纯采用国内采购方法,就可以同时兼顾到参与国际采购过程和促进本国工业能力两大目标。

第四,允许采购实体在采购价值低、外国供应商不可能感兴趣的情况下,在招标过程中,取消那些向国际招标的程序,但不应对此加以鼓励,因为即使是在低价值的采购中,排除外国供应商和承包商的竞争机会并不会给采购实体带来任何法律和经济上的利益。排除外国供应商和承包商也许会使采购实体错过获得更为便宜的价格及更好的服务的机会。

但是,此种限制必须以遵从有关规定为前提,即采购实体只能根据采购条例具体规定的理由来施加限制,或遵照其他法律规定办事,防止滥用对外国人的限制政策。

（十）采购管理机构

颁布国应拥有或建立适当的体制和必要的行政管理机构,并安排必要的人力资源,执行和管理联合国的《公共采购示范法》所制定的各种采购程序。同时,也可将采购的审批职能、监督和控制职能单独赋予某个机构,或分别分配给两个或两个以上的机构来实现对颁布国采购事宜的统一管理。

四、对我国的基本启示

联合国的《公共采购示范法》是以国际惯例为基础而制定的,一方面是帮助没有政府采购法的国家按国际惯例制定本国的政府采购法;另一方面是帮助政府采购制度不健全的国家按市场经济的要求来完善本国的政府采购制度。我国需要根据联合国的《公共采购示范法》的规定，遵循国际惯例，从政府采购的适用范围、采购实体、采购方法及其适用条件、采购程序、质疑程序、保护性条款等方面进行规定。特别是结合我国国情，充分利用保护性条款，对我国的民族工业给予扶持，以提高其在国际贸易中的竞争力，从而提高我国整体的经济实力。

第三节　世界银行的《贷款采购指南》

一、产生的背景和过程

世界银行是世界银行集团（The World Bank Group）的简称，它由国际复兴开发银行（IBRD）、国际开发协会（IDA）和国际金融公司（IFC）组成。通常所说的世界银行就是指国际复兴开发银行，它成立于1945年12月，是联合国的专门机构；国际开发协会成立于1960年9月，是国际复兴开发银行的一个附属机构；国际金融公司成立于1956年7月，也是国际复兴开发银行的一个附属机构，它拥有自己的业务和法律人员，但由国际复兴开发银行承担其行政管理和其他服务工作。世界银行是为经济发展服务的多边性质的国际开发银行，其主要功能是为发展项目提供资金贷款，并为借款的会员国提供技术援助。

其中，项目采购是世界银行的一种主要的贷款形式，它是指对一项基本建设或社会性项目的采购，包括设备、原材料的采购和土木工程的采购。其特点是：采购往往涉及相当大的金额；不重复采购；采购时间与整个项目实施进度相适应；不仅考虑最初的采购价格，还要考虑项目整个寿命期的费用。交通部门的铁路、公路、港口建设改造，电力部门的水电站、火力发电站建设改造，工业部门各种类型工厂的建设改造，学校、医院、城市设施等社会公共性项目的设备和工程采购，都是项目采购。由于这些投资在短期内很难收到明显的经济效益，国际上的商业银行以及发展中国家的私人部门往往不愿涉足，因此，世界银行在这些领域的投资贷款，对借款国的经济起着巨大的推动作用。

世界银行的项目采购，从确定项目阶段开始，其贷款周期一般包括以下六个阶段：确定项目需求，进行项目准备，项目评估，项目谈判，项目实施和监督，审核及总结评估阶段。由世界银行项目的贷款周期可以看出，世界银行对项目采购的整个阶段十分重视，所制定的监督程序也相当周密和完整。

世界银行的主要活动就是为发展项目提供资金，它的资金主要来自各会员国以及世界银行从国际资本市场上筹集的资金。虽然项目的采购及采购合同的实施情况最终责任在于借款人，但是在世界银行方面，根据《国际复兴开发银行协定条款》的规定，世界银行必须保证其贷出的款项只能用于最初提供贷款的目的，在使用时也要充分考虑资金使用的经济性和效率性。这就要求世界银行必然需要有一份正式文件来支持这些贷款资金的监督管理，于是世界银行在 1964 年制定了《国际复兴开发银行贷款和国际开发协会贷款采购指南》（即世界银行的《贷款采购指南》），随后，不断对其进行修改和完善，并于 1985 年作了最大的一次修改，1996 年 1 月和 8 月又作了两次补充修改，修订后的《贷款采购指南》分为三个部分，另外还有四个附件。2006 年 10 月又进行了进一步的修改，主要涉及合格性和欺诈与腐败条款。

二、特点

《贷款采购指南》的特点如下：

第一，《贷款采购指南》明确了其目的是加强和规范对成员国巨额贷款的管理，提高资金使用的经济性和效率性，避免资金、人力和物力的浪费；

第二，《贷款采购指南》规定了详细并多样的采购方式；

第三，《贷款采购指南》规定的采购程序，最大限度地保证了整个采购过程的公开透明；

第四，《贷款采购指南》所覆盖的阶段不仅包括合同订立和授予的程序，而且包括项目采购计划以及采购合同的履行和管理。

三、主要内容

（一）《贷款采购指南》的性质

世界银行的宗旨是向发展中国家提供中长期资金支持和技术援助，帮助发展中国家实现长期、稳定的经济发展。《贷款采购指南》是世界银行出于对贷款使用的有效管理，提高贷款的经济性和效率性的考虑而制定的。主要适用于由世界银行提供贷款的采购项目，不论在哪个国家，只要该货物或工程项目的资金是全部或部分由世界银行资助的，该国就必须遵循这些规定。

（二）《贷款采购指南》的目的

世界银行制定《贷款采购指南》的主要目的如下：

第一，通过贷款，运用采购方面的相关经济政策，促进成员国经济的发展，尤其是发展中国家经济的发展。

第二，加强对贷款的全方位监督。相对于世界银行众多的成员国来说，其工作人员是非常有限的，他们不可能参与每一项采购活动，但是通过制定《贷款采购指南》，明确采购方式及适用条件，规定采购程序细则，就可以使借款国在利用世界银行的贷款从事采购活动时，能够按统一规则规范化运作采购项目，强化贷款监督管理，并提高世界银行资金和人员的使用效率。

（三）《贷款采购指南》的采购原则

《贷款采购指南》认为，为实施某一具体项目而应遵循的采购规则和程序，尽管在细节上视具体情况可以有所不同，但都有以下四条共同的基本原则：

一是经济性和效率性原则。世界银行的贷款大多源于各会员国,贷款数额很大,且主要用于采购。如果采购不能经济有效地实施,会造成巨大的浪费,使得项目应有的效益不能充分实现,借款人及其国家以及世界银行和各成员国都会因此蒙受损失。

二是公平竞争的原则。世界银行是一个国际合作性组织,每个成员国都向其缴纳会费,因此其所有成员国的合格供应商在参加招标竞争的过程中,应当拥有平等的竞争机会和公平合理的条件,采购实体不得对任一符合条件的供应商施以歧视。

三是鼓励国际开发、促进发展中国家发展的原则。由于发展中国家无论是在资金实力还是在技术水平和管理能力方面都与发达国家存在巨大的差距,所以在实际招标中发达国家供应商占有明显的优势。世界银行的贷款主要面向发展中国家,是要促进其经济的发展,因此在向各成员国的供应商提供平等竞争机会的同时,有必要给予发展中国家成员国的供应商一些特殊的优惠政策。

四是透明原则。这是公共采购中最为基本的原则之一,不仅可以保证采购程序的公开、公正和公平,促进政府采购各项政策目标的实现,而且对于防止采购过程中滋生腐败也会起到极其重要的作用。

(四)《贷款采购指南》的适用

1. 适用的合同

《贷款采购指南》所规定的程序,适用于全部或部分由银行贷款资助的货物和工程合同,包括建设经营转让合同和其他特许合同。对于不由世界银行贷款资助的货物和土建合同的采购,借款人可以采用其他采购程序。但应使世界银行相信,其所采用的程序将有利于借款人履行义务,勤奋而有效地实施项目,并且所要采购的货物和工程:①质量上符合要求,并能与项目的其他部分配套;②能及时交货或完工;③价格不会对项目的经济和财务的可行性造成不利的影响。

2. 所覆盖的采购阶段

《贷款采购指南》不仅包括合同订立和授予的程序,而且包括项目采购的计划以及采购合同的履行和管理。这是《贷款采购指南》与其他四个采购规则相比所特有的。

3. 对于咨询服务合同的规定

《贷款采购指南》没有覆盖咨询服务的采购,在1981年颁布的《世界银行借款人和世界银行作为执行机构聘用咨询人指南》中,对咨询专家的聘请方法和咨询服务合同的授予程序作出了专门规定。

(五)《贷款采购指南》对采购方法的规定

在大多数情况下,《贷款采购指南》的要求和意愿可通过管理得当的、会适当给予国内承包商以优惠的国际竞争性招标得以实现。采取这种方法的目的是将借款人的要求及时充分地通知所有合格并有意投标的投标人,为其提供进行货物和土建工程投标的平等机会。但在有些情况下,国际竞争性招标不是最经济有效的采购方式,采用贷款协议中规定的其他采购方式反而更为经济有效。在世界银行的贷款项目中，哪些项目采用国际竞争性招标，哪些项目采用其他采购方法，需经世界银行和借款人协商，在贷款协议中明确规定下来。

《贷款采购指南》所规定的采购方法包括：

（1）国际竞争性招标

在世界银行用于采购的贷款总额中，国际竞争性招标占到 80% 左右，所有世界银行会员国的供应商和承包商都有公平参与投标竞争的机会。根据不同地区和国家的情况，世界银行规定了凡采购金额在一定限额以上的货物和工程合同，都必须采用国际竞争性招标，如对于一般的借款国而言，10 万—25 万美元及以上（此标准随国家不同而不同）的货物采购合同和大中型工程采购合同，都应采用此招标方式。《贷款采购指南》规定，在采用国际竞争性招标时，在无法预知技术规格的情况下，可采用两步招标程序：第一步，先由投标人根据基本的运转和性能要求提出技术性建议，经与多个投标人进行筛选，达成共同的技术标准和性能技术规格；第二步，提出最终的建议书和带报价的投标书，按正常方式进行招标。

（2）国内竞争性招标

有些货物或工程由于其性质和规模的原因，不大可能吸引外国承包商参加国际竞争性投标，而在国内刊登广告和按国内程序来进行竞争性投标则可能是最有效和最经济的采购方法。有以下几种原因可能造成外国承包商失去兴趣：合同金额小；土建工程的地点分散，时间较长；土建工程为劳动密集型；当地获取该货物或土建工程的价格低于国际市场价格。此外，在采用国际竞争性招标方式所带来的行政或财务负担明显超过其优越性的情况下，也可采用国内竞争性招标。国内竞争性招标不需要发布总采购公告，广告只刊登在国家刊物或官方杂志上，招标文件可使用本国官方语言书写，投标和付款等也用本国货币。

（3）有限国际性招标

有限国际性招标实质上是一种不公开刊登广告，而直接邀请供应商或承包商进行国际竞争性投标的采购方法。适用于以下几种情况：①合同金额小；②供货人数量有限；③有其他例外的理由，可证明不完全按照国际竞争性招标的程序进行采购是正当的。为了保证价格具有竞争性，在进行有限国际性招标时，借款人应当从尽可能多的供应商或承包商那里征求投标。国际竞争性招标的程序适用于除广告和优惠外的其他一切方面。

（4）询价采购

一种最简单的竞争形式，是对国内外几家供应商的报价进行比较从而确保价格具有竞争性的一种采购方式，习惯上也称货比三家。可采用国内询价采购和国际询价采购进行。国际询价采购应邀请至少两个国家的三个供应商来报价。询价采购只适用于采购小金额的货架交货的现货或标准规格的商品，无需正式的招标文件。在借款人与世界银行签订的贷款协议中，往往对适合采用询价采购的货物类别、价值限额以及询价采购在总采购金额中的比例作出明确的规定。

（5）直接签订合同

直接签订合同是一种单一来源的不经过竞争而直接签订合同的采购方式。世界银行为其规定了适用条件：在现有合同下，通过银行接受的程序而授予的，可能需要续签以增购或增建类似性质的货物或工程；为了与现有设备相配套，向原供货人增加标准化设备或零配件的订货；基于产品的专卖性质只能从一家供应商那里采购；负责工艺设计的承包人要求从某一特定供应商那里采购关键性部件，并以此作为性能保证的条件；在一些特殊情况下，如为了抵御自然灾害。

（6）自营工程

借款人不通过竞争性招标或谈判采购，而是使用自己部门的人员和设备完成项目的部分甚至全部土建工程的施工。在有些项目中，这种施工方法也许是唯一经济有效的方法：①无法事先确定所涉及的工程量；②工程小而分散，或工程地点较远，致使承包商筹备费用过高；③要求施工时不会造成日常运营的混乱；④不可避免的工程中断的风险由借款人承担要比由承包人承担更合适；⑤需要迅速采取行动的紧急突发情况；⑥没有一个承包商对承担该工程感兴趣。

（7）由联合国机构承办的采购

在有些情况下，从联合国有关专门机构（作为供货商）那里采购那些小批量的现货，主要指教育、卫生以及农村供水和环境卫生领域的货物，可能是最经济和有效的采购方式。是否通过联合国机构进行采购应由借款人作出选择，世界银行只负责说明借款人在哪些情况下可以通过这种途径进行采购。借款人应该向有关的联合国专业机构提出申请，在得到批准后应按照有关机构的采购程序进行采购。

（8）中间金融机构贷款的采购

如果是贷款给一个中间金融机构，比如农业信贷机构或开发金融公司，再由该机构向子项目的受益者，比如个体、私营企业或公共部门的独立的商业性企业进行转贷，所涉及的采购通常由相应受益人按照世界银行可接受的当地私营部门通用的或商业的惯例进行。不过，即使在这种情况下，对于那些单台设备很大的采购或大量相似的可以捆绑进行大批量采购的货物，国际竞争性招标可能是更为有效和经济的采购方式。

（9）建设-经营-转让和类似私营部门投资的采购

如果银行参与对一个通过建设-拥有-运营（Building-Owing-Operation，BOO）、建设-经营-转让（Building- Operate-Transfer，BOT）或建设-拥有-经营-转让（Building-Owing-Operation-Transference，BOOT）方式采购的项目或类似的私营部门投资的项目提供贷款，应采用下面任一采购程序：BOO/BOT/ BOOT 合同项下的承包商，应按照银行可接受的国际竞争性招标或有限国际招标的程序进行选择；如果该企业不是按照此方法挑选的，设施所需的并由银行贷款支付的货物、土建工程或服务应该按照国际竞争性招标或有限国际招标的程序进行采购。

（10）银行提供担保贷款的采购

如果世界银行对另一贷款人提供的贷款的偿还提供担保的话，由该贷款资助的货物和土建工程应按照经济有效原则和所要求的程序进行采购。

（11）社区参与采购

出于项目持续性的考虑，或为了实现项目的某种特定的社会目标，选择的项目内容有必要请当地社区或非政府组织参与，或者增加当地的专有技术和资料的使用，或加入劳动密集型和其他合适技术的应用。在此情况下，采购程序、规则和合同捆包的采用应适当，以反映这些考虑，但前提条件是这些参与和技术、材料的使用是有效率的。

（六）《贷款采购指南》对采购公告的规定

《贷款采购指南》采用采购总公告和具体合同预告相结合的公告制度。

1．采购总公告

在竞争招标中，及时通告投标机会尤为重要。对项目中以国际竞争性方式采购的货物和工程，贷款人必须准备并提交一份总采购公告给世界银行。世界银行会把这份公告在联合国的《发展商务报》上予以免费刊登。公告应包括下列内容：借款人的名称，贷款金额和用途，国际竞争性招标采购的范围以及借款人负责的单位名称和地址，有时还应说明得到的资格预审文件或招标文件的预定日期。为保证投标人有充足的时间考虑并能表达其兴趣，该公告送交世界银行的时间应不迟于将已经准备好的招标文件向投标人公开发售之前的 60 天。

2．具体合同预告

除采购总公告外，借款人还应将具体合同的投标机会及时通知各方，并及时刊登具体合同的招标公告（即投标邀请书）。这类具体合同招标广告，至少应刊登在借款人国内广泛发行的一种报纸上，如有可能，还应刊登在官方杂志上，并且鼓励发表在联合国的《发展商业报》上。对于大型的、专业性强或重要的合同，世界银行也可要求借款人把招标广告刊登在国际上广泛发行的著名技术性杂志、报纸或贸易刊物上。招标广告的副本，应转发给所有可能提供所需采购的货物或工程的合格国家的驻当地代表，也应发给那些对采购总公告感兴趣的国内外供应商。

从发出广告到投标人作出反应之间，投标人应有充分的准备时间。从刊登招标广告或发售招标文件算起，给予投标人准备投标的时间应不少于 45 天，工程项目通常为60—90 天，大型工程或复杂的设备的投标准备时间应不少于 90 天，特殊情况可长达 180 天。

（七）《贷款采购指南》对采购代理机构的规定

在借款人缺乏必要的组织机构、资源和经验时，借款人可能希望或银行要求借款人聘请一家专门从事国际采购的公司作为代理。采购代理必须代表借款人严格遵循贷款协议中规定的所有采购程序，包括使用标准的招标文件、审查程序和文件要求。这一条也适用于联合国机构作为采购代理的情况。

（八）《贷款采购指南》对国内优惠措施的规定

《贷款采购指南》在附录里详细规定了在征得银行同意的情况下，借款人可以在国际竞争性招标中给予本国制造的货物以优惠。在此情况下，招标文件应明确写明给予国内制造的货物的任何优惠以及享受优惠的投标资格文件。比如，对于通过国际竞争性招标授予的土建工程合同，借款人可在征得银行同意的情况下，给予国内承包商的投标15%的优惠，但必须按《贷款采购指南》附录二规定的评比方法和步骤进行。

（九）世界银行审查制度

《贷款采购指南》在附录中规定了严格的银行审查制度。为确保采购过程按照贷款协议的程序进行，借款人的采购程序、采购文件、评标和授标以及合同，都要经过银行审查。银行审查的程序包括对采购计划安排的审查、事先审查、对合同修改的审查和事后审查等。世界银行贷款支付的不同类别的货物和工程的审查程序在贷款协议中也有明确规定。银行有权根据审查结果，要求借款人对采购活动中的任何决定说明理由以及接受银行的建议。

四、对我国的基本启示

第一，世界银行作为一个国际开发机构，有义务通过贷款项目帮助和引导发展中国家发展经济，其贷款项目的贷款金额一般都相当客观，且又对发展中国家实行了一系列的特殊优惠政策，这为我国经济发展筹集资金提供了良好的机会。通过提高我国供应商的技术水平和管理能力，使其符合《贷款采购指南》的各项条款的要求，积极争取到世界银行的项目贷款是大有可能的。

第二，由于以美国为首的西方国家占据了世界银行的主要份额，基本控制着世界银行的各项运作，所以它们凭借强有力的经济和技术实力争取到世界银行招标项目的合同，从而通过贷款项目的实施增加出口，调节国际收支平衡，创造就业机会，促进本国经济增长。可见，距离摆脱大国的干预，实现真正的公平采购，还有很长的一段路要走。对此我们不能掉以轻心，应积极主动地与发达国家进行竞争，并利用贷款项目的实施实现我国经济各个环节的联动。

第四节 欧盟的公共指令

一、产生的背景和过程

1957年，法国、德国、荷兰、意大利、比利时和卢森堡六国在意大利签署了著名的《罗马条约》，即《欧洲经济共同体条约》，1958年1月1日，欧洲经济共同体正式成立，旨在通过关税同盟、经济同盟、政治同盟，实现欧洲的经济一体化和政治一体化。至1968年，欧洲经济共同体的成员国间完全取消了关税和贸易限制，统一了对外贸易政策。1992年7月，欧洲经济共同体12国外长在荷兰马斯特里赫特正式签署了具有里程碑意义的《欧洲联盟条约》（简称《马约》），它明确了建立欧洲经济联盟和政治联盟的最终目标，表明欧洲经济共同体将朝着一个具有经济、政治、外交和安全等全方位的联合体方向发展。1993年11月1日，《马约》正式生效，欧洲联盟（简称欧盟）正式诞生。2004年5月1日，10个中东欧国家正式加入，实现了第五次也是规模最大的一次扩张，使欧盟成员国增加到 25 个。2007 年 1 月，罗马尼亚和保加利亚两国加入欧盟，实现了第六次扩张。2013 年 7 月 1 日，克罗地亚正式加入欧盟，截止到那时欧盟已成为一个涵盖 28 个国家的国际组织。2013 年，欧盟总人口超过 5.74 亿、GDP 高达 17.36 万亿美元，成为当今世界上经济实力最强、一体化程度最高的国家联合体和经济贸易集团。

作为世界上最大的贸易商，欧盟在内部市场和外部市场的贸易额总计约占世界的 40%，而对外贸易约占世界的 20%。2014 年，中国与欧盟 28 个国家的双边贸易额为 4 673 亿欧元，占欧盟贸易总额的 14%，欧盟从中国的进口额增长了 8%，创下了 3 025 亿欧元的历史新高，成为欧盟最大的进口来源国。

欧洲经济共同体自成立以来，为了消除贸易壁垒，促进货物、资本和人员的流动，通过了一系列协议和指令，其中就包括政府采购的立法和协议。其政府采购协议远远超前于其他经济组织，早在 1966 年，欧洲经济共同体就通过了有关政府采购的专门规定，比世界贸易组织的《政府采购协议》还要早 13 年。但由于在执行欧洲经济共同体有关规定时，各国的严格程度存在较大差异，致使仅有一部分政府采购实行了国际招标，其余部分则是各国政府从本国企业那里直接购买。各国回避国际市场竞争所带来的价格的垄断以及采购成本的上升，无形中加重了纳税人的负担。

为了在欧洲经济共同体范围内彻底取消货物自由流通的障碍，欧洲经济共同体相继颁布了关于公共采购各个领域的公共指令，构成了目前欧盟的公共采购法律体系。在这个法律体系中有四部指令是有关政府采购的实体性法律，有两部是程序性法律。这六部指令是适用于欧盟范围内的公共采购的主要规则。其中，针对政府采购的有四部指令，即《关于协调授予公共服务合同的程序的指令》（1992 年颁布，简称《公共服务指令》）、《关于协调授予公共供应品合同的指令》（1993 年颁布，简称《公共供应指令》）、《关于协调授予公共工程合同的程序的指令》（1993 年颁布，简称《公共工程指令》）和《关于协调有关对公共供应品合同和公共工程合同授予及审查程序的法律、规则和行政条款的指令》（1989 年颁布，简称《公共救济指令》）；针对公共事业的又有两部指令，即《关于协调有关水、能源、交通运输和电信部门采购程序的指令》（简称《公用事业指令》）、《关于协调有关水、能源、交通运输和电信部门的采购程序执行共同体规则的法律、规则和行政条款的指令》（简称《公用事业救济指令》）。2004 年，欧盟对四个采购指令作了大的修改，一是将原来的《公共工程指令》《公共供应指令》和《公共服务指令》三大指令合并成一个指令，即《关于协调公共服务、供应和工程合同授予程序指令》（简称《公共部门指令》）。二是在原《公用事业指令》基础上进行大的修改，重新制定了《关于协调水、能源、交通运输和电信部门经营实体采购程序指令》（仍简称为《公共事业指令》）。2010 年 4 月，欧盟又对《公共采购指令》进行了修改，并于 2014 年 3 月正式在《欧盟官方公报》（*Official Journal of the European*，OJEU）上公布了新版的欧盟公共指令，即《公共采购指令》（2014/24/EU）、《关于协调水、能源、效能和邮政服务等公共事业采购程序的指令》（2014/25/EU）（简称《公共事业指令》），以及首次引入《特许经营合同采购指令》（2014/23/EU）。新的公共指令（以下简称欧盟的公共指令）已于 2014 年 4 月 17 日正式开始实施。

二、共同特点

（一）公共指令的性质

公共指令是在充分考虑各成员国特殊情况下实施的一种较为灵活的法律形式，对各成员国具有约束力，但具体贯彻和执行的方式由各成员国自行确定。公共指令只规定了一个法律框架，要求其成员国在规定的期限内转换为国家法律，并自行选择转换的形式和方法。

（二）公共指令的目标

采取指令的形式对各成员国政府采购进行规范，具体包括：

一是促进成员国之间货物和服务的自由流动；

二是在共同体范围内增加采购程序和活动的透明度；

三是改善公共供应和服务合同有效竞争的条件；

四是推进创新，在不同层面考虑环境视角，推动清洁技术发展，充分利用公共采购市场满足欧盟其他的战略目标。

（三）公共指令的原则

为了实现这些目标，欧盟通过其制定的公共指令确立了三项基本原则，即透明度原则、非歧视性原则和竞争性原则。

（四）公共指令的适用范围

公共指令适用的范围包括：

1. 缔约机构

《公共采购指令》所适用的缔约机构通常是中央、地方或地方政府机构；公法所管理的具有法人资格的机构，为满足公共利益，应由国家、地区或地方当局资助或控制，并且不具有工业或商业性质，所有指令都包含各指令所适用的名单附件。与其他公共指令不同的是，《公共事业指令》的适用范围较广，它包括一些国有化产业以及交通、能源、水利和通信领域内提供公用事业服务的私营公司，通常此类公司都被授予特许权或专有权以更好地履行其职能。

法院有可能会在实践中解释签约机关的定义。为完成某项任务由立法授权设立的机构，即使不是正式的国家机关，也可以被认定为签约机关。

2. 所适用的合同

公共指令适用于由签约机关和供应商签订的书面合同，包括公共工程合同、公共工程特许合同、补贴工程合同、公共供应合同、公共服务合同、公共事业许可合同、设计竞争合同、公用事业合同八大类，每部指令也都规定了免除适用指令的具体条件。

3．采购程序

（1）公告

公共采购领域最重要的程序之一，就是所有受指令管理的合同必须在官方杂志上发布公告，邀请承包商进行投标，这就是竞争邀请。竞争邀请也必须公布在欧洲委员会计算机信息系统中，即每日电子标讯上。现将欧洲委员会的采购指令所规定的最重要的四种公告介绍如下：①定期合同预告，即 PIN 公告。在公共领域，PIN 公告只是向投标人预告未来合同的一种方法。绝大多数缔约方机构都必须发布 PIN 公告，列出其未来合同的细节。如果发布 PIN 公告，则在发布招标公告之后投标接受的期限就要被缩短。但供应合同是一个例外，因为《政府采购协议》规定禁止缩短接受投标的时间。②使用合格者名单公告。这一公告只适用于受《公共事业指令》管理的合同。使用了资格预审制度的公用事业机关，必须每年将该制度公之于众。公共领域的采购指令虽然没有正式规定可以使用合格供应商名单，但只要缔约机构选择合格供应商的标准与有关指令和欧洲委员会的法律保持一致，它们就可以在非正式的情况下使用该名单，并没有必要将该非正式名单公之于众。③招标公告。招标公告是最重要的采购公告，缔约机构将公布其即将授予的单个合同。即使已经发布了 PIN 公告，指令也仍要求缔约机构发布招标公告，除非在公用事业领域和在有限的情况下使用了非竞争性谈判程序。④授予合同公告。一旦授予了某项合同，缔约机构必须将此结果公布在官方杂志上。公告必须详细说明合同授予的方式和对象，包括授予日期、使用的标准、投标商数量以及合同的最终价格。在公共领域，授予合同公告必须在授予合同的 40 天内公布在官方杂志上。

（2）招标程序

缔约机构必须使用五种程序，即公开招标、限制性招标、有谈判的竞争性程序、竞争性对话程序和创新伙伴关系程序。①公开招标。根据这一程序，所有有兴趣的供应商、承包商或服务提供者都可进行投标，并且所有在适当的时间内向缔约机构呈递标书的投标人都应享有获得标的的平等机会。②限制性招标。只有那些受到了缔约机构邀请的供应商、承包商或服务提供者才能进行投标。在使用这一程序时，招标过程分为两个阶段，即投标申请和正式投标。③有谈判的竞争性程序。缔约机构同一个或一个以上的供应商、承包商或服务提供者直接谈判以作出选择。如果缔约机构发出了邀请，该程序的前一阶段类似于限制性招标的第一阶段，具有严格的时间限制；如果没有发出竞争邀请，则没有时间限制。公共领域的指令指出，在使用竞争邀请的谈判程序中，应至少有三个投标人，而《公共事业指令》只要求所选择的投标人数量能保证适当的竞争即可。除了《公共事业指令》外，所有的指令都鼓励使用公开和限制性招标，并对使用谈判程序的条件作出了规定。《公共事业指令》允许缔约机构选择使用任一招标方式。④竞争性对话程序。缔约机构更应关注采购程序选择的自由程度，灵活使用这些采购程序将增加跨境采购交易量，通过谈判程序授予的采购合同在跨境招标中具有更高的成功率，当现有解决方案不能满足缔约机构的需求，项目包含设计与创新，合同因其性质、复杂度、法律或财务因素或风险而无法授予，或是项目细节无法详细定义时，可选择竞争性对话程序。⑤创新伙伴关系程序。缔约机构应与供应商建立长期的创新伙伴关系，与供应商一同开发并持续购买创新产品或服务，而无需在研发或后续购买阶段单独启用采购程序。在这种全新的采购程序中，缔约机构可以与一个或多个供应商建立创新伙伴关系，并分别执行项目研究与开发。

（3）时间限制

每部指令都规定了缔约机构必须允许投标人呈递标书以及在限制程序和谈判程序下申请投标的最短时间限制。例如在公开程序中，由于供应商可电子提交投标申请，招标公告公布时间为30天，若项目使用PIN公告并符合相应条款，该时间期限可缩短至15天；在限制性程序中，提出应标申请与受邀供应商回复时间为25天，若项目使用PIN公告或符合相关条件，接受投标邀请供应商应标时间可缩减至10天；对于有谈判的竞争性程序，其选择阶段与初始招标阶段均为25天；而对于竞争性对话程序与创新伙伴关系程序，选择阶段为30天。

（4）合同可否谈判

欧盟的公共指令的制定是建立在充分预计到缔约机构会使用不可谈判合同的基础之上的。虽然没有包含有关要求缔约机构在招标文件中详细列出拟授予合同的所有条款，缔约机构可以根据具体情况自行选择，但缔约机构需要在合同文本中说明要满足最经济有利标的原则。如果招标文件中确实包含合同草案，则欧盟的公共指令的程序规则就要求投标人作出接受或放弃的决策。

（5）合同文件的提供

根据公开采购程序，缔约机构必须在接到投标申请后的6天内，将合同文件提供给有兴趣的投标人，而与合同有关的其他信息必须在投标截止日前至少6天提供。如果不可能在6天内提供合同文件，或需要现场考察，或需要进一步提供文件，时间限制就必须有所延长。根据限制性程序和谈判程序，缔约机构必须同时以书面的形式将招标邀请、合同文本和其他信息提供给所有的投标候选人。其他与合同文本有关的信息也必须在投标截止日前至少6天由缔约机构提供（谈判程序中紧急情况除外）。在谈判程序中出现紧急情况时，额外信息必须在投标截止日前至少4天提供。

（6）技术规格

为了避免对外国投标人的歧视，缔约机构必须使用欧洲的标准或规格，或实施欧盟委员会认同的国家标准；在得不到这些标准的情况下，必须参照欧洲通用的其他技术规格；在欧洲或通用技术规格都不存在的情况下，缔约机构应参照实施国际标准的国家标准、其他国家标准或其他标准（按优先顺序）来制定合同的技术规格。缔约机构必须将这些技术规格包括在合同文件中，并对没有使用欧洲标准或通用技术标准的原因作出记录。缔约机构只能在有限的情况下偏离这种原则：如果是创新工程且不适合使用现有标准，就存在技术标准与新工程不相容的问题，或者使用现有标准会造成不适当的成本或技术困难。公共指令也不允许缔约机构在它们的合同规格中要求使用特定的产品或工艺，如公共指令尤其禁止指定具体商标或专利，除非参照此类商标或专利是为了对合同本身进行说明且缔约机构已就合同的标的物使用了"或其相当物"的术语。

（7）选择标准

希望投标的供应商、承包商和服务提供者需要满足具体的目标标准。这些标准包括他们的财物、经济或技术能力。若不能满足这些条件，缔约机构就会将其排除在考虑范围之外。在公用事业领域，缔约机构可以设定自己的标准，只要这些标准是客观的并且每个有兴趣的投标人都能得到。在公共领域，相关的指令详细列出了使用的资格标准，并在选择阶段引入了单一采购文件（ESPD），供应商可在供应商递交投标文件阶段同时提供 ESPD，以此代替例外条款、商业或专业注册或其他特殊证明文件，用以说明其满足项目核心的投标标准，并确认未被任何强制性条款排除在外，而只有当企业成为中标者后才需提供所有的正式文件与证明。

（8）授予合同的标准

最经济有利标的（MEAT）是欧盟采购授予合同的唯一标准，因此合同授予必须符合这一原则。缔约机构在考虑价格与采购全生命周期成本的同时，更注重采购的质量，并更多考虑采购行为对环境、社会与创新等诸多方面的影响。缔约机构也可以根据关于授予标准的详细清单决定货物或服务是否符合最优价格质量比，并计算生命周期成本，从而从多方面衡量合同是否符合最经济有利标的原则。

三、主要内容

（一）《公共采购指令》

1. 缔约机构

采购指令所适用的缔约机构通常是中央、地方或地方政府机构；公法所管理的具有法人资格的机构，为满足公共利益，应由国家、地区或地方当局资助或控制，并且不具有工业或商业性质，所有指令都包含各指令所适用的名单附件。

2. 采购门槛

《公共采购指令》的准入门槛为，当合同所涉及的金额高于以下限额的，适用于《公共采购指令》：

公共工程要高于 5 186 000 欧元；

中央政府合约要高于 134 000 欧元；

地方和地区政府合约要高于 20 7000 欧元；

用于社会和其他特定服务合同要高于 750 000 欧元。

委员会每两年对这些阈值进行评估，以确定它们是否应根据欧盟的国际义务有所改变。

3. 适用合同的例外

水、能源、运输和邮政服务部门被排除在该指令之外；此外，某些部门，如电子通信、研究开发以及国防安全在某种情况下被排除在外。会员国必须确保经济经营者及其分包商遵守欧洲国家的环境、社会和劳工要求、集体协议和任何有关的国际义务。

4. 采购程序

（1）公开程序

公开程序中，任何感兴趣的经济经营者都可以提交投标书，时间限制为收到合同通知日起35天内。本投标书须附有符合本合同管理局要求的资料。

（2）限制程序

任何经济经营者都可能会提出要求参与竞争，收到请求的最低期限为从发出合同通知起30天；受缔约方邀请的经济经营者对所提供的资料进行评估后，可提供投标书，缔约当局可以限制参加该程序的合适人选。招标投标的最低期限为收到招标投标邀请书的30天内。

（3）谈判

在竞争激烈的谈判过程中，任何经济经营者可能会提出要求参加本次竞争，以应对本合同附件中所列的竞争信息，并对其提供的信息进行定性选择。承包部门应当通过采购文件确定采购标的、工程或服务采购和指定要授予合同的标准。所提供的资料须有足够的精确性，使经济经营者能够确定采购的性质和范围，并决定是否要求参加该程序。收到请求的最低期限为30天。

（4）竞争性对话

在竞争激烈的对话中，任何经济经营者都可以对所提供的信息进行定性选择，收到请求的最低期限为合同通知日起30天。只有经缔约方对提供的资料进行评估后，收到邀请的经济经营者才可参加对话。缔约当局可以限制参加该程序的合适人选，也可以根据本合同的通知或说明文件中规定的奖励标准对投标书进行评估。

（5）创新伙伴关系

创新伙伴关系适用于"存在开发创新型产品、服务或工程需求，并且市场上存在的解决方案不能满足采购创新型的产品、服务或工程的需求"的情形。在创新伙伴关系中，任何经济运营商都可以根据缔约权威所要求的信息提交申请。在采购文件中，缔约权力机构应确定一个创新型产品、服务或工程的具体标准，以及所有投标书所需的最低要求。所提供的资料须足够准确，以使经济经营者能够确定所需解决方案的性质和范围，并决定是否要求参加该程序。缔约权力机构可以决定建立一个创新伙伴关系，或与一个合作伙伴或几个合作伙伴进行单独的研究和开发活动。收到请求的最低期限为从合同通知的日期起30天。

5. 选择标准

服务提供者要满足完成招标服务所要求的具体标准，主要指完成服务所具有的实力和能力，包括财务状况和经济、技术能力等，并要求服务提供者提供与达到标准相关的各类信息，同时排除如破产、有不当行为的供应商。成员国可以保留知名服务提供者的官方名单，某机构如果被列入本国的官方名单，则其他成员国也必须认定该机构符合自己的入选名单。

6. 合同授予标准

最经济有利标的是欧盟采购授予合同的唯一标准,以确定在最优惠的价格质量比的基础上,该合同被授予最具经济性的招标投标。这一标准考虑到整体的成本效益、质量、环境和社会方面、贸易和交货条件等因素。

(二)《公共事业指令》

第一个《公共事业指令》于 1990 年 9 月开始采用,涵盖了能源、水利、交通和通信领域。要求大多数欧盟成员国在 1993 年 1 月 1 日前必须实施;西班牙已在 1996 年 1 月 1 日实施,希腊和葡萄牙已在 1998 年 1 月实施。该指令在 1993 年 6 月修订时又加入了关于服务方面的规定,并要求各成员国必须在 1994 年 7 月 1 日实施。2004 年,其他三个指令(《公共工程指令》《公共供应指令》和《公共服务指令》)合并为一个指令,而《公用事业指令》经修改后继续单独使用。2014 年 3 月,欧盟又对《公用事业指令》重新进行了修订,新指令命名为《关于协调水、能源、交通和邮政服务等公共事业采购程序的指令》,相较原指令具有更大的灵活性。

1. 适用范围

(1)缔约机构

包括:全国、地区和地方政府机构;公法所管理的机构,该机构具有法人地位,由国家资助或控制且不具有工商业性质;成员国以专营执照的形式授予特殊或专有权利的机构,这些机构常常被赋予进行特定经营活动的权利,包括征用或使用财产,或为高速公路安装、架设或铺设设备的权利;向另一具有特殊或专有权的实体供应可饮用水、能源或热暖的实体。

(2)适用的合同

适用于由缔约机构签订的建筑或土木工程、产品供应以及与相关活动有关的服务提供合同。《公共事业指令》中有关货物、工程和服务合同的定义与公共领域的指令基本相同。其所适用的合同包括:①框架协议。框架协议是指缔约机构同一个或多个供应商谈判达成协议,确定可适用于其后特定时期内授予合同的标准的条款。缔约机构按指令的规定签订了框架协议后,根据该协议授予的合同不必遵守指令规定的广告要求。框架协议最长期限达 8 年,分订单(call-off)框架协议在授予时须遵照框架协议采购文件中设置的目标规则或准则。缔约机构在公开招标时应明确一些特殊条款,当在多供应商协议下授予合同时,在不适用迷你竞争(指有较少供应商参与)情形下直接授予合同的客观条件以及使用迷你竞争的授予准则都需要在原始框架协议中列出。②设计竞赛。设计竞赛的要求较《公共采购指令》增加了一定的限额,设计竞赛的采购门槛为 41.4 万欧元,其他特定服务为 100 万欧元。③服务合同。和《公共采购指令》相类似,《公共事业指令》也区分了剩余服务和优先服务,后者适用所有采购规则,而前者只受限于有限的要求。④工程管理合同。工程管理合同与《公共采购指令》适用的条件相同。⑤工程特许合同。通常认为,缔约机构授予的工程特许合同适用于该指令,但非缔约机构特许权人授予的分包合同不适用于指令。《公共事业指令》具体适用的合同包括四大类：第一类，提供或经营与饮用水、电力、燃气、热暖的生产、销售或运输有关的公共服务网络，或向公共服务网络供应此类产品；第二类，征用某一地理区域勘探或开采煤及其固体燃料，或向使用空、海或内陆航道的承运人提供机场、港口或其他重点设施；第三类，经营铁路、自动化系统、电车、汽车或缆车等公共运输网络；第四类，提供或经营公共通信网络或提供公共通信服务，但不包括广播和电视。

（3）适用合同的例外

一些合同不适用指令，最主要的是：与活动无关的合同或与任何成员国无关的合同；依据某一国际协定或由某一国际机构授予的合同；声明是秘密合同或必须采取特殊安全措施的合同；基于转售或向第三人出租而授予的合同，但条件是缔约机构享有从事此项活动的特殊或专有权利，并且其他机构在同等条件下不能自由从事此项活动；在电信领域，如果缔约机构同其他实体在同一地区和同等条件下竞争同一服务，旨在使缔约机构能独家供应电信服务的供应合同；授予另一个缔约机构的服务合同，该服务合同符合公共指令的规定，并且授予基础是签约机构根据国家规则所享有的专有权；缔约机构授予其附属机构的服务合同，或如果合资企业由几个缔约机构组成，那么在一定的条件下，该合资企业授予其中一个缔约机构或该缔约机构的附属机构的合同。

2．采购门槛

《公用事业指令》适用于采购货物价值超过以下限额的公共供应合同：供应和服务合同以及设计竞赛为41.4万欧元；工程合同为518.6万欧元；为社会和其他特定服务的服务合同为100万欧元。欧盟委员会将每隔两年对采购门槛进行一次调整。

3．采购程序

（1）公告

公用事业合同一般应在官方杂志和标讯电子日报上发布公告，进行竞争邀请。公告必须采用以下形式：招标公告、定期合同预告、使用合格供应商名单体系的公告、合同授予通告。

（2）采购方式

与《公共采购指令》规定不同的是，只要满足一定的条件，公用事业单位可以采用任何程序而不用竞争招标。这些条件是：发布竞争邀请后没有收到合适的投标，而且原合同的各项条款没有根本性改变；仅用于研究、实验、学习或开发，没有任何利益成分；基于技术、艺术原因或因为保护专有权，合同只能由特定的承包商完成；不可预见事件导致出现异常紧急情况，无法进行公开招标或限制招标的程序；原供应商的额外供应合同，该合同是对正常供应或安装部分的更换或延伸，更换供应商将会导致技术不相容等问题；未预见到的额外工程和服务，该工程和服务由于经济及技术原因不能与主合同分开，仍由原承包商完成；同类合同的重复，只要原合同的授予进行过了竞争邀请，该工程仍可授予原承包商或供应商；依据《公共采购指令》授予的框架协议。

(3) 时间限制

《公共事业指令》所规定的时间限制一般要比《公共采购指令》规定的短。一是公开程序。接受投标的最短时间限制是发布采购通知后的 52 天，或者在发布定期合同预告后的 36 天。二是限制性招标和谈判程序。接受投标申请的最短时间限制一般是发出通知或邀请起的 5 周时间，但在任何情况下不得少于 22 天；接受投标在所有的候选人都有平等的机会递交投标书的情况下，由签约人和投标候选人共同决定。如果没有达成协议，签约机构必须规定一个时间限制，通常要有 3 周时间，至少不能少于发出投标邀请起的 10 天。没有规定紧急情况的时间限制。

(4) 选择标准

在缔约机构对所有的潜在投标人都是客观公正的情况下，采购机构可以自行决定选择供应商的标准。缔约机构对有兴趣的各方，也应提供这些标准。

(5) 技术规格

通常的情况下，公用事业合同应尽可能采用欧洲委员会制定的标准和技术规格，但是考虑到公用事业合同的技术特点，《公用事业指令》比其他领域的指令允许更多的免除适用。

(6) 合同授予标准

同其他领域一样，《公共事业指令》也规定合同授予需符合最经济有利标的原则。

(7) 第三国产品

《公共事业指令》专门制定了一个第三国条款，针对来自非欧盟国家，并且也没有同欧盟成员国进行相互间市场准入安排的国家的产品和服务。在一项公共供应合同招标中，原产于第三国的产品比例超过投标产品总价值的 50%，公用事业机构可以拒绝该项供应合同的投标。这一规定仅对投标书所包含产品的原产地作出限制，而与供应商的国籍无关。此外，如果按照合同履行标准，两个以上的投标相当，那么应优先将合同授予投标中来自第三国产品的价值没有超过限额 50%的投标人。在这种情况下，如果价格差异不超过 3%，即可认为是适当投标。

(三)《特许经营合同采购指令》

为帮助成员国克服在欧盟层面上进行特许经营项目采购时遇到的障碍，减少歧视及成员国法规间的差异，同时为特许经营项目提供充分的竞争环境，欧盟出台了《特许经营合同采购指令》，将特许经营纳入公共采购法律体系中。欧盟对特许权合同的裁决，为公共部门和经济运营商创造了一个稳定的法律框架，以确保非歧视性、公平进入市场和欧盟范围内的更高效竞争的特许经营项目。该指令促进了新的投资，促进了可持续的经济增长的实现，并有助于基础设施和服务结构的长期创新发展。

1. 定义

特许经营也可称为特许权，即由政府提供给私营部门的经营权，由私营公司或外国法人作为项目的投资者安排融资、承担风险、开发建设，并在有限时间内经营项目以获取商业利润，最后将该项目转让给政府机构。政府保留价格核准权和监督管理权，费用由使用者承担。一般来说，特许经营是特许人与受许人之间的一种契约关系。

2. 分类

特许权协议按内容可分为特许建设协议和特许服务协议。特许建设协议是一种以经济利益为目的的合同，授权方将工程建设委托给授权经营者，使其获得该项工程的开发权或者在开发权的基础上获得相应的报酬；特许服务协议是授权方将提供和管理服务委托给授权经营者，使其获得该项服务开发权或者在开发权的基础上获得相应的报酬。区分二者的首要因素在于识别合同的目的，如果授予特许经营人开展工程建设，则该协议属于特许建设协议；若在特许协议中，授权工程建设的目的是为了提供更好的服务，则被认定为特许服务协议。

3. 起点价

项目门槛价为 518.6 万欧元。《特许经营合同采购指令》适用于所有价值超过 518.6 万欧元的工程/服务类特许经营合同。这些合同都需要在欧盟官方公报上刊登招标信息，并根据规定的采购目标、授予准则进行采购。

4. 经营范围

主要涉及基础设施领域，如铁路、道路、机场、桥梁、垃圾场等，还涉及公共服务领域，包括医疗服务、水利服务、监狱管理服务等。欧盟公共采购范围覆盖了水、能源、交通运输和邮政服务等公共事业领域。

5. 基本原则

（1）平等原则

在特许权协议中，所有申请人应处于平等地位，招标程序和标准平等地适用于所有申请者。平等原则实现了特许权授予的程序正义，在这一原则下，特许权授予必须严格遵照程序规则和授权标准进行。

（2）公平原则

授权机关不得歧视参与竞标的外国法人，也不得对其给予优先考虑。要严格遏制地方保护主义和权力寻租滋生，保护外国法人在特许权授予程序中受到公平对待。

（3）公开原则

公共机关在特许权授予程序中，必须建立信息公开制度，以保障公众的知情权和监督权。

6. 特许经营人的评估标准

鉴于特许经营项目的复杂性，欧洲议会并未强制规定特许经营人的选择程序，仅就评估标准给出说明。特许经营人的选择必须建立在客观的标准之上，不仅要符合平等、公平、公开原则，更要保障有效的竞争环境。授权机关在确立评估标准时，须考虑特许权的性质和目的，并不得对授予主体的选择权构成限制。由于特许经营项目是为公众提供公共产品，因而对采购结果的评定一般由购买主体、服务对象和第三方，围绕资金使用绩效、服务项目的数量和质量等指标综合评价项目的实施及管理效果。

7. 特许权协议的分包、变更和终止

分包：各成员国可以依据自身情况制定更为严厉的分包规则。但是，欧盟委员会仍就一些特殊情况给予限制，如在总价超过 5 亿欧元的项目中，特许经营人至少应负责工程总量的30%。一般说来，在特许权招标公告中，招标方可以（甚至有些国家强制）就分包事项询问竞标人，且询问结果不会影响竞标人的能力评估。在特许建设协议和某些特许服务协议中，特许经营人须在权利授予后、开始执行前，将转包方的名称、法定代表人以及转包合同相关内容等告知授权方，如转包人或相关信息发生变更，特许经营人应及时通知授权方。

变更：指令以列举形式规定了 9 种允许变更的形式，同时放宽了特许权协议的修改条件，只要修改条款所涉金额不足原特许权价值的 10%，特许权就可以变更并无需重新进行授权。

终止：欧盟议会虽然明确要求成员国应允许授权方单方面终止特许权协议，但是就该项形成权的行使条件进行了严格的限制，例如授权方未履行有关条约和指令规定的义务，导致该成员国被欧洲法院认定没有履行相应义务的情形下，特许权协议也可以宣告终止。

9. 合同授予标准

最经济有利标的是欧盟特殊经营采购授予合同的唯一标准，因此合同授予必须符合最经济有利标的原则。

（四）《救济指令》

《救济指令》包括《公共救济指令》和《公用事业救济指令》。依照《救济指令》，供应商、承包商或服务商可以在国家法院或法庭对采购方提起诉讼，谋求救济方法，欧盟委员会也可以在欧洲法院或成员国提起诉讼。两种救济方法中的任何一种都可能导致合同授予程序的中止或招标结果决定的撤销。在国家一级诉讼中，还可能给予损失补偿。在欧洲法院的诉讼中，通常的结果是欧洲法院对成员国是否未执行欧盟法律作出裁决；只有在非常严重的案件中，欧洲法院才下令终止合同的执行。

1. 《公共救济指令》

于1989 年被采用的《公共救济指令》，要求保证在授予公共工程、公共供应和公共服务合同时遵守欧洲委员会的采购规则。指令规定的申诉权利只赋予有兴趣获得特定的产品、工程和服务合同，并已经或正在受到缔约机构违反规则行为损害的供应商、承包商和服务提供者。

（1）成员国的救济方式

成员国应建立尽可能迅速有效的审查程序对违反欧盟公共采购法律，或违反执行欧盟法的国内规则进行审查。审查机构在处理纠纷时可以采取以下措施：采取临时措施，以纠正违法行为或防止更大损害；撤销非法决定，如取消招标邀请或合同文件中的歧视性的技术、经济或财务决定；补偿受害人损失，成员国可以要求审查机构在决定损害补偿之前撤销其非法决定。

（2）欧盟的救济方法

《公共救济指令》规定，授予欧盟委员会一种职权，即在合同授予前发生了明显违反欧盟规则的情况下，欧盟委员会有权通知成员国及缔约机构说明理由，限期改正。欧盟委员会在实施这一职权时，成员国必须在21天内作出答复，包括：确认已经实施了违法行为；说明不予纠正的原因和理由；合同授予的程序已经中止或撤销；合同授予程序没有说明中止或撤销的原因。如果成员国及缔约机构未上报或者委员会对上报的结果不满意，委员会可随时启动《罗马条约》第一百六十九条的程序，起诉该成员国不履行欧盟规定的法律义务。欧盟委员会在启动《罗马条约》第一百六十九条的程序之前没有义务采用纠正机制，也就是说，纠正机制的存在不能成为启动第一百六十九条的程序的借口。

2.《公用事业救济指令》

《公用事业救济指令》在1992年开始采用，各成员国必须在1993年1月1日之前将指令转换为国内法。

（1）成员国的救济措施

①损害救济。申诉人必须提出遭受损害的理由或证明。它包括：对欧洲委员会法律或该成员国法律的违反事实；有获得合同的真实机会的证明；违反的结果使其受到了不利影响的证明。②与《公共救济指令》相同，《公用事业救济指令》在规定撤销违法决定之前，损害赔偿可以独立地进行，一般情况下，赔偿的损失包括准备投标或参加授予程序的成本，有时按成员的法律还有可能包括损失的利润。③其他救济。《公用事业救济指令》还规定了其他补救措施，包括临时措施：为了防止损害的进一步扩大，指令规定审查机构有权撤销违法决定，包括公告或合同文件中的歧视性规定；就违反期间的时间长短按日罚金，罚金的数量应对缔约机构具有威慑作用，使其不再违反或不继续违反指令规则。

（2）欧盟的救济措施

①纠正机制。在这一点上，《公用事业救济指令》与《公共救济指令》的纠正机制相同，但成员国对委员会的答复时间限制为30天。②调解机制。这是《公用事业救济指令》所设置的一个特殊机制。当有兴趣获得公用事业合同的当事人认为自己的利益已经受到或即将受到损害时，可以向委员会或指令附件所列举的国家机关作出调解的请求。若缔约机构愿意参加调解，则实施调解程序，调解员应给申请人、缔约机构和参与合同授予的其他投标人作口头或书面陈述的机会，并尽可能依据欧盟法规促成和解。但在调解过程中，各方均有权退出调解，有权随时终止调解程序，并承担相应的调解费用。③公证。这是《公用事业救济指令》设置的一个特殊程序。为了取得有关缔约机构符合欧盟及其国内法律要求的证明，缔约机构可以选择就其合同授予程序和做法，定期接受独立的公证员的检查。公证不产生法律效力，只证明缔约机构在一段时间内是否遵守了政府采购规则，公证结果可以在官方杂志上发表。

《公共救济指令》和《公用事业救济指令》都要求成员国对违反公共采购规则的行为提供适当的欧盟和本国法律救济方法。这两部指令包含相似的条款，但在国家这一级上，对公共领域的救济范围受到更多的限制，只有公用事业领域才有调解和公证制度。

3. 附加救济方法

欧洲法院确立了欧盟法律高于各成员国法律并可直接生效的一般原则。这一原则使欧盟的国民进化论在其本国的法庭上或向委员会申诉时都可直接援引指令法则。因此，如果成员国不能按期履行其正确实施指令的义务，那么该成员国就不能损害申诉人直接依赖指令的权利。

第五节 亚太经济合作组织的《政府采购非约束性原则》

一、产生的背景和过程

亚太经济合作组织（APEC）成立于1989年11月，秘书处设在新加坡，具有地域跨度大，社会制度、文化背景和经济发展水平各不相同等特点，既有美国、日本这样的发达国家，又有菲律宾、越南这样的发展中国家。从性质上看，它不是私人性的国际组织，而是旨在推动环太平洋经济合作的跨国官方组织，目标是建立亚洲太平洋自由贸易投资区，其中贸易投资自由化和经济技术合作是其两大支撑。它不同于以往的区域经济一体化组织和多边贸易体制，而是采取了一种独具特色的经济合作方式，以贸易投资自由化为基础，通过关税减让等方式，减少贸易投资障碍，既与世界贸易组织的要求相一致，又不歧视非APEC成员国，并且对采取对等措施的其他国家或地区也给予了同样的政策待遇。它带动了全球自由贸易和投资的模式，是前所未有的创新，对世界经济贸易的发展合作具有深远的示范意义。

20世纪80年代以来，亚太地区成为世界上经济增长最迅速和最有活力的地区，日益受到世人的关注，世界银行还专门发表了题为《东亚的奇迹》的报告，亚太地区高速的经济增长大大改变了世界经济格局。

政府采购被纳入APEC贸易投资领域的历史并不长，始于1995年年底。为了促进APEC各成员之间贸易市场的进一步开放，以及加快与世界贸易组织《政府采购协议》的接轨，1995年12月，APEC部长级会议和领导人非正式会议在日本的大阪举行，并通过了《大阪行动议程》，正式将政府采购列为APEC贸易投资自由化与便利化的15个具体领域之一，并制定了总目标，要求APEC各成员国最迟于2020年相互开放政府采购市场；还有阶段性目标，即在2000年前，制定APEC的《政府采购非约束性原则》，发达成员方于2010年开始执行非约束性原则，到2020年，政府采购非约束性原则将成为约束性原则，各成员方必须统一执行。会后，APEC投资贸易委员会成立了由各成员方组成的政府采购专家组，具体落实《大阪行动议程》中有关政府采购的相关工作。

所谓非约束性原则，即非强制性原则，类似于指导办法，指导对象可自行决定执行与否。首先制定非约束性原则，与发展中成员方的据理力争是分不开的。发展中成员方市场经济和各项制度都不够发达与完善，在政府采购方面，相比发达成员方悠久的历史、规范的市场、健全的制度，发展中成员方大都只将其作为一种新制度在尝试，有些成员方甚至还没有建立政府采购制度，在如此大的差距下，统一按发达国家的规则运作，实行"一刀切"，是不合适的。鉴于这些现实的差异以及发展中成员方的执着要求，APEC开始展开成员方情况调查，举办培训活动以促进理解和交流，并制定了非约束性原则。非约束性原则的制定，使发展中成员国进一步理解政府采购制度，找出本成员方现行制度与非约束原则之间的差异，并迅速采取措施以消除差异，尽快完成APEC各成员国政府采购制度的统一。

二、《政府采购非约束性原则》的特点

《政府采购非约束性原则》的特点如下：

第一，为非约束性原则向约束性原则的过渡制定了明确的时间表，制定了总目标和阶段性目标；

第二，是约束APEC成员方的政府采购准则，包含了许多具体的原则和要求，其中对透明度的原则和要素进行了详尽的阐述。

三、《政府采购非约束性原则》的主要内容

（一）《政府采购非约束性原则》的性质

《政府采购非约束性原则》是APEC准备在其成员方（地区）范围内建立的一套具有强制约束性原则的过渡性原则。它实际上是APEC的政府采购准则，由许多具体原则和要求组成。

（二）《政府采购非约束性原则》的目标

实现非约束性原则向约束性原则的过渡，推动各成员方逐步开放政府采购市场。

（三）《政府采购非约束性原则》的原则

《政府采购非约束性原则》是许多具体原则和要求的总称。其主要内容包括五个方面：透明度原则、公开和有效竞争原则、物有所值原则、公平交易原则、国民待遇原则等。

APEC政府采购专家组正式开始讨论非约束性原则，始于1997年8月22—23日在加拿大纽芬岛召开的APEC政府采购专家组第六次会议。在这次会议上，讨论并确定了APEC政府采购非约束性原则之——透明度原则。在1998年2月的马来西亚第七次专家组会议上讨论了非约束性原则的另外两大具体原则，即公开和有效竞争及物有所值原则。目前已讨论并确定的APEC政府采购非约束性原则只有透明度原则。透明度原则从基本原则和透明度的要素两方面进行了具体的阐述。由于后两个原则还未得到投资贸易委员会的确认，下面只简要介绍透明度原则的基本内容。

（四）透明度原则的基本内容

透明度原则描述的是有关采购的信息应通过各种稳定、广泛的媒介，持续、及时地向所有有兴趣的团体公布，覆盖了采购的全过程。

第一，有关采购信息，是指有助于潜在的供应商作出非正式决策的信息。如潜在供应商必须事先获知参加的条件及采购要求，才能决定是否准备或参加报价。

第二，及时性，是指供应商收到的信息必须是在时间允许范围内有效的信息。

第三，所有有兴趣的团体，是指必须予以公正对待的所有参加者。

第四，稳定、广泛的媒介，是指拥有固定的、专门的发布渠道或影响力较大的传媒渠道，供应商在实践中容易获得信息。

第五，持续性，是指如果能长期保持制度的透明性，则可实现政府采购制度透明度的目标，并应及时将有关该库信息的更新及信息变化和附加信息通知有关团体。

尽管如此，下列信息可以保密：商业上的敏感信息，发布后将不利于公平竞争、妨碍法律的实施、违反公共利益或不利于经济安全的信息等。当因保密而不公布此类信息时，应说明原因。

（五）透明度原则的要素

透明度原则对政府采购的所有方面都是适用的，包括总体运行环境、采购机会、购买要求、评价标准、授予合同以及申诉途径等。

1. 总体运行环境

有关政府采购的法律、条例、司法决定、管理规则、政策（包括任何歧视或优惠待遇政策，如禁止某一类供应商等）、采购程序或其运作过程（包括采购方法的选择）等都应是透明的，目的是使供应商清楚地了解"游戏规则"。落实这一要素的措施包括：

一是公开发布"游戏规则"；

二是针对"游戏规则"，公开开放实体名单（准许进入的领域）或非开放实体名单（禁止进入的领域）；

三是公开法规政策的任何变化；

四是建立信息联系点；

五是尽可能将以上信息输入互联网中 APEC 政府采购子目录中。

2. 采购机会

采购机会应当是透明的，以鼓励更多的供应商参与竞争，为采购实体提供更多的选择机会，提高资金的使用效率。落实这一要素的措施包括：

第一，一般应实行公开竞争的招标方法，如果采用其他采购方法，采购邀请信中应说明具体的采购方法。

第二，如果采用公开招标的方法，应在一家公开的媒体上公布采购公告（如官方杂志、政府公报、报纸、专业贸易刊物、网络）或通过大使馆、领事馆公布。

第三，留给有兴趣的供应商充足且合理的时间来准备和提交报价。

第四，公布采购实体的具体联系地点以及他们对所要采购的商品或服务的兴趣。

第五，对于高价值、复杂的采购，可采用两阶段招标程序。在第一阶段公开征询信息、征求建议或发送资格预审邀请书；在第二阶段招标人向在第一阶段提交技术建议的投标人提供招标文件，投标人按照招标文件的要求提交包括最终技术方案和投标报价的投标文件。每一阶段都要留给有兴趣的供应商充足的时间使其来得及作出实质性的反应。

第六，公开资格预审的要求和程序。

3．采购要求

所有要求供应商作出实质性反应的信息都应对外公开。落实这一要素的措施包括：

第一，在采购须知中应包括下列内容：商品或服务的性质、数量、特点、交货时间、截止日期、招标文件的获得方式、投标地点及联系方式等；

第二，及时公布以上信息的变化情况；

第三，应投标人的要求，及时提供招标文件及其他信息；

第四，利用国际标准或其他标准，根据性能或运行特点，制定技术规格。

4．评标标准

所有评标标准都应是公开透明的，严格按评标标准授予合同，以确保其公正性和统一性。落实这一要素的措施包括：

第一，在采购须知或招标文件中明确评标标准，包括优惠条款；

第二，做好采购记录。

5．授予合同

合同的授予应是透明的，这是政府向供应商及公众表明其信誉的方式。落实这一要素的措施包括：

第一，公布投标结果，包括中标供应商的名称和标的价值；

第二，将评标结果及时通知落标人，向其公布签约的时间和地点，并答复落标人的疑问。

6．申诉途径

正当的程序和公众的信誉，是实现采购程序公正、公开和公平化的重要因素，因此，处理申诉的途径也应是透明度的要素之一。落实这一要素的措施包括：

第一，指定一个团体或人员负责处理供应商对采购过程提出的申诉，并且可建立一个独立的机构处理申诉问题；

第二，处理申诉的程序应公开；

第三，申诉程序对国内外供应商应平等适用。

四、《政府采购非约束性原则》对我国的启示

虽然《政府采购非约束性原则》在2020年之前对各APEC成员来说是非强制性的，但2020年以后其所规定的原则将成为约束性原则，各成员必须贯彻执行。我国是APEC

的成员方之一,因此,我国在制定有关政府采购的法规和制度时,应该使这些原则在我国政府采购的法规和制度中得以体现。

第六节　《跨太平洋伙伴关系协定》框架下的政府采购

一、产生的背景及过程

《跨太平洋伙伴关系协定》(Trans-Pacific Partnership Agreement,TPP),也被称作"经济北约",是当下重要的国际多边经济谈判组织,其前身是跨太平洋战略经济伙伴关系协定(Trans-Pacific Strategic Economic Partnership Agreement,P4)。后者是由亚太经济合作会议成员国中的新西兰、新加坡、智利和文莱等四国发起,从 2002 年起开始酝酿的一组涉及多边关系的自由贸易协定,原名亚太自由贸易区,旨在促进亚太地区的贸易自由化。

2015 年 10 月 5 日,TPP 终于取得实质性突破,美国、日本和其他 10 个泛太平洋国家就 TPP 达成一致。TPP 涵盖关税(相互取消关税,涉万种商品)、投资、竞争政策、技术贸易壁垒,还涉及食品安全、知识产权、政府采购以及绿色增长和劳工保护等多领域,因此也被称为"21 世纪的贸易协定"。

12 个参与国加起来所占全球经济的比重达到 40%。

美国贸易代表办公室在其网站上公布了一份 TPP 官方概要,介绍了协议中 30 个章节的概要和特征。在 TPP 政府采购方面,各国在谈判时的目标十分直接,即向 TPP 协议国合理开放采购市场,制定规则并确保采购过程的公平、透明与无歧视。这些目标在最新公布的长达 6 000 页的 TPP 全文中的第 15 章即政府采购章节中有着明确的表述。

二、特点

第一,采购方式的适用规则和程序更为明晰,可以有效地避免采购实体与特定的供应商之间的串通等腐败或者舞弊行为,维护采购的公平和公正。

第二,积极维护供应商的异议处理机制,引入当事人监督和公共监督,采取事中和事后监督管理相结合,来保证采购流程的规范性。

第三,不断寻求扩大纳入国际间政府采购市场的品类和范围,力图打造更为开放、更低壁垒的国际市场。

三、主要内容

(一)性质

TPP 是西方国家已不再满足于现行的世界贸易组织等贸易合作方式和规则,力图构建更高开放程度、更高贸易标准的国际贸易新秩序的筹谋,进而加强其对国际经济乃至政治的话语权。

（二）目标

TPP框架下的政府采购，寄希望于逐步打开各成员国，尤其是发展中国家的政府采购市场，实现全球贸易在更高水平上的自由化。这对于出口需求大、产品竞争力强的国家及其跨国公司颇为有利。

（三）原则

1. 国民待遇和非歧视性原则

协议要求TPP协议国在进行政府采购项目招投标时，需平等对待其他成员国供应商。TPP政府采购章节条款15.4（1）："在涉及有关采购所有内容与行为时，各协议国，包括各采购实体均需及时、无条件且平等对待其他协议国企业提供的货物与服务，不能在采购活动中，对本国的货物、服务及供应商与其他协议国的货物、服务及供应商产生差别性待遇。"

条款15.22对各协议成员国需将本国政府采购市场开放给中小企业提出明确要求。同时要求协议国交换相关信息、数据及法律框架等内容，实施电子化招投标程序，强化政府在采购中的最优实践能力，完成TPP协议中其他章节内容以及为采购市场准入（发布采购公告等）提供多语言环境。"协议国认同它们在合作中共同分享利益，通过了解各自政府采购体系并改善各自的政府采购市场而不断促进政府采购市场的自由化。"①

2. 允许过渡原则

鉴于部分成员方之前未曾将政府采购市场开放给其他国家，形成了长久以来对本土供应商的保护。为使这些市场的开放平稳顺利地进行，TPP政府采购章节条款15.5允许发展中国家采取过渡性措施："对于已与其他成员国签订双边协议的发展中国家，可以采纳或保留以下一个或多个过渡性措施，包括：一个价格优惠计划，确保该计划只在标的中包含来自发展中国家的货物或服务时，提供价格优惠；确保计划是透明的，并在采购公告中对价格优惠计划及其在采购中的应用有明确的说明；一个抵偿交易，在采购公告中对抵偿交易相关要求有明确的说明；特定实体或行业的逐步引入"。

（四）适用范围

TPP"政府采购"章节规定了公开招标、选择性招标、限制性招标和谈判四种采购方式，以及一种采购安排，即常用名单。

1. 公开招标

此种采购方式采用资格后审。有兴趣的供应商均可参加公开招标，对于供应商资格的审查是在评标阶段进行。

---

① 朱颖编译：《TPP协议：政府采购章节中的"魔鬼细节"》，《中国政府采购报》，2015年11月17日第004版。

2. 选择性招标

此种采购方式采用资格预审。资格预审的方法包括合格制和有限数量制。如采用合格制，所有符合采购实体预先采购通知中列明的资格条件的供应商均有资格进行投标。如果采用有限数量制，在符合资格的供应商数量超出预先采购通知中规定的最大数量时，应当按照预先采购通知中列明的排名标准和程序对符合资格的供应商进行排名，从而确定供应商是否有资格参加投标。

3. 限制性招标

此种采购方式下，采购实体可以直接向特定的一个或多个供应商进行采购。

4. 谈判

此种采购方式类似于我国《政府采购法》规定的竞争性谈判、竞争性磋商以及联合国《公共采购示范法》规定的竞争性谈判。但 TPP 框架下的"政府采购"章节对于谈判的内容规定较少。

5. 常用名单

类似于联合国《公共采购示范法》规定的框架协议安排，以及我国《政府采购法》规定的协议供货。常用名单不是一种采购方式，而是一种采购安排。

四、对我国的启示

发达国家借 TPP 在世界贸易组织的《政府采购协议》框架之外开辟了一个新的政府采购国际化的谈判场所，并试图在这一新的场所主导规则制定权。新自由主义思想认为政府采购市场自由化要优于歧视性的政府采购措施。发达国家可以通过给予发展中国家更多豁免或者优惠措施从而逐步开放其政府采购市场。发展中国家则通过政府采购市场的逐步开放积累经验，从而向更多国家开放其政府采购市场。

中国似乎有必要采取更加积极的策略，以灵活和务实的策略尽快融入政府采购国际市场。近几年来，中国签署的诸个自由贸易协定已开始讨论与政府采购有关的市场开放问题。中国已经处于政府采购市场自由化的趋势之中，但是到目前为止尚未向任何国家开放政府采购市场。作为最大的发展中国家，中国若在政府采购市场自由化的过程中仅仅顺应趋势，则永远只能成为规则的接受者，而不能成为规则的制定者。

当然，加入 TPP 并非中国参与创设国际政府采购规则的唯一方式。中国完全可以跳出世界贸易组织的《政府采购协议》或是 TPP 的框架，从经由自由贸易协定开放政府采购市场开始，步步为营地打造有利于发展中国家参与国际政府采购市场的规则。

 本章小结

1. 世界贸易组织的《政府采购协议》是于 1981 年 1 月 1 日生效的。该协议将关税与贸易总协定的一些基本原则，如最惠国待遇、国民待遇和透明度原则延伸到政府采购领域。该协议仅作为世界贸易组织的附属协议，由世界贸易组织成员自愿加入。

2. 与世贸组织原有的《政府采购协议》相比，1994 年以来的《政府采购协议》具有以下几个主要特点：扩充了政府采购的内涵；扩大了政府采购的适用范围；严格规定了合同的定价；对招标方式的适用范围和有关程序、期限进行了调整，使之更为合理；健全了缔约各方争端的协商解决机制。

3. 2012 年版的《政府采购协议》于 2014 年 4 月 6 日开始正式生效，新文本在内容上充分反映了全球经济、社会管理和科技进步对政府采购的影响作用，更加全面地完善了《政府采购协议》的功能作用。它不仅是《政府采购协议》参加方必须严格遵循的行为准则，而且影响并牵引着全球政府采购的发展走势。

4. 在 1993 年 7 月 5 日至 23 日的维也纳会议上，联合国贸易法委员会通过了《贸易法委员会货物和工程采购示范法》，并于 1994 年将服务采购的内容纳入其中，形成了一直适用至今的《贸易法委员会货物、工程和服务采购示范法》及其配套文件《立法指南》。

5. 《公共采购示范法》并不是真正意义上的"法"，不具有任何的法律效力，对贸易法委员会各成员国的行为不具有约束力。制定该法的主要目的在于：使采购开销尽量节省和提高效率；促进及鼓励任何国家的供应商和承包商参与，促进国际贸易的发展；促进供应商和承包商为供应拟采购的货物、工程或服务进行竞争；给予所有供应商和承包商以公平及平等的待遇；促使采购过程诚实、公平，提高公众对采购过程的信任；使有关采购的程序具有透明度。

6. 世界银行的《贷款采购指南》于 1964 年首次出版，其制定的目的是明确政府采购方式及适用条件，规定政府采购的程序规则，使借款国在利用世界银行贷款从事政府采购活动时，能够按统一规则来规范化运作。

7. 1992 年欧盟成立后，相继颁布了关于公共采购各个领域的《公共指令》，形成了欧盟《政府采购指令》的法律体系。在这个法律体系中有四部指令是关于政府采购的实体性法律，包括《公共服务指令》《公共供应指令》《公共工程指令》和《公用事业指令》；另有两部程序法指令，包括《公共救济指令》和《公用事业救济指令》。

8. 《政府采购非约束性原则》是 APEC 准备在其成员国（地区）范围内建立的一套具有强制约束性原则的过渡性原则，以此推动各成员国逐步开放政府采购市场。

9. TPP 坚持国民待遇和非歧视性原则。该框架下的政府采购，寄希望于逐步打开各成员国，尤其是发展中国家的政府采购市场，实现全球贸易在更高水平上的自由化。

思考题

1. 《政府采购协议》是如何形成的？它有哪些特点？性质如何？它对基本原则和适用范围有哪些规定？

2. 《公共采购示范法》是如何形成的？制定《公共采购示范法》的目的是什么？《公共采购示范法》对适用范围和采购方法有哪些规定？

3. 《贷款采购指南》是如何形成的？其目的和原则是什么？对其适用范围和采购方法有哪些规定？

4. 《政府采购指令》是如何形成的？其目的和原则是什么？
5. 《政府采购非约束性原则》是如何形成的？其中的透明度原则包括哪些内容？
6. TPP 中有关政府采购的规定有哪些？
7. 在完善我国政府采购制度的道路上，我们应从这些国际采购规则中借鉴什么？

案例分析

某世界银行贷款城市交通项目，交通设施工程国内竞争性招标的招标文件于 1999 年 12 月 15 日递交给世界银行驻中国代表处（简称世界银行北京办公室）审查。工程内容为交通标志、标线、护栏和信号灯，分为高架桥桥上和桥下两部分，在报送世界银行的转报信中的合同估价为 3 720 万元人民币。招标文件中招标邀请书的时间是 1999 年 12 月 14 日，投标截止和开标的日期为 12 月 28 日。世界银行北京办公室于 21 日对招标文件提出了修改意见，建议将招标文件规定的招标时间从 14 天改为 30 天。24 日，世界银行北京办公室收到了修改的招标文件的传真，并于当天发出不反对意见。27 日，世界银行北京办公室又收到了要求缩短招标时间为 21 天的传真，世界银行北京办公室立即通过电子邮件向华盛顿世界银行总部东亚和太平洋地区采购顾问请示特例批准。地区采购顾问同意后，世界银行北京办公室于 30 日发出了将招标时间从 30 天缩短为 21 天的不反对意见，并对 2000 年 1 月 26 日完工的时间表示怀疑。

招标文件规定的施工时间较短，是因为政府计划在 1 月 28 日将快完工的城市高架道路开放交通，交通工程必须在 26 日完工。1999 年 12 月 30 日依据投标人要求澄清问题的答复桥下部分的工程量清单得到了修改；2000 年 1 月 5 日的补遗要求投标人将已开工的桥上部分统一报价为人民币 7 309 908.04 元。以上修改和补遗事先没有提交世界银行审批。

2000 年 1 月 12 日开标，评标报告 1 月 14 日先用传真递交世界银行审查，1 月 17 日再邮寄给世界银行北京办公室。本次招标共有 7 家公司投标，业主推荐第三低标中标，开标价和评标结果如下：

世界银行在 19 日对评标报告作出评论，要求补充招标文件补遗和最低报价的 3 家投标人的投标书给世界银行审查。审查后发现推荐中标的第三低标不能满足招标文件规定的年营业额和类似项目经验的最低资格标准。最低报价的投标人没有报价的项目主要是竣工图、文明施工费、承包人驻地建设等，但第一章总则的报价 462 096 元比推荐中标的第三低标的 178 301 元还要高。据规定，投标人没有填入单价或价格的项目在实施时业主将不予支付，并认为已包括在工程量清单的其他单价和价格中。虽在经营范围中没有提到交通工程，但投标人在 1994—2000 年中做过 6 个高速公路的交通工程，合同价在 300 万至 2 000 万元之间。投标书中的技术部分提到的一个技术标准为 1986 年标准，但工程量清单中确认为 1999 年标准。投标书没有每页小签，但主要部分的工程量清单和财务报表等均有有效签字，拒绝此投标人的投标的理由是不充分的。该投标人没有按补遗的要求将已开工的桥上部分按统一价格填为人民币 7 309 908.04 元，而计算为 4 184 224 元。

经过几次澄清，业主在 2000 年 1 月 26 日同意推荐最低投标价的投标人中标，推荐中标价 9 955 083 元。世界银行于 27 日不反对意见同意的中标价为 5 770 859 元，将已开工的桥上部分的报价 4 184 224 元减去。

3 月 14 日，世界银行收到业主的传真，要求将合同重新授予第三低标的投标人，否则不能签署合同，要求撤标，理由是施工图与招标图变化很大，路面交通车流量大，封路施工困难，桥下部分路面施工未完，合同工期太短（常规工期要 3 个月），材料涨价等。

世界银行于 16 日答复业主，不同意将合同授予原第三低标的投标人，因为其不能满足年营业额和经验的最低资格标准。业主于 17 日重新推荐第六低标的投标人中标，世界银行于 20 日要求补充拒绝第二、第四和第五低标的支持文件。根据业主 21 日的补充支持文件，世界银行于 23 日同意将合同授予第六低标的投标人，授标价 7 009 041 元。业主于 5 月 9 日没收了最低投标价的投标人的投标保证金 20 万元。

（资料来源：《忽略细节会吃亏，世行贷款项目土建工程采购案例》，载中国温州商会网，http://www.88088.com/zfzsnew/zbjyt/2006/1206/124737.shtml。）

阅读案例并思考：
（1）世界银行有没有尽力支持业主的招标工作，在时间上是如何支持的？
（2）此案例中，双方存在哪些应注意和改善的问题？
（3）是实际经验重要还是证书重要？

课外阅读材料

1. 马海涛、陈福超、李学考主编：《政府采购手册》，民主与建设出版社 2002 年版，第 347—459 页。

2. 孟春主编：《政府采购理论实践》，经济科学出版社 2001 年版，第 202—210 页。

3. 马志强、刁云薇主编：《公共支出管理》，南开大学出版社 2005 年版，第 262—269 页。

4. 刘汉屏、李安泽编著：《政府采购理论与政策研究》，中国财政经济出版社 2004 年版，第 213—230 页。

5. 高培勇主编：《政府采购管理》，经济科学出版社 2003 年版，第 159—199 页。

6. 王垂芳主编：《新编国际商务公约与惯例》，上海科技教育出版社 1992 年版，第 121—143 页。

7. 刘东汶、邹振旅主编：《经济管理国际惯例大全》，改革出版社 1994 年版，第 360—373 页。

8. 中国政府采购年鉴编辑委员会编：《中国政府采购年鉴 2004》，中国财政经济出版社 2005 年版，第 154—159 页的"世界贸易组织《政府采购协议》谈判焦点及我国的对策"。

9. 中国政府采购年鉴编辑委员会编：《中国政府采购年鉴 2003》，中国财政经济出版社 2004 年版，第 172—178 页的"《政府采购协议》与我国政府采购法律制度建设"。

10. 赵勇：《持续修订联合国采购方式增加到 11 种》，《政府采购信息报》，2011 年 2 月 28 日第 004 版。

11. 何红峰、王洁：《联合国〈采购示范法〉草案中的框架协议》，《中国政府采购》，2010 年第 105 期。

12. 中央财经大学：《论欧盟公共采购指令群的现代化及其启示》，《观点》，2015 年第 165 期。

13. 朱颖：《欧盟公共采购指令修订聚焦七大革新》，《中国政府采购报》，2013 年 11 月 15 日第 004 版。

14. 朱颖：《特许经营纳入欧盟公共采购指令》，《中国政府采购报》，2014 年 1 月 28 日第 004 版。

15. 李欣倩：《欧盟公私合作关系中的特许权协议研究》，《西部法学评论》，2015 年第 4 期。

16. 徐舟：《GPA 规则与我国政府采购法律之比较》，《中国政府采购报》，2015 年 4 月 10 日第 004 版。

17. 郑钦编译：《TPP 协议：政府采购市场的区域性开放与融合》，《中国政府采购报》，2015 年 11 月 13 日第 004 版。

18. 朱颖编译：《TPP 协议：政府采购章节中的"魔鬼细节"》，《中国政府采购报》，2015 年 11 月 17 日第 004 版。

19. 葛晓峰：《跨太平洋伙伴关系协定（TPP）中的采购方式及比较》，《招标采购管理》，2015 年第 12 期，第 62—65 页。

20. 曹富国、周芬：《政府采购法的国际化：从 GPA 到 TPP》，《中国政府采购》，2015 年第 11 期，第 65—69 页。

21. 祝尔坚：《从 2012 版 GPA 文本论政府采购发展走势》，《工程研究——跨学科视野中的工程》，2013 年第 3 期，第 288—294 页。

22. 张婷：《中国加入 WTO〈政府采购协议〉对策研究》，沈阳工业大学，2015 年。

第十五章　外国政府采购制度介绍

本章重点

1. 美国的政府采购制度及其对我国的借鉴意义
2. 新加坡的政府采购制度及其对我国的借鉴意义

导语

政府采购制度最早形成于1782年的英国,至今已有二百多年的历史,经过两个多世纪特别是20世纪30年代以来的实践和探索,相当一部分国家已经建立起一套较为完整和成熟的政府采购制度,尤其以英美两国的政府采购制度最为成熟和完善。就政府采购模式而言,国际上通行的采购模式主要有三种:分散采购,如美国等西方大部分国家的政府采购制度;半分散、半集中采购,如新加坡的政府采购制度;集中采购,如韩国的政府采购制度。本章将着重介绍美国和新加坡的政府采购制度以及它们对我国建立法制化、规范化的政府采购制度的借鉴意义。

关键词

采购卡采购法　报价竞争采购法　密封投标采购法　谈判投标采购法　相互协商采购法　小额采购　报价　公开招标　选择招标　有限招标

第一节　美国的政府采购制度及其对我国的借鉴意义

美国的政府采购制度是建立在法制基础上的。早在1861年美国就通过了一项联邦法案，规定超过一定数额的联邦政府采购必须使用公开招标的程序。美国的《联邦政府采购法》经过多次修改和完善，已经形成了一套较为完备的采购和招标制度体系。美国实行联邦制，各州拥有独立的立法权，在不违背国家宪法的前提下可以制定适用于本州的法律。近年来，美国在政府采购制度及相关法律制度建设方面又有不少改革措施出台，使政府能够获得更好的产品和服务，进一步强化了政府采购的职能。

一、政府采购机构

美国政府采购机构包括联邦政府采购机构、地方政府采购机构和中介组织。联邦政府采购机构由监督管理机构、执行机构、救济机构三部分组成。监督管理机构包括：美国国会下属的联邦会计总署（GAO），是受理承包商投诉的最具权威的机构；美国总统行政办公厅内设的行政管理与预算局（OMB）。美国联邦政府事务管理总署为执行机构，下设的联邦供应局为具体的采办机构。美国联邦政府事务管理总署除了由设在华盛顿的总部负责全面的采购事务及制度的执行外，还在美国各大城市设立分部，负责政府采购的具体管理工作；救济机构包括合同上诉理事会、美国联邦赔偿法院等。此外，还存在着全国政府采购研究所等专业协会。州政府和地方政府大多数设有采购部门，只有少数部门由于采购活动的特殊性而自行采购。政府采购人员资格认证主要由公共采购认证理事会、全国采购管理协会、全国合同管理协会、后勤工程师协会等机构负责。

二、政府采购类别

联邦级政府采购的采购对象可分为以下三类：设备与器材、其他服务、开发研究。

按照采购对象的规模大小，可将政府采购划分为小额采购（2 500—25 000美元）和大额采购（25 000美元以上）。凡金额超过2 500美元的采购，都需按正常的程序进行；采购金额等于或小于2 500美元，可使用采购卡方式，以减少管理压力。

三、政府采购原则

美国政府采购制度的指导原则包括以下几个方面：

1. 法制原则

美国政府采购制度是建立在法律规范的基础上的。政府通过制定一系列法律法规来约束自身的采购行为，维护采购信誉，保证采购的透明度，使各级政府能快捷、有效地采购所需的商品和服务。

2. 公开竞争原则

公开竞争原则是美国政府采购制度的基本原则。竞争能使政府有效地利用商业竞争和财政刺激,从市场上采购到物美价廉的产品、工程和服务,实现政府采购的最佳价值。目前,在美国政府采购所采用的方式中,无论是政府不经协商而与报价最低、能满足公共需求的供应商签订合同的密闭投标法,还是政府与报价方进行协商并就价格、技术能力及其他质量问题进行协商的谈判投标法,都体现了竞争原则。

3. 经济原则

美国的政府采购制度是建立在市场经济的基础上的,所以必须按照政府采购经济利益最大化的原则去从事政府采购活动。

4. 公共原则

美国的政府采购制度要求在保持公众信任和履行公共政策目标的同时,保证提供产品、工程和服务的及时性和优质性。政府采购的买卖双方应当作为一个整体去协同交易,并相应得到必要的授权,在全部的责任范围内进行交易。

5. 组织原则

美国政府采购的组织体系是一种社会化的组织体系。它不仅有技术方面的、供应方面的和购买机构方面的代表,而且包括为之服务的消费者以及提供产品、工程和服务的供应商或承包商。

6. 申诉原则

这是美国政府采购制度中的一条重要原则,其目的在于保证采购制度的公正性和透明度,任何认为自己受到不公正待遇的厂商都可以提出申诉。

7. 例外原则

如果为了政府的特殊战略和政策,政府采购部门不必一定受制于《联邦采购法》和其他法律法规,可以根据实际情况,由政府通过制定适当的行政条例或部门规章来保证符合公共利益的政府采购活动得以顺利进行。

四、政府采购方法

在美国,政府采购所采用的方法归纳起来主要有采购卡采购法、报价竞争采购法、密封投标采购法、谈判投标采购法、相互协商采购法等几种。究竟采用哪种方法取决于政府采购的性质、采购的数量、采购的频率以及竞争策略和法律法规的要求。

1. 采购卡采购法

如果政府采购的每笔金额不高于 2 500 美元,一般采用采购卡方式进行采购。这种方法简单易行、成本低,并能保证各政府机构从供应商那里获得价格合理的产品和服务。

持卡人员在授权范围内,遵循规定程序并选择合理的价格,即可进行采购活动。

2. 报价竞争采购法

报价竞争采购法又称公开竞价采购,适用于采购金额为 2 500—25 000 美元的采购。程序较为简单,一般从供应商目录中随机抽取 3—5 家企业,以及上次中标的企业,一起进行竞价。买方通常基于对当地贸易的了解,对小额产品报出有竞争力的优惠价格,并根据供应商的报价发出采购订单。

3. 密封投标采购法

金额超过 25 000 美元的大额采购项目,一般可采用这种采购方法。密封投标采购是指,凡有意参加政府采购的任何供应商均可以按照标书的要求向买方投标,投标的过程是严格按照法律程序进行的,政府必须选择标价最低、最负责任的供应商签约。而供应商同样必须满足采购的一切要求,投标一经开始,任何人不得更改相关内容。

4. 谈判投标采购法

对于一些较为复杂的政府采购项目,采用谈判投标采购法较为合理。谈判投标采购是指,在政府投标过程中,可以由招标投标双方讨价还价,或定价前给予投标人更改投标条件的机会。对政府采购方而言,可以改变其标书条款;对供应商而言,可以提出意见。这一过程应对所有供应商一视同仁,不得存在歧视。

5. 相互协商采购法

相互协商采购不采用招标投标方式,而是通过政府部门和供应商就产品、工程和服务的质量、价格进行协商,最终签订采购合同。这种方法适用于一些较复杂的采购项目,政府部门和供应商根据商品或劳务的质量对价格进行协商,最终确定采购合同。这种方法为那些签约可能性不大的供应商报价节省了时间,同时也使政府避免了不必要的报价评估工作,既缩短了采购评估周期,又节约了经费。近年来,美国政府越来越重视这种方法,并制定了一些法律,为其应用提供了法律依据。

6. 电子贸易

随着科学技术的高速发展,近年来美国政府开始采用电子技术来提高政府采购的效率。目前,政府机构主要使用电子贸易方式,以创造良好的用户购买环境,使买方更简便、有效地进行交易,卖方更便捷、节约地推广产品,同时使采购更加合理化。

7. 单一渠道采购

不需要向社会发布公告,极少采用,适用情况只有三种:一是对政府最有利;二是确属于独家供应;三是法律或政府规定。

五、政府采购程序

美国政府的政府采购过程由三个阶段组成:

1. 确定采购需求

这个阶段由政府各部门来完成。在确定采购需求这一阶段，政府采购各部门应当拟订采购计划，对其所需的产品、工程和服务作出说明，这其中还必须包括所有与产品、工程和服务价格相关的信息，如产品、工程和服务的功能或性能特点、采购总量、产品的交货期及服务的有效期。

2. 签订合同

这个阶段由各级政府集中采购机关或者政府各部门内设的采购机构来完成。一般而言，在竞争比较激烈的政府采购活动中，政府部门可以采用定向自由报价的方式；在竞争不太激烈的政府采购活动中，政府部门可以采用定向报价的方式。总之，政府部门是在收集各方报价的基础上进行择优选择并签订政府采购合同的。所签采购合同要严守法律规定，以确保整个过程符合公平、公正的原则，最大限度地满足政府部门的需求。

3. 合同的执行和管理

这个阶段由有关监督部门来完成。通过履行合同，对合同执行的阶段性结果和最终结果进行验收、结算、效益评估。这一阶段的目的是确保供应商按合同规定提供的产品、工程和服务能够满足政府对其质量、性能、数量和及时性的要求。

美国的政府采购法律法规中还规定有申诉及索赔制度，允许未中标的报价方或签约人对采购实体和采购代理机构不合理的行为进行申诉，并由中立的第三方听取其申诉并作出裁决。这种申诉制度有助于维护政府采购的公正性，捍卫采购制度的透明性，并在很大程度上克服武断决议，大大减少因政府在采购过程中发生决策性失误而造成的损失。

六、美国政府采购制度对我国的借鉴意义

美国政府采购制度一贯奉行维护采购信誉、保持采购制度透明性、开展充分竞争三大思想，这三大思想是美国政府采购思想的精髓，在此基础上进行的各种制度创新和改造，对我国因地制宜地建立政府采购制度具有重要的借鉴意义。中国政府要想寻求最好的签约伙伴，获得最优惠的签约条件、最低的签约价格以及质优价廉的产品、工程和服务，就必须将这三大指导思想充分体现于政府采购的工作实践中去。

第一，维护政府采购信誉原则对现阶段实施和完善我国政府采购制度尤为重要。采购信誉是指政府采购人员在进行采购时所必须遵循的行为准则。供应商都希望政府机构公正地评估其签约建议，政府机构则希望供应商就产品、工程和服务的价格、质量与性能展开竞争，而不希望任何政府机构和政府官员对采购过程进行过分的行政干预。政府采购制度在我国刚刚开始实施，能否顺利推行，推行的效果如何，其前提就是政府采购人员在进行政府采购时必须遵守一定的行为准则，如不贪污受贿、不徇私舞弊或不做其他不道德的事情，只有这样才能维护供应商和采购单位的利益，公平公正地对待供应商，在维护政府采购信誉的同时使其他政府采购原则得以贯彻，从而取信于公众，使政府采

购制度得以顺利实施。广泛运用电子网络信息技术，通过"电子贸易"方式，推动采购活动便捷、节约、高效地进行。

第二，采购制度的透明性原则能够保证政府采购活动按照各方意愿公开、公正地进行，保持政府采购制度透明性的方法尤其值得我国借鉴。采购制度的透明性实际上就是指采购制度取信于商家及签约人所采取的措施。保持政府采购制度透明性的主要方法有：颁布有关采购程序的法律、规章制度；向全世界公布采购需求；明确规定对商家的评估方法；向未能签约的商家公布与政府签约的商家的名称及签约数量；向未能签约的商家公布并解释具体规章制度的执行方法；设立投诉程序，并使独立的第三方及未能签约的商家的律师可以随时查阅政府采购的记录；聘请适当的监督人员定期检查政府采购行为。

第三，美国在对政府采购官员的选拔和培训方面已经形成了比较经典的法律规章制度体系，其中可取的程序和规则对我国起步较晚的政府采购制度是有借鉴意义的。美国政府采购官员的选拔，作为公共雇员管理的一部分，对参选人员有严格的资历要求，如毕业于高等商业学校或修完商业课程从而具备同等教育程度，有成功的采购工作的管理经验。在美国，政府采购的资金来源于纳税人缴纳的税款，政府采购官员代表政府进行采购，由于采购的资金额巨大，他们担负着重大的责任，所以法律通常对其职责有着严格而明确的规定。我国正在努力建立科学、规范的政府采购制度，同样必须重视政府采购人员的选拔和培训，探索建立政府采购职业资格制度，制定统一的职业规范，严格执证上岗，以及采购人员专业化、职业化，这样才能保证政府采购的透明、有效，使政府采购真正实现经济节省的目标，从而最终达到公共需求的最大满足。

第二节　新加坡的政府采购制度及其对我国的借鉴意义

1995年5月以前，新加坡主要实行集中采购，即由原中央采购处负责采购，而法定机构则自行采购。1995年5月1日，中央政府关闭了中央采购处，财政部只负责少量的产品如纸张、大米及计算机等的采购，其他大量的产品、工程和服务采购由各部委、厅及法定机构分散采购，但这些采购都要遵守财政部制定的中央采购指南。一般各部委、厅及法定机构每年并没有固定的采购计划，只在需要时才购买。1997年，新加坡加入关税与贸易总协定以后，在政府采购领域开始适用世界贸易组织的《政府采购协议》。1997年9月，新加坡正式签署世界贸易组织的《政府采购协议》，该协议适用于新加坡所有的政府部门和25个法定机构的政府采购工作。

为了更好地履行《政府采购协议》的义务，新加坡制定了《政府采购法案》，该法案采用了《政府采购协议》的规定。在制定政府采购政策时，财政部在非《政府采购协议》的采购项目上也尽量采用《政府采购协议》的规定，以减少行政上的负担。

一、政府采购机构

新加坡是一个城市型国家，没有地方政府。政府采购政策由财政部的预算署制定，其权限来自《财务程序法案》授权以及内阁授予的权利，这些权利适用于所有的政府采购机关。政府采购活动由以下政府采购机关执行：

（一）政府部门

这里的政府部门主要是指政府的行政机关。在新加坡，政府采购的管理机关是财政部，它只负责集中采购少数产品，对为政府采购提供产品、工程和服务的供应商进行注册。其他一些相关部门则从专业角度负责某一领域的政府采购工作，如卫生部主要接受财政部的委托，对有关部委、厅、法定机构所需的医药产品进行集中采购，对为政府采购提供医药产品的供应商进行注册。

（二）法定机构

法定机构类似于我国的事业单位，是依据特别签署的法案成立的，主要职责是执行特定的国家政策，并直接向个别部长负责。法定政府采购机构与政府部门相比拥有更多的自主权，如经济发展局（由贸易与工业部监督）等。法定机构有别于政府企业，后者不需要遵守政府采购条例。

（三）审计总长

审计总长主要负责政府采购的审计工作，确保采购政策的有效执行。如果发现违规行为，则向公共账目委员会报告，违规部门和机构需有合理的解释。

二、政府采购的目的和基本原则

（一）政府采购的目的

第一，确保政府采购招标合同的公开、公平；
第二，合同应当授予完全符合或在很大程度上符合标准并且报价最低的供应商；
第三，尽量减少采购人员可以利用的贪污机会。

（二）政府采购的基本原则

（1）透明原则
透明原则是指有关政府采购的法律、政策、程序和具体的采购活动要公开。
（2）物有所值原则
物有所值原则是指通过广泛的竞争，使采购实体能够采购到价廉物美的产品、工程和服务。
（3）公平和公开竞争原则
公平和公开竞争原则是指所有参加竞争的供应商均应机会均等，并受到同等的待遇。允许所有有兴趣参加投标的供应商、承包商和服务提供者参加竞争，合同的授予要兼顾政府采购社会目标的实现。

三、采购方法

新加坡的政府采购是在世界贸易组织的帮助下于 1994 年由各党派达成共识，并根据政府采购大体的价值标准，规定了不同的采购方式。具体情况如下：

（一）小额采购

小额采购适用于 3 000 新元以下的采购项目。如果价格合理，可直接向单一供应商购买；如果不了解价格情况，应该本着物有所值的原则，选择多个供应商进行对比以确定最佳的购买价格。

（二）询价采购

询价采购适用于 3 000 新元以上、70 000 新元以下的采购项目。[①]须有两方分开负责，询价接收专员负责邀请、接收、评估和推荐标准报价，报价审批部门负责批准报价。前者须至少邀请三个供应商报价，做到货比三家，除非获得后者的批准，否则不得减少报价的供应商数。

（三）公开招标

公开招标适用于 70 000 新元以上（含 70 000 新元），且不符合选择招标或有限招标条件的采购项目。新加坡所有公开招标的公告都将在政府采购网（www.gebiz.gov.sg）上公布，任何有兴趣的符合规定的供应商都可参加投标。《政府采购协议》的采购项目招标邀请期限不应少于 40 天；非《政府采购协议》的采购项目常规上不应少于 21 天，设计建造不应少于 40 天。在邀请招标文件中，应包含以下内容：说明信、投标者指南、合同条件、要求规格、评估准则、投标表格等，最终确定中标者。

（四）选择招标

选择招标适用于复杂和高技术的采购项目。它包括两个阶段：一是投标前的资格审定阶段。在报刊或网络上刊登一份资格审定通告，邀请自认为合格的供应商参加资格审定；邀请期过后，由政府采购机关根据规定资格要求进行资格审定，同时考虑供应商在当地乃至全球的影响及其能力，淘汰不适合的供应商，减少不必要的评估费用。二是投标及资格审定阶段。非《政府采购协议》的采购项目，只能向被审定合格的供应商进行招标，其程序与公开招标大致相同；对于《政府采购协议》的采购项目，在向被审定的供应商招标时，须刊登招标通告，让那些先前没有参加资格审定的供应商也有可能参加投标。采用公开投标的，应采取开启投标箱、评估投标和裁决投标的程序。

（五）有限招标

有限招标可以分为三类：一是有限非公开招标，即因先前的公开或选择招标并没有收到适当的投标，或项目属于公共利益而只能向数位供应商进行招标；二是取消竞标，即采购不通过竞标的形式而直接向单一供应商购买，但要避免让供应商知道取消竞标，故这类招标在确定取消竞标的理由后，经有关部门最高领导的批准，在形式上仍要通过

---

① 张惠彬：《新加坡政府采购经验推介》，《财会月刊》，2013 年第 24 期。

招标、评估程序和裁决投标诸阶段；三是发生了采购机构无法预见的非常紧急事故，所需货物或服务通过公开招标或选择性招标程序难以及时获得。

四、采购程序

新加坡的政府采购过程包括下述几个阶段：

（一）确认购买要求

政府采购机构根据所规定的程序，确定所需购买的项目、数量及品质要求。

（二）取得采购批准

政府采购机构根据所规定的程序，办理所需的相关批准手续，获得批准文件。

（三）计算采购价值

计算采购价值的目的是要确定采购是否实行《政府采购协议》，同时也用于决定适当的政府采购程序。在这一过程中，计算采购价值通常采用《政府采购协议》所规定的计算方法来进行估算。

（四）确定采购项目的性质

要明确所需采购项目的类型是属于产品、服务还是属于建筑工程。确定项目性质的目的是确定采购的实施是否符合《政府采购协议》规定的条件。

（五）确定《政府采购协议》的实施过程

如果政府采购行为符合以下任一条件，采购项目可以不受《政府采购协议》的限制：
第一，政府采购机关没有列在新加坡对《政府采购协议》的承诺范围里面；
第二，采购项目的估计采购值少于新加坡承诺的门槛金额；
第三，《政府采购协议》允许的特殊情况；
第四，在新加坡对《政府采购协议》承诺范围内所允许的特殊情况。

（六）确定采购程序

采购部门根据采购的估计值选择适当的采购程序。采购程序主要根据采购金额的状况而定：
第一，小额采购，3 000新元以下的采购；
第二，报价，70 000新元以下的采购；
第三，招标，70 000新元以上（含70 000新元）的采购。

（七）执行采购

政府采购机关要依据采购程序的规定进行具体的采购。

（八）重复订货

为避免不公开的竞争和防止滥用职权，一般不鼓励重复订货。重复订货须满足以下条件：

第一，采购合同中必须有该条文；

第二，重复订货必须在首次采购后的三个月内进行；

第三，重复订货的总价值不得超过原采购合同价值的10%。

（九）合同的延长

这个过程主要用于解决需购买附加项目时可能延长合同时间的问题。若要延期签订合同，必须向有关部门的常务秘书或法定机构的执行总裁证明这样做确有经济效率才行。

（十）应急订购

只有在出现以下情况时，才可进行应急订购：工地情况有预想不到的变动；实际项目需要进行事先意想不到的增减。所有变动都必须得到有关投标批准当局的批准。

此外，这些变动针对不同的情况还有数额上的限制：对于设备合同，其变动金额不得超过原合同价值的5%；对于建筑工程合同，其变动金额不得超过原合同价值的10%；对于土木工程合同，其变动金额不得超过原合同价值的20%。

五、优惠政策

新加坡对国内供应商并无特别的优惠政策，对中小企业也没有优惠政策。在国际组织协议中，新加坡按有关规定给予组织成员国一定的优惠。

六、申诉与仲裁

为处理有关政府采购的申诉问题，新加坡政府专门设立政府采购仲裁法庭，负责处理《政府采购协议》本身无法调解的投诉。

七、新加坡政府采购制度对我国的借鉴意义

第一，新加坡政府采购法律中对招标评标标准的制定以及对供应商进行注册、登记和分级管理的制度对我国是有极大的借鉴意义的。鉴于评标在新加坡政府采购方式——招标中的重要作用，对评标标准主要项目进行规定很有必要，同时对作为政府采购主体之一的供应商加强管理也很有必要。一方面，可以保证供应商资格是合乎规定的；另一方面，通过注册、登记和分级管理，可以提高政府采购的效率。在目前我国不断完善政府采购法律法规体系及其相关管理制度的进程中，应当参照新加坡的做法。

第二，新加坡政府采购中的每个操作过程都公之于众，致使其少有腐败行为。尤其是近些年来，其飞速发展的政府采购电子化系统不仅将所有信息公开，而且采购过程也公开进行，政府部门随时可以对任何一个采购环节进行复查。社会公众可以从网上查看采购过程和采购结果，透明度的增强有效地抑制了各种不规范行为。这对于我国坚持政

府采购的透明度、维护政府采购的廉洁性有一定的启示。一方面，这种做法可以使我们及时发现政府采购活动中存在的问题，并予以揭露和纠正，进而维护和完善政府采购的法律制度；另一方面，它是政府机构反腐败的一剂良药。我国长期以来的自由采购行为，特别是建筑工程中的采购行为存在着不少腐败现象，这种现象滋生的一个很重要的原因就是由于政府采购缺乏透明性。在政府自由采购中存在"暗箱"操作，难以监督，更纵容了腐败行为。只有建立高强度的政府采购制度，并适时适当地利用互联网进行信息公开和开展公众监督，才能维护政府采购的透明性，有效防止政府采购中的腐败行为。

本章小结

1. 美国的政府采购制度是建立在法制基础上的，伴随着《联邦政府采购法》的不断修正和完善，美国目前已经形成了一套较为完善的政府采购和招标投标制度体系。在美国，负责政府采购的专门机构是美国联邦政府事务管理总署，具体采办机构是联邦供应局。

2. 美国政府采购制度的指导原则包括：①竞争原则；②公共原则；③经济原则；④组织原则；⑤例外原则。具体的政府采购过程由三个阶段组成：①确定采购需求；②签订合同；③合同的执行。所运用的采购方法包括：①采购卡采购法；②报价竞争采购法；③密封投标采购法；④谈判投标采购法；⑤相互协商采购法。

3. 美国政府采购一贯奉行的维护采购信誉、保持采购制度透明性、开展充分竞争这三大思想以及在对政府采购官员的选拔和培训方面所形成的可取的程序及规则对我国起步较晚的政府采购制度的进一步完善是有借鉴意义的。

4. 1997年9月，新加坡正式签署世界贸易组织的《政府采购协议》，该协议适用于新加坡所有的政府部门和25个法定机构的政府采购工作。

5. 在新加坡，负责政府采购事务的机构和官员包括：政府机构、法定机构和审计总长。政府采购的目的有：①确保政府采购招标合同的公开、公平；②合同应当授予完全符合或在很大程度上符合标准并且报价最低的供应商；③尽量减少采购人员可以利用的贪污机会。遵循的原则有透明原则、物有所值原则和公平、公开竞争原则。

6. 新加坡的政府采购过程包括下述几个阶段：①确认购买要求；②取得采购批准；③计算采购价值；④确定采购项目的性质；⑤确定《政府采购协议》的实施过程；⑥选择采购程序；⑦执行采购过程；⑧重复订货；⑨合同的延长；⑩应急订购。在采购过程中所运用的采购方式包括：①小额采购；②报价；③公开招标；④选择招标；⑤有限招标。

7. 在目前我国不断完善政府采购法律法规体系及其相关管理制度的进程中，新加坡政府采购法律中对招标评标标准的制定，对供应商进行注册、登记和分级管理的制度以及坚持政府采购的透明性、维护政府采购的廉洁性的做法对我国是有极大的借鉴意义的。

思考题

1. 美国政府采购的指导原则有哪些？采购方法有哪些？采购过程包括哪几个阶段？
2. 简述美国政府采购方面的优秀经验对我国进一步完善政府采购制度的借鉴意义。
3. 新加坡政府采购的目的和基本原则有哪些？采购方法有哪些？政府采购过程包括哪几个阶段？
4. 简述新加坡政府采购方面的优秀经验对我国进一步完善政府采购制度的借鉴意义。

案例分析

仁川国际机场（英文缩写为 IIA）首期工程建设在 2000 年年末完工。后一阶段的机场建设将持续到 2020 年。该工程的总成本估计接近 29 640 亿韩元。政府对工程成本的投资计划达总成本的 40%，剩余资金由其他资金来源提供，包括在国内和国外资本市场融资。

针对 IIA 项目，韩国于 1991 年颁布了《汉城首都地区建设新机场促进法案》。该案法规定，新机场建设项目应由国家、地方政府或由总统令规定的某政府投资机构来实施。另外，韩国建设和交通部在认为有效率的情况下，可自行安排其认为合适的法人来实施 IIA 工程。

自 IIA 项目实施日起，官方通过韩国国民大会任命了多个工程负责人。1991 年 12 月，韩国机场负责机关（KAA）成立。1994 年 12 月，权力又被移交给韩国机场建设负责机关（KOACA）。最后，权力又于 1999 年 2 月 1 日被移交给仁川国际机场公司（IIAC）。KAA、KOACA 和 IIAC 均是独立的法人实体，并具有公司地位。它们均依法接受韩国建设和交通部的指导与监督。

1999 年 2 月 16 日，美国根据《关于争端解决规则和程序谅解》（简称 DSU）第四条"协商"和《政府采购协议》第二十二条协商和争端解决的要求，与韩国就涉及仁川国际机场工程采购实体的采购活动是否违反《政府采购协议》问题进行协商，未达成一致。3 月 11 日，美国要求世界贸易组织争端解决机构（DSB）组建专家组审议该争端。欧盟和日本保留其第三方的权利。专家组组成后，听取了争端当事双方的陈述，于 3 月 13 日向争端双方发送了中期报告。

DSB 对此案的审议结果是驳回美国的起诉。理由是专家组审议认为：首先，负责 IIA 项目的采购实体不属于《政府采购协议》韩国附录一中所涵盖的采购实体，并且也未被《政府采购协议》下韩国的其他减让义务所包括。因此，美国对韩国提出的"违反《政府采购协议》有关规定"的指控不成立。其次，美国未能表明其在《政府采购协议》下的合理预期利益，或其在《政府采购协议》下韩国减让义务中包括的利益因韩国采取的措施而受到《政府采购协议》第二十二条第二款具体规定的损害。因此，根据国际法上"一切起诉均应建立在受损事实基础之上"的一贯做法，美国无任何理由起诉韩国。

美国和韩国在此案中的争议焦点为：负责 IIA 项目的 KAA、其后继者 KOACA 和 IIAC 是否属于《政府采购协议》适用范围内的采购实体。

韩国认为美国应知道 KAA（及其后继者 KOACA 和 IIAC）未被包括在附件一中，因为按照韩国的《政府组织法》，三者不属于附件一中采购实体的直属机构。而且，在已进行的工程建设中，美国清楚 KAA，同样也清楚 KOACA、IIAC 在 IIA 项目中的地位，但其并未对此提出质疑，且美国多家厂商与 KAA、KOACA 和 IIAC 有合同往来。对韩国上述陈述，专家组予以肯定。

此外，对美国提出的"非违法之诉"，专家组以美国在本案中坚持的非违法之诉与通常此类起诉的基础不同为由予以驳回。传统的非违法之诉不适用于本案情况。关税与贸易总协定和世界贸易组织发展的非违法之诉建立在对预期减让利益的损害基础上。本案中所谓的"合理预期"是由谈判而非减让引致的。在《政府采购协议》下，出价方有责任给出彻底公开透明的出价。在韩国加入谈判过程中，其对美国所提问题的答复不是很直接。专家组认为，在审议本案时，不能仅仅考虑是否存在对减让的损害，还要考虑美国在韩国签署《政府采购协议》的出价中是否被误导。本案中，美国关于 IIA 项目包含在韩国的《政府采购协议》出价中的假设是错误的。本案中的《政府采购协议》附件谈判本质上是条约谈判。美国的这一错误判断是由条约签订时美国自身的假定造成的。在给定的条件下（如两年半的间隔和欧洲经济共同体对韩国出价采取的行动等），专家组认为美国应该注意到错误发生的可能，即该错误在两年半的时间间隔后（韩国减让表签署时本不可能发生），因此美国的错误是不可谅解的。专家组认为，美国提出的错误不能成为关于利益损害的非违法之诉的基础，故对其起诉予以驳回。

阅读案例并分析，美国为何败诉，本案例对我国政府有哪些启示。

（资料来源：《美韩机场招标案对我政府的三大启示》，汕头 WTO 事务咨询服务网，http://stwtoz.shantou.gov.cn/anli/content.asp?sn=101。）

📚 课外阅读材料

1. 马海涛、陈福超、李学考主编：《政府采购手册》，民主与建设出版社 2002 年版，第 482—498 页。

2. 孟春主编：《政府采购理论实践》，经济科学出版社 2001 年版，第 210—214 页。

3. 马志强、刁云薇主编：《公共支出管理》，南开大学出版社 2005 年版，第 269—274 页。

4. 刘汉屏、李安泽编著：《政府采购理论与政策研究》，中国财政经济出版社 2004 年版，第 230—234 页。

5. 高培勇主编：《政府采购管理》，经济科学出版社 2003 年版，第 200—216 页。

6. 中国政府采购年鉴编委会编著：《中国政府采购年鉴 2005》，中国财政经济出版社 2006 年版，第 453—472 页。

7. 刘建阳：《浅析美国政府采购制度的做法和启示》，《会计师》，2014 年第 4 期。

8. 张惠彬：《新加坡政府采购经验推介》，《财会月刊》，2013 年第 24 期。

9. 吕汉阳：《新加坡政府采购电子化的发展及启示》，《中国政府采购》，2009 年第 10 期。

附 录

中华人民共和国政府采购法
中华人民共和国招标投标法
中华人民共和国政府采购法实施条例
中华人民共和国招标投标法实施条例

附录1 中华人民共和国政府采购法

中华人民共和国主席令

第 68 号

《中华人民共和国政府采购法》已由中华人民共和国第九届全国人民代表大会常务委员会第二十八次会议于2002年6月29日通过,现予公布,自2003年1月1日起施行。

中华人民共和国主席 江泽民
2002年6月29日

第一章 总 则

第一条 为了规范政府采购行为,提高政府采购资金的使用效益,维护国家利益和社会公共利益,保护政府采购当事人的合法权益,促进廉政建设,制定本法。

第二条 在中华人民共和国境内进行的政府采购适用本法。

本法所称政府采购,是指各级国家机关、事业单位和团体组织,使用财政性资金采购依法制定的集中采购目录以内的或者采购限额标准以上的货物、工程和服务的行为。

政府集中采购目录和采购限额标准依照本法规定的权限制定。

本法所称采购,是指以合同方式有偿取得货物、工程和服务的行为,包括购买、租赁、委托、雇用等。

本法所称货物,是指各种形态和种类的物品,包括原材料、燃料、设备、产品等。

本法所称工程,是指建设工程,包括建筑物和构筑物的新建、改建、扩建、装修、拆除、修缮等。

本法所称服务,是指除货物和工程以外的其他政府采购对象。

第三条 政府采购应当遵循公开透明原则、公平竞争原则、公正原则和诚实信用原则。

第四条 政府采购工程进行招标投标的,适用招标投标法。

第五条 任何单位和个人不得采用任何方式,阻挠和限制供应商自由进入本地区和本行业的政府采购市场。

第六条 政府采购应当严格按照批准的预算执行。

第七条 政府采购实行集中采购和分散采购相结合。集中采购的范围由省级以上人民政府公布的集中采购目录确定。

属于中央预算的政府采购项目,其集中采购目录由国务院确定并公布;属于地方预算的政府采购项目，其集中采购目录由省、自治区、直辖市人民政府或者其授权的机构确定并公布。

纳入集中采购目录的政府采购项目，应当实行集中采购。

第八条 政府采购限额标准，属于中央预算的政府采购项目，由国务院确定并公布；属于地方预算的政府采购项目，由省、自治区、直辖市人民政府或者其授权的机构确定并公布。

第九条 政府采购应当有助于实现国家的经济和社会发展政策目标，包括保护环境，扶持不发达地区和少数民族地区，促进中小企业发展等。

第十条 政府采购应当采购本国货物、工程和服务。但有下列情形之一的除外：

（一）需要采购的货物、工程或者服务在中国境内无法获取或者无法以合理的商业条件获取的；

（二）为在中国境外使用而进行采购的；

（三）其他法律、行政法规另有规定的。

前款所称本国货物、工程和服务的界定，依照国务院有关规定执行。

第十一条 政府采购的信息应当在政府采购监督管理部门指定的媒体上及时向社会公开发布，但涉及商业秘密的除外。

第十二条 在政府采购活动中，采购人员及相关人员与供应商有利害关系的，必须回避。供应商认为采购人员及相关人员与其他供应商有利害关系的，可以申请其回避。

前款所称相关人员，包括招标采购中评标委员会的组成人员，竞争性谈判采购中谈判小组的组成人员，询价采购中询价小组的组成人员等。

第十三条 各级人民政府财政部门是负责政府采购监督管理的部门，依法履行对政府采购活动的监督管理职责。

各级人民政府其他有关部门依法履行与政府采购活动有关的监督管理职责。

第二章 政府采购当事人

第十四条 政府采购当事人是指在政府采购活动中享有权利和承担义务的各类主体，包括采购人、供应商和采购代理机构等。

第十五条 采购人是指依法进行政府采购的国家机关、事业单位、团体组织。

第十六条 集中采购机构为采购代理机构。设区的市、自治州以上人民政府根据本级政府采购项目组织集中采购的需要设立集中采购机构。

集中采购机构是非营利事业法人，根据采购人的委托办理采购事宜。

第十七条 集中采购机构进行政府采购活动，应当符合采购价格低于市场平均价格、采购效率更高、采购质量优良和服务良好的要求。

第十八条 采购人采购纳入集中采购目录的政府采购项目，必须委托集中采购机构代理采购；采购未纳入集中采购目录的政府采购项目，可以自行采购，也可以委托集中采购机构在委托的范围内代理采购。

纳入集中采购目录属于通用的政府采购项目的，应当委托集中采购机构代理采购；

属于本部门、本系统有特殊要求的项目，应当实行部门集中采购；属于本单位有特殊要求的项目，经省级以上人民政府批准，可以自行采购。

第十九条　采购人可以委托经国务院有关部门或者省级人民政府有关部门认定资格的采购代理机构，在委托的范围内办理政府采购事宜。

采购人有权自行选择采购代理机构，任何单位和个人不得以任何方式为采购人指定采购代理机构。

第二十条　采购人依法委托采购代理机构办理采购事宜的，应当由采购人与采购代理机构签订委托代理协议，依法确定委托代理的事项，约定双方的权利义务。

第二十一条　供应商是指向采购人提供货物、工程或者服务的法人、其他组织或者自然人。

第二十二条　供应商参加政府采购活动应当具备下列条件：
（一）具有独立承担民事责任的能力；
（二）具有良好的商业信誉和健全的财务会计制度；
（三）具有履行合同所必需的设备和专业技术能力；
（四）有依法缴纳税收和社会保障资金的良好记录；
（五）参加政府采购活动前三年内，在经营活动中没有重大违法记录；
（六）法律、行政法规规定的其他条件。

采购人可以根据采购项目的特殊要求，规定供应商的特定条件，但不得以不合理的条件对供应商实行差别待遇或者歧视待遇。

第二十三条　采购人可以要求参加政府采购的供应商提供有关资质证明文件和业绩情况，并根据本法规定的供应商条件和采购项目对供应商的特定要求，对供应商的资格进行审查。

第二十四条　两个以上的自然人、法人或者其他组织可以组成一个联合体，以一个供应商的身份共同参加政府采购。

以联合体形式进行政府采购的，参加联合体的供应商均应当具备本法第二十二条规定的条件，并应当向采购人提交联合协议，载明联合体各方承担的工作和义务。联合体各方应当共同与采购人签订采购合同，就采购合同约定的事项对采购人承担连带责任。

第二十五条　政府采购当事人不得相互串通损害国家利益、社会公共利益和其他当事人的合法权益；不得以任何手段排斥其他供应商参与竞争。

供应商不得以向采购人、采购代理机构、评标委员会的组成人员、竞争性谈判小组的组成人员、询价小组的组成人员行贿或者采取其他不正当手段谋取中标或者成交。

采购代理机构不得以向采购人行贿或者采取其他不正当手段谋取非法利益。

第三章　政府采购方式

第二十六条　政府采购采用以下方式：
（一）公开招标；
（二）邀请招标；

（三）竞争性谈判；

（四）单一来源采购；

（五）询价；

（六）国务院政府采购监督管理部门认定的其他采购方式。

公开招标应作为政府采购的主要采购方式。

第二十七条 采购人采购货物或者服务应当采用公开招标方式的，其具体数额标准，属于中央预算的政府采购项目，由国务院规定；属于地方预算的政府采购项目，由省、自治区、直辖市人民政府规定；因特殊情况需要采用公开招标以外的采购方式的，应当在采购活动开始前获得设区的市、自治州以上人民政府采购监督管理部门的批准。

第二十八条 采购人不得将应当以公开招标方式采购的货物或者服务化整为零或者以其他任何方式规避公开招标采购。

第二十九条 符合下列情形之一的货物或者服务，可以依照本法采用邀请招标方式采购：

（一）具有特殊性，只能从有限范围的供应商处采购的；

（二）采用公开招标方式的费用占政府采购项目总价值的比例过大的。

第三十条 符合下列情形之一的货物或者服务，可以依照本法采用竞争性谈判方式采购：

（一）招标后没有供应商投标或者没有合格标的或者重新招标未能成立的；

（二）技术复杂或者性质特殊，不能确定详细规格或者具体要求的；

（三）采用招标所需时间不能满足用户紧急需要的；

（四）不能事先计算出价格总额的。

第三十一条 符合下列情形之一的货物或者服务，可以依照本法采用单一来源方式采购：

（一）只能从唯一供应商处采购的；

（二）发生了不可预见的紧急情况不能从其他供应商处采购的；

（三）必须保证原有采购项目一致性或者服务配套的要求，需要继续从原供应商处添购，且添购资金总额不超过原合同采购金额百分之十的。

第三十二条 采购的货物规格、标准统一、现货货源充足且价格变化幅度小的政府采购项目，可以依照本法采用询价方式采购。

第四章 政府采购程序

第三十三条 负有编制部门预算职责的部门在编制下一财政年度部门预算时，应当将该财政年度政府采购的项目及资金预算列出，报本级财政部门汇总。部门预算的审批，按预算管理权限和程序进行。

第三十四条 货物或者服务项目采取邀请招标方式采购的，采购人应当从符合相应资格条件的供应商中，通过随机方式选择三家以上的供应商，并向其发出投标邀请书。

第三十五条 货物和服务项目实行招标方式采购的，自招标文件开始发出之日起至投标人提交投标文件截止之日止,不得少于二十日。

第三十六条 在招标采购中,出现下列情形之一的,应予废标:

(一)符合专业条件的供应商或者对招标文件作实质响应的供应商不足三家的;

(二)出现影响采购公正的违法、违规行为的;

(三)投标人的报价均超过了采购预算,采购人不能支付的;

(四)因重大变故,采购任务取消的。

废标后,采购人应当将废标理由通知所有投标人。

第三十七条 废标后,除采购任务取消情形外,应当重新组织招标;需要采取其他方式采购的,应当在采购活动开始前获得设区的市、自治州以上人民政府采购监督管理部门或者政府有关部门批准。

第三十八条 采用竞争性谈判方式采购的,应当遵循下列程序:

(一)成立谈判小组。谈判小组由采购人的代表和有关专家共三人以上的单数组成,其中专家的人数不得少于成员总数的三分之二。

(二)制定谈判文件。谈判文件应当明确谈判程序、谈判内容、合同草案的条款以及评定成交的标准等事项。

(三)确定邀请参加谈判的供应商名单。谈判小组从符合相应资格条件的供应商名单中确定不少于三家的供应商参加谈判,并向其提供谈判文件。

(四)谈判。谈判小组所有成员集中与单一供应商分别进行谈判。在谈判中,谈判的任何一方不得透露与谈判有关的其他供应商的技术资料、价格和其他信息。谈判文件有实质性变动的,谈判小组应当以书面形式通知所有参加谈判的供应商。

(五)确定成交供应商。谈判结束后,谈判小组应当要求所有参加谈判的供应商在规定时间内进行最后报价,采购人从谈判小组提出的成交候选人中根据符合采购需求、质量和服务相等且报价最低的原则确定成交供应商,并将结果通知所有参加谈判的未成交的供应商。

第三十九条 采取单一来源方式采购的,采购人与供应商应当遵循本法规定的原则,在保证采购项目质量和双方商定合理价格的基础上进行采购。

第四十条 采取询价方式采购的,应当遵循下列程序:

(一)成立询价小组。询价小组由采购人的代表和有关专家共三人以上的单数组成,其中专家的人数不得少于成员总数的三分之二。询价小组应当对采购项目的价格构成和评定成交的标准等事项作出规定。

(二)确定被询价的供应商名单。询价小组根据采购需求,从符合相应资格条件的供应商名单中确定不少于三家的供应商,并向其发出询价通知书让其报价。

(三)询价。询价小组要求被询价的供应商一次报出不得更改的价格。

(四)确定成交供应商。采购人根据符合采购需求、质量和服务相等且报价最低的原则确定成交供应商,并将结果通知所有被询价的未成交的供应商。

第四十一条 采购人或者其委托的采购代理机构应当组织对供应商履约的验收。大型或者复杂的政府采购项目,应当邀请国家认可的质量检测机构参加验收工作。验收方成员应当在验收书上签字，并承担相应的法律责任。

第四十二条　采购人、采购代理机构对政府采购项目每项采购活动的采购文件应当妥善保存，不得伪造、变造、隐匿或者销毁。采购文件的保存期限为从采购结束之日起至少保存十五年。

采购文件包括采购活动记录、采购预算、招标文件、投标文件、评标标准、评估报告、定标文件、合同文本、验收证明、质疑答复、投诉处理决定及其他有关文件、资料。

采购活动记录至少应当包括下列内容：

（一）采购项目类别、名称；

（二）采购项目预算、资金构成和合同价格；

（三）采购方式，采用公开招标以外的采购方式的，应当载明原因；

（四）邀请和选择供应商的条件及原因；

（五）评标标准及确定中标人的原因；

（六）废标的原因；

（七）采用招标以外采购方式的相应记载。

第五章　政府采购合同

第四十三条　政府采购合同适用合同法。采购人和供应商之间的权利和义务，应当按照平等、自愿的原则以合同方式约定。

采购人可以委托采购代理机构代表其与供应商签订政府采购合同。由采购代理机构以采购人名义签订合同的，应当提交采购人的授权委托书，作为合同附件。

第四十四条　政府采购合同应当采用书面形式。

第四十五条　国务院政府采购监督管理部门应当会同国务院有关部门，规定政府采购合同必须具备的条款。

第四十六条　采购人与中标、成交供应商应当在中标、成交通知书发出之日起三十日内，按照采购文件确定的事项签订政府采购合同。

中标、成交通知书对采购人和中标、成交供应商均具有法律效力。中标、成交通知书发出后，采购人改变中标、成交结果的，或者中标、成交供应商放弃中标、成交项目的，应当依法承担法律责任。

第四十七条　政府采购项目的采购合同自签订之日起七个工作日内，采购人应当将合同副本报同级政府采购监督管理部门和有关部门备案。

第四十八条　经采购人同意，中标、成交供应商可以依法采取分包方式履行合同。

政府采购合同分包履行的，中标、成交供应商就采购项目和分包项目向采购人负责，分包供应商就分包项目承担责任。

第四十九条　政府采购合同履行中，采购人需追加与合同标的相同的货物、工程或者服务的，在不改变合同其他条款的前提下，可以与供应商协商签订补充合同，但所有补充合同的采购金额不得超过原合同采购金额的百分之十。

第五十条　政府采购合同的双方当事人不得擅自变更、中止或者终止合同。

政府采购合同继续履行将损害国家利益和社会公共利益的,双方当事人应当变更、中止或者终止合同。有过错的一方应当承担赔偿责任,双方都有过错的,各自承担相应的责任。

第六章 质疑与投诉

第五十一条 供应商对政府采购活动事项有疑问的,可以向采购人提出询问,采购人应当及时作出答复,但答复的内容不得涉及商业秘密。

第五十二条 供应商认为采购文件、采购过程和中标、成交结果使自己的权益受到损害的,可以在知道或者应知其权益受到损害之日起七个工作日内,以书面形式向采购人提出质疑。

第五十三条 采购人应当在收到供应商的书面质疑后七个工作日内作出答复,并以书面形式通知质疑供应商和其他有关供应商,但答复的内容不得涉及商业秘密。

第五十四条 采购人委托采购代理机构采购的,供应商可以向采购代理机构提出询问或者质疑,采购代理机构应当依照本法第五十一条、第五十三条的规定就采购人委托授权范围内的事项作出答复。

第五十五条 质疑供应商对采购人、采购代理机构的答复不满意或者采购人、采购代理机构未在规定的时间内作出答复的,可以在答复期满后十五个工作日内向同级政府采购监督管理部门投诉。

第五十六条 政府采购监督管理部门应当在收到投诉后三十个工作日内,对投诉事项作出处理决定,并以书面形式通知投诉人和与投诉事项有关的当事人。

第五十七条 政府采购监督管理部门在处理投诉事项期间,可以视具体情况书面通知采购人暂停采购活动,但暂停时间最长不得超过三十日。

第五十八条 投诉人对政府采购监督管理部门的投诉处理决定不服或者政府采购监督管理部门逾期未作处理的,可以依法申请行政复议或者向人民法院提起行政诉讼。

第七章 监 督 检 查

第五十九条 政府采购监督管理部门应当加强对政府采购活动及集中采购机构的监督检查。

监督检查的主要内容是:

(一)有关政府采购的法律、行政法规和规章的执行情况;

(二)采购范围、采购方式和采购程序的执行情况;

(三)政府采购人员的职业素质和专业技能。

第六十条 政府采购监督管理部门不得设置集中采购机构,不得参与政府采购项目的采购活动。

采购代理机构与行政机关不得存在隶属关系或者其他利益关系。

第六十一条 集中采购机构应当建立健全内部监督管理制度。采购活动的决策和执行程序应当明确,并相互监督、相互制约。经办采购的人员与负责采购合同审核、验收人员的职责权限应当明确,并相互分离。

第六十二条　集中采购机构的采购人员应当具有相关职业素质和专业技能，符合政府采购监督管理部门规定的专业岗位任职要求。

集中采购机构对其工作人员应当加强教育和培训；对采购人员的专业水平、工作实绩和职业道德状况定期进行考核。采购人员经考核不合格的，不得继续任职。

第六十三条　政府采购项目的采购标准应当公开。

采用本法规定的采购方式的，采购人在采购活动完成后，应当将采购结果予以公布。

第六十四条　采购人必须按照本法规定的采购方式和采购程序进行采购。

任何单位和个人不得违反本法规定，要求采购人或者采购工作人员向其指定的供应商进行采购。

第六十五条　政府采购监督管理部门应当对政府采购项目的采购活动进行检查，政府采购当事人应当如实反映情况，提供有关材料。

第六十六条　政府采购监督管理部门应当对集中采购机构的采购价格、节约资金效果、服务质量、信誉状况、有无违法行为等事项进行考核，并定期如实公布考核结果。

第六十七条　依照法律、行政法规的规定对政府采购负有行政监督职责的政府有关部门，应当按照其职责分工，加强对政府采购活动的监督。

第六十八条　审计机关应当对政府采购进行审计监督。政府采购监督管理部门、政府采购各当事人有关政府采购活动，应当接受审计机关的审计监督。

第六十九条　监察机关应当加强对参与政府采购活动的国家机关、国家公务员和国家行政机关任命的其他人员实施监察。

第七十条　任何单位和个人对政府采购活动中的违法行为，有权控告和检举，有关部门、机关应当依照各自职责及时处理。

第八章　法　律　责　任

第七十一条　采购人、采购代理机构有下列情形之一的，责令限期改正，给予警告，可以并处罚款，对直接负责的主管人员和其他直接责任人员，由其行政主管部门或者有关机关给予处分，并予通报：

（一）应当采用公开招标方式而擅自采用其他方式采购的；

（二）擅自提高采购标准的；

（三）委托不具备政府采购业务代理资格的机构办理采购事务的；

（四）以不合理的条件对供应商实行差别待遇或者歧视待遇的；

（五）在招标采购过程中与投标人进行协商谈判的；

（六）中标、成交通知书发出后不与中标、成交供应商签订采购合同的；

（七）拒绝有关部门依法实施监督检查的。

第七十二条　采购人、采购代理机构及其工作人员有下列情形之一，构成犯罪的，依法追究刑事责任；尚不构成犯罪的，处以罚款，有违法所得的，并处没收违法所得，属于国家机关工作人员的，依法给予行政处分：

（一）与供应商或者采购代理机构恶意串通的；

（二）在采购过程中接受贿赂或者获取其他不正当利益的；

（三）在有关部门依法实施的监督检查中提供虚假情况的；

（四）开标前泄露标底的。

第七十三条 有前两条违法行为之一影响中标、成交结果或者可能影响中标、成交结果的，按下列情况分别处理：

（一）未确定中标、成交供应商的，终止采购活动；

（二）中标、成交供应商已经确定但采购合同尚未履行的，撤销合同，从合格的中标、成交候选人中另行确定中标、成交供应商；

（三）采购合同已经履行的，给采购人、供应商造成损失的，由责任人承担赔偿责任。

第七十四条 采购人对应当实行集中采购的政府采购项目，不委托集中采购机构实行集中采购的，由政府采购监督管理部门责令改正；拒不改正的，停止按预算向其支付资金，由其上级行政主管部门或者有关机关依法给予其直接负责的主管人员和其他直接责任人员处分。

第七十五条 采购人未依法公布政府采购项目的采购标准和采购结果的，责令改正，对直接负责的主管人员依法给予处分。

第七十六条 采购人、采购代理机构违反本法规定隐匿、销毁应当保存的采购文件或者伪造、变造采购文件的，由政府采购监督管理部门处以二万元以上十万元以下的罚款，对其直接负责的主管人员和其他直接责任人员依法给予处分；构成犯罪的，依法追究刑事责任。

第七十七条 供应商有下列情形之一的，处以采购金额千分之五以上千分之十以下的罚款，列入不良行为记录名单，在一至三年内禁止参加政府采购活动，有违法所得的，并处没收违法所得，情节严重的，由工商行政管理机关吊销营业执照；构成犯罪的，依法追究刑事责任：

（一）提供虚假材料谋取中标、成交的；

（二）采取不正当手段诋毁、排挤其他供应商的；

（三）与采购人、其他供应商或者采购代理机构恶意串通的；

（四）向采购人、采购代理机构行贿或者提供其他不正当利益的；

（五）在招标采购过程中与采购人进行协商谈判的；

（六）拒绝有关部门监督检查或者提供虚假情况的。供应商有前款第（一）至（五）项情形之一的，中标、成交无效。

第七十八条 采购代理机构在代理政府采购业务中有违法行为的，按照有关法律规定处以罚款，可以依法取消其进行相关业务的资格，构成犯罪的，依法追究刑事责任。

第七十九条 政府采购当事人有本法第七十一条、第七十二条、第七十七条违法行为之一，给他人造成损失的，并应依照有关民事法律规定承担民事责任。

第八十条 政府采购监督管理部门的工作人员在实施监督检查中违反本法规定滥用职权，玩忽职守，徇私舞弊的，依法给予行政处分；构成犯罪的，依法追究刑事责任。

第八十一条 政府采购监督管理部门对供应商的投诉逾期未作处理的，给予直接负责的主管人员和其他直接责任人员行政处分。

第八十二条 政府采购监督管理部门对集中采购机构业绩的考核，有虚假陈述，隐瞒真实情况的，或者不作定期考核和公布考核结果的，应当及时纠正，由其上级机关或者监察机关对其负责人进行通报，并对直接负责的人员依法给予行政处分。集中采购机构在政府采购监督管理部门考核中，虚报业绩，隐瞒真实情况的，处以二万元以上二十万元以下的罚款，并予以通报；情节严重的，取消其代理采购的资格。

第八十三条　任何单位或者个人阻挠和限制供应商进入本地区或者本行业政府采购市场的，责令限期改正；拒不改正的，由该单位、个人的上级行政主管部门或者有关机关给予单位责任人或者个人处分。

第九章　附　　则

第八十四条　使用国际组织和外国政府贷款进行的政府采购，贷款方、资金提供方与中方达成的协议对采购的具体条件另有规定的，可以适用其规定，但不得损害国家利益和社会公共利益。

第八十五条　对因严重自然灾害和其他不可抗力事件所实施的紧急采购和涉及国家安全和秘密的采购，不适用本法。

第八十六条　军事采购法规由中央军事委员会另行制定。

第八十七条　本法实施的具体步骤和办法由国务院规定。

第八十八条　本法自 2003 年 1 月 1 日起施行。

附录2　中华人民共和国招标投标法

中华人民共和国主席令

第 21 号

《中华人民共和国招标投标法》已由中华人民共和国第九届全国人民代表大会常务委员会第十一次会议于 1999 年 8 月 30 日通过,现予公布,自 2000 年 1 月 1 日起施行。

中华人民共和国主席　江泽民
1999 年 8 月 30 日

第一章　总　　则

第一条　为了规范招标投标活动,保护国家利益、社会公共利益和招标投标活动当事人的合法权益,提高经济效益,保证项目质量,制定本法。

第二条　在中华人民共和国境内进行招标投标活动,适用本法。

第三条　在中华人民共和国境内进行下列工程建设项目包括项目的勘察、设计、施工、监理以及与工程建设有关的重要设备、材料等的采购,必须进行招标:

（一）大型基础设施、公用事业等关系社会公共利益、公众安全的项目;

（二）全部或者部分使用国有资金投资或者国家融资的项目;

（三）使用国际组织或者外国政府贷款、援助资金的项目。

前款所列项目的具体范围和规模标准,由国务院发展计划部门会同国务院有关部门制订,报国务院批准。法律或者国务院对必须进行招标的其他项目的范围有规定的,依照其规定。

第四条　任何单位和个人不得将依法必须进行招标的项目化整为零或者以其他任何方式规避招标。

第五条　招标投标活动应当遵循公开、公平、公正和诚实信用的原则。

第六条　依法必须进行招标的项目,其招标投标活动不受地区或者部门的限制。任何单位和个人不得违法限制或者排斥本地区、本系统以外的法人或者其他组织参加投标,不得以任何方式非法干涉招标投标活动。

第七条　招标投标活动及其当事人应当接受依法实施的监督。有关行政监督部门依法对招标投标活动实施监督,依法查处招标投标活动中的违法行为。对招标投标活动的行政监督及有关部门的具体职权划分,由国务院规定。

第二章 招 标

第八条 招标人是依照本法规定提出招标项目、进行招标的法人或者其他组织。

第九条 招标项目按照国家有关规定需要履行项目审批手续的,应当先履行审批手续,取得批准。

招标人应当有进行招标项目的相应资金或者资金来源已经落实,并应当在招标文件中如实载明。

第十条 招标分为公开招标和邀请招标。

公开招标,是指招标人以招标公告的方式邀请不特定的法人或者其他组织投标。

邀请招标,是指招标人以投标邀请书的方式邀请特定的法人或者其他组织投标。

第十一条 国务院发展计划部门确定的国家重点项目和省、自治区、直辖市人民政府确定的地方重点项目不适宜公开招标的,经国务院发展计划部门或者省、自治区、直辖市人民政府批准,可以进行邀请招标。

第十二条 招标人有权自行选择招标代理机构,委托其办理招标事宜。任何单位和个人不得以任何方式为招标人指定招标代理机构。

招标人具有编制招标文件和组织评标能力的,可以自行办理招标事宜。任何单位和个人不得强制其委托招标代理机构办理招标事宜。依法必须进行招标的项目,招标人自行办理招标事宜的,应当向有关行政监督部门备案。

第十三条 招标代理机构是依法设立、从事招标代理业务并提供相关服务的社会中介组织。

招标代理机构应当具备下列条件:

(一)有从事招标代理业务的营业场所和相应资金;

(二)有能够编制招标文件和组织评标的相应专业力量;

(三)有符合本法第三十七条第三款规定条件、可以作为评标委员会成员人选的技术、经济等方面的专家库。

第十四条 从事工程建设项目招标代理业务的招标代理机构,其资格由国务院或者省、自治区、直辖市人民政府的建设行政主管部门认定。具体办法由国务院建设行政主管部门会同国务院有关部门制定。从事其他招标代理业务的招标代理机构,其资格认定的主管部门由国务院规定。

招标代理机构与行政机关和其他国家机关不得存在隶属关系或者其他利益关系。

第十五条 招标代理机构应当在招标人委托的范围内办理招标事宜,并遵守本法关于招标人的规定。

第十六条 招标人采用公开招标方式的,应当发布招标公告。依法必须进行招标的项目的招标公告,应当通过国家指定的报刊、信息网络或者其他媒介发布。

招标公告应当载明招标人的名称和地址、招标项目的性质、数量、实施地点和时间以及获取招标文件的办法等事项。

第十七条 招标人采用邀请招标方式的,应当向三个以上具备承担招标项目的能力、资信良好的特定的法人或者其他组织发出投标邀请书。投标邀请书应当载明本法第十六条第二款规定的事项。

第十八条　招标人可以根据招标项目本身的要求,在招标公告或者投标邀请书中,要求潜在投标人提供有关资质证明文件和业绩情况,并对潜在投标人进行资格审查;国家对投标人的资格条件有规定的,依照其规定。

招标人不得以不合理的条件限制或者排斥潜在投标人,不得对潜在投标人实行歧视待遇。

第十九条　招标人应当根据招标项目的特点和需要编制招标文件。招标文件应当包括招标项目的技术要求、对投标人资格审查的标准、投标报价要求和评标标准等所有实质性要求和条件以及拟签订合同的主要条款。

国家对招标项目的技术、标准有规定的,招标人应当按照其规定在招标文件中提出相应要求。招标项目需要划分标段、确定工期的,招标人应当合理划分标段、确定工期,并在招标文件中载明。

第二十条　招标文件不得要求或者标明特定的生产供应者以及含有倾向或者排斥潜在投标人的其他内容。

第二十一条　招标人根据招标项目的具体情况,可以组织潜在投标人踏勘项目现场。

第二十二条　招标人不得向他人透露已获取招标文件的潜在投标人的名称、数量以及可能影响公平竞争的有关招标投标的其他情况。招标人设有标底的,标底必须保密。

第二十三条　招标人对已发出的招标文件进行必要的澄清或者修改的,应当在招标文件要求提交投标文件截止时间至少十五日前,以书面形式通知所有招标文件收受人。该澄清或者修改的内容为招标文件的组成部分。

第二十四条　招标人应当确定投标人编制投标文件所需要的合理时间;但是,依法必须进行招标的项目,自招标文件开始发出之日起至投标人提交投标文件截止之日止,最短不得少于二十日。

第三章　投　　标

第二十五条　投标人是响应招标、参加投标竞争的法人或者其他组织。

依法招标的科研项目允许个人参加投标的,投标的个人适用本法有关投标人的规定。

第二十六条　投标人应当具备承担招标项目的能力;国家有关规定对投标人资格条件或者招标文件对投标人资格条件有规定的,投标人应当具备规定的资格条件。

第二十七条　投标人应当按照招标文件的要求编制投标文件。投标文件应当对招标文件提出的实质性要求和条件作出响应。

招标项目属于建设施工的,投标文件的内容应当包括拟派出的项目负责人与主要技术人员的简历、业绩和拟用于完成招标项目的机械设备等。

第二十八条　投标人应当在招标文件要求提交投标文件的截止时间前,将投标文件送达投标地点。招标人收到投标文件后,应当签收保存,不得开启。投标人少于三个的,招标人应当依照本法重新招标。在招标文件要求提交投标文件的截止时间后送达的投标文件，招标人应当拒收。

第二十九条 投标人在招标文件要求提交投标文件的截止时间前，可以补充、修改或者撤回已提交的投标文件，并书面通知招标人。补充、修改的内容为投标文件的组成部分。

第三十条 投标人根据招标文件载明的项目实际情况，拟在中标后将中标项目的部分非主体、非关键性工作进行分包的，应当在投标文件中载明。

第三十一条 两个以上法人或者其他组织可以组成一个联合体，以一个投标人的身份共同投标。

联合体各方均应当具备承担招标项目的相应能力；国家有关规定或者招标文件对投标人资格条件有规定的，联合体各方均应当具备规定的相应资格条件。由同一专业的单位组成的联合体，按照资质等级较低的单位确定资质等级。联合体各方应当签订共同投标协议，明确约定各方拟承担的工作和责任，并将共同投标协议连同投标文件一并提交招标人。联合体中标的，联合体各方应当共同与招标人签订合同，就中标项目向招标人承担连带责任。招标人不得强制投标人组成联合体共同投标，不得限制投标人之间的竞争。

第三十二条 投标人不得相互串通投标报价，不得排挤其他投标人的公平竞争，损害招标人或者其他投标人的合法权益。

投标人不得与招标人串通投标，损害国家利益、社会公共利益或者他人的合法权益。

禁止投标人以向招标人或者评标委员会成员行贿的手段谋取中标。

第三十三条 投标人不得以低于成本的报价竞标，也不得以他人名义投标或者以其他方式弄虚作假，骗取中标。

第四章 开标、评标和中标

第三十四条 开标应当在招标文件确定的提交投标文件截止时间的同一时间公开进行；开标地点应当为招标文件中预先确定的地点。

第三十五条 开标由招标人主持，邀请所有投标人参加。

第三十六条 开标时，由投标人或者其推选的代表检查投标文件的密封情况，也可以由招标人委托的公证机构检查并公证；经确认无误后，由工作人员当众拆封，宣读投标人名称、投标价格和投标文件的其他主要内容。

招标人在招标文件要求提交投标文件的截止时间前收到的所有投标文件，开标时都应当当众予以拆封、宣读。开标过程应当记录，并存档备查。

第三十七条 评标由招标人依法组建的评标委员会负责。依法必须进行招标的项目，其评标委员会由招标人的代表和有关技术、经济等方面的专家组成，成员人数为五人以上单数，其中技术、经济等方面的专家不得少于成员总数的三分之二。前款专家应当从事相关领域工作满八年并具有高级职称或者具有同等专业水平，由招标人从国务院有关部门或者省、自治区、直辖市人民政府有关部门提供的专家名册或者招标代理机构的专家库内的相关专业的专家名单中确定；一般招标项目可以采取随机抽取方式，特殊招标项目可以由招标人直接确定。与投标人有利害关系的人不得进入相关项目的评标委员会；

已经进入的应当更换。评标委员会成员的名单在中标结果确定前应当保密。

第三十八条 招标人应当采取必要的措施,保证评标在严格保密的情况下进行。任何单位和个人不得非法干预、影响评标的过程和结果。

第三十九条 评标委员会可以要求投标人对投标文件中含义不明确的内容作必要的澄清或者说明,但是澄清或者说明不得超出投标文件的范围或者改变投标文件的实质性内容。

第四十条 评标委员会应当按照招标文件确定的评标标准和方法,对投标文件进行评审和比较;设有标底的,应当参考标底。评标委员会完成评标后,应当向招标人提出书面评标报告,并推荐合格的中标候选人。

招标人根据评标委员会提出的书面评标报告和推荐的中标候选人确定中标人。招标人也可以授权评标委员会直接确定中标人。国务院对特定招标项目的评标有特别规定的,从其规定。

第四十一条 中标人的投标应当符合下列条件之一:

(一)能够最大限度地满足招标文件中规定的各项综合评价标准;

(二)能够满足招标文件的实质性要求,并且经评审的投标价格最低;但是投标价格低于成本的除外。

第四十二条 评标委员会经评审,认为所有投标都不符合招标文件要求的,可以否决所有投标。

依法必须进行招标的项目的所有投标被否决的,招标人应当依照本法重新招标。

第四十三条 在确定中标人前,招标人不得与投标人就投标价格、投标方案等实质性内容进行谈判。

第四十四条 评标委员会成员应当客观、公正地履行职务,遵守职业道德,对所提出的评审意见承担个人责任。评标委员会成员不得私下接触投标人,不得收受投标人的财物或者其他好处。评标委员会成员和参与评标的有关工作人员不得透露对投标文件的评审和比较、中标候选人的推荐情况以及与评标有关的其他情况。

第四十五条 中标人确定后,招标人应当向中标人发出中标通知书,并同时将中标结果通知所有未中标的投标人。中标通知书对招标人和中标人具有法律效力。中标通知书发出后,招标人改变中标结果的,或者中标人放弃中标项目的,应当依法承担法律责任。

第四十六条 招标人和中标人应当自中标通知书发出之日起三十日内,按照招标文件和中标人的投标文件订立书面合同。招标人和中标人不得再行订立背离合同实质性内容的其他协议。招标文件要求中标人提交履约保证金的,中标人应当提交。

第四十七条 依法必须进行招标的项目,招标人应当自确定中标人之日起十五日内,向有关行政监督部门提交招标投标情况的书面报告。

第四十八条 中标人应当按照合同约定履行义务,完成中标项目。中标人不得向他人转让中标项目,也不得将中标项目肢解后分别向他人转让。中标人按照合同约定或者经招标人同意,可以将中标项目的部分非主体、非关键性工作分包给他人完成。接受分包的人应当具备相应的资格条件,并不得再次分包。中标人应当就分包项目向招标人负责，接受分包的人就分包项目承担连带责任。

第五章 法律责任

第四十九条 违反本法规定，必须进行招标的项目而不招标的，将必须进行招标的项目化整为零或者以其他任何方式规避招标的，责令限期改正，可以处项目合同金额千分之五以上千分之十以下的罚款；对全部或者部分使用国有资金的项目，可以暂停项目执行或者暂停资金拨付；对单位直接负责的主管人员和其他直接责任人员依法给予处分。

第五十条 招标代理机构违反本法规定，泄露应当保密的与招标投标活动有关的情况和资料的，或者与招标人、投标人串通损害国家利益、社会公共利益或者他人合法权益的，处五万元以上二十五万元以下的罚款，对单位直接负责的主管人员和其他直接责任人员处单位罚款数额百分之五以上百分之十以下的罚款；有违法所得的，并处没收违法所得；情节严重的，暂停直至取消招标代理资格；构成犯罪的，依法追究刑事责任。给他人造成损失的，依法承担赔偿责任。前款所列行为影响中标结果的，中标无效。

第五十一条 招标人以不合理的条件限制或者排斥潜在投标人的，对潜在投标人实行歧视待遇的，强制要求投标人组成联合体共同投标的，或者限制投标人之间竞争的，责令改正，可以处一万元以上五万元以下的罚款。

第五十二条 依法必须进行招标的项目的招标人向他人透露已获取招标文件的潜在投标人的名称、数量或者可能影响公平竞争的有关招标投标的其他情况的，或者泄露标底的，给予警告，可以并处一万元以上十万元以下的罚款；对单位直接负责的主管人员和其他直接责任人员依法给予处分；构成犯罪的，依法追究刑事责任。

前款所列行为影响中标结果的，中标无效。

第五十三条 投标人相互串通投标或者与招标人串通投标的，投标人以向招标人或者评标委员会成员行贿的手段谋取中标的，中标无效，处中标项目金额千分之五以上千分之十以下的罚款，对单位直接负责的主管人员和其他直接责任人员处单位罚款数额百分之五以上百分之十以下的罚款；有违法所得的，并处没收违法所得；情节严重的，取消其一年至二年内参加依法必须进行招标的项目的投标资格并予以公告，直至由工商行政管理机关吊销营业执照；构成犯罪的，依法追究刑事责任。给他人造成损失的，依法承担赔偿责任。

第五十四条 投标人以他人名义投标或者以其他方式弄虚作假，骗取中标的，中标无效，给招标人造成损失的，依法承担赔偿责任；构成犯罪的，依法追究刑事责任。

依法必须进行招标的项目的投标人有前款所列行为尚未构成犯罪的，处中标项目金额千分之五以上千分之十以下的罚款，对单位直接负责的主管人员和其他直接责任人员处单位罚款数额百分之五以上百分之十以下的罚款；有违法所得的，并处没收违法所得；情节严重的，取消其一年至三年内参加依法必须进行招标的项目的投标资格并予以公告，直至由工商行政管理机关吊销营业执照。

第五十五条 依法必须进行招标的项目，招标人违反本法规定，与投标人就投标价格、投标方案等实质性内容进行谈判的，给予警告，对单位直接负责的主管人员和其他直接责任人员依法给予处分。

前款所列行为影响中标结果的，中标无效。

第五十六条 评标委员会成员收受投标人的财物或者其他好处的，评标委员会成员或者参加评标的有关工作人员向他人透露对投标文件的评审和比较、中标候选人的推荐以及与评标有关的其他情况的，给予警告，没收收受的财物，可以并处三千元以上五万元以下的罚款，对有所列违法行为的评标委员会成员取消担任评标委员会成员的资格，不得再参加任何依法必须进行招标的项目的评标；构成犯罪的，依法追究刑事责任。

第五十七条 招标人在评标委员会依法推荐的中标候选人以外确定中标人的，依法必须进行招标的项目在所有投标被评标委员会否决后自行确定中标人的，中标无效。责令改正，可以处中标项目金额千分之五以上千分之十以下的罚款；对单位直接负责的主管人员和其他直接责任人员依法给予处分。

第五十八条 中标人将中标项目转让给他人的，将中标项目肢解后分别转让给他人的，违反本法规定将中标项目的部分主体、关键性工作分包给他人的，或者分包人再次分包的，转让、分包无效，处转让、分包项目金额千分之五以上千分之十以下的罚款；有违法所得的，并处没收违法所得；可以责令停业整顿；情节严重的，由工商行政管理机关吊销营业执照。

第五十九条 招标人与中标人不按照招标文件和中标人的投标文件订立合同的，或者招标人、中标人订立背离合同实质性内容的协议的，责令改正；可以处中标项目金额千分之五以上千分之十以下的罚款。

第六十条 中标人不履行与招标人订立的合同的，履约保证金不予退还，给招标人造成的损失超过履约保证金数额的，还应当对超过部分予以赔偿；没有提交履约保证金的，应当对招标人的损失承担赔偿责任。

中标人不按照与招标人订立的合同履行义务，情节严重的，取消其二年至五年内参加依法必须进行招标的项目的投标资格并予以公告，直至由工商行政管理机关吊销营业执照。因不可抗力不能履行合同的，不适用前两款规定。

第六十一条 本章规定的行政处罚，由国务院规定的有关行政监督部门决定。本法已对实施行政处罚的机关作出规定的除外。

第六十二条 任何单位违反本法规定，限制或者排斥本地区、本系统以外的法人或者其他组织参加投标的，为招标人指定招标代理机构的，强制招标人委托招标代理机构办理招标事宜的，或者以其他方式干涉招标投标活动的，责令改正；对单位直接负责的主管人员和其他直接责任人员依法给予警告、记过、记大过的处分，情节较重的，依法给予降级、撤职、开除的处分。个人利用职权进行前款违法行为的，依照前款规定追究责任。

第六十三条 对招标投标活动依法负有行政监督职责的国家机关工作人员徇私舞弊、滥用职权或者玩忽职守，构成犯罪的，依法追究刑事责任；不构成犯罪的，依法给予行政处分。

第六十四条 依法必须进行招标的项目违反本法规定，中标无效的，应当依照本法规定的中标条件从其余投标人中重新确定中标人或者依照本法重新进行招标。

第六章 附　则

第六十五条 投标人和其他利害关系人认为招标投标活动不符合本法有关规定的,有权向招标人提出异议或者依法向有关行政监督部门投诉。

第六十六条 涉及国家安全、国家秘密、抢险救灾或者属于利用扶贫资金实行以工代赈、需要使用农民工等特殊情况,不适宜进行招标的项目,按照国家有关规定可以不进行招标。

第六十七条 使用国际组织或者外国政府贷款、援助资金的项目进行招标,贷款方、资金提供方对招标投标的具体条件和程序有不同规定的,可以适用其规定,但违背中华人民共和国的社会公共利益的除外。

第六十八条 本法自 2000 年 1 月 1 日起施行。

附录3　中华人民共和国政府采购法实施条例

中华人民共和国国务院令

第 658 号

《中华人民共和国政府采购法实施条例》已经 2014 年 12 月 31 日国务院第 75 次常务会议通过，现予公布，自 2015 年 3 月 1 日起施行。

总　理　李克强

2015 年 1 月 30 日

第一章　总　　则

第一条　根据《中华人民共和国政府采购法》(以下简称政府采购法)，制定本条例。

第二条　政府采购法第二条所称财政性资金是指纳入预算管理的资金。

以财政性资金作为还款来源的借贷资金，视同财政性资金。

国家机关、事业单位和团体组织的采购项目既使用财政性资金又使用非财政性资金的，使用财政性资金采购的部分，适用政府采购法及本条例；财政性资金与非财政性资金无法分割采购的，统一适用政府采购法及本条例。

政府采购法第二条所称服务，包括政府自身需要的服务和政府向社会公众提供的公共服务。

第三条　集中采购目录包括集中采购机构采购项目和部门集中采购项目。

技术、服务等标准统一，采购人普遍使用的项目，列为集中采购机构采购项目；采购人本部门、本系统基于业务需要有特殊要求，可以统一采购的项目，列为部门集中采购项目。

第四条　政府采购法所称集中采购，是指采购人将列入集中采购目录的项目委托集中采购机构代理采购或者进行部门集中采购的行为；所称分散采购，是指采购人将采购限额标准以上的未列入集中采购目录的项目自行采购或者委托采购代理机构代理采购的行为。

第五条　省、自治区、直辖市人民政府或者其授权的机构根据实际情况，可以确定分别适用于本行政区域省级、设区的市级、县级的集中采购目录和采购限额标准。

第六条　国务院财政部门应当根据国家的经济和社会发展政策，会同国务院有关部门制定政府采购政策，通过制定采购需求标准、预留采购份额、价格评审优惠、优先采购等措施，实现节约能源、保护环境、扶持不发达地区和少数民族地区、促进中小企业发展等目标。

第七条 政府采购工程以及与工程建设有关的货物、服务，采用招标方式采购的，适用《中华人民共和国招标投标法》及其实施条例；采用其他方式采购的，适用政府采购法及本条例。

前款所称工程，是指建设工程，包括建筑物和构筑物的新建、改建、扩建及其相关的装修、拆除、修缮等；所称与工程建设有关的货物，是指构成工程不可分割的组成部分，且为实现工程基本功能所必需的设备、材料等；所称与工程建设有关的服务，是指为完成工程所需的勘察、设计、监理等服务。

政府采购工程以及与工程建设有关的货物、服务，应当执行政府采购政策。

第八条 政府采购项目信息应当在省级以上人民政府财政部门指定的媒体上发布。采购项目预算金额达到国务院财政部门规定标准的，政府采购项目信息应当在国务院财政部门指定的媒体上发布。

第九条 在政府采购活动中，采购人员及相关人员与供应商有下列利害关系之一的，应当回避：

（一）参加采购活动前3年内与供应商存在劳动关系；

（二）参加采购活动前3年内担任供应商的董事、监事；

（三）参加采购活动前3年内是供应商的控股股东或者实际控制人；

（四）与供应商的法定代表人或者负责人有夫妻、直系血亲、三代以内旁系血亲或者近姻亲关系；

（五）与供应商有其他可能影响政府采购活动公平、公正进行的关系。

供应商认为采购人员及相关人员与其他供应商有利害关系的，可以向采购人或者采购代理机构书面提出回避申请，并说明理由。采购人或者采购代理机构应当及时询问被申请回避人员，有利害关系的被申请回避人员应当回避。

第十条 国家实行统一的政府采购电子交易平台建设标准，推动利用信息网络进行电子化政府采购活动。

第二章 政府采购当事人

第十一条 采购人在政府采购活动中应当维护国家利益和社会公共利益，公正廉洁，诚实守信，执行政府采购政策，建立政府采购内部管理制度，厉行节约，科学合理确定采购需求。

采购人不得向供应商索要或者接受其给予的赠品、回扣或者与采购无关的其他商品、服务。

第十二条 政府采购法所称采购代理机构，是指集中采购机构和集中采购机构以外的采购代理机构。

集中采购机构是设区的市级以上人民政府依法设立的非营利事业法人，是代理集中采购项目的执行机构。集中采购机构应当根据采购人委托制定集中采购项目的实施方案，明确采购规程，组织政府采购活动，不得将集中采购项目转委托。集中采购机构以外的采购代理机构，是从事采购代理业务的社会中介机构。

第十三条　采购代理机构应当建立完善的政府采购内部监督管理制度，具备开展政府采购业务所需的评审条件和设施。

采购代理机构应当提高确定采购需求，编制招标文件、谈判文件、询价通知书，拟订合同文本和优化采购程序的专业化服务水平，根据采购人委托在规定的时间内及时组织采购人与中标或者成交供应商签订政府采购合同，及时协助采购人对采购项目进行验收。

第十四条　采购代理机构不得以不正当手段获取政府采购代理业务，不得与采购人、供应商恶意串通操纵政府采购活动。

采购代理机构工作人员不得接受采购人或者供应商组织的宴请、旅游、娱乐，不得收受礼品、现金、有价证券等，不得向采购人或者供应商报销应当由个人承担的费用。

第十五条　采购人、采购代理机构应当根据政府采购政策、采购预算、采购需求编制采购文件。

采购需求应当符合法律法规以及政府采购政策规定的技术、服务、安全等要求。政府向社会公众提供的公共服务项目，应当就确定采购需求征求社会公众的意见。除因技术复杂或者性质特殊，不能确定详细规格或者具体要求外，采购需求应当完整、明确。必要时，应当就确定采购需求征求相关供应商、专家的意见。

第十六条　政府采购法第二十条规定的委托代理协议，应当明确代理采购的范围、权限和期限等具体事项。

采购人和采购代理机构应当按照委托代理协议履行各自义务，采购代理机构不得超越代理权限。

第十七条　参加政府采购活动的供应商应当具备政府采购法第二十二条第一款规定的条件，提供下列材料：

（一）法人或者其他组织的营业执照等证明文件，自然人的身份证明；

（二）财务状况报告，依法缴纳税收和社会保障资金的相关材料；

（三）具备履行合同所必需的设备和专业技术能力的证明材料；

（四）参加政府采购活动前3年内在经营活动中没有重大违法记录的书面声明；

（五）具备法律、行政法规规定的其他条件的证明材料。

采购项目有特殊要求的，供应商还应当提供其符合特殊要求的证明材料或者情况说明。

第十八条　单位负责人为同一人或者存在直接控股、管理关系的不同供应商，不得参加同一合同项下的政府采购活动。

除单一来源采购项目外，为采购项目提供整体设计、规范编制或者项目管理、监理、检测等服务的供应商，不得再参加该采购项目的其他采购活动。

第十九条　政府采购法第二十二条第一款第五项所称重大违法记录，是指供应商因违法经营受到刑事处罚或者责令停产停业、吊销许可证或者执照、较大数额罚款等行政处罚。

供应商在参加政府采购活动前3年内因违法经营被禁止在一定期限内参加政府采购活动，期限届满的，可以参加政府采购活动。

第二十条　采购人或者采购代理机构有下列情形之一的，属于以不合理的条件对供应商实行差别待遇或者歧视待遇：

（一）就同一采购项目向供应商提供有差别的项目信息；

（二）设定的资格、技术、商务条件与采购项目的具体特点和实际需要不相适应或者与合同履行无关；

（三）采购需求中的技术、服务等要求指向特定供应商、特定产品；

（四）以特定行政区域或者特定行业的业绩、奖项作为加分条件或者中标、成交条件；

（五）对供应商采取不同的资格审查或者评审标准；

（六）限定或者指定特定的专利、商标、品牌或者供应商；

（七）非法限定供应商的所有制形式、组织形式或者所在地；

（八）以其他不合理条件限制或者排斥潜在供应商。

第二十一条　采购人或者采购代理机构对供应商进行资格预审的，资格预审公告应当在省级以上人民政府财政部门指定的媒体上发布。已进行资格预审的，评审阶段可以不再对供应商资格进行审查。资格预审合格的供应商在评审阶段资格发生变化的，应当通知采购人和采购代理机构。

资格预审公告应当包括采购人和采购项目名称、采购需求、对供应商的资格要求以及供应商提交资格预审申请文件的时间和地点。提交资格预审申请文件的时间自公告发布之日起不得少于5个工作日。

第二十二条　联合体中有同类资质的供应商按照联合体分工承担相同工作的，应当按照资质等级较低的供应商确定资质等级。

以联合体形式参加政府采购活动的，联合体各方不得再单独参加或者与其他供应商另外组成联合体参加同一合同项下的政府采购活动。

第三章　政府采购方式

第二十三条　采购人采购公开招标数额标准以上的货物或者服务，符合政府采购法第二十九条、第三十条、第三十一条、第三十二条规定情形或者有需要执行政府采购政策等特殊情况的，经设区的市级以上人民政府财政部门批准，可以依法采用公开招标以外的采购方式。

第二十四条　列入集中采购目录的项目，适合实行批量集中采购的，应当实行批量集中采购，但紧急的小额零星货物项目和有特殊要求的服务、工程项目除外。

第二十五条　政府采购工程依法不进行招标的，应当依照政府采购法和本条例规定的竞争性谈判或者单一来源采购方式采购。

第二十六条　政府采购法第三十条第三项规定的情形，应当是采购人不可预见的或者非因采购人拖延导致的；第四项规定的情形，是指因采购艺术品或者因专利、专有技术或者因服务的时间、数量事先不能确定等导致不能事先计算出价格总额。

第二十七条　政府采购法第三十一条第一项规定的情形，是指因货物或者服务使用不可替代的专利、专有技术，或者公共服务项目具有特殊要求，导致只能从某一特定供应商处采购。

第二十八条 在一个财政年度内，采购人将一个预算项目下的同一品目或者类别的货物、服务采用公开招标以外的方式多次采购，累计资金数额超过公开招标数额标准的，属于以化整为零方式规避公开招标，但项目预算调整或者经批准采用公开招标以外方式采购除外。

第四章 政府采购程序

第二十九条 采购人应当根据集中采购目录、采购限额标准和已批复的部门预算编制政府采购实施计划，报本级人民政府财政部门备案。

第三十条 采购人或者采购代理机构应当在招标文件、谈判文件、询价通知书中公开采购项目预算金额。

第三十一条 招标文件的提供期限自招标文件开始发出之日起不得少于5个工作日。

采购人或者采购代理机构可以对已发出的招标文件进行必要的澄清或者修改。澄清或者修改的内容可能影响投标文件编制的，采购人或者采购代理机构应当在投标截止时间至少15日前，以书面形式通知所有获取招标文件的潜在投标人；不足15日的，采购人或者采购代理机构应当顺延提交投标文件的截止时间。

第三十二条 采购人或者采购代理机构应当按照国务院财政部门制定的招标文件标准文本编制招标文件。

招标文件应当包括采购项目的商务条件、采购需求、投标人的资格条件、投标报价要求、评标方法、评标标准以及拟签订的合同文本等。

第三十三条 招标文件要求投标人提交投标保证金的，投标保证金不得超过采购项目预算金额的2%。投标保证金应当以支票、汇票、本票或者金融机构、担保机构出具的保函等非现金形式提交。投标人未按照招标文件要求提交投标保证金的，投标无效。

采购人或者采购代理机构应当自中标通知书发出之日起5个工作日内退还未中标供应商的投标保证金，自政府采购合同签订之日起5个工作日内退还中标供应商的投标保证金。

竞争性谈判或者询价采购中要求参加谈判或者询价的供应商提交保证金的，参照前两款的规定执行。

第三十四条 政府采购招标评标方法分为最低评标价法和综合评分法。

最低评标价法，是指投标文件满足招标文件全部实质性要求且投标报价最低的供应商为中标候选人的评标方法。综合评分法，是指投标文件满足招标文件全部实质性要求且按照评审因素的量化指标评审得分最高的供应商为中标候选人的评标方法。

技术、服务等标准统一的货物和服务项目，应当采用最低评标价法。

采用综合评分法的，评审标准中的分值设置应当与评审因素的量化指标相对应。

招标文件中没有规定的评标标准不得作为评审的依据。

第三十五条 谈判文件不能完整、明确列明采购需求，需要由供应商提供最终设计方案或者解决方案的，在谈判结束后，谈判小组应当按照少数服从多数的原则投票推荐

3家以上供应商的设计方案或者解决方案,并要求其在规定时间内提交最后报价。

第三十六条 询价通知书应当根据采购需求确定政府采购合同条款。在询价过程中,询价小组不得改变询价通知书所确定的政府采购合同条款。

第三十七条 政府采购法第三十八条第五项、第四十条第四项所称质量和服务相等,是指供应商提供的产品质量和服务均能满足采购文件规定的实质性要求。

第三十八条 达到公开招标数额标准,符合政府采购法第三十一条第一项规定情形,只能从唯一供应商处采购的,采购人应当将采购项目信息和唯一供应商名称在省级以上人民政府财政部门指定的媒体上公示,公示期不得少于5个工作日。

第三十九条 除国务院财政部门规定的情形外,采购人或者采购代理机构应当从政府采购评审专家库中随机抽取评审专家。

第四十条 政府采购评审专家应当遵守评审工作纪律,不得泄露评审文件、评审情况和评审中获悉的商业秘密。

评标委员会、竞争性谈判小组或者询价小组在评审过程中发现供应商有行贿、提供虚假材料或者串通等违法行为的,应当及时向财政部门报告。

政府采购评审专家在评审过程中受到非法干预的,应当及时向财政、监察等部门举报。

第四十一条 评标委员会、竞争性谈判小组或者询价小组成员应当按照客观、公正、审慎的原则,根据采购文件规定的评审程序、评审方法和评审标准进行独立评审。采购文件内容违反国家有关强制性规定的,评标委员会、竞争性谈判小组或者询价小组应当停止评审并向采购人或者采购代理机构说明情况。

评标委员会、竞争性谈判小组或者询价小组成员应当在评审报告上签字,对自己的评审意见承担法律责任。对评审报告有异议的,应当在评审报告上签署不同意见,并说明理由,否则视为同意评审报告。

第四十二条 采购人、采购代理机构不得向评标委员会、竞争性谈判小组或者询价小组的评审专家作倾向性、误导性的解释或者说明。

第四十三条 采购代理机构应当自评审结束之日起2个工作日内将评审报告送交采购人。采购人应当自收到评审报告之日起5个工作日内在评审报告推荐的中标或者成交候选人中按顺序确定中标或者成交供应商。

采购人或者采购代理机构应当自中标、成交供应商确定之日起2个工作日内,发出中标、成交通知书,并在省级以上人民政府财政部门指定的媒体上公告中标、成交结果,招标文件、竞争性谈判文件、询价通知书随中标、成交结果同时公告。

中标、成交结果公告内容应当包括采购人和采购代理机构的名称、地址、联系方式,项目名称和项目编号,中标或者成交供应商名称、地址和中标或者成交金额,主要中标或者成交标的的名称、规格型号、数量、单价、服务要求以及评审专家名单。

第四十四条 除国务院财政部门规定的情形外,采购人、采购代理机构不得以任何理由组织重新评审。采购人、采购代理机构按照国务院财政部门的规定组织重新评审的,应当书面报告本级人民政府财政部门。

采购人或者采购代理机构不得通过对样品进行检测、对供应商进行考察等方式改变评审结果。

第四十五条 采购人或者采购代理机构应当按照政府采购合同规定的技术、服务、安全标准组织对供应商履约情况进行验收，并出具验收书。验收书应当包括每一项技术、服务、安全标准的履约情况。

政府向社会公众提供的公共服务项目，验收时应当邀请服务对象参与并出具意见，验收结果应当向社会公告。

第四十六条 政府采购法第四十二条规定的采购文件，可以用电子档案方式保存。

第五章 政府采购合同

第四十七条 国务院财政部门应当会同国务院有关部门制定政府采购合同标准文本。

第四十八条 采购文件要求中标或者成交供应商提交履约保证金的，供应商应当以支票、汇票、本票或者金融机构、担保机构出具的保函等非现金形式提交。履约保证金的数额不得超过政府采购合同金额的10%。

第四十九条 中标或者成交供应商拒绝与采购人签订合同的，采购人可以按照评审报告推荐的中标或者成交候选人名单排序，确定下一候选人为中标或者成交供应商，也可以重新开展政府采购活动。

第五十条 采购人应当自政府采购合同签订之日起2个工作日内，将政府采购合同在省级以上人民政府财政部门指定的媒体上公告，但政府采购合同中涉及国家秘密、商业秘密的内容除外。

第五十一条 采购人应当按照政府采购合同规定，及时向中标或者成交供应商支付采购资金。

政府采购项目资金支付程序，按照国家有关财政资金支付管理的规定执行。

第六章 质疑与投诉

第五十二条 采购人或者采购代理机构应当在3个工作日内对供应商依法提出的询问作出答复。

供应商提出的询问或者质疑超出采购人对采购代理机构委托授权范围的，采购代理机构应当告知供应商向采购人提出。

政府采购评审专家应当配合采购人或者采购代理机构答复供应商的询问和质疑。

第五十三条 政府采购法第五十二条规定的供应商应知其权益受到损害之日，是指：

（一）对可以质疑的采购文件提出质疑的，为收到采购文件之日或者采购文件公告期限届满之日；

（二）对采购过程提出质疑的，为各采购程序环节结束之日；

（三）对中标或者成交结果提出质疑的，为中标或者成交结果公告期限届满之日。

第五十四条 询问或者质疑事项可能影响中标、成交结果的，采购人应当暂停签订合同，已经签订合同的，应当中止履行合同。

第五十五条 供应商质疑、投诉应当有明确的请求和必要的证明材料。供应商投诉的事项不得超出已质疑事项的范围。

第五十六条 财政部门处理投诉事项采用书面审查的方式，必要时可以进行调查取证或者组织质证。

对财政部门依法进行的调查取证，投诉人和与投诉事项有关的当事人应当如实反映情况，并提供相关材料。

第五十七条 投诉人捏造事实、提供虚假材料或者以非法手段取得证明材料进行投诉的，财政部门应当予以驳回。

财政部门受理投诉后，投诉人书面申请撤回投诉的，财政部门应当终止投诉处理程序。

第五十八条 财政部门处理投诉事项，需要检验、检测、鉴定、专家评审以及需要投诉人补正材料的，所需时间不计算在投诉处理期限内。

财政部门对投诉事项作出的处理决定，应当在省级以上人民政府财政部门指定的媒体上公告。

第七章 监督检查

第五十九条 政府采购法第六十三条所称政府采购项目的采购标准，是指项目采购所依据的经费预算标准、资产配置标准和技术、服务标准等。

第六十条 除政府采购法第六十六条规定的考核事项外，财政部门对集中采购机构的考核事项还包括：

（一）政府采购政策的执行情况；

（二）采购文件编制水平；

（三）采购方式和采购程序的执行情况；

（四）询问、质疑答复情况；

（五）内部监督管理制度建设及执行情况；

（六）省级以上人民政府财政部门规定的其他事项。

财政部门应当制定考核计划，定期对集中采购机构进行考核，考核结果有重要情况的，应当向本级人民政府报告。

第六十一条 采购人发现采购代理机构有违法行为的，应当要求其改正。采购代理机构拒不改正的，采购人应当向本级人民政府财政部门报告，财政部门应当依法处理。

采购代理机构发现采购人的采购需求存在以不合理条件对供应商实行差别待遇、歧视待遇或者其他不符合法律法规和政府采购政策规定内容，或者发现采购人有其他违法行为的，应当建议其改正。采购人拒不改正的，采购代理机构应当向采购人的本级人民政府财政部门报告，财政部门应当依法处理。

第六十二条 省级以上人民政府财政部门应当对政府采购评审专家库实行动态管理，具体管理办法由国务院财政部门制定。

采购人或者采购代理机构应当对评审专家在政府采购活动中的职责履行情况予以记录，并及时向财政部门报告。

第六十三条 各级人民政府财政部门和其他有关部门应当加强对参加政府采购活动

的供应商、采购代理机构、评审专家的监督管理,对其不良行为予以记录,并纳入统一的信用信息平台。

第六十四条 各级人民政府财政部门对政府采购活动进行监督检查,有权查阅、复制有关文件、资料,相关单位和人员应当予以配合。

第六十五条 审计机关、监察机关以及其他有关部门依法对政府采购活动实施监督,发现采购当事人有违法行为的,应当及时通报财政部门。

第八章 法律责任

第六十六条 政府采购法第七十一条规定的罚款,数额为10万元以下。

政府采购法第七十二条规定的罚款,数额为5万元以上25万元以下。

第六十七条 采购人有下列情形之一的,由财政部门责令限期改正,给予警告,对直接负责的主管人员和其他直接责任人员依法给予处分,并予以通报:

(一)未按照规定编制政府采购实施计划或者未按照规定将政府采购实施计划报本级人民政府财政部门备案;

(二)将应当进行公开招标的项目化整为零或者以其他任何方式规避公开招标;

(三)未按照规定在评标委员会、竞争性谈判小组或者询价小组推荐的中标或者成交候选人中确定中标或者成交供应商;

(四)未按照采购文件确定的事项签订政府采购合同;

(五)政府采购合同履行中追加与合同标的相同的货物、工程或者服务的采购金额超过原合同采购金额10%;

(六)擅自变更、中止或者终止政府采购合同;

(七)未按照规定公告政府采购合同;

(八)未按照规定时间将政府采购合同副本报本级人民政府财政部门和有关部门备案。

第六十八条 采购人、采购代理机构有下列情形之一的,依照政府采购法第七十一条、第七十八条的规定追究法律责任:

(一)未依照政府采购法和本条例规定的方式实施采购;

(二)未依法在指定的媒体上发布政府采购项目信息;

(三)未按照规定执行政府采购政策;

(四)违反本条例第十五条的规定导致无法组织对供应商履约情况进行验收或者国家财产遭受损失;

(五)未依法从政府采购评审专家库中抽取评审专家;

(六)非法干预采购评审活动;

(七)采用综合评分法时评审标准中的分值设置未与评审因素的量化指标相对应;

(八)对供应商的询问、质疑逾期未作处理;

(九)通过对样品进行检测、对供应商进行考察等方式改变评审结果;

(十)未按照规定组织对供应商履约情况进行验收。

第六十九条 集中采购机构有下列情形之一的,由财政部门责令限期改正,给予警告,有违法所得的,并处没收违法所得,对直接负责的主管人员和其他直接责任人员依法给予处分，并予以通报：

（一）内部监督管理制度不健全，对依法应当分设、分离的岗位、人员未分设、分离；

（二）将集中采购项目委托其他采购代理机构采购；

（三）从事营利活动。

第七十条 采购人员与供应商有利害关系而不依法回避的，由财政部门给予警告，并处 2000 元以上 2 万元以下的罚款。

第七十一条 有政府采购法第七十一条、第七十二条规定的违法行为之一，影响或者可能影响中标、成交结果的，依照下列规定处理：

（一）未确定中标或者成交供应商的，终止本次政府采购活动，重新开展政府采购活动。

（二）已确定中标或者成交供应商但尚未签订政府采购合同的，中标或者成交结果无效，从合格的中标或者成交候选人中另行确定中标或者成交供应商；没有合格的中标或者成交候选人的，重新开展政府采购活动。

（三）政府采购合同已签订但尚未履行的，撤销合同，从合格的中标或者成交候选人中另行确定中标或者成交供应商；没有合格的中标或者成交候选人的，重新开展政府采购活动。

（四）政府采购合同已经履行，给采购人、供应商造成损失的，由责任人承担赔偿责任。

政府采购当事人有其他违反政府采购法或者本条例规定的行为，经改正后仍然影响或者可能影响中标、成交结果或者依法被认定为中标、成交无效的，依照前款规定处理。

第七十二条 供应商有下列情形之一的，依照政府采购法第七十七条第一款的规定追究法律责任：

（一）向评标委员会、竞争性谈判小组或者询价小组成员行贿或者提供其他不正当利益；

（二）中标或者成交后无正当理由拒不与采购人签订政府采购合同；

（三）未按照采购文件确定的事项签订政府采购合同；

（四）将政府采购合同转包；

（五）提供假冒伪劣产品；

（六）擅自变更、中止或者终止政府采购合同。

供应商有前款第一项规定情形的，中标、成交无效。评审阶段资格发生变化，供应商未依照本条例第二十一条的规定通知采购人和采购代理机构的，处以采购金额 5‰的罚款，列入不良行为记录名单，中标、成交无效。

第七十三条 供应商捏造事实、提供虚假材料或者以非法手段取得证明材料进行投诉的，由财政部门列入不良行为记录名单，禁止其 1 至 3 年内参加政府采购活动。

第七十四条 有下列情形之一的，属于恶意串通，对供应商依照政府采购法第七十七条第一款的规定追究法律责任，对采购人、采购代理机构及其工作人员依照政府采购法第七十二条的规定追究法律责任：

（一）供应商直接或者间接从采购人或者采购代理机构处获得其他供应商的相关情

况并修改其投标文件或者响应文件；

（二）供应商按照采购人或者采购代理机构的授意撤换、修改投标文件或者响应文件；

（三）供应商之间协商报价、技术方案等投标文件或者响应文件的实质性内容；

（四）属于同一集团、协会、商会等组织成员的供应商按照该组织要求协同参加政府采购活动；

（五）供应商之间事先约定由某一特定供应商中标、成交；

（六）供应商之间商定部分供应商放弃参加政府采购活动或者放弃中标、成交；

（七）供应商与采购人或者采购代理机构之间、供应商相互之间，为谋求特定供应商中标、成交或者排斥其他供应商的其他串通行为。

第七十五条 政府采购评审专家未按照采购文件规定的评审程序、评审方法和评审标准进行独立评审或者泄露评审文件、评审情况的，由财政部门给予警告，并处 2 000元以上 2 万元以下的罚款；影响中标、成交结果的，处 2 万元以上 5 万元以下的罚款，禁止其参加政府采购评审活动。

政府采购评审专家与供应商存在利害关系未回避的，处 2 万元以上 5 万元以下的罚款，禁止其参加政府采购评审活动。

政府采购评审专家收受采购人、采购代理机构、供应商贿赂或者获取其他不正当利益，构成犯罪的，依法追究刑事责任；尚不构成犯罪的，处 2 万元以上 5 万元以下的罚款，禁止其参加政府采购评审活动。

政府采购评审专家有上述违法行为的，其评审意见无效，不得获取评审费；有违法所得的，没收违法所得；给他人造成损失的，依法承担民事责任。

第七十六条 政府采购当事人违反政府采购法和本条例规定，给他人造成损失的，依法承担民事责任。

第七十七条 财政部门在履行政府采购监督管理职责中违反政府采购法和本条例规定，滥用职权、玩忽职守、徇私舞弊的，对直接负责的主管人员和其他直接责任人员依法给予处分；直接负责的主管人员和其他直接责任人员构成犯罪的，依法追究刑事责任。

第九章 附 则

第七十八条 财政管理实行省直接管理的县级人民政府可以根据需要并报经省级人民政府批准，行使政府采购法和本条例规定的设区的市级人民政府批准变更采购方式的职权。

第七十九条 本条例自 2015 年 3 月 1 日起施行。

附录 4　中华人民共和国招标投标法实施条例

中华人民共和国国务院令

第 613 号

《中华人民共和国招标投标法实施条例》已经 2011 年 11 月 30 日国务院第 183 次常务会议通过，现予公布，自 2012 年 2 月 1 日起施行。

总　理　温家宝

二〇一一年十二月二十日

第一章　总　则

第一条　为了规范招标投标活动，根据《中华人民共和国招标投标法》（以下简称招标投标法），制定本条例。

第二条　招标投标法第三条所称工程建设项目，是指工程以及与工程建设有关的货物、服务。

前款所称工程，是指建设工程，包括建筑物和构筑物的新建、改建、扩建及其相关的装修、拆除、修缮等；所称与工程建设有关的货物，是指构成工程不可分割的组成部分，且为实现工程基本功能所必需的设备、材料等；所称与工程建设有关的服务，是指为完成工程所需的勘察、设计、监理等服务。

第三条　依法必须进行招标的工程建设项目的具体范围和规模标准，由国务院发展改革部门会同国务院有关部门制订，报国务院批准后公布施行。

第四条　国务院发展改革部门指导和协调全国招标投标工作，对国家重大建设项目的工程招标投标活动实施监督检查。国务院工业和信息化、住房城乡建设、交通运输、铁道、水利、商务等部门，按照规定的职责分工对有关招标投标活动实施监督。

县级以上地方人民政府发展改革部门指导和协调本行政区域的招标投标工作。县级以上地方人民政府有关部门按照规定的职责分工，对招标投标活动实施监督，依法查处招标投标活动中的违法行为。县级以上地方人民政府对其所属部门有关招标投标活动的监督职责分工另有规定的，从其规定。

财政部门依法对实行招标投标的政府采购工程建设项目的预算执行情况和政府采购政策执行情况实施监督。

监察机关依法对与招标投标活动有关的监察对象实施监察。

第五条 设区的市级以上地方人民政府可以根据实际需要，建立统一规范的招标投标交易场所，为招标投标活动提供服务。招标投标交易场所不得与行政监督部门存在隶属关系，不得以营利为目的。

国家鼓励利用信息网络进行电子招标投标。

第六条 禁止国家工作人员以任何方式非法干涉招标投标活动。

第二章 招 标

第七条 按照国家有关规定需要履行项目审批、核准手续的依法必须进行招标的项目，其招标范围、招标方式、招标组织形式应当报项目审批、核准部门审批、核准。项目审批、核准部门应当及时将审批、核准确定的招标范围、招标方式、招标组织形式通报有关行政监督部门。

第八条 国有资金占控股或者主导地位的依法必须进行招标的项目，应当公开招标；但有下列情形之一的，可以邀请招标：

（一）技术复杂、有特殊要求或者受自然环境限制，只有少量潜在投标人可供选择；

（二）采用公开招标方式的费用占项目合同金额的比例过大。

有前款第二项所列情形，属于本条例第七条规定的项目，由项目审批、核准部门在审批、核准项目时作出认定；其他项目由招标人申请有关行政监督部门作出认定。

第九条 除招标投标法第六十六条规定的可以不进行招标的特殊情况外，有下列情形之一的，可以不进行招标：

（一）需要采用不可替代的专利或者专有技术；

（二）采购人依法能够自行建设、生产或者提供；

（三）已通过招标方式选定的特许经营项目投资人依法能够自行建设、生产或者提供；

（四）需要向原中标人采购工程、货物或者服务，否则将影响施工或者功能配套要求；

（五）国家规定的其他特殊情形。

招标人为适用前款规定弄虚作假的，属于招标投标法第四条规定的规避招标。

第十条 招标投标法第十二条第二款规定的招标人具有编制招标文件和组织评标能力，是指招标人具有与招标项目规模和复杂程度相适应的技术、经济等方面的专业人员。

第十一条 招标代理机构的资格依照法律和国务院的规定由有关部门认定。

国务院住房城乡建设、商务、发展改革、工业和信息化等部门，按照规定的职责分工对招标代理机构依法实施监督管理。

第十二条 招标代理机构应当拥有一定数量的取得招标职业资格的专业人员。取得招标职业资格的具体办法由国务院人力资源社会保障部门会同国务院发展改革部门制定。

第十三条 招标代理机构在其资格许可和招标人委托的范围内开展招标代理业务，任何单位和个人不得非法干涉。

招标代理机构代理招标业务，应当遵守招标投标法和本条例关于招标人的规定。招标代理机构不得在所代理的招标项目中投标或者代理投标，也不得为所代理的招标项目的投标人提供咨询。

招标代理机构不得涂改、出租、出借、转让资格证书。

第十四条　招标人应当与被委托的招标代理机构签订书面委托合同，合同约定的收费标准应当符合国家有关规定。

第十五条　公开招标的项目，应当依照招标投标法和本条例的规定发布招标公告、编制招标文件。

招标人采用资格预审办法对潜在投标人进行资格审查的，应当发布资格预审公告、编制资格预审文件。

依法必须进行招标的项目的资格预审公告和招标公告，应当在国务院发展改革部门依法指定的媒介发布。在不同媒介发布的同一招标项目的资格预审公告或者招标公告的内容应当一致。指定媒介发布依法必须进行招标的项目的境内资格预审公告、招标公告，不得收取费用。

编制依法必须进行招标的项目的资格预审文件和招标文件，应当使用国务院发展改革部门会同有关行政监督部门制定的标准文本。

第十六条　招标人应当按照资格预审公告、招标公告或者投标邀请书规定的时间、地点发售资格预审文件或者招标文件。资格预审文件或者招标文件的发售期不得少于5日。

招标人发售资格预审文件、招标文件收取的费用应当限于补偿印刷、邮寄的成本支出，不得以营利为目的。

第十七条　招标人应当合理确定提交资格预审申请文件的时间。依法必须进行招标的项目提交资格预审申请文件的时间，自资格预审文件停止发售之日起不得少于5日。

第十八条　资格预审应当按照资格预审文件载明的标准和方法进行。

国有资金占控股或者主导地位的依法必须进行招标的项目，招标人应当组建资格审查委员会审查资格预审申请文件。资格审查委员会及其成员应当遵守招标投标法和本条例有关评标委员会及其成员的规定。

第十九条　资格预审结束后，招标人应当及时向资格预审申请人发出资格预审结果通知书。未通过资格预审的申请人不具有投标资格。

通过资格预审的申请人少于3个的，应当重新招标。

第二十条　招标人采用资格后审办法对投标人进行资格审查的，应当在开标后由评标委员会按照招标文件规定的标准和方法对投标人的资格进行审查。

第二十一条　招标人可以对已发出的资格预审文件或者招标文件进行必要的澄清或者修改。澄清或者修改的内容可能影响资格预审申请文件或者投标文件编制的，招标人应当在提交资格预审申请文件截止时间至少3日前，或者投标截止时间至少15日前，以书面形式通知所有获取资格预审文件或者招标文件的潜在投标人；不足3日或者15日的，招标人应当顺延提交资格预审申请文件或者投标文件的截止时间。

第二十二条　潜在投标人或者其他利害关系人对资格预审文件有异议的，应当在提交资格预审申请文件截止时间2日前提出；对招标文件有异议的，应当在投标截止时间10日前提出。招标人应当自收到异议之日起3日内作出答复；作出答复前，应当暂停招标投标活动。

第二十三条 招标人编制的资格预审文件、招标文件的内容违反法律、行政法规的强制性规定，违反公开、公平、公正和诚实信用原则，影响资格预审结果或者潜在投标人投标的，依法必须进行招标的项目的招标人应当在修改资格预审文件或者招标文件后重新招标。

第二十四条 招标人对招标项目划分标段的，应当遵守招标投标法的有关规定，不得利用划分标段限制或者排斥潜在投标人。依法必须进行招标的项目的招标人不得利用划分标段规避招标。

第二十五条 招标人应当在招标文件中载明投标有效期。投标有效期从提交投标文件的截止之日起算。

第二十六条 招标人在招标文件中要求投标人提交投标保证金的，投标保证金不得超过招标项目估算价的2%。投标保证金有效期应当与投标有效期一致。

依法必须进行招标的项目的境内投标单位，以现金或者支票形式提交的投标保证金应当从其基本账户转出。

招标人不得挪用投标保证金。

第二十七条 招标人可以自行决定是否编制标底。一个招标项目只能有一个标底。标底必须保密。

接受委托编制标底的中介机构不得参加受托编制标底项目的投标，也不得为该项目的投标人编制投标文件或者提供咨询。

招标人设有最高投标限价的，应当在招标文件中明确最高投标限价或者最高投标限价的计算方法。招标人不得规定最低投标限价。

第二十八条 招标人不得组织单个或者部分潜在投标人踏勘项目现场。

第二十九条 招标人可以依法对工程以及与工程建设有关的货物、服务全部或者部分实行总承包招标。以暂估价形式包括在总承包范围内的工程、货物、服务属于依法必须进行招标的项目范围且达到国家规定规模标准的，应当依法进行招标。

前款所称暂估价，是指总承包招标时不能确定价格而由招标人在招标文件中暂时估定的工程、货物、服务的金额。

第三十条 对技术复杂或者无法精确拟定技术规格的项目，招标人可以分两阶段进行招标。

第一阶段，投标人按照招标公告或者投标邀请书的要求提交不带报价的技术建议，招标人根据投标人提交的技术建议确定技术标准和要求，编制招标文件。

第二阶段，招标人向在第一阶段提交技术建议的投标人提供招标文件，投标人按照招标文件的要求提交包括最终技术方案和投标报价的投标文件。

招标人要求投标人提交投标保证金的，应当在第二阶段提出。

第三十一条 招标人终止招标的，应当及时发布公告，或者以书面形式通知被邀请的或者已经获取资格预审文件、招标文件的潜在投标人。已经发售资格预审文件、招标文件或者已经收取投标保证金的，招标人应当及时退还所收取的资格预审文件、招标文件的费用，以及所收取的投标保证金及银行同期存款利息。

第三十二条　招标人不得以不合理的条件限制、排斥潜在投标人或者投标人。

招标人有下列行为之一的，属于以不合理条件限制、排斥潜在投标人或者投标人：

（一）就同一招标项目向潜在投标人或者投标人提供有差别的项目信息；

（二）设定的资格、技术、商务条件与招标项目的具体特点和实际需要不相适应或者与合同履行无关；

（三）依法必须进行招标的项目以特定行政区域或者特定行业的业绩、奖项作为加分条件或者中标条件；

（四）对潜在投标人或者投标人采取不同的资格审查或者评标标准；

（五）限定或者指定特定的专利、商标、品牌、原产地或者供应商；

（六）依法必须进行招标的项目非法限定潜在投标人或者投标人的所有制形式或者组织形式；

（七）以其他不合理条件限制、排斥潜在投标人或者投标人。

第三章　投　标

第三十三条　投标人参加依法必须进行招标的项目的投标，不受地区或者部门的限制，任何单位和个人不得非法干涉。

第三十四条　与招标人存在利害关系可能影响招标公正性的法人、其他组织或者个人，不得参加投标。

单位负责人为同一人或者存在控股、管理关系的不同单位，不得参加同一标段投标或者未划分标段的同一招标项目投标。

违反前两款规定的，相关投标均无效。

第三十五条　投标人撤回已提交的投标文件，应当在投标截止时间前书面通知招标人。招标人已收取投标保证金的，应当自收到投标人书面撤回通知之日起5日内退还。

投标截止后投标人撤销投标文件的，招标人可以不退还投标保证金。

第三十六条　未通过资格预审的申请人提交的投标文件，以及逾期送达或者不按照招标文件要求密封的投标文件，招标人应当拒收。

招标人应当如实记载投标文件的送达时间和密封情况，并存档备查。

第三十七条　招标人应当在资格预审公告、招标公告或者投标邀请书中载明是否接受联合体投标。

招标人接受联合体投标并进行资格预审的，联合体应当在提交资格预审申请文件前组成。资格预审后联合体增减、更换成员的，其投标无效。

联合体各方在同一招标项目中以自己名义单独投标或者参加其他联合体投标的，相关投标均无效。

第三十八条　投标人发生合并、分立、破产等重大变化的，应当及时书面告知招标人。投标人不再具备资格预审文件、招标文件规定的资格条件或者其投标影响招标公正性的，其投标无效。

第三十九条　禁止投标人相互串通投标。

有下列情形之一的，属于投标人相互串通投标：

（一）投标人之间协商投标报价等投标文件的实质性内容；
（二）投标人之间约定中标人；
（三）投标人之间约定部分投标人放弃投标或者中标；
（四）属于同一集团、协会、商会等组织成员的投标人按照该组织要求协同投标；
（五）投标人之间为谋取中标或者排斥特定投标人而采取的其他联合行动。

第四十条　有下列情形之一的，视为投标人相互串通投标：
（一）不同投标人的投标文件由同一单位或者个人编制；
（二）不同投标人委托同一单位或者个人办理投标事宜；
（三）不同投标人的投标文件载明的项目管理成员为同一人；
（四）不同投标人的投标文件异常一致或者投标报价呈规律性差异；
（五）不同投标人的投标文件相互混装；
（六）不同投标人的投标保证金从同一单位或者个人的账户转出。

第四十一条　禁止招标人与投标人串通投标。
有下列情形之一的，属于招标人与投标人串通投标：
（一）招标人在开标前开启投标文件并将有关信息泄露给其他投标人；
（二）招标人直接或者间接向投标人泄露标底、评标委员会成员等信息；
（三）招标人明示或者暗示投标人压低或者抬高投标报价；
（四）招标人授意投标人撤换、修改投标文件；
（五）招标人明示或者暗示投标人为特定投标人中标提供方便；
（六）招标人与投标人为谋求特定投标人中标而采取的其他串通行为。

第四十二条　使用通过受让或者租借等方式获取的资格、资质证书投标的，属于招标投标法第三十三条规定的以他人名义投标。
投标人有下列情形之一的，属于招标投标法第三十三条规定的以其他方式弄虚作假的行为：
（一）使用伪造、变造的许可证件；
（二）提供虚假的财务状况或者业绩；
（三）提供虚假的项目负责人或者主要技术人员简历、劳动关系证明；
（四）提供虚假的信用状况；
（五）其他弄虚作假的行为。

第四十三条　提交资格预审申请文件的申请人应当遵守招标投标法和本条例有关投标人的规定。

第四章　开标、评标和中标

第四十四条　招标人应当按照招标文件规定的时间、地点开标。
投标人少于3个的，不得开标；招标人应当重新招标。
投标人对开标有异议的，应当在开标现场提出，招标人应当当场作出答复，并制作记录。

第四十五条　国家实行统一的评标专家专业分类标准和管理办法。具体标准和办法由国务院发展改革部门会同国务院有关部门制定。

省级人民政府和国务院有关部门应当组建综合评标专家库。

第四十六条 除招标投标法第三十七条第三款规定的特殊招标项目外，依法必须进行招标的项目，其评标委员会的专家成员应当从评标专家库内相关专业的专家名单中以随机抽取方式确定。任何单位和个人不得以明示、暗示等任何方式指定或者变相指定参加评标委员会的专家成员。

依法必须进行招标的项目的招标人非因招标投标法和本条例规定的事由，不得更换依法确定的评标委员会成员。更换评标委员会的专家成员应当依照前款规定进行。

评标委员会成员与投标人有利害关系的，应当主动回避。

有关行政监督部门应当按照规定的职责分工，对评标委员会成员的确定方式、评标专家的抽取和评标活动进行监督。行政监督部门的工作人员不得担任本部门负责监督项目的评标委员会成员。

第四十七条 招标投标法第三十七条第三款所称特殊招标项目，是指技术复杂、专业性强或者国家有特殊要求，采取随机抽取方式确定的专家难以保证胜任评标工作的项目。

第四十八条 招标人应当向评标委员会提供评标所必需的信息，但不得明示或者暗示其倾向或者排斥特定投标人。

招标人应当根据项目规模和技术复杂程度等因素合理确定评标时间。超过三分之一的评标委员会成员认为评标时间不够的，招标人应当适当延长。

评标过程中，评标委员会成员有回避事由、擅离职守或者因健康等原因不能继续评标的，应当及时更换。被更换的评标委员会成员作出的评审结论无效，由更换后的评标委员会成员重新进行评审。

第四十九条 评标委员会成员应当依照招标投标法和本条例的规定，按照招标文件规定的评标标准和方法，客观、公正地对投标文件提出评审意见。招标文件没有规定的评标标准和方法不得作为评标的依据。

评标委员会成员不得私下接触投标人，不得收受投标人给予的财物或者其他好处，不得向招标人征询确定中标人的意向，不得接受任何单位或者个人明示或者暗示提出的倾向或者排斥特定投标人的要求，不得有其他不客观、不公正履行职务的行为。

第五十条 招标项目设有标底的，招标人应当在开标时公布。标底只能作为评标的参考，不得以投标报价是否接近标底作为中标条件，也不得以投标报价超过标底上下浮动范围作为否决投标的条件。

第五十一条 有下列情形之一的，评标委员会应当否决其投标：

（一）投标文件未经投标单位盖章和单位负责人签字；

（二）投标联合体没有提交共同投标协议；

（三）投标人不符合国家或者招标文件规定的资格条件；

（四）同一投标人提交两个以上不同的投标文件或者投标报价，但招标文件要求提交备选投标的除外；

（五）投标报价低于成本或者高于招标文件设定的最高投标限价；

（六）投标文件没有对招标文件的实质性要求和条件作出响应；

（七）投标人有串通投标、弄虚作假、行贿等违法行为。

第五十二条 投标文件中有含义不明确的内容、明显文字或者计算错误，评标委员会认为需要投标人作出必要澄清、说明的，应当书面通知该投标人。投标人的澄清、说明应当采用书面形式，并不得超出投标文件的范围或者改变投标文件的实质性内容。

评标委员会不得暗示或者诱导投标人作出澄清、说明，不得接受投标人主动提出的澄清、说明。

第五十三条 评标完成后，评标委员会应当向招标人提交书面评标报告和中标候选人名单。中标候选人应当不超过3个，并标明排序。

评标报告应当由评标委员会全体成员签字。对评标结果有不同意见的评标委员会成员应当以书面形式说明其不同意见和理由，评标报告应当注明该不同意见。评标委员会成员拒绝在评标报告上签字又不书面说明其不同意见和理由的，视为同意评标结果。

第五十四条 依法必须进行招标的项目，招标人应当自收到评标报告之日起3日内公示中标候选人，公示期不得少于3日。

投标人或者其他利害关系人对依法必须进行招标的项目的评标结果有异议的，应当在中标候选人公示期间提出。招标人应当自收到异议之日起3日内作出答复；作出答复前，应当暂停招标投标活动。

第五十五条 国有资金占控股或者主导地位的依法必须进行招标的项目，招标人应当确定排名第一的中标候选人为中标人。排名第一的中标候选人放弃中标、因不可抗力不能履行合同、不按照招标文件要求提交履约保证金，或者被查实存在影响中标结果的违法行为等情形，不符合中标条件的，招标人可以按照评标委员会提出的中标候选人名单排序依次确定其他中标候选人为中标人，也可以重新招标。

第五十六条 中标候选人的经营、财务状况发生较大变化或者存在违法行为，招标人认为可能影响其履约能力的，应当在发出中标通知书前由原评标委员会按照招标文件规定的标准和方法审查确认。

第五十七条 招标人和中标人应当依照招标投标法和本条例的规定签订书面合同，合同的标的、价款、质量、履行期限等主要条款应当与招标文件和中标人的投标文件的内容一致。招标人和中标人不得再行订立背离合同实质性内容的其他协议。

招标人最迟应当在书面合同签订后5日内向中标人和未中标的投标人退还投标保证金及银行同期存款利息。

第五十八条 招标文件要求中标人提交履约保证金的，中标人应当按照招标文件的要求提交。履约保证金不得超过中标合同金额的10%。

第五十九条 中标人应当按照合同约定履行义务，完成中标项目。中标人不得向他人转让中标项目，也不得将中标项目肢解后分别向他人转让。

中标人按照合同约定或者经招标人同意，可以将中标项目的部分非主体、非关键性工作分包给他人完成。接受分包的人应当具备相应的资格条件，并不得再次分包。

中标人应当就分包项目向招标人负责，接受分包的人就分包项目承担连带责任。

第五章 投诉与处理

第六十条 投标人或者其他利害关系人认为招标投标活动不符合法律、行政法规规定的,可以自知道或者应当知道之日起10日内向有关行政监督部门投诉。投诉应当有明确的请求和必要的证明材料。

就本条例第二十二条、第四十四条、第五十四条规定事项投诉的,应当先向招标人提出异议,异议答复期间不计算在前款规定的期限内。

第六十一条 投诉人就同一事项向两个以上有权受理的行政监督部门投诉的,由最先收到投诉的行政监督部门负责处理。

行政监督部门应当自收到投诉之日起3个工作日内决定是否受理投诉,并自受理投诉之日起30个工作日内作出书面处理决定;需要检验、检测、鉴定、专家评审的,所需时间不计算在内。

投诉人捏造事实、伪造材料或者以非法手段取得证明材料进行投诉的,行政监督部门应当予以驳回。

第六十二条 行政监督部门处理投诉,有权查阅、复制有关文件、资料,调查有关情况,相关单位和人员应当予以配合。必要时,行政监督部门可以责令暂停招标投标活动。

行政监督部门的工作人员对监督检查过程中知悉的国家秘密、商业秘密,应当依法予以保密。

第六章 法律责任

第六十三条 招标人有下列限制或者排斥潜在投标人行为之一的,由有关行政监督部门依照招标投标法第五十一条的规定处罚:

(一)依法应当公开招标的项目不按照规定在指定媒介发布资格预审公告或者招标公告;

(二)在不同媒介发布的同一招标项目的资格预审公告或者招标公告的内容不一致,影响潜在投标人申请资格预审或者投标。

依法必须进行招标的项目的招标人不按照规定发布资格预审公告或者招标公告,构成规避招标的,依照招标投标法第四十九条的规定处罚。

第六十四条 招标人有下列情形之一的,由有关行政监督部门责令改正,可以处10万元以下的罚款:

(一)依法应当公开招标而采用邀请招标;

(二)招标文件、资格预审文件的发售、澄清、修改的时限,或者确定的提交资格预审申请文件、投标文件的时限不符合招标投标法和本条例规定;

(三)接受未通过资格预审的单位或者个人参加投标;

(四)接受应当拒收的投标文件。

招标人有前款第一项、第三项、第四项所列行为之一的,对单位直接负责的主管人员和其他直接责任人员依法给予处分。

第六十五条　招标代理机构在所代理的招标项目中投标、代理投标或者向该项目投标人提供咨询的，接受委托编制标底的中介机构参加受托编制标底项目的投标或者为该项目的投标人编制投标文件、提供咨询的，依照招标投标法第五十条的规定追究法律责任。

第六十六条　招标人超过本条例规定的比例收取投标保证金、履约保证金或者不按照规定退还投标保证金及银行同期存款利息的，由有关行政监督部门责令改正，可以处 5 万元以下的罚款；给他人造成损失的，依法承担赔偿责任。

第六十七条　投标人相互串通投标或者与招标人串通投标的，投标人向招标人或者评标委员会成员行贿谋取中标的，中标无效；构成犯罪的，依法追究刑事责任；尚不构成犯罪的，依照招标投标法第五十三条的规定处罚。投标人未中标的，对单位的罚款金额按照招标项目合同金额依照招标投标法规定的比例计算。

投标人有下列行为之一的，属于招标投标法第五十三条规定的情节严重行为，由有关行政监督部门取消其 1 年至 2 年内参加依法必须进行招标的项目的投标资格：

（一）以行贿谋取中标；

（二）3 年内 2 次以上串通投标；

（三）串通投标行为损害招标人、其他投标人或者国家、集体、公民的合法利益，造成直接经济损失 30 万元以上；

（四）其他串通投标情节严重的行为。

投标人自本条第二款规定的处罚执行期限届满之日起 3 年内又有该款所列违法行为之一的，或者串通投标、以行贿谋取中标情节特别严重的，由工商行政管理机关吊销营业执照。

法律、行政法规对串通投标报价行为的处罚另有规定的，从其规定。

第六十八条　投标人以他人名义投标或者以其他方式弄虚作假骗取中标的，中标无效；构成犯罪的，依法追究刑事责任；尚不构成犯罪的，依照招标投标法第五十四条的规定处罚。依法必须进行招标的项目的投标人未中标的，对单位的罚款金额按照招标项目合同金额依照招标投标法规定的比例计算。

投标人有下列行为之一的，属于招标投标法第五十四条规定的情节严重行为，由有关行政监督部门取消其 1 年至 3 年内参加依法必须进行招标的项目的投标资格：

（一）伪造、变造资格、资质证书或者其他许可证件骗取中标；

（二）3 年内 2 次以上使用他人名义投标；

（三）弄虚作假骗取中标给招标人造成直接经济损失 30 万元以上；

（四）其他弄虚作假骗取中标情节严重的行为。

投标人自本条第二款规定的处罚执行期限届满之日起 3 年内又有该款所列违法行为之一的，或者弄虚作假骗取中标情节特别严重的，由工商行政管理机关吊销营业执照。

第六十九条　出让或者出租资格、资质证书供他人投标的，依照法律、行政法规的规定给予行政处罚；构成犯罪的，依法追究刑事责任。

第七十条　依法必须进行招标的项目的招标人不按照规定组建评标委员会，或者确定、更换评标委员会成员违反招标投标法和本条例规定的，由有关行政监督部门责令改正,可以处 10 万元以下的罚款,对单位直接负责的主管人员和其他直接责任人员依法给予处分;违法确定或者更换的评标委员会成员作出的评审结论无效,依法重新进行评审。

国家工作人员以任何方式非法干涉选取评标委员会成员的,依照本条例第八十一条的规定追究法律责任。

第七十一条 评标委员会成员有下列行为之一的,由有关行政监督部门责令改正;情节严重的,禁止其在一定期限内参加依法必须进行招标的项目的评标;情节特别严重的,取消其担任评标委员会成员的资格:

(一)应当回避而不回避;

(二)擅离职守;

(三)不按照招标文件规定的评标标准和方法评标;

(四)私下接触投标人;

(五)向招标人征询确定中标人的意向或者接受任何单位或者个人明示或者暗示提出的倾向或者排斥特定投标人的要求;

(六)对依法应当否决的投标不提出否决意见;

(七)暗示或者诱导投标人作出澄清、说明或者接受投标人主动提出的澄清、说明;

(八)其他不客观、不公正履行职务的行为。

第七十二条 评标委员会成员收受投标人的财物或者其他好处的,没收收受的财物,处 3 000 元以上 5 万元以下的罚款,取消担任评标委员会成员的资格,不得再参加依法必须进行招标的项目的评标;构成犯罪的,依法追究刑事责任。

第七十三条 依法必须进行招标的项目的招标人有下列情形之一的,由有关行政监督部门责令改正,可以处中标项目金额 10‰以下的罚款;给他人造成损失的,依法承担赔偿责任;对单位直接负责的主管人员和其他直接责任人员依法给予处分:

(一)无正当理由不发出中标通知书;

(二)不按照规定确定中标人;

(三)中标通知书发出后无正当理由改变中标结果;

(四)无正当理由不与中标人订立合同;

(五)在订立合同时向中标人提出附加条件。

第七十四条 中标人无正当理由不与招标人订立合同,在签订合同时向招标人提出附加条件,或者不按照招标文件要求提交履约保证金的,取消其中标资格,投标保证金不予退还。对依法必须进行招标的项目的中标人,由有关行政监督部门责令改正,可以处中标项目金额 10‰以下的罚款。

第七十五条 招标人和中标人不按照招标文件和中标人的投标文件订立合同,合同的主要条款与招标文件、中标人的投标文件的内容不一致,或者招标人、中标人订立背离合同实质性内容的协议的,由有关行政监督部门责令改正,可以处中标项目金额 5‰以上 10‰以下的罚款。

第七十六条 中标人将中标项目转让给他人的,将中标项目肢解后分别转让给他人的,违反招标投标法和本条例规定将中标项目的部分主体、关键性工作分包给他人的,或者分包人再次分包的,转让、分包无效,处转让、分包项目金额 5‰以上 10‰以下的罚款；有违法所得的，并处没收违法所得；可以责令停业整顿；情节严重的，由工商行政管理机关吊销营业执照。

第七十七条 投标人或者其他利害关系人捏造事实、伪造材料或者以非法手段取得证明材料进行投诉，给他人造成损失的，依法承担赔偿责任。

招标人不按照规定对异议作出答复，继续进行招标投标活动的，由有关行政监督部门责令改正，拒不改正或者不能改正并影响中标结果的，依照本条例第八十二条的规定处理。

第七十八条 取得招标职业资格的专业人员违反国家有关规定办理招标业务的，责令改正，给予警告；情节严重的，暂停一定期限内从事招标业务；情节特别严重的，取消招标职业资格。

第七十九条 国家建立招标投标信用制度。有关行政监督部门应当依法公告对招标人、招标代理机构、投标人、评标委员会成员等当事人违法行为的行政处理决定。

第八十条 项目审批、核准部门不依法审批、核准项目招标范围、招标方式、招标组织形式的，对单位直接负责的主管人员和其他直接责任人员依法给予处分。

有关行政监督部门不依法履行职责，对违反招标投标法和本条例规定的行为不依法查处，或者不按照规定处理投诉、不依法公告对招标投标当事人违法行为的行政处理决定的，对直接负责的主管人员和其他直接责任人员依法给予处分。

项目审批、核准部门和有关行政监督部门的工作人员徇私舞弊、滥用职权、玩忽职守，构成犯罪的，依法追究刑事责任。

第八十一条 国家工作人员利用职务便利，以直接或者间接、明示或者暗示等任何方式非法干涉招标投标活动，有下列情形之一的，依法给予记过或者记大过处分；情节严重的，依法给予降级或者撤职处分；情节特别严重的，依法给予开除处分；构成犯罪的，依法追究刑事责任：

（一）要求对依法必须进行招标的项目不招标，或者要求对依法应当公开招标的项目不公开招标；

（二）要求评标委员会成员或者招标人以其指定的投标人作为中标候选人或者中标人，或者以其他方式非法干涉评标活动，影响中标结果；

（三）以其他方式非法干涉招标投标活动。

第八十二条 依法必须进行招标的项目的招标投标活动违反招标投标法和本条例的规定，对中标结果造成实质性影响，且不能采取补救措施予以纠正的，招标、投标、中标无效，应当依法重新招标或者评标。

第七章 附 则

第八十三条 招标投标协会按照依法制定的章程开展活动，加强行业自律和服务。

第八十四条 政府采购的法律、行政法规对政府采购货物、服务的招标投标另有规定的，从其规定。

第八十五条 本条例自2012年2月1日起施行。

主要参考文献

1. 〔冰岛〕思拉恩·埃格特森著：《经济行为与制度》，吴经邦译，商务印书馆2004年版。
2. 财政部国库司编：《政府采购》，中国方正出版社2004年版。
3. 曹富国、何景成编著：《政府采购管理国际规范与实务》，企业管理出版社1998年版。
4. 段文斌、陈国富等主编：《制度经济学》，南开大学出版社2003年版。
5. 方芳、赵海洋、方强编著：《政府采购招标投标指南》，上海财经大学出版社2001年版。
6. 冯秀华主编：《政府采购全书》，改革出版社1998年版。
7. 付亚和、许玉林编著：《绩效考核与绩效管理》，电子工业出版社2003年版。
8. 傅殷才主编：《制度经济学派》，武汉出版社1995年版。
9. 高培勇主编：《政府采购管理》，经济科学出版社2003年版。
10. 谷辽海著：《法制下的政府采购》，群众出版社2004年版。
11. 顾昂然著：《中华人民共和国合同法讲话》，法律出版社1999年版。
12. 国家税务总局集中采购中心编：《政府采购工作文件选编》，中国税务出版社2005年版。
13. 〔美〕哈维·S. 罗森著：《财政学》（第四版），平新乔校译，中国人民大学出版社2000年版。
14. 胡家诗、杨志安编著：《政府采购研究》，辽宁大学出版社2002年版。
15. 扈纪华主编：《〈中华人民共和国政府采购法〉释义及实用指南》，中国民主法制出版社2002年版。
16. 贾康、苏明主持：《部门预算编制问题研究》，经济科学出版社2004年版。
17. 康善村著：《采购技术》，广东经济出版社2001年版。
18. 〔美〕R. 科斯著：《论生产的制度结构》，盛洪、陈郁译校，上海三联书店1994年版。
19. 〔美〕R. 科斯等著：《财产权利与制度变迁——产权学派与新制度经济学派译文集》，刘守英译，上海三联书店、上海人民出版社1994年版。
20. 李炳鉴主编：《政府预算管理学》，经济科学出版社2003年版。
21. 李进编著：《政府采购实务》，江苏科学技术出版社2006年版。
22. 李鸣等著：《公共采办研究》，经济科学出版社2005年版。
23. 刘汉屏、李安泽编著：《政府采购理论与政策研究》，中国财政经济出版社2004年版。
24. 刘尚希主编：《政府采购研究文集》，经济科学出版社2000年版。
25. 刘小川、王庆华著：《经济全球化的政府采购》，经济管理出版社2001年版。
26. 楼继伟主编：《政府采购》，经济科学出版社1998年版。
27. 马国贤著：《政府绩效管理》，复旦大学出版社2005年版。
28. 马海涛、姜爱华主编：《政府采购法实用问答》，民主与建设出版社2002年版。
29. 马海涛、姜爱华著：《我国政府采购制度研究》，北京大学出版社2007年版。
30. 马海涛编：《公共财政学》，中国审计出版社2000年版。
31. 马海涛等主编：《政府采购手册》，民主与建设出版社2002年版。
32. 马志强、刁云薇主编：《公共支出管理》，南开大学出版社2005年版。
33. 孟春主编：《政府采购：理论与实践》，经济科学出版社2001年版。
34. 〔法〕让·巴斯蒂特·萨伊著：《政治经济学概论：财富的生产、分配和消费》，陈福生、陈振骅译，商务印书馆1997年版。

35. 〔法〕萨伊著：《政治经济学概论》，陈福生译，商务印书馆1982年版。
36. 〔美〕斯蒂格利茨著：《政府为什么干预经济：政府在市场经济中的角色》，何全旺译，中国物资出版社1998年版。
37. 苏明主编：《政府采购》，中国财政经济出版社2003年版。
38. 童道友著：《效益财政：政府采购》，经济科学出版社。
39. 王亚星著：《政府采购制度创新》，中国时代经济出版社2002年版。
40. 王雍君著：《部门预算与预算改革》，山西教育出版社2001年版。
41. 项怀诚编著：《中国财政管理》，中国财政经济出版社2002年版。
42. 英〕亚当·斯密著：《国富论》，杨敬年译，陕西人民出版社2001年版。
43. 亚洲开发银行编著：《政府支出管理》，人民出版社2001年版。
44. 杨灿明、李景友编：《政府采购问题研究》，经济科学出版社2004年版。
45. 姚传志主编：《跨世纪的阳光工程：中国政府采购》，中国商业出版社1999年版。
46. 于安主编：《政府采购制度的发展与立法》，中国法制出版社2001年版。
47. 于安、宋雅琴、万如意编著：《政府采购方法与实务》，中国人事出版社2012年版。
48. 于国安主编：《政府预算管理与改革》，经济科学出版社2006年版。
49. 张得让著：《政府采购支出综合效益分析》，经济科学出版社2004年版。
50. 张坤主编：《循环经济理论与实践》，中国环境科学出版社2003年版。
51. 赵勇、陈川生著：《招标采购管理与监督》，人民邮电出版社2013年版。
52. 钟明主编：《中国政府采购实务操作全书》，中国审计出版社2000年版。
53. 朱少平、张通主编：《〈中华人民共和国政府采购法〉释义》，中国财政经济出版社2002年版。
54. 朱志刚主编：《财政支出绩效评价研究》，中国财政经济出版社2003年版。
55. Atkinson, A. and J.Stiglitz, *Lectures in Public Economics,* New York: McGraw-Hill, 1980.
56. Laffont, J., *Fundamentals of Public Economics*, Cambridge: MIT Press, 1988.
57. Myles, G., *Public Economics*, New York: Cambridge University Press, 1995.
58. Nelson Moncayo, "Government Procurement in Ecuador", Unpacking Transparency in Government Procurement, CUTS Center for International Trade, *Economics & Environment*, 2004.12.
59. Patrick Behan, *Purchasing in Government*, London: Longman, Group Limited, 1994.
60. Ron Watermeyer, "Transparency Within The South African Public Procurement System", Unpacking Transparency in Government Procurement, CUTS Center for International Trade, *Economics & Environment*, 2004.12.
61. Shankaran Nambiar, "Transparency in Government Procurement: A Malaysia Focus", Unpacking Transparency in Government Procurement, CUTS Center for International Trade, *Economics & Environment*, 2004.12.
62. Steven Kelman, *Procurement and Management*, Washington, D. C. : The AEI Press, 1990.
63. Stiglitz, J., *Economics of the Public Sector*, 2nd ed., New York: Norton, 1988.
64. Stuart F. Heinrits, *Purchasing, Principles and Applications*, Upper Saddle River: Prentice Hall, 1986.

教师反馈及教辅申请表

　　北京大学出版社以"教材优先、学术为本、创建一流"为目标，主要为广大高等院校师生服务。为更有针对性地为广大教师服务，提升教学质量，在您确认将本书作为指定教材后，请您填好以下表格并经系主任签字盖章后寄回，我们将免费向您提供相应教辅资料。

书号/书名/作者	
您的姓名	
校/院/系	
您所讲授的课程名称	
每学期学生人数	＿＿＿＿ 人　　＿＿＿＿年级　　学时
您准备何时用此书授课	
您的联系地址	
邮政编码	联系电话（必填）
E-mail（必填）	
您对本书的建议：	系主任签字 盖章

我们的联系方式：

北京大学出版社经济与管理图书事业部

北京市海淀区成府路 205 号，100871

联 系 人： 徐 冰

电 　话： 010-62767312 / 62757146

传 　真： 010-62556201

电子邮件： xubingjn@yahoo.com.cn　　em@pup.cn

网 　址： http://www.pup.cn